U0553296

本成果受到中国人民大学 2021 年度
"中央高校建设世界一流大学（学科）和特色发展引导专项资金"支持

新 史 学

中文社会科学引文索引（CSSCI）来源集刊

中国人民大学清史研究所　主办

中古时代的知识、信仰与地域

第十四卷

本卷主编　魏斌

社会科学文献出版社

SOCIAL SCIENCES ACADEMIC PRESS (CHINA)

《新史学》编辑委员会

召集人　孙　江　杨念群　黄兴涛

编　委（按姓氏笔画排列）

王　笛　王奇生　毛　丹　朱庆葆
行　龙　刘建辉　吴义雄　余新忠
贺照田　夏明方　黄东兰　龚　隽
麻国庆　章　清　彭　刚　韩东育

学术秘书　胡　恒

前　言

从东汉王朝衰亡到唐王朝衰亡的七个世纪，在历史研究中经常被作为一个时间段落，也就是通常所说的"中古时代"。不过从学理上来说，"中古时代"作为一个时间概念究竟应该如何界定，其实仍是一个有争议的问题。

这个长达七百年的时间段落中，有一些明显的特征性因素。最为人熟知的是胡族和佛教，即雷海宗概括的"胡华对立，梵汉合流"。北境胡族的大规模内徙及政权的相继建立，使得内亚的语言和文化习惯逐渐与北方社会混融；佛教的传入及其知识、信仰体系，也在很大程度上改变或者说扩展了秦汉时期的信仰和知识世界。前者主要发生在北方，但受此影响而导致的大规模人口迁徙，带来经济和文化区域的变动，南方逐渐兴起，中国历史的重心地域由东西轴心转向南北轴心。因此，从民族、文化（宗教）、地域三个"最重要的因素"（宇都宫清吉语）来看，"中古"中国确实呈现出与此前显著不同的特征。

在这七百年间生存生活过的人们，究竟如何经历和感受这些宏大历史过程中的延续与变化？对于今天的研究者而言，能够真正理解这一点并不容易。大致来说，土地、儒学、官位，仍然像汉代一样是最重要的资本，造就和延续着社会上的精英阶层。胡族统治在某些方面带来了内亚文化因素的影响，但总体而言并没有改变汉晋帝国的社会遗产。与此同时，文学作为一种具有社会和权力意义的知识技能，重要性显然在逐渐提升。围绕着文学写作的知识获取、生产、炫耀和社交互动，造就了文化精英阶层新的行为模式和上升路径。佛教及其复杂精致的知识、信仰体系，也在深刻地影响着文化精英阶层的观念、知识和信仰世界。从儒生到文士，中古时代的文化精英呈现出与汉代不同的群体肖像。

社会下层的普通民众，大部分是日复一日在土地上劳作的农人，贫困而单调的生活，仍然是历史的底色。物资的专业生产和交换，一般被认为有过一段时间的萎缩，但其实存在着很大的地域差异性，很多地区可能变化并不显著，只是在短暂的波动之后延续着原来的经济轨辙。最具显著变化的是信仰世界。汉代的村社、神祇祭祀和神仙信仰虽然一直延续，但从4、5世纪开始，寺院在民众信仰生活中的重要性日渐突出。北方地区现存的大量村邑佛教造像，就记录了他们祈求"佛陀相佑"的信仰行为。也正是由于这种机缘，这些原本"没有历史的人"，将他们某一时刻的生命印迹留存至今。

胡夷与华夏，侨民与旧民，经学与文学，佛教、道教与新的信仰，这些中古时代人们经历过的"结构"，自20世纪初期以来成为现代历史学研究的重点。而在学科经历了近百年的积累之后，新一代的中古史研究者又在关注些什么呢？

这也正是本卷《新史学》的编辑缘起。感谢本刊编辑部和杨念群先生的好意，他们注意到近年来中古史年轻学者的活跃，希望《新史学》能够出版一卷专号，展示年轻学者新近的学术关心。最终的结果，就是呈现在读者面前的这卷"中古时代的知识、信仰与地域"。

本卷专号一共收入十一篇论文，分为"知识的分类与利用"、"信仰与生命史"、"山林世界"、"认知南方"以及"北境族群与政治关系"五组。

人的观念和行为由习得的知识所塑造，知识则分为口传性和文本性两种。由于中古时代文学的社会和权力意义日渐凸显，为了更便捷地掌握和利用以往积累的知识，类书作为一种知识分类和汇编文本开始出现。付晨晨近年一直专注于南北朝隋唐类书与知识世界研究，本卷收入的论文《目录所见中古类书的发展》，从目录入手讨论了唐宋间类书的知识发展过程。类书编纂和秩序化的，是以往积累下来的凝固化的知识，而在现实生活中，知识则一直经历着实践性的改造和重构，呈现出因时因事不断更新的流动性面貌。仇鹿鸣不断反思中古政治史研究的方法和范式，收入本卷的论文《叛乱的"知识仓库"——再谈隋唐之际的谣谶与政治》，尝试引入"知识仓库"这一概念，从知识实践和流动性的角度，讨论了隋唐之际政治谣谶的形成及其知识改造过程。

对个体生命本身的关注，使得研究者能够从更为具体的场景和情感意义上理解历史以及身处其中的个体的经历和选择。"微观"之中见真意，已经受到越来越多中古史研究者的重视。陈志远近年对南朝地方佛教"异人"傅大士进行了深入的系列研究，收入本卷的《傅大士弥勒分身形象的思想渊源》，具体讨论了傅大士弥勒分身观念的形成，特别是与南朝时代流行的观音信仰的关系。对生命史和微观史富有兴趣的吕博，则在《武后不死——升仙太子碑成立前后以及武周末年的宗教、政治转向》一文中，对升仙太子碑成立的背景做了更具武后个体性视角的考察，提醒我们应当在何种尺度上把握和诠释事件的"意义"。

中古信仰世界的变化，催生出了一种新的文化地理空间——山林。入山避难、隐居和修仙，汉代已经存在，但"寺院主义"集体生活的山中教团，是4、5世纪开始兴起的文化现象。以这些山中团体的活动为契机，山林作为一种象征，逐渐渗透到中国文化精神之中，影响一直及于今日。追溯其始，山寺出现脉络比较清楚，道馆（观）形成原因却一直不太明晰。孙齐的论文《山中的教团：中古道教"寺院主义"的起源》，是迄今为止关于这一问题最为深入的探讨，文中还对比了同一时期西方世界的隐修现象，提出了一些饶有兴味的话题。我自己的小文《山居的昭玄大统——历史图景与考证逻辑》，则着眼于北齐昭玄大统与山居的关系，尝试以此为线索探讨魏齐时代山居修行的意义。

中古时代南方的兴起，虽然是一个具有历史转折意义的现象，但很长一段时间内，学界关注的主要是古代经济重心的南移等问题，较少涉及文化史层面。如果从"地窖"登上"阁楼"，会发现更加有趣的是南方地区陌生—想象—熟悉的文化认知过程。有关南方的书写和记述，也在很大程度上扩展了中古以降的文化认知和知识世界。这个问题已经越来越多地引起研究者的兴趣。近年来在中古民族史领域成绩突出的胡鸿，在论文《族群分类的史相与史实——以〈宋书〉对"蛮"的分类为中心》中，以《宋书·夷蛮传》为线索，对汉代以来南方对蛮族的认知和书写进行了细致的梳理，廓清了以往的诸多误解。林昌丈的论文《"濑""滩"之争：汉魏六朝"滩濑"景观地名的演变史》，则从对"濑""滩"两个地名指称的分析入手，探讨了北人南迁与南方地理风土的认知变化过程，是一个陈寅恪所说的"凡解释一字即是作一部文化史"的突出案例。孙正军近年一直在引介、呼吁"史料批判"研究，此次提交的论文《今世岭南古何州——唐宋岭南认识的一个侧面》，以五万余字的篇幅，对唐宋时期岭南九州分野的分歧及理据，进行了详尽的梳理和分析。

由于东亚大陆的自然地理特征，游牧世界与农耕世界的关系贯穿中国历史，也一直是中古史研究的核心课题之一。李丹婕的论文《唐前期的府州体制与北方游牧部落》，着眼于唐王朝的统治策略，对唐代前期的涉及北方游牧部落的府州体制进行了重新探讨。唐代后期开始，北境族群政权的统治形态、文化意识以及国家间的关系，发生了一些明显的变化。长期关注契丹和辽代政治史的林鹄，此次着眼于宋、辽、西夏关系中的岁币这一关键问题，在论文《庆历增币与宋夏和议》中探讨了庆历增币对于北宋政治史的重要意义。

需要说明的是，上述十一篇论文虽然出于编辑上的便利而分为五组，并各自命名了一个主题，但读者稍加翻阅就会发现，论文涉及的内容大多颇为多元，并不限于各自所属的主题。像仇鹿鸣的论文就是一次政治史与知识史的融合尝试，林昌丈的论文同时涉及历史地理、文学、语言学和历史书写，陈志远论文讨论的佛教思想渊源其实也涉及仇鹿鸣引入的"知识仓库"概念。而总体观之，知识、信仰、地域是十一篇论文最为集中的一些话题，故最终选取这三个关键词，作为本卷专号的名称。

近年来中国大陆的中古史研究，新视角、新成果可谓层出不穷。政治史和制度史一直受到重视，并不断焕发新意。历史书写和"史料批判"研究，经过多年引介和呼吁，也已经深入人心，实践者众。宗教社会史、医疗社会史、时间秩序、物质文化、视觉与艺术、博物学、新士族史……也都方兴未艾，异彩纷呈。收入本卷的十一篇论文，自然远远不足以涵盖全部的新进展。实际上，组织这卷专号的稿件，确有乱花迷人眼之感。本卷最初策划约稿时，确定的作者范围是1980年以后出生的研究者，并适当考虑了性别因素，时段则限定在魏晋南北朝隋唐。后来意外得到林鹄兄的赐稿，使得时段下延至北宋。遗憾的是由于林鹄兄赐稿时间稍晚，来不及继续邀约增加宋辽夏金时代的稿件。林鹄兄和我都出生于20世纪70年代中期，因此最终也决定利用主编之权，交稿附于骥尾。

最后，想对《新史学》编辑部和本卷诸位作者表示由衷的谢意。

在当前的学术考评机制下，集刊论文在很多高校并不被认真看待。最初决定接受《新史学》邀请之时，一方面感觉到组织这样一卷专号自有其积极的学术意义，另一方面也因为这次约稿有可能会给诸位作者带来"负担"而感到有些无奈。在此特别感谢诸位作者的积极响应和支持。此外，《新史学》以往出版的专号主要集中于近代史和明清史领域，编辑中古史专号是一次新的尝试。"不古不今"的中古史学，在史料处理和研究方法上，与明清、近代史学有着不小的差异。中古史学界近年来的学术取向和话题关心，特别是本卷专号收录的内容，是否体现了"新史学"的编辑宗旨，编者并不是很有把握，期待着读者的指正。

魏　斌

2021 年 3 月 31 日于武昌珞珈山

知识的分类与利用

目录所见中古类书的发展

付晨晨*

摘 要

目前关于中古类书发展情况的一般认知是以唐中期为界，此前以官修综合性类书为主，此后私修类书和专门性类书渐渐成为主流。由于唐代类书传世甚少，这种认知主要来自《新唐书·艺文志》的类书类。但是，《新唐书·艺文志》并不能直接反映唐代书籍的目录著录情况。《新唐书·艺文志》类书类的"著录"部分继承了《隋书》和《旧唐书》，"不著录"部分多转引自《崇文总目》。然而，《隋书》和《旧唐书》的类书观与《崇文总目》的类书观不同。以综合整理体系性知识为目的的综合性类书和以便于记忆与运用为目的的小型类书在《隋书》和《旧唐书》中被视为两种不同性质的书籍。《新唐书·艺文志》受到宋代以后类书观的影响而将两者混为一谈，形成了中古时期官私类书此起彼伏的历史发展虚像。

关键词 类书 《隋书·经籍志》 《旧唐书·经籍志》 《新唐书·艺文志》 《崇文总目》

分类纂集典籍中相关记述而成的书籍一般被称为类书。汉魏之交魏文帝下令编撰的《皇览》通常被视为最早成型的类书。自《皇览》以后，此类书籍编撰不绝，集大成者如清代上万卷的《古今图书集成》。类书这种以分类的形式收集天地万物、人类社会的古今相关记载的特殊编撰形态，使它成为了解古代知识结构、知识传播的重要材料，有时也被比喻为中国古代的"百科全书"。

---

* 付晨晨，东京大学文学博士。

　　然而，奠定类书发展基础的魏晋南北朝隋唐时期的类书大部分已经散佚，材料的缺失导致这一时期类书研究相对薄弱。除了少数存世类书如《北堂书钞》《艺文类聚》《初学记》，以及收入敦煌藏经洞或流传国外而存世的部分类书，如于立政《类林》、张楚金《翰苑》等，因为保留了较完整或少量文本而得以进行相对详细的分析和考察，更多的唐代及其以前的类书仅见于目录或史传中的只言片语，难以深入了解。因此，若要把握宋代以前类书整体发展情况，只能根据唐宋时期的官私目录和现存少数类书的情况进行反向推测和重构。然而这种研究方式的问题在于难免基于"类书"的既定观念展开分析，从而导致对这一时期类书认知的偏差。例如大渊贵之就通过分析《艺文类聚》《群书治要》等书籍的序言，指出初唐类书观念与后世一般将类书视为工具书的观念不同。他认为初唐类书的核心概念在于从各种典籍中抄录治国需要的历史、思想、学术等方面的知识以供皇帝广泛快速地阅读，本质上是收录帝王之学的书籍。① 那么，最直观地体现当时类书观的唐代藏书目录又反映出什么样的类书观和类书发展状况呢？本文将分析这一时期目录中类书的收录情况，以期加深对这一时期类书的理解。

一　唐代目录中的类书

　　"类书"一词最早出现于宋初诸官方藏书目录。西晋《中经新簿》丙部有"史记、旧事、皇览簿、杂事"，② 《皇览》一般被视为类书之祖，这可能是目录中类书部类所在的最早记载。《隋书·经籍志》（以下简称《隋志》）中《皇览》《华林遍略》等书属于子部杂家类。③ 唐玄宗开元九年（721）元行冲等人编撰的《开元群书四部录》中类书尚未单独分类，至毋煚《古今书录》始脱离杂家单独成类。④ 基本沿袭《古今书录》的《旧唐书·经籍志》（以下简称《旧唐志》）将这些书

① 大渊贵之「唐代勅撰類書の中核概念」『唐代勅撰類書初探』研文出版、2014。
② 《隋书》卷32《经籍志一》，中华书局，1973，第906页。
③ 《隋书》卷34《经籍志三》，第1009～1010页。
④ 参见《旧唐书》卷46《经籍志上》序，中华书局，1975，第1963～1965页。

归为"类事"类。① 宋初的一系列馆阁藏书目录和《国史艺文志》中沿袭了将这些书籍单独分类的习惯。宋真宗景德二年（1005）《龙图阁书目》子部有"类书"类。② 大中祥符九年（1016）编撰完成的《三朝国史艺文志》有"类事"类，③ 收录此类书籍115部5119卷。④ 宋仁宗庆历元年（1041）奏上的《崇文总目》中有子部"类书"类。《新唐书·艺文志》（以下简称《新唐志》）中设"类书"类应该是承袭了《崇文总目》的做法。此后"类书"一词基本成为对这类书籍的通称。本文为行文方便，统一将这些书籍称为类书。

类书涵盖种类繁多，"尚无定义，区分至难"是类书研究者共同面临的难题。⑤ 胡道静在《中国古代的类书》中就把类书分为广义的类书和狭义的类书。广义的类书包括了姓氏书（如《同姓名录》）、政书（如《通典》《会要》）、职官书（如《职林》）、纪事本末（如《太平治迹统类》）、书钞体书（如《意林》）、考证笔记（如《事类赋》）、目录书等。狭义的类书（正宗的类书），从内容性质方面可以分为一般性类书和专门性类书；从编录体裁方面可分为征事、征事兼采辞藻、编成韵语、重视图表等类书；从编录方法方面可分为类编、韵编、数字编等类书；按编纂情况可分为官修、文人私修和书坊编辑类书；从用途而言又可分为用于一般检查、诗文取材、科场、启蒙、家常日用等类书。⑥ 而本文涉及的中古时段正是从类书之祖《皇览》出现到各种类型类书不断丰富发展的时期。关于这一时期类书发展的基本认知便是，以安史之乱为界，在此之前以官修大型综合性类书为主，此后各种小型私撰类书渐成主流。按涉及内容，类书也从综合性类书向专门性类书扩展。而

---

① 《旧唐书》卷47《经籍志下》，第2045～2046页。另外，关于《旧唐志》中到底是"事类"还是"类事"尚有争议。参见刘全波《从"事类""类事"到"类书"——为纪念类书编纂1800周年而作》，《新国学》第19卷，四川大学出版社，2020。本文将直接使用宋代以后较常见的"类事类"。

② 《玉海》卷52《艺文·书目》"景德六阁图书"条，《玉海（合璧本）》，中文出版社，1977，第1042页。

③ 《玉海》卷129《官制·储官》"庆历《青宫懿典》"条，第2474页。

④ 《文献通考》卷228《经籍考五十五》"子·类书"条，中华书局，1986，第1827页。

⑤ 邓嗣禹：《叙录》，邓嗣禹编《燕京大学图书馆目录初稿 类书之部》，燕京大学图书馆，1935，第iv页。关于目录和学者对类书的分类，刘全波有详细考察。参见刘全波《类书研究通论》第五章"类书的分类"，甘肃文化出版社，2018。

⑥ 胡道静：《中国古代的类书》第一章"三 类书的范围和各种类型"，中华书局，1982。

类书编纂形式也从早期以类事为主的类书，向类文、类句、赋体等不同形式的类书扩展。①

由简至繁、由粗至细本是书籍发展的普遍规律。但是，从目录中"类书"类的形成和固定可以发现，"类书"概念的形成经过了漫长的发展过程。分析这种变动的过程，不仅能够加深对这一时期类书发展的理解，也能借此进一步探明当时类书编撰涉及的政治文化情况。本文即以最能体现"类书"整体概念的目录为研究对象，通过分析唐宋目录中的"类书"的构成，以期进一步把握这一时期类书的发展情况。

收录中古时期类书的目录主要有三部。其一是唐初编撰的《隋书·经籍志》，收录了贞观时期的见存书，反映的是初唐官方学者的类书观。其二是五代编撰的《旧唐书·经籍志》，因全据唐玄宗开元时期毋煚的《古今书录》编纂而成，实际上收录的是开元时期的官方藏书，体现的是玄宗时的类书观。其三是宋仁宗嘉祐五年（1060）完成的《新唐书·艺文志》。由欧阳修主编的《新唐志》补充了《旧唐志》中缺失的大量开元以后的书籍，是了解唐代整体书籍情况最主要的途径。通过比较三志收录类书的特征可以分析唐代类书发展的基本情况。

以上三志中最重要的《新唐志》编成于宋代。马楠的研究指出《新唐志》的来源多种多样，"著录"部分在《旧唐志》（《古今书录》）的基础上，参考《隋志》所有（《旧唐志》所无）书进行了补正，"不著录"部分利用了《崇文总目》等以馆阁藏书为主的北宋见存书和史传文献所载唐时所当有书。也就是说，《新唐志》反映的不是某一时一地的实际藏书情况。② 这种编纂方式带来的问题是，《新唐志》既会受到唐代目录（《隋志》《旧唐志》）的限制，又会受到宋代书目（《崇文总目》）和宋代观念的影响。这给《新唐志》类书类在多大程度上实际反映了唐代整体类书的发展情况带来疑问。以下简要分析《隋志》和《旧唐志》的类书收录情况，并重点分析《新唐志》类书的构成。

表1整理了《隋志》《旧唐志》《新唐志》三志类书相关类目的

---

① 最近的代表性研究如刘全波《家富隋珠　人怀荆玉——论唐代类书编纂的特点与价值》，《唐都学刊》2019年第5期。

② 马楠：《〈新唐书艺文志〉增补修订〈旧唐书经籍志〉的三种文献来源》，《唐宋官私目录研究》，中西书局，2020。

收录情况。

表 1　三志类书比较

《隋志》	《旧唐志》	《新唐志》	分类
1.《皇览》120 卷	1.《皇览》122 卷；又 84 卷	1.《皇览》122 卷；《皇览》84 卷	隋代类书
2.《帝王集要》30 卷			隋代类书
3.《类苑》120 卷	2.《类苑》120 卷	2.《类苑》120 卷	隋代类书
4.《华林遍略》620 卷	4.《华林编略》600 卷	4.《华林遍略》600 卷	隋代类书
5.《要录》60 卷	9.《要录》60 卷	9.《要录》60 卷	隋代类书
6.《寿光书苑》200 卷	3.《寿光书苑》200 卷	3.《寿光书苑》200 卷	隋代类书
7.《科录》270 卷			隋代类书
8.《书图泉海》20 卷	10.《书图泉海》70 卷	8.《书图泉海》70 卷	隋代类书
9.《圣寿堂御览》360 卷	5.《修文殿御览》360 卷	5.《修文殿御览》360 卷	隋代类书
10.《长洲玉镜》238 卷	6.《长洲玉镜》138 卷	6.《长洲玉镜》238 卷	隋代类书
11.《书钞》174 卷	8.《北堂书抄》173 卷	17.《北堂书钞》173 卷	隋代类书
	7.《艺文类聚》100 卷	16.《艺文类聚》100 卷	初唐至开元年间类书
	11.《检事书》160 卷	10.《检事书》160 卷	初唐至开元年间类书
	12.《帝王要览》20 卷	11.《帝王要览》20 卷	初唐至开元年间类书
	13.《玉藻琼林》100 卷	22.《玉藻琼林》100 卷	初唐至开元年间类书
	14.《玄览》100 卷	19.《玄览》100 卷	初唐至开元年间类书
	15.《累璧》400 卷	14.《累璧》400 卷、《目录》4 卷	初唐至开元年间类书
	16.《碧玉芳林》450 卷	21.《碧玉芳林》450 卷	初唐至开元年间类书
	17.《策府》582 卷	18.《策府》582 卷	初唐至开元年间类书
	18.《玄门宝海》120 卷	7.《玄门宝海》120 卷	初唐至开元年间类书
	19.《文思博要（并目）》1212 卷	12.《文思博要》1200 卷、《目》12 卷	初唐至开元年间类书
	20.《三教珠英（并目）》1313 卷	20.《三教珠英》1300 卷、《目》13 卷	初唐至开元年间类书
		13.《摇山玉彩》500 卷	初唐至开元年间类书
		15.《东殿新书》200 卷	初唐至开元年间类书
		23.《笔海》10 卷	不著录
		24.《玄宗事类》130 卷	不著录
		25.《初学记》30 卷	不著录
		26.《十九部书语类》10 卷	不著录

续表

《隋志》	《旧唐志》	《新唐志》	分类
		27.《政典》35 卷	政书
		28.《通典》200 卷	
		29.《会要》40 卷	
		30.《续会要》40 卷	
		31.《备举文言》20 卷	其他
		32.《集类》100 卷	

说明：本表基于《隋志》《旧唐志》《新唐志》制成，省略了撰者及注记信息。各书序号按照目录中的顺序排列。《新唐志》中 1～22 为"著录"，23 及以后为"不著录"。为节省篇幅，32 以后诸类书不记入表格。32 以后依次为：33. 高丘《词集类略》30 卷, 34. 陆羽《警年》10 卷, 35. 张仲素《词圃》10 卷, 36.《元氏类集》300 卷, 37.《白氏经史事类》30 卷, 38.《王氏千门》40 卷, 39. 于立政《类林》10 卷, 40. 郭道规《事鉴》50 卷, 41. 马幼昌《穿杨集》4 卷, 42. 盛均《十三家贴》（卷亡）, 43. 窦蒙《青囊书》10 卷, 44. 韦稔《瀛类》10 卷, 45.《应用类对》10 卷, 46. 高测《韵对》10 卷, 47. 温庭筠《学海》30 卷, 48. 王博古《修文海》17 卷, 49. 李途《记室新书》30 卷, 50. 孙翰《锦绣谷》5 卷, 51. 张楚金《翰苑》7 卷, 52. 皮氏《鹿门家钞》90 卷, 53. 刘扬名《戚苑纂要》10 卷, 54.《戚苑英华》10 卷。

　　《隋志》无类书类，《皇览》《华林遍略》等现在被视为代表性类书的一系列书籍属于子部杂家。姚振宗已经指出《隋志》的子部杂家还可以进一步分为诸子、杂家之不明一体者、类事、释家四类。① 很明显自《皇览》至《书钞》单独构成了一个小类。

　　《皇览》一般被视为"类书之祖"，《玉海》明确提出"类事之书，始于《皇览》"。② 这不仅是因为《隋志》《旧唐志》《新唐志》中收录的众类书均以《皇览》为首，而且《隋志》《旧唐志》中收录的类书大多体现了对《皇览》的继承。如北齐《修文殿御览》的编者祖珽在呈书时称："魏文帝命韦诞诸人撰著《皇览》，包括群言，区分义别。"③ 初唐类书《艺文类聚》序也称："前辈缀集，各抒其意，《流别》《文

① 姚振宗：《隋书经籍志考证》卷 30《子部七·杂家》，刘克东、董建国、尹承整理《二十五史艺文经籍志考补萃编》第 15 卷，清华大学出版社，2014，第 3 册。
② 《玉海》卷 54《艺文·承诏撰述类书》"魏《皇览》"条，第 1074 页。
③ 《太平御览》卷 607《文部一七·著书上》引《三国典略》，中华书局，1985，第 2706～2707 页。

选》，专取其文，《皇览》《遍略》，直书其事。"① 特别是《文思博要序》称："魏之《皇览》，登巨川之滥觞，梁之《遍略》，标崇山之增构，《类苑》《耕录》，齐玉轸而并驰，《要略》《御览》，扬金镳而继路。虽草创之指，义在兼包，而编录之内，犹多遗阙。"② 序文概括了《文思博要》之前的重要类书，如魏《皇览》、梁《华林遍略》、梁《类苑》、《四部要略》③、北齐《修文殿御览》（《耕录》不详），并且直接将《皇览》称为类书之"滥觞"。显然在《文思博要》编纂者的意识里，这些书籍构成了一个发展谱系。

那么，《皇览》具有什么特点呢？首先，从编撰形式而言，它"合四十余部，部有数十篇"，④ 与后世类书体裁相近。其次，从编撰目的而言，《皇览》编撰于魏文帝改汉为魏的黄初元年（220），津田资久认为这部在汉魏革命之交编撰的大书，不仅是为了皇帝阅读，更是为了在汉末书籍大量毁损的情况下，重新确立魏王朝的知识秩序。⑤ 换言之，《皇览》具有以分类编录的形式总结前代知识、重建知识秩序的特征，是一部文化和政治象征意义都很强的书籍。

《隋志》和《旧唐志》收录的诸类书大多具有这样的特征。⑥

《隋志》中的类书从内容上大致可以分成两类。一类是以《华林遍略》为代表的综合性类书。此类者如梁武帝下令编撰的《寿光书苑》、梁安成王令刘峻编纂的《类苑》、北齐后主时期编纂的《圣寿堂御览》（即《修文殿御览》）、隋炀帝下令编纂的《长洲玉镜》、虞世南的《北堂书钞》等。其中，《华林遍略》与《圣寿堂御览》、《长洲玉镜》乃至唐《艺文类聚》、宋《太平御览》之间有明确的文本传

---

① 《艺文类聚序》，《艺文类聚》，上海古籍出版社，1965。
② 《文苑英华》卷 699《文集一》，中华书局，1966，第 3607 页。
③ 唐代以前以《要略》为名，又似乎兼具类书体裁的书籍至少有两部。一部是南齐竟陵王编纂的《四部要略》，《南齐书》卷 40《竟陵文宣王子良传》称其"集学士抄《五经》、百家，依《皇览》例为《四部要略》千卷"。另一部是北魏末年孝武帝（出帝）令裴景融编纂的《四部要略》，《魏书》卷 69《裴景融传》称"时诏撰《四部要略》，令景融专典，竟无所成"。
④ 《三国志》卷 23《魏书·杨俊传》裴注引《魏略》，第 664 页。
⑤ 津田資久「漢魏交替期のおける『皇覧』の編纂」『東方学』108、2004。
⑥ 本文主要关注目录中类书的整体情况，关于单本类书的情况不具体展开。这些类书的编纂情况多参考刘全波《魏晋南北朝类书编纂研究》（民族出版社，2018）和《唐代类书编纂研究》（新北：花木兰文化事业有限公司，2018）二书。

承关系。① 另一类则集中于皇帝治政和人物行事，即《帝王集要》和《科录》。《帝王集要》是崔宏为北魏道武帝编纂的一部治政参考书。②《魏书·崔玄伯传》称："太祖常引问古今旧事，王者制度，治世之则。玄伯陈古人制作之体，及明君贤臣往代废兴之由。"③《帝王集要》很可能就是崔宏将道武帝询问的国家治理原则、历代制度等内容综合整理编撰而成的书籍。《科录》是北魏昭成帝系子孙元晖令学士编纂的一部书。《魏书》本传称他"颇爱文学，招集儒士崔鸿等撰录百家要事，以类相从，名为《科录》，凡二百七十卷，上起伏羲，迄于晋、宋，凡十四代"。④《史通》称该书"其编次多依放《通史》，而取其行事尤相似者，共为一科，故以《科录》为号"。⑤ 可见《科录》是分类记载历史人物行事的书。相较《华林遍略》等类书以天地人事物为对象，《帝王集要》和《科录》更集中于对人物、政事的整理和总结。在此延长线上的是唐代的《通典》《会要》和北宋的《册府元龟》。

以上两类书籍，尽管一类包括天地万物，一类专记人事，但都是综合整理相关记载的书籍。前者多见于南朝，在隋唐以后蔚为大观；后者均出自北朝，在中唐以后此类书籍进一步发展。

需要指出的是，第二类在《旧唐志》中改变了部类。《旧唐志》中无《帝王集要》，而有不录撰名的《帝王要览》二十卷，不知是否为同一书。⑥《科录》在《旧唐志》中被调整到史部杂传类，⑦《新唐志》亦同。

以下简要分析《旧唐志》类事类的特征。从表 1 可以发现，《旧唐志》中唐代以前的类书与《隋志》基本相同。《旧唐志》的变动除了上

---

① 关于这些类书间的文本传承关系，可参考勝村哲也「修文殿御覧天部の復元」山田慶児編『中国の科学と科学者』京都大学人文科学研究所、1978。

② 《隋志》中作者为"崔安"，《新唐志》作"崔宏"。姚振宗在《隋书经籍志考证》中推测"崔安"为"崔宏"之误。

③ 《魏书》卷 24《崔玄伯传》，中华书局，1974，第 621 页。

④ 《魏书》卷 15《元晖传》，第 380 页。

⑤ 《史通·内篇·六家》，浦起龙通释，王煦华整理《史通通释》，上海古籍出版社，1978，第 17 页。

⑥ 《新唐志》中，两书兼存，《帝王集要》在杂家，《帝王要览》在类书类，或前者转引自《隋志》，后者来自《旧唐志》。

⑦ 《旧唐书》卷 46《经籍志上》正文中《科录》作"《秘录》"（第 2003 页），末尾小序作"《科录》"（第 2006 页）。

述《科录》的类目调整之外，还有将原属于《隋志》杂家释家一类的《玄门宝海》改为类事类。《玄门宝海》作者诸葛颖参与了《修文殿御览》和《长洲玉镜》的编撰。《玄门宝海》应该是在受到这些类书的影响下编纂的宗教类书。①

《旧唐志》类事类中收录的唐代以后类书也都部头较大。少者如《艺文类聚》《玉藻琼林》等有100卷，多者如《文思博要》《三教珠英》则多达上千卷。这些书籍中，《艺文类聚》《文思博要》《三教珠英》之间的文本继承关系明确。如前所述，《艺文类聚》和《文思博要》都参考了《皇览》和《华林遍略》。《三教珠英》是武周大足元年（701）在《修文殿御览》《文思博要》的基础上增补佛道及亲属、姓名、方域等新部类而成的官修类书。② 无须多言，这些类书具有综合类聚相关知识的特性。

剩下诸书中，《累璧》和《玄览》都是官修综合性类书。孟利贞撰《玉藻琼林》100卷、《碧玉芳林》450卷、张大素《策府》582卷看似出于一人独断，实则孟利贞参与了类书《瑶山玉彩》的编撰，《策府》也部帙巨大，学者推测这些类书可能也都出自多人之手。③

以上简略分析了《隋志》和《旧唐志》所收类书的特征。整体而言，这些书籍大都篇幅巨大，以全面收录相关记录为编纂主旨。换言之，《隋志》和《旧唐志》体现出自初唐至唐玄宗时期，在官方编纂的目录中存在将综合收录相关知识记载的书籍视为类书的观念。这些书籍大多出自官方编纂，也有如《北堂书钞》那样本为私撰但受到认可的书籍。

---

① 《旧唐志》子部道家类收录了《无上秘要》《内典博要》等宗教类书。为何《旧唐志》专门将《玄门宝海》归为类事类，令人费解。或许因为《无上秘要》《内典博要》以收录佛道经典为主，而《玄门宝海》内容上更偏重传记等"事类"。

② 《唐会要》卷36《修撰》曰："大足元年十一月十一日，麟台监张昌宗撰《三教珠英》一千三百卷成，上之。初，圣历中，上以《御览》及《文思博要》等书，聚事多未周备，遂令张昌宗召李峤、阎朝隐、徐彦伯、薛曜、员半千、魏知古、于季子、王无竞、沈佺期、王适、徐坚、尹元凯、张说、马吉甫、元希声、李处正、高备、刘知几、房元阳、宋之问、崔湜、常元旦、杨齐哲、富嘉谟、蒋凤等二十六人同撰。于旧书外更加佛道二教及亲属、姓名、方域等部。"（上海古籍出版社，1991，第766～767页）

③ 以上诸书的具体情况参见刘全波《唐代类书编纂研究》。

在这种认知的基础上，下面分析《新唐志》类书类的构成。

二　《新唐志》开元以前类书分析

从表1可以发现，《新唐志》类书类呈现出明显的结构性特征。"著录"部分基本承袭《旧唐志》，收录了唐中期以前的作品，"不著录"部分补了玄宗以后的类书。《新唐志》类书类大致构成了以玄宗时期为界限，类书编纂形成从官修综合性类书向专门性类书（如《通志》《会要》）和私修类书发展的有唐一代类书发展图景。不过，仔细比较《旧唐志》和《新唐志》，还是可以发现《新唐志》并非完全继承《旧唐志》，而是进行了细微的调整和补充。

《新唐志》在"著录"部分补充书籍一部，修改类目两部，"不著录"部分可以确定为开元及以前的书籍有三部。以下具体分析。

《新唐志》"著录"部分补充了《瑶山玉彩》。洪业指出《瑶山玉彩》可能原本就在《旧唐志》类事类。① 《瑶山玉彩》是唐高宗时期太子李弘令学者编撰的一部类事＋类文型综合性类书。②

改变部类的是《东殿新书》和《戚苑纂要》。《东殿新书》在《旧唐志》中属于史部杂传类。《册府元龟》卷607《学校部十一·撰集》载："许敬宗为弘文馆学士。永徽中，与李义府等奉敕于内殿撰《东殿新书》二百卷，高宗自制序。其书自《史记》至《晋书》，删其繁词，勒成，藏之书府。"③ 可见《东殿新书》是专门抄撰史书而成的类书。

刘扬名《戚苑纂要》原在《旧唐志》子录名家，《新唐志》中成为

---

① 《旧唐志》称收录类事书二十二部，凡七千八十四卷，实际收录二十一部，合六千四百八十四卷，较所称数目少一部六百卷。洪业推测这里少的一部便是五百卷的《瑶山玉彩》。《旧唐志》和《新唐志》中《检事书》一百六十卷，而《玉海》卷54中引《新唐志》类书类中《检事书》是二百六十卷，或许另外一百卷之差来源于此（洪业：《叙一》，邓嗣禹编《燕京大学图书馆目录初稿　类书之部》，第ii页）。不过，《旧唐志》所收《长洲玉镜》较《隋志》恰少一百卷，一百卷之差也可能来源于此。

② 关于《瑶山玉彩》详见刘全波《〈瑶山玉彩〉编纂研究》，《唐代类书编纂研究》。

③ 《册府元龟》卷607《学校部十一·撰集》，周勋初等校订，凤凰出版社，2006，第7000页。

"不著录"类书。《玉海·艺文》引《（中兴馆阁）书目》称该书"纂传记宗族亲姻事，分内外篇次之"。① 可见该书主要收录宗族亲姻相关内容。《戚苑纂要》见于《崇文总目》类书类，《新唐志》改变部类应该是受到《崇文总目》的影响。

《新唐志》补充的"不著录"部分中，可以断定为开元以前书籍者有四部，分别是前文已述的刘扬名的《戚苑英华》、王义方的《笔海》、于立政的《类林》和张楚金的《翰苑》。这四部书中，《笔海》和《戚苑英华》完全散佚，《类林》和《翰苑》有断篇留存。

王义方生活在唐太宗、唐高宗时期，他与高智周、孟利贞等人共同参与《瑶山玉彩》《文馆词林》等书籍的编纂。与《瑶山玉彩》《文馆词林》等动辄数百卷不同，《笔海》仅 10 卷，应该属于便于翻阅的小型私撰书籍。② 《笔海》不见于《崇文总目》，《新唐志》应该是根据《旧唐书》本传记载补入。

于立政《类林》留存有敦煌汉文残卷和黑水城西夏文残卷。③《玉海》卷 55《艺文·著书》所引《中兴书目》称该书"分五十目记古人事迹"。④ 从残卷来看，各类目如《孝行》《勤学》《敦信》等，均与人物品格相关，相当于综合性类书的人部。作者于立政是唐初宰相于志宁之子。《类林》亦见于《崇文总目》类书类，应该是据此补入的。

张楚金《翰苑》日本天满宫藏《翰苑》卷 30 及序文。另外日本平安时代的类书《秘府略》残卷卷 864《百谷部中》"黍""粟"、卷 868《布帛部三》"锦"中都有对《翰苑》的整段引用。从这些佚文可以推断《翰苑》是赋体类书。其序言称，张楚金因梦中神交于孔子，有感而作是书。⑤《翰苑》在《新唐志》两存，一在类书类，一在总集类。马楠已经指出，这是因为《新唐志》补充时所据材料不同导致的重出。类书类的七卷本据《崇文总目》录入，总集类三十卷本据《旧唐书》

① 《玉海》卷 55《艺文·著述》"唐《戚畹纂要》"条，第 1099 页。
② 《笔海》编纂情况可参见刘全波《〈笔海〉编纂研究》，《唐代类书编纂研究》。
③ 敦煌本《类林》相关研究参见王三庆《敦煌类书》，丽文公司，1993。西夏文本《类林》相关研究参见史金波、黄振华、聂鸿音《类林研究》，宁夏人民出版社，1993。
④ 《玉海》卷 55《艺文·著书》"晋《志林》"条，第 1095 页。
⑤ 《翰苑》相关情况可参见刘全波《〈翰苑〉编纂研究》，《唐代类书编纂研究》。

目录所见中古类书的发展

13

本传补入，一为北宋见存，一为唐时当有。①

那么，《新唐志》做出的以上调整具有什么意义？对《东殿新书》和《戚苑纂要》的部类调整说明《新唐志》类书类与《旧唐志》类事类的收录标准不完全相同。下节将分析《新唐志》类书类"不著录"部分，以进一步确认《新唐志》类书类的收录标准。

三 《新唐志》与《崇文总目》的类书类

《新唐志》类书类"不著录"部分大致按照书籍的编纂时间顺序排列。其中也有例外，如于立政《类林》、张楚金《翰苑》、刘扬名《戚苑纂要》都是开元以前书籍，却杂厕在开元以后书籍中间，打破了原本相对规整的时间顺序。《新唐志》"不著录"部分受《崇文总目》影响甚大。表2比较了《崇文总目》类书类与《新唐志》类书类的收录情况。如表2所示，No.55刘扬名《戚苑纂要》和No.92张楚金《翰苑》都处在《崇文总目》类书类下卷后半部分，《新唐志》可能受到《崇文总目》排序的影响。下面即具体分析两者之间的关系。

表 2　《崇文总目》与《新唐志》类书类的比较

No.	《崇文总目》	著录	《新唐志》	年代
1	《太平御览》1000卷，李昉等撰		无	宋
2	《广记》500卷，李昉等撰		无	宋
3	《册府元龟》1000卷，王钦若等撰		无	宋
4	《天和殿御览》40卷，晏殊等撰		无	宋
5	《彤管懿范》70卷，王钦若等撰		无	宋
6	《修文殿御览》360卷，祖珽等撰	著录6	祖孝征等《修文殿御览》360卷	北齐
7	《玉府新书》3卷		无	北齐？
8	《麟角抄》12卷		无	唐？
9	《麟角》120卷		无	唐？
10	《书抄》173卷，虞世南撰	著录18	虞世南《北堂书钞》173卷	隋
11	《通典》200卷，杜佑撰	不著录6	杜佑《通典》200卷	唐

① 马楠：《〈新唐书艺文志〉增补修订〈旧唐书经籍志〉的三种文献来源》，《唐宋官私目录研究》，第78页。

No.	《崇文总目》	著录	《新唐志》	年代
12	《会要》30 卷，王溥撰		无	宋
13	《会要》40 卷，苏冕撰	不著录 7	苏冕《会要》40 卷	唐
14	《集类》100 卷，刘绮庄撰	不著录 10	刘绮庄《集类》100 卷	唐
15	《唐会要》100 卷，王溥撰		无	宋
16	《集类略》30 卷，高邱词撰	不著录 11	高丘词《集类略》30 卷	唐
17	《事鉴》50 卷，郭道规撰	不著录 18	郭道规《事鉴》50 卷	唐
18	《类林》10 卷，于立政撰	不著录 17	于立政《类林》10 卷	唐
19	《唐书类苑》2 卷，邵思撰		无	宋
20	《十九书语类》10 卷，是光义撰	不著录 4	是光义《十九部书语类》10 卷	唐
21	《新修唐朝事类》10 卷，郭廷海撰		无	宋
22	《群书致类》1 卷		无	
23	《九经类义》20 卷，刘济撰		无	
24	《艺文类聚》100 卷，欧阳询撰	著录 17	欧阳询《艺文类聚》100 卷	唐
25	《初学记》30 卷，徐坚等撰	不著录 3	《初学记》30 卷	唐
26	《六帖》30 卷，白居易撰	不著录 15	《白氏经史事类》30 卷	唐
27	《王氏千门》40 卷，王洛宾撰	不著录 16	《王氏千门》40 卷	唐
28	《编珠》5 卷，杜公瞻撰		无	隋
29	《鹿门家钞》90 卷，皮日休撰	不著录 30	皮氏《鹿门家钞》90 卷	唐
30	《备举文言》20 卷，陆贽撰	不著录 9	陆贽《备举文言》20 卷	唐
31	《警年》10 卷，陆羽撰	不著录 12	陆羽《警年》10 卷	唐
32	《词圃》10 卷，张仲素撰	不著录 13	张仲素《词圃》10 卷	唐
33	《穿杨集》4 卷，马幼昌撰	不著录 19	马幼昌《穿杨集》4 卷	唐
34	《青□》10 卷	不著录 21	窦蒙《青囊书》10 卷	唐
35	《瀛类》10 卷，韦稔撰	不著录 22	韦稔《瀛类》10 卷	唐
36	《蒙求》3 卷，李瀚撰		无	唐
37	《续蒙求》3 卷，王殷范撰		无	
38	《唐蒙求》3 卷，白廷翰撰		无	唐
39	《蒙求》20 卷		无	唐
40	《系蒙》10 卷，李伉撰		无	唐
41	《群书系蒙》3 卷，刘潜撰		无	宋
42	《韵对》10 卷，高测撰	不著录 24	高测《韵对》10 卷	唐
43	《四库韵对》98 卷，陈鄂撰		无	五代
44	《十经韵对》20 卷，陈鄂撰		无	五代

续表

No.	《崇文总目》	著录	《新唐志》	年代
45	《资谈》61卷，范赞时撰		无	五代
46	《史海》10卷，曹化撰		无	宋
47	《学海》20卷，温庭筠撰	不著录25	温庭筠《学海》30卷	唐
48	《应用类对》10卷，韦稔撰	不著录23	《应用类对》10卷	唐
49	《雕金集》10卷		无	
50	《王氏属对》10卷		无	
51	《经史事对》10卷		无	
52	《修文海》17卷，王博古撰	不著录26	王博古《修文海》17卷	唐
53	《属文宝海》100卷，郭微撰		无	五代
54	《文鉴》5卷		无	
55	《戚苑纂要》10卷，刘扬名撰	不著录31	刘扬名《戚苑纂要》10卷	唐
56	《戚苑英华》10卷，刘扬名撰、袁说重修	不著录32	《戚苑英华》10卷（袁说重修）	唐
57	《内范要略》10卷，唐武后撰		无	唐
58	《记室新书》30卷，李途撰	不著录27	李途《记室新书》30卷	唐
59	《文华心鉴》6卷		无	
60	《玉英》2卷		无	
61	《经典正要》3卷		无	
62	《修文异名录》10卷		无	唐
63	《类要》15卷，晏殊撰		无	宋
64	《子谈论》3卷		无	
65	《语丽》10卷，朱澹远撰		无	梁
66	《白氏传家记》20卷		无	唐？
67	《王论家要》4卷		无	
68	《锦绣谷》5卷，孙翰撰	不著录28	孙翰《锦绣谷》5卷	唐
69	《玉屑》2卷		无	
70	《广略新书》3卷		无	
71	《琱玉集》20卷		无	宋前
72	《碎金钞》10卷		无	
73	《绣囊》5卷		无	
74	《儒林碎宝》2卷		无	
75	《羊头山记》10卷，徐叔阳撰		无	唐
76	《书判幽烛》40卷		无	

No.	《崇文总目》	著录	《新唐志》	年代
77	《典要》3 卷		无	宋
78	《辂书事类》3 卷		无	
79	《春秋要类》5 卷		无	宋
80	《春秋义鉴》30 卷，郭翔撰		无	唐
81	《名氏族》10 卷，杨知悔		无	
82	《岁时广记》120 卷，徐锴撰		无	五代
83	《略玉字》10 卷		无	
84	《宝鉴丝纶》20 卷		无	
85	《要览》2 卷，陆士衡撰		无	晋
86	《童子洽闻》1 卷		无	唐？
87	《文选抄》12 卷，苏易简撰		无	宋
88	《群书解题》80 卷，郑斋撰		无	
89	《门类解题》10 卷		无	
90	《仙凫羽翼》30 卷，曾致尧撰		无	宋
91	《青宫懿典》15 卷，王纯臣撰		无	宋
92	《翰苑》7 卷，张楚金撰	不著录 29	张楚金《翰苑》7 卷	唐
93	《搢绅集》3 卷			

说明：《崇文总目》据《粤雅堂丛书》本钱东桓等辑《崇文总目》5 卷、《补遗》1 卷、《附录》1 卷，《宋元明清书目题跋丛刊》第 1 册，中华书局，2006。表中省略阙书及附注。《崇文总目》类书类分上下两卷，1～44 为上卷，45～93 为下卷。

《崇文总目》类书类分上下两卷，上卷四十六部（实四十四部），下卷五十一部（实四十九部），合九十七部（实九十三部），与《新唐志》类书类重合者二十九部。其中"著录"者三部，分别是 No. 6《修文殿御览》、No. 10《北堂书钞》和 No. 24《艺文类聚》，"不著录"者二十六部 ［No. 11、13、14、16、17、18、20、25、26、27、29、30、31、32、33、34（存疑）、35、42、47、48、52、55、56、58、68、92］。《新唐志》类书类称"著录"二十四部（实二十三部），"不著录"三十二部（实三十二部），不见于《崇文总目》的类书主要在"著录"部分，有二十部。《崇文总目》记录的是宋代馆阁现存书目，未收录的《新唐志》中开元以前书籍（"著录"）多半已经亡佚。

《新唐志》"不著录"部分未见于《崇文总目》的有六部，分别是王义方《笔海》、《玄宗事类》、刘秩《政典》、《续会要》、《元氏类集》、盛均《十三家贴》。这些书籍信息基本见于《旧唐书》《唐会要》

等史籍记载，反映出《新唐志》于《崇文总目》之外的参考来源。①

由上可见，《新唐志》类书类与《崇文总目》类书类具有密切联系。不难推测《新唐志》会受到《崇文总目》类书类的影响。那么，《崇文总目》类书类具有什么特征呢？

回到表2，可以发现《崇文总目》类书类最突出的一个编排特征是类书类自《太平御览》等五部宋代官修类书开始。这五部书中《太平御览》和《太平广记》编纂于太宗太平兴国年间，《太平御览》是典型的综合性类书，在《修文殿御览》的基础上增添了大量唐代以后的记载。《太平广记》的收录对象以小说、杂记为主。《册府元龟》《彤管懿范》编于真宗大中祥符年间，主要汇编的是历代君臣事迹和后妃事迹。《天和殿御览》是《册府元龟》的精简版，由晏殊等人在宋仁宗初年编纂。② 毋庸赘言，这些都是北宋前期官修的最重要的书籍，是宋朝文治的重要象征。

《崇文总目》中以宋代书籍为首的编目不限于类书类。这种排列还见于史部仪注类（以《正辞录》《崇祀录》为首）、子部岁时类（以《国朝时令》为首）和子部医书类（以《太平圣惠方》《神医普救》为首）。③其中，《正辞录》是太宗淳化二年（991）编成的祠祀祝词总集。④《崇祀录》是仁宗时期敕撰的郊祀礼仪章程。⑤《国朝时令》是仁宗时期编

---

① 王义方《笔海》、刘秩《政典》、元氏（元稹）《类集》均见于《旧唐书》本传。《玄宗事类》见于《旧唐书·玄宗纪》。《续会要》见于《旧唐书·宣宗纪》及《唐会要》卷36。唯盛均《十三家帖》的参考来源不详。参见马楠《两唐书经籍艺文志合编》，《唐宋官私目录研究》，第334~335页。

② 关于以上几部类书的基本情况可参见张围东《宋代类书之研究》，花木兰文化工作坊，2005；王珂《〈宋史·艺文志·类事类〉研究》，浙江大学出版社，2015。

③ 大类下的小类似乎也具有这种倾向。如史部刑法类中刑统相关书目以宋修《开宝刑统》为首。《开宝刑统》后为《大中刑律统类》（唐）、《显德刑统》（后周）、《江南刑律统类》（后唐）等书。

④ 《玉海》卷58《艺文·录》"淳化《正辞录》绍兴《正辞录》景祐《崇祀录》"条称《正辞录》："淳化二年七月戊申祕书监李至以新撰《正辞录》三卷上（《崇文目》同）。先是祠祀祝词命著作局官属临事撰进，多不合典礼，向来所用之文，辞义浅近，罔依古式，至是乃撰成数百首上进，永为定式焉。"（第1165页）

⑤ 见《玉海》卷58《艺文·录》"景祐《崇祀录》"条："又《崇祀录》：景祐三年七月己卯，诏以太子少傅孙奭所撰《大宋崇祀录》二十卷送史馆。初奭领太常，以国朝典礼仿唐王泾《郊祀录》为此书，未奏而卒。子殿中丞瑜表上之（《崇文目》二十卷仪注类）。"（第1165页）

纂的时令。①《太平圣惠方》和《神医普救》均为太宗时期编纂的古今医方总集。这些书籍是北宋太宗、真宗、仁宗三朝关于国家礼典法制、文教医学等领域具有纲领性的总结性书籍。与史志目录一般以时间早晚顺序排列书目不同，以本朝总结性、纲领性书籍为首的排列顺序体现了《崇文总目》作为宋代官方藏书目录以本朝为尊的倾向。

不过，《崇文总目》类书类的特殊性还不限于此。在五部北宋官修类书以后，紧接着的是《修文殿御览》《玉府新书》《麟角抄》《麟角》《书钞》。《修文殿御览》编于北齐后主时期。《书钞》就是虞世南的《北堂书钞》。《玉府新书》不详撰人。该书不见于《旧唐志》和《新唐志》。《日本国见在书目录》杂家有不著撰人的《玉府新书》五十卷。②《通志·艺文略》类书类称作者是"梁齐逸人"。③2009年西安出土的唐代齐璿墓前碑石称其曾祖齐善"北齐开府行参军，多才而入官，强学以待问，兼包术艺，综纬图史，著书五十卷，名曰《玉府新书》"。④《日本国见在书目录》中的五十卷本《玉府新书》很可能就是此书。《崇文总目》中《玉府新书》仅剩3卷。《麟角》120卷亦不见于前代各书目。《太平御览》卷341《兵部七十二》引《麟角》一条。《宋史·艺文志》类事类题作者"欧阳询"。晏殊《类要》中引《麟角》12条。研究者从这些佚文推测《麟角》体例大致与《御览》相同。⑤另一部《麟角抄》12卷很可能就是《麟角》的钞略本。

以上五部类书均属于《崇文总目》类书类收录诸书中编撰时代较早的几部类书。这五部书后面是通典、会要类书籍。杜佑《通典》、苏冕《会要》均编撰于唐德宗时期，显然其与《修文殿御览》等五

---

① 《郡斋读书志》卷12杂家类"《国朝时令》"条称："景（祐）初，复《礼记》旧文，其《唐月令》别行。三年，诏昌朝与丁度、李淑采国朝律历典礼、百度昏晓、中星祠祀、配侑岁时施行，约《唐月令》定为《时令》一卷，以备宣读。"《郡斋读书志校证》，孙猛校证，上海古籍出版社，1990，第532页。

② 藤原佐世：《日本国见在书目录》，《日本藏汉籍善本书志书目集成》第10册，北京图书馆出版社，2003，第494页。

③ 《通志二十略》艺文略第七《类书类上》，王树民点校，中华书局，1995，第1733页。

④ 西安市文物保护考古所：《西安市东郊枣园苏村出土唐代齐璿墓前碑石》，《文物》2009年第8期。

⑤ 唐雯：《晏殊〈类要〉研究》第六章"《类要》中的类书"，上海古籍出版社，2012，第235～203页。

部类书时间相隔甚远。这些迹象表明《崇文总目》类书类没有照时间顺序排列，内部似乎还设有小类。那么，这五部书具有什么共同特征呢？同样作为时代较早的类书，如唐代的 No. 24《艺文类聚》、隋代的 No. 28《编珠》排列位置却相对靠后，这暗示了以上五部书籍的其他特殊性。

北宋官方藏书收录《书钞》的经过似乎可以提供一些信息。《玉海》卷 54《艺文·承诏撰述　类书》"唐《北堂书钞》"条称：

> 三馆旧阙虞世南《北堂书钞》，惟赵安仁家有本，真宗命内侍取之，嘉其好古，手诏褒美。①

可知宋初三馆没有《北堂书钞》。《崇文总目》中的《北堂书钞》原本为赵安仁家的孤本。经唐末以后战乱，宋初官方藏书甚少，朝廷多次下令从民间收集书籍。② 《北堂书钞》正是在这种背景下进入官方藏书。《麟角》《玉府新书》不见于《隋志》和《旧唐志》，有可能跟《北堂书钞》类似，是宋初从民间收集重新出现的比较珍贵的早期类书。

但是作为《太平御览》底本的《修文殿御览》显然不属于稀见类书。若从小类的角度来看，不如视作与 No. 1～5 同一群的"御览"类书籍。

在以上几部类书之后，是现在一般被视为政书的《通典》和《会要》。类书中收录的通典、会要类书籍多被南宋以后的学者诟病。《直斋书录解题》中将《通典》《会要》改为史部典故类，称："凡《通典》、《会要》，前志及《馆阁书目》皆列之类书。按通典载古今制度沿革，会要专述典故，非类书也。"③ 郑樵《通志·艺文略》中亦将诸《会要》单独作为"会要"类归为史部。但是，南宋《郡斋读书志》中《通典》《会要》依然属于类书类。《直斋书录解题》的以上解题也传达出宋代各种官方藏书目录和国史志中，《通典》《会要》一直属于类书类的信息。④

---

① 《玉海》卷 54《艺文·承诏撰述　类书》"唐《北堂书钞》"条，第 1077～1078 页。
② 宋初目录编撰及从民间收集图书的情况，详见塚本麿充「北宋初期三館秘閣の成立とその意義」『北宋絵画史の成立』中央公論美術出版、2016。
③ 《直斋书录解题》，徐小蛮、顾美华点校，上海古籍出版社，2015，第 161 页。
④ 以宋代馆阁书目和国史志为基础编纂的《宋史·艺文志》中，通典、会要类文献依然在类事类。

与通典、会要类文献具有相似性质的还有 No.91《青宫懿典》。从书名来看，这部书应该涉及的是历代东宫故事，《玉海》卷128《官制·储官》宋《东宫仪记》条有"《崇文目》类书有《青宫懿典》十五卷。王纯臣撰"，说明《玉海》似乎把它视为仪注类书籍，① 《通志》中该书属于东宫仪注类。② 但是，它在北宋前期编撰的《国史艺文志》中明确属于类事类。可见，这些在内容上涉及政事、政务，体例上分门别类整理相关记载的书籍至少在北宋的官方史志和藏书书目中被视为类书。《新唐志》中将刘秩《政典》、杜佑《通典》、《会要》、《续会要》归为类书类显然是沿袭了《崇文总目》的做法。如第一节所述，《旧唐志》收录的《帝王要览》是记录古今制度沿革及典故的书籍。《通典》《会要》被归为类书类，与将《帝王要览》归于类书类在观念上有相同之处，它们都是关于政事的类书。

以上确认了《崇文总目》类书类依次有"御览"类书籍、稀见书籍和通典、会要类书籍三个小类。那么，剩下的各书是否存在其他小类呢？由于《崇文总目》类书类诸书大都散佚，无法具体判断其内容，但从书名上还是可以发现一些小类。如 No.36～41 都是蒙书，No.42～44 的体例都是韵对，No.55～57 内容上主要涉及姻戚后宫，No.79～80 是对《春秋》的分类记事，No.88～89 都属于书籍解题。

若按照这个思路，No.14～23 似乎可以归结为引用内容以史籍、经书为主的，相对具有鉴戒意义的类书；No.24～30 似乎是便于诗文写作参考的类事＋类文或者类句型类书。

通过以上分析可以发现，尽管《崇文总目》类书类整体看似无明显规律，但是至少在它的类书类上卷体现出一定的编排理念，即以官修综合性"御览"型书籍为尊，其中北宋编纂的诸类书最为重要，其次是稀见类书，再次是《通典》《会要》等专门记载政事的类书，又次是具有戒鉴意义的史传、经典类抄撰类书，最后是用于作文的类书、蒙书和以韵排列的类书等。至于下卷，则因可资参考的信息不足，难以做出判断。类书类下卷整体似乎不如类书类上卷体例明确。例如下卷中唐代

① 《玉海》，第2454页。又同书卷129《官制·储官》"庆历《青宫懿典》条"称："国史志类事：王纯臣《青宫懿典》十五卷，庆历中进，诏藏秘阁。"（第2474页）
② 《通志二十略》艺文略第二《礼类第二》，王树民点校，第1505页。

类书《翰苑》排在宋代编撰书籍《仙凫羽翼》① 和《青宫懿典》之后，内容上也完全不相干。②

以上确定了《崇文总目》类书类的编录特征。那么《崇文总目》类书类在类书的界定上有什么特征呢？简而言之，就是以分类收录事类的编撰体裁作为类书的主要收录标准。郑樵在其《校雠略》编次之讹论十五篇中指出：

> 岁时自一家，书如《岁时广记》百十二卷，《崇文总目》不列于岁时而列于类书何也？类书者，谓总众类不可分也，若可分之书，当入别类，且如天文有类书自当列天文类，职官有类书自当列职官类，岂可以为类书而总入类书类乎。③

郑樵认为，从内容上可以归为其他部类的，即使体例上属于分门别类的类书，在目录的归类中也应该优先置于其内容应在的部类。而《崇文总目》的做法正相反。这两种不同的态度体现出"类书"这个明显以分类、汇总书籍的编录形式为特征的部类，在主要以内容为归类原则的目录中的困境。表3列举了《崇文总目》类书类中在其他目录中不被归为类书的书籍。

表 3　其他目录中《崇文总目》类书之分类

No.	《崇文总目》	其他分类
2	《广记》500 卷，李昉等撰	小说（《宋史》《直斋》《郡斋》） 类书（《通志》）
5	《彤管懿范》70 卷，王钦若等撰	列女（《通志》） 类书（《宋史》）
15	《唐会要》100 卷，王溥撰	会要（《通志》） 典故（《直斋》） 类书（《郡斋》）

---

① 《玉海》卷 55《艺文·著书》"淳化《仙凫羽翼》"条："《书目》：淳化中光禄丞曾致尧采经史子集中可为诗赋论题者集之，据本经注解其下，取兴国八年御制赐进士诗名篇（《崇文目》类书三十卷）。"（第 1101 页）
② 不过《青宫懿典》据称"庆历中进，诏藏秘阁"，而《崇文总目》也编成于庆历元年（1041），不知是否类书类下卷的末尾一部分是按照书籍收录进入秘阁的先后顺序进行的补录。
③ 《通志二十略》校雠略，王树民点校，第 1816 页。

No.	《崇文总目》	其他分类
36	《蒙求》3 卷，李瀚撰	杂家（《通志》） 类书（《直斋》《郡斋》） 小学（《国史经籍志》）
44	《十经韵对》20 卷，陈鄂撰	类书（《通志》） 杂家（《宋史》）
54	《文鉴》5 卷	杂家（《通志》） 类书（《宋史》）
57	《内范要略》10 卷，唐武后撰	杂传（《旧唐志》《新唐志》） 传记、列女（《通志》）
64	《子谈论》3 卷	杂家（《通志》） 类书（《宋史》）
65	《语丽》10 卷，朱澹远撰	杂家（《隋志》《旧唐志》《新唐志》《通志》） 类书（《直斋》《宋史》）
73	《绣囊》5 卷	集·表章（《通志》）
76	《书判幽烛》40 卷	集·案判（《通志》） 类书（《宋史》）
78	《韬书事类》3 卷	地理·朝聘（《通志》） 类书（《宋史》）
79	《春秋要类》5 卷	春秋（《宋史》）
80	《春秋义鉴》30 卷，郭翔撰	春秋（《新唐志》《通志》《玉海》） 类书（《宋史》）
81	《名氏族》10 卷，杨知悍	传记·名号（《通志》） 类书（《宋史》）
82	《岁时广记》120 卷，徐锴撰	月令·岁时（《通志》） 农家（《宋史》）
85	《要览》2 卷，陆士衡撰	杂家（《旧唐志》《新唐志》） 儒术（《通志》） 类书（《玉海》《宋史》）
91	《青宫懿典》15 卷，王纯臣撰	仪注·东宫仪注（《通志》） 类书（《宋史》）
93	《搢绅集》3 卷	职官（《通志》"搢绅集三卷"） 类书（《宋史》"搢绅要录二卷"）

注：本表编号与表 2《崇文总目》类书类编号相同。其他目录主要参考了《隋志》《旧唐志》《新唐志》，以及《通志》《直斋书录解题》《郡斋读书志》《宋史》《国史经籍志》。

从表 3 可以发现与《崇文总目》类书类归类冲突最多的是郑樵的《通志》。不过，这里主要关注《新唐志》与《崇文总目》之间的不同。在《崇文总目》被视为类书，而在《新唐志》中属于其他部类的书籍可以分为以下两种情况。

其一，已见于《隋志》和《旧唐志》，《新唐志》沿袭了前志的分类。如 No.57《内范要略》在《旧唐志》中属于史部杂传类，《新唐志》中为史部杂传记类。No.65《语丽》在《隋志》和《旧唐志》中属于杂家，《新唐志》同。No.85《要览》在《旧唐志》中属于杂家，《新唐志》同。

其二，不见于前志，《新唐志》补充。如 No.37～40 的蒙求类书籍，在《新唐志》中补充于杂家类。又 No.80《春秋义鉴》补充在《新唐志》的经部春秋类。

第一种情况说明《新唐志》"著录"部分尽量沿袭前志。① 第二种情况则进一步证实了《新唐志》没有完全遵循《崇文总目》以体裁为类书归类的第一原则的做法。

编纂于宋代的《新唐志》正是唐代前期类书观与宋代以后类书观的混合产物。然而，《旧唐志》与《崇文总目》的类书观并不相同。《新唐志》对两者的"不完全"继承导致了《新唐志》类书类收录原则的不一致性。例如《崇文总目》的 No.65《语丽》，与《新唐志》类书类的《备举文言》《翰苑》等书都属于类句型类书，在体例上似乎没有本质区别。后世目录如《直斋书录解题》也将《语丽》视为类书。但是在《新唐志》中《语丽》属于杂家，而《翰苑》属于类书。《直斋书录解题》卷 14 类书类"《语丽》"条称：

> 梁湘东王功曹参军朱澹远撰。采摭书语之丽者为四十门。案前

---

① 《旧唐志》收录的类书中有武后编纂的《玄览》，同样由武后下令编撰的还有《古今内范》《列女传》等书，《内范要略》应该就是《古今内范》的节略本。《旧唐志》中，《古今内范》与《内范要略》和《列女传》等书均属于史部杂传类，可见在《旧唐志》中，即使编撰体裁上具有分类引用的形式，但是内容偏重史传的情况下，仍优先按照内容分类。同样情况的就是《隋志》中的《科录》在《旧唐志》中被归为杂传类。《新唐志》沿袭《旧唐志》的分类，也就是在一定程度上遵循了《旧唐志》优先书籍内容的分类原则。

志但有杂家而无类书，《新唐书·志》始别出为一类。此书乃犹列杂家，要之实类书也。但其分门类无伦理。①

陈振孙认为《语丽》本质上是类书，并指出《新唐志》应该将《语丽》归为类书。这反映了宋代以后以分类为主要判断依据的类书观与《隋志》《旧唐志》中类书观的差异。通过上文的分析就可以发现，"分门类无伦理"，又以"书语之丽者"为主的十卷本《语丽》在《隋志》和《旧唐志》中是不会被归为类书的。

四 三志类书观的变迁及其意义

以上分析了《隋志》《旧唐志》《新唐志》所收类书的特征，并兼及《崇文总目》类书类的特征。以下进行简要总结和分析。

《隋志》的目录编排中已经体现出将《皇览》等书籍视为一类的意识。《隋志》中这些书籍的共同点是以分类的形式对天地万物或人物行事、政治制度的相关记载进行全面的体系化的摘录。其中又可以分为以天地万物为对象的南朝系类书和以人物、政治为对象的北朝系书籍。在《旧唐志》中，前者成为类事之书的核心概念，后者以史籍记载为主的特征受到重视而被归为史部。可以说，对自古以来的积累的知识记载进行收录和分类整理并将之体系化的编撰意识，始终是《隋志》和《旧唐志》中类书的共同特征。这与宋代以后以分类和摘录的编纂体裁确定类书的观念不同。

两种类书观的区别可以通过《长洲玉镜》和《编珠》的区别一窥崖略。《长洲玉镜》和《编珠》都是隋炀帝下令编撰的书籍，而只有前者在《隋志》和《旧唐志》中被视为类书。隋炀帝称《长洲玉镜》"源本出自《华林遍略》，然无可复加，事当典要，其卷虽少，其事乃多于《遍略》"，②可见《长洲玉镜》编纂方针是超越《华林遍略》，尽量多收录相关记载。而《编珠》的编纂缘由则是隋炀帝"日好为杂咏及新体诗，偶缘属思，顾谓侍读学士曰：'今经籍浩汗，子史恢博。朕

---

① 《直斋书录解题》卷 14 类书类，第 423 页。

② 《续谈助》卷 4 引《大业杂记》，《丛书集成初编》本，商务印书馆，1939，第 95 页。

每繁阅览，欲其故实，览者易为比讽'"。① 同样包含了天地万物的记载，同样具有引用和分类的形式，而《编珠》的编纂目的在于快速有效地把握"故实"以助诗文写作。《长洲玉镜》侧重的是收录的全面性和知识体系的展示性；《编珠》恰好相反，侧重的是实用性。

《新唐志》体现出与《隋志》《旧唐志》不同的类书观。《新唐志》中偏重实用的小型书籍也会被视为类书。《新唐志》类书类展现出以唐玄宗时代为界，在此之前的类书以综合性类书为主，此后私修类书和官修专门性类书渐渐成为主流的中古类书发展史。然而，《新唐志》类书类的收录既非立足于唐代开元以后某部目录的类书观，也非直接反映了宋代初年的类书认知。《新唐志》类书类的"著录"部分主要沿袭《旧唐志》和《隋志》，因而显示出唐代前期以综合性类书为主的特征。它的"不著录"部分又主要参据了《崇文总目》类书类，因而收录了大量以实用目的为主的小型类书。结果是不同的类书观同时出现于《新唐志》，从而构成了以上所述中古时期类书发展史。但是《新唐志》并不能充分反映当时类书发展的实际情况。

区分《隋志》《旧唐志》《崇文总目》等目录类书观的不同，至少具有以下几方面的意义。

其一，若以《隋志》的类书观来看，后世视为政书的《通典》《会要》其实延续了北朝以来的类书传统，在此延长线上的还有宋代的《册府元龟》。自《帝王集要》至《册府元龟》的一系列书籍的发展线索需要进一步梳理。

其二，齐梁时期是类书发展的一个高峰时期。若按照《新唐志》《崇文总目》的类书认知，这一时期不仅出现了《华林遍略》等大型类书，也出现了如《语丽》等各种小型类书，在此之前还有西晋陆机的《要览》、刘宋颜延之的《纂要》等。在这种认知下，分类抄撰的风潮将会成为考察这一时期类书的重要课题。但这会模糊《隋志》和《旧唐书》中《皇览》以后间隔近三百年才重新出现类书编纂的重要现象，进而导致低估齐梁类书的编撰意义。

① 《编珠序》，《编珠》，《景印文渊阁四库全书》子部类书类，台北：台湾商务印书馆，第887册。

与上一个问题相关，目录本就是主观的人为归类。同样基于通过抄撰、分类的方式归纳知识的思维方式编撰的书籍，为何在《隋志》和《旧唐志》中被区别对待？这背后存在何种知识体系构建的竞争、同化等过程？另外，从以上的考察来看，玄宗以后，类书观出现了较大的变动。为何在这一时期出现变动，其意义又如何？这些都是今后需要考察的问题。

叛乱的 "知识仓库"

——再谈隋唐之际的谣谶与政治

仇鹿鸣[*]

摘 要

本文考察隋唐之际流行《桃李子歌》四个版本的史源与形成背景，以此为例指出政治性谶谣作为一种流动的知识，经常在具体政治行动中被不断地重组与重构，各色政治人物通过对谶谣"构件"的替换，赋予其新的解释。这种对既有知识的改造与利用，使谶谣具有"知识仓库"的特质。中古时期的政治谣谶具备文本层累、解释开放、传播效力叠加三个特点。此外，本文对既往研究中将"谣"与"事"——对应的实证主义倾向提出反思。

关键词 知识仓库 隋唐之际 谣谶

一 "知识仓库"概念的引入

在中国历史上，秦与隋是两个经常被用来相互比较的王朝，隋末因炀帝暴政，引发了席卷全国的民众起义，形成群雄逐鹿的局面。与刘邦斩白蛇起义、奠定布衣将相的崭新局面不同，代隋而起的李唐，仍出自关陇贵戚。[①] 隋

---

[*] 仇鹿鸣，复旦大学历史学系教授。

① 关于汉初布衣将相之局，最早述及此者或是清人赵翼，见赵翼著，王树民校证《廿二史札记校证》，中华书局，1984，第36~37页。近年李开元指出，秦、汉两代统治阶层的构成虽有巨变，但政治结构、经济、思想等诸方面仍多承袭战国之旧，将秦至汉武帝这一时期称为"后战国时代"，见氏著《后战国时代论——秦帝国崩溃后的断裂与转型》，王晴佳、李隆国主编《断裂与转型：帝国之后的欧亚历史与史学》，上海古籍出版社，2017，第26~37页。循此脉络，值得思考的是按陈寅恪"关陇集团"的假说，西魏至武周这一个多世纪中，统治集团的构成基本稳定，那么在经济、社会、文化诸方面是否亦有较多延续性？20世纪80年代以来，学界围绕关陇集团的存续问题颇有争论，然多纠结于具体史实的辨正，在框架上并无突破，那么在"关陇集团"分化过程中是否又存在一个"后关陇时代"呢？

末民众起义包蕴的巨大力量无疑给初唐君臣留下了深刻的印象，因此隋短促而亡的教训成为他们经常谈论的话题，李世民、魏征君臣之间"水能载舟，亦能覆舟"的对话，历来被传为佳话。① 20 世纪以来，当这一"以史为鉴"的传统议题挪移至现代学术研究中，因时势移易，学风丕变，关注的焦点曾有巨大的变化。

新中国成立后的 30 年中，在马克思主义史学的笼罩下，隋末群雄逐鹿的历史被置于作为"五朵金花"之一的"中国封建社会农民战争问题"的框架下，获得了史无前例的关注。② 仅从学术史脉络而言，这一框架的不足或是为凸显农民战争的进步性，不得不将隋末发生于同一时空且互有关联的"地主起兵"与"农民起义"强作区分。③ 近 40 年来，随着风潮退去，对隋末历史的探讨，重返传统的政治史分析模式，由于群雄中地位最重要的李渊、李密、王世充等人或出身关陇贵戚，或是隋的旧官僚，相关研究更多地被接续于"关陇集团"演变的学术脉络中，④ 风起云涌的民众起事，重新沦为历史胜利者的背景音。表面上看似"殊途"的两种取向，不无同归之处，后者仍有意无意地按出身阶层的差异，将隋末群雄分为"统治集团"与"民众"，只是将关注点由"下"

---

① 魏征、李世民在贞观六年、十八年的君臣对话中分别引及此喻，见《贞观政要集校》，中华书局，2009，第 33～34、213 页。

② 相关学术史回顾参读岑大利、刘悦斌《中国农民战争史论辩》，百花洲文艺出版社，2004。

③ 如胡如雷《关于隋末农民起义的若干问题》一文专辟一节讨论"农民起义与地主起兵"，见《文史》第 11 辑，中华书局，1981，第 96～109 页。作为农民战争史观的典范研究，作者已注意到两者不能割裂："隋末的农民起义约有一百二十六起，地主起兵约有六十起，前者比后者多一倍有余，阶级斗争占绝对的支配地位；但在一次农民大起义中竟然有这么多的地主起兵，实属惊人。由此可见，阶级斗争同统治阶级内部斗争、地主起兵自保的严重交织，使历史呈现出一幅光怪陆离的画面，确实是隋末农民起义的突出特点之一。"

④ 最具代表性的是毛汉光《李渊崛起之分析——论隋末"李氏当王"与三李》一文，见《中央研究院历史语言研究所集刊》第 59 本第 4 分，第 1037～1058 页。毛汉光接续陈寅恪的关陇集团说，将隋末被附会"李氏当王"谣谶的李浑、李密、李渊三人置于关陇集团内部盛衰与权力争夺的框架中讨论。同样值得注意的是陈寅恪早年《论隋末唐初所谓"山东豪杰"》一文，撇开具体的讨论，或可提示我们在政治集团与农民战争的不同框架下，"民众起事"呈现的迥异面貌，见《金明馆丛稿初编》，三联书店，2001，第 243～265 页。另李锦绣《论"李氏将兴"——隋末唐初山东豪杰研究之一》（《山西师大学报》1997 年第 4 期，第 30～36 页）、《论"刘氏主吉"——隋末唐初山东豪杰研究之二》（《史林》2004 年第 5 期，第 62～69 页）两文也可被视为这一框架的延伸。

移至"上"。

与政治史相伴随的另一条线索，则提取隋末群雄号召举事的谶谣，索隐背后指涉的宗教背景。王重民最初因探讨归义军张承奉"金山白衣天子"中"白衣"的含义，引及《大唐创业起居注》中"白衣天子出东海"之谣；① 唐长孺进一步推测"白衣天子"之称与弥勒信仰有关；② 柳存仁则认为或受摩尼教影响；③ 姜望来考订谣谚有佛教背景；④ 最近杨继承又广泛收集各种材料，指出史籍中白衣一词多指庶民，出自中国固有的数术传统。⑤ 近年来，随着政治文化研究的兴起，谣谶这类在传世文献中留存不少、易与具体政治事件勾连的史料，颇受学界瞩目，专论隋唐之际者，便有孙英刚、赵贞等的多篇论文。⑥ 总体而言，这一研究脉络基于实证主义的立场，抉出谶谣与具体宗教信仰或政治事件的关系。尽管学者多少已意识到，作为一种政治动员手段，谶谣语义模糊，具有容纳多种解释的开放性，但在研究中仍不免蹈循正史《五行志》中"征"和"应"书写的窠臼，寻找政治符号与行为之间一一对应的"确诂"。

如上所述，既往研究尝试通过抽丝剥茧式的考证，解明谶谣中语义晦涩的暗码，复将其与当时的政治形势相互发明，予以逻辑自洽的解释；在实证主义的取向下，激发了不少精彩的研究，颇让人有题无剩义之感。但从方法论上，这种寻求"确诂"的努力，似有值得反思之处。首先，囿于史料零碎而难以定谳，如上文提到对"白衣"的解释，佛教、道教、摩尼教、数术乃至杂糅性的民间信仰，皆有学者持论，莫衷一是。⑦ 更重要的是，考据作为一种客观主义的方法，虽然是史学研究

---

① 王重民：《金山国坠事零拾》，《敦煌遗书论文集》，中华书局，1984，第 91～92 页。

② 唐长孺：《白衣天子试释》，《山居存稿三编》，中华书局，2011，第 9～20 页。

③ 柳存仁：《唐代以前拜火教摩尼教在中国之遗痕》，《和风堂文集》，上海古籍出版社，1991，第 522～525 页。

④ 姜望来：《谣谶与北朝政治研究》第九章"论'白衣天子出东海'"，天津古籍出版社，2011，第 195～200 页。

⑤ 杨继承：《服制、符命与星占：中古"白衣"名号再研究》，《魏晋南北朝隋唐史资料》第 36 辑，上海古籍出版社，2017，第 128～162 页。

⑥ 见孙英刚《神文时代：谶纬、术数与中古政治研究》第四章"金刀之谶：政治预言与宗教信仰的融合"，上海古籍出版社，2015，第 134～164 页；赵贞《李渊建唐中的"天命"塑造》，《唐研究》第 25 卷，北京大学出版社，2020，第 505～529 页。

⑦ 相关学术史的回顾与讨论，参读杨继承《服制、符命与星占：中古"白衣"名号再研究》，《魏晋南北朝隋唐史资料》第 36 辑，第 128～130 页。

的基础，本质上视过去为他者，学者如外科医生般冷静解剖，将史实分拆为不同部件，分别加以研究，但回到历史的情境中，不难想象，对于一位因白衣天子预言参与起事的民众而言，大多时候恐怕并不能准确区分"白衣"中杂糅的各种宗教因素。事实上，谶谣作为政治宣传工具，煽动性是最根本的功能，因此，保持混沌并涵纳民间的各种异端，才能维系广泛的动员能力。依附于特定的宗教或意识形态，虽然强化了对某一信仰人群的吸引力，但从政治动员的广度而言，反遭弱化。就中国历史上的民众起事而言，广泛流传的模糊预言所激发的群体狂热才是更常见的形态。因此，对"确诂"的追求，虽然是科学主义的，某种意义上来说却不是历史主义的。

同时也需要认识到如隋末这样群雄并起的时代，谣谶作为一种政治工具，曾被各割据势力广泛使用；最终载入史籍的片言只语，不但只是其中极少的部分，而且多属胜利者的宣传，史料的偏向不自觉地影响了研究的取向。无可否认，学者对"谣"与"事"之间关系的解释很大程度上受制于后见之明。众所周知，隋唐之际最有影响的谣谶是《桃李子歌》，假如王世充或窦建德取得了天下，恐怕我们现在读不到那么多"李氏将兴"的预言，即使仍有部分流传下来，"谣"与"事"之间的对应关系，也会呈现出完全不同的面貌。游自勇在研究正史《五行志》时已指出，灾异的"征"和"应"并不是固定的，而是史家基于后见之明，通过直解、转释、反说等方法来曲为之说。① 谣谶则更为复杂，不但"谣"与"事"之间的关系是开放的，谣谶的文本结构也不稳定，可以通过添减与改写，赋予迥然不同的喻义与解读。此外，隋唐之际流行的谶语，如《桃李子歌》、"刘氏当王"等，并非时人生造，而是有更早的渊源，植根于中古时代独特的宗教与社会文化中，李渊、李密、刘黑闼这些政治人物，不过因势利导，稍加添改，将其作为自己的符命。囿于史料，这一隐没于冰山之下知识流传与转义的社会史，之前也尚未为学者充分揭示。②

---

① 游自勇：《中古〈五行志〉的"征"与"应"》，《首都师范大学学报》2007 年第 6
期，第 10～16 页。

② 孙英刚《神文时代：谶纬、术数与中古政治研究》一书绪论（第 1～31 页）对中古
时代的知识背景有较多勾勒，并有方法论上的反思。

　　因此，本文尝试借用"知识仓库"这一概念，① 采取"历史情境主义"（Historical Contextualism）的思考方式，② 打破"统治集团"与"农民起义"的两分，将谣谶视为隋唐之际各社会阶层普遍分享又变动不居的知识资源，观察隋末群雄如何相互竞争，借用、改写、重释谣谶，将普遍知识中混沌的"能指"改造为仅对自己有利的"所指"，揭示谣谶作为一种具有浓缩与隐喻双重特征的文本，如何在中古社会长期、广泛流行，兼容各种异端，又因政治形势的变化，不断地被添改与重新赋义的过程。

二　随物赋形：《桃李子歌》的流变

　　隋唐之际，流布最广且较早为学者所注意的是被目为预言李氏将兴

---

① "知识仓库"这一概念由潘光哲探讨晚清阅读史研究方法时提出，他指出，可以将晚清士人的"阅读对象"视为一座包罗万象而时时刻刻都处于建设过程中的、好似永无完工之日的"知识仓库"，读书人可以随其关怀所至而自由进出，并从这座"知识仓库"提供的"思想资源"出发，开展自身的独特知识/思想旅程。见潘光哲《追索晚清阅读史的一些想法："知识仓库"、"思想资源"与"概念变迁"》，《新史学》第16卷第3期，2005年，第137～169页。具体的研究实践参读氏著《晚清士人的西学阅读史（一八三三～一八九八）》，凤凰出版社，2019。这一概念将"知识"与"思想"分梳为"后台"与"前台"两个既有区别又有关联的层次，如既往研究多侧重分析晚清时代风潮中重要人物保守、维新、革命的各色思想，关注的仍是冰山浮现在水面上的部分，"知识仓库"则考索潜藏在后台的士人广泛而杂糅的阅读，有时会发现思想迥异的人物其背后的阅读却有相近的一面，当然，思想转变也受知识资源更新的驱动。将这一概念移用至中古史，价值在于提示我们发掘谣谶与具体政治行动联系之外的、隐藏在"政治事件"水面之下共通知识背景的作用。另值得一提的是"知识仓库"一词系潘光哲借用自奥地利社会学家阿尔弗雷德·舒茨（Alfred Schutz）"The Structures of the Life - world"一文，与侯旭东引进的颇有影响的"生活世界"这一概念，实出同一作者，见《北朝村民的生活世界：朝庭、州县与村里》，商务印书馆，2005，第25页。从中也不难察觉当下学界，分居不同断代、研究领域迥异的学者背后的"知识仓库"也有互相交错的一面。

② 注意分析"思想"或"文本"形成的历史情境，自以昆廷·斯金纳（Quentin Skinner）为代表的剑桥学派研究引入中文世界以来，已渐成学界共识。不过本文的思考更多还是受陈寅恪"所谓真了解者，必神游冥想，与立说之古人，处于同一境界"之说的影响，见《冯友兰中国哲学史上册审查报告》，《金明馆丛稿二编》，三联书店，2001，第279页。非不愿意"预流"，与前揭潘光哲文主张广泛勾稽史料，用实证主义的方法，"浓描细写"晚清中国士人的"西学"阅读史，庶几稍可体现或逼近本来错综复杂的历史场景不同，囿于中古史"今日可依据之材料，仅为当时所遗存最小之一部"，本文在思考路径上与潘光哲文有相近一面，方法上不得不或有相反，不免有"凿空悬想"之处。

的《桃李子歌》，这一谶谣先后被附会于李浑、李密、李渊等人身上，经过历史记忆的选择与竞争，留下了四个大同小异的文本及不同的解释，是目前所见各种谶谣中保存较丰的一种。

> 大业中，童谣曰："桃李子，鸿鹄绕阳山，宛转花林里。莫浪语，谁道许。"其后李密坐杨玄感之逆，为吏所拘，在路逃叛。潜结群盗，自阳城山而来，袭破洛口仓，后复屯兵苑内。莫浪语，密也。宇文化及自号许国，寻亦破灭。谁道许者，盖惊疑之辞也。①

> 人问其故，（李）玄英言："比来民间谣歌有《桃李章》曰：'桃李子，皇后绕扬州，宛转花园里。勿浪语，谁道许！''桃李子'，谓逃亡者李氏之子也；皇与后，皆君也；'宛转花园里'，谓天子在扬州无还日，将转于沟壑也；'莫浪语，谁道许'者，密也。"②

> 又有《桃李子歌》曰："桃李子，莫浪语，黄鹄绕山飞，宛转花园里。"案：李为国姓，桃当作陶，若言陶唐也；配李而言，故云桃花园，宛转属旌幡。汾晋老幼，讴歌在耳。忽睹灵验，不胜欢跃。帝每顾旗幡，笑而言曰："花园可尔，不知黄鹄如何。吾当一举千里，以符冥谶。"③

> 隋末有谣云："桃李子，洪水绕杨山。"炀帝疑李氏有受命之符，故诛李金才。后李密据洛口仓以应其谶。④

初读《桃李子歌》的四个版本，不难发现其结构大体稳定，描绘花园中草长莺飞的景色，除了"桃李子"可被附会为李姓外，甚至没有明显的政治含义。学者已注意到李氏将兴的谶言，绝非入隋后才兴起的说法，南北朝时已有广泛流布，成为各种起事中常见的号召。⑤ 目前来说，至少梳理出两条较为明显的源流，一条线索在实证主义的方法下

① 《隋书》卷22《五行志上》，中华书局，1973，第639页。
② 《资治通鉴》卷183，中华书局，1956，第5709页。
③ 《大唐创业起居注》卷1，上海古籍出版社，1983，第11页。
④ 《旧唐书》卷37《五行志》，中华书局，1975，第1375页。
⑤ 杨梅：《也谈"李氏将兴"与"刘氏当王"》，《兰州大学学报》2006年第3期，第40~44页。

已得到较好的清理，学界公认与道教有较为密切的关系，依傍"老君当治，李弘应出"的预言，起事者多托名"李弘"。① 另一条线索则较为模糊，往往泛指李氏将兴，亦有研究者认为与道教及谶纬学说有关，李姓在南北朝渐被神圣化。② 但单一要素的解释，似有失简单，不少李氏将兴的预言并无宗教背景，如梁末托名沙门宝志的谶言，云"太岁龙，将无理。萧经霜，草应死。余人散，十八子"，于是陆纳以营州刺史李洪雅名应谶纬，拥其为大将军，尊事为主。③ 考虑到见诸图谶的刘、李、张等皆属最常见的姓氏，除了刘氏当王的预言，迎合复兴汉室、结束乱世的期待外，④ 其他姓氏的预言很难找到切实可考的渊源。

近年杨继承注意到《开元占经》引《孝经雌雄图》《魏氏图》中包括大量某姓欲为天子在内的占辞，提及姓氏除李、张、刘外，另有赵、姚、陈、阎、秦、窦、周等十余姓，如《孝经雌雄图》曰"丑日日斗者，赵氏欲为天子"，《魏氏图》曰"午日日斗者，马氏、郭氏欲为天子"，等等。⑤ 敦煌文书《西秦五州占》"日斗占"部分在占卜原理上与之一致，只是应谶的姓氏，部分被替换为酒泉崔氏和晋昌张氏、吕氏

① 见汤用彤《"妖贼"李弘》，《汤用彤学术论文集》，中华书局，2016，第 309～311 页；王明《农民起义所称的李弘和弥勒》，《道家和道教思想研究》，中国社会科学出版社，1984，第 372～380 页；唐长孺《史籍与道经中所见的李弘》，《魏晋南北朝史论拾遗》，中华书局，1983，第 208～217 页；塞德尔《老子和李弘：早期道教救世论中的真君形象》，王宗昱译，《国际汉学》第 11 辑，大象出版社，2004，第 185～206 页。另方诗铭《释"张角李弘毒流汉季"——"李家道"与汉晋南北朝的"李弘"起义》一文勾稽托名"李弘"起事者材料颇丰，唯其将"李弘"比定为"张鲁"，恐误，见《方诗铭文集》第 2 卷，上海社会科学院出版社，2010，第 466～483 页。

② 冯渝杰：《"汉家"的光影——中古刘、李、张氏神化的历史与宗教背景》，《复旦学报》2020 年第 2 期，第 37～40 页。

③ 《南史》卷 63《王僧辩传》，中华书局，1975，第 1539 页。按宝志虽名为僧人，但其人"虽剃须发而常冠帽，下裙纳袍，故俗呼为志公。好为谶记，所谓《志公符》是也"，见《南史》卷 76《释宝志传》，第 1901 页。因此，他的谶言不当简单地视为有佛教背景，而是属于宽泛的政治预言。另文献中记载的宝志谶言，恐多有后人托名的嫌疑，如在五代颇有影响的此则："梁沙门宝志铜牌记，多谶未来事，云'有一真人在冀川，开口张弓在左边。子子孙孙万年年。'江南中主，名其子曰弘冀，吴越钱镠诸子皆连弘字，明以应之，而宣祖讳正当之也。"见《宋朝事实类苑》卷 47，上海古籍出版社，1981，第 617 页。北宋末年方腊起兵，"又以沙门宝志谶记诱惑愚民"，见《泊宅编》卷 5，中华书局，1983，第 30 页。

④ 见孙英刚《神文时代：谶纬、术数与中古政治研究》第四章"金刀之谶：政治预言与宗教信仰的融合"，第 161～163 页。

⑤ 《唐开元占经》卷 6"日以十二辰斗"，中国书店，1989，第 57 页。

等河西地方大族。① 这两组互有关联的文献，提醒我们注意普遍性知识在向地方性知识转换时，"因地制宜"的要素替换与文本改写，这是谶谣流变的重要原因。《开元占经》中存留的其他姓氏欲为天子的占辞提示了另一重要信息，在当时人的"知识仓库"中绝非仅有"刘、李、张"等少数几姓，只是其他姓氏大多有"谣"而无"事"，而刘、李、张作为常见姓氏，人口基数庞大，本身参与起事者较多。此外，刘举、李弘这类谶言的流行也刺激了刘姓、李姓人物应时而起，或便于其在民众起义中跃居领袖地位。某种意义上来说，以政治事件为中心正史记载"集萃"造成的遮蔽，使我们忽略了叛乱的"知识仓库"中包含的姓氏数量远多于"刘、李、张"几姓。稍作折中，大致可以认为，"李姓将兴"之谣早期或许与道教有关，但至南北朝后期，大多时候已泛化为普遍性的知识，虽有交错，② 但不依附特定的宗教或人群。③《桃李子歌》的出现无疑是这一社会文化背景下的产物。

《桃李子歌》文本流传过程中，被改写的部分集中于第三句，四个版本分作"鸿鹄绕阳山""皇后绕扬州""黄鹄绕山飞""洪水绕杨山"，由此形成不同的指涉。从政治事件的先后来说，最早被牵连其中

---

① 杨继承：《服制、符命与星占：中古"白衣"名号再研究》，《魏晋南北朝隋唐史资料》第 36 辑，第 150～155 页。王重民《金山国坠事零拾》一文已指出敦煌文书《西秦五州占》中的应谶者皆是五凉鼎族（《敦煌遗书论文集》，第 94 页），但他认为"而白衣在诸鼎族中，其声势为尤大"，对"白衣"的解释恐误。杨继承梳理《开元占经》中"白衣自立"的用例，指出《开元占经》与《西秦五州占》中"白衣"皆指庶民。关于这组文书的讨论另参赵贞《敦煌遗书中的唐代星占著作：〈西秦五州占〉》，《文献》2004 年第 1 期，第 55～67 页。

② 如大业十年（614）唐弼起兵，推李弘为天子，见《隋书》卷 4《炀帝纪下》，第 87 页。按此处"李弘"或本名"李弘芝"，见《旧唐书》卷 55《薛举传》，第 2246 页。另下文谈到李敏因小名"洪儿"而遭忌，皆属李姓之谶与"李姓将兴"预言相互交错的案例，但此时的"李弘"恐怕也褪去了宗教色彩，而是作为一种广为人知的政治动员符号发挥作用。

③ 杨梅《也谈"李氏将兴"与"刘氏当王"》（《兰州大学学报》2006 年第 3 期，第 42 页）一文已有类似的观察，不过她将"李弘应出"与"李氏将兴"归并为同一线索。尽管"李氏将兴"预言早期与"李弘应出"互有纠缠，甚至可能是其泛化的结果，但与宗教属性较为明确的李弘之谶相比，南北朝后期"李氏将兴"的预言来源模糊，已洗脱宗教背景，成为隋末群雄起兵时普遍使用的"知识仓库"。需要指出的是，因"李弘""刘举"之谶的存在，既往研究常有意无意地将李姓、刘姓人物领导的宗教色彩不明显的起事，往信仰方面解释，似有"泛宗教化"之嫌。剔除有明确宗教背景的叛乱后，将其他运用"李姓将兴"谶言的起兵视为普遍知识影响下的产物，或更稳妥。

的是李浑。

> 有方士安伽陀，自言晓图谶，谓帝曰："当有李氏应为天子。"劝尽诛海内凡姓李者。（宇文）述知之，因诬构（李）浑于帝曰："伽陀之言，信有征矣。臣与金才凤亲，闻其情趣大异。常日数共李敏、善衡等，日夜屏语，或终夕不寐。浑大臣也，家代隆盛，身捉禁兵，不宜如此。愿陛下察之。"帝曰："公言是矣，可觅其事。"述乃遣武贲郎将裴仁基表告浑反……于是诛浑、敏等宗族三十二人，自余无少长，皆徙岭外。①

但考其史源，"洪水绕杨山"这一版本恰恰是形成最晚的。学者已经指出《旧唐书·五行志》主要本自实录、国史，部分或取材笔记小说，②其中诗妖的部分，除了一则元和中事外，其余记事皆在安史之乱前，可能本自韦述国史旧有《五行志》。③尽管《隋书·李敏传》提及"时或言敏一名洪儿，帝疑'洪'字当谶，尝面告之，冀其引决"，④但"洪儿"不当被理解为触犯"洪水绕杨山"之忌，唐长孺已指出此处"李洪"可能是"李弘"的讹变。⑤事实上，太原起兵后，"洪水"才逐渐成为宣扬李渊天命的符号。受隋禅前，裴寂所上托名卫元嵩的谶诗，即用拆字法嵌入李渊之名，"十八成男子，洪水主刀傍"，也是目前所见最早的记载，⑥而与"洪水"有关的"谣"与"事"，皆出自唐国史系统。

> 隋文帝梦洪水没城，意恶之，乃移都大兴。术者云："洪水，即唐高祖之名也。"⑦

《隋唐嘉话》亦取资国史、实录。因此，李浑、李敏大约是因流行的李氏应为天子的谶言被杀，而非《桃李子歌》中的具体某句，两人本传

---

① 《随书》卷 37《李浑传》，第 1120～1121 页。
② 游自勇：《中古〈五行志〉的史料来源》，《文史》2007 年第 4 辑，第 84～88 页。
③ 杜希德：《唐代官修史籍考》，黄宝华译，上海古籍出版社，2010，第 199～201 页。
④ 《隋书》卷 37《李敏传》，第 1124 页。
⑤ 唐长孺：《史籍与道经中所见的李弘》，《魏晋南北朝史论拾遗》，第 216 页。
⑥ 《大唐创业起居注》卷 3，第 57 页。
⑦ 《隋唐嘉话》卷上，中华书局，1979，第 3 页。

中亦未提及《桃李子歌》。李渊起兵之后，方开始造作嵌入"洪水"一词的谶言，这一系列谣谶在唐国史编纂时被系统化，甚至上溯至隋文帝兴建大兴城时，构成一组相互关联、宣扬李唐天命的预言集。① 至于为何唐代史官故意"倒放电影"，将李金才之死与"洪水绕杨山"之语相连，目的大约与李渊登基之后，立刻追赠李浑、李敏之举相近，即宣扬"天祚有应，冥契深隐"，② 即使妄肆诛夷，亦不能转祸为福，改变天命。

"鸿鹄绕阳山""皇后绕扬州"两个版本则与李密有关。后一个版本的史源较为明确，李玄英事未见诸其他文献，系司马光编纂《通鉴》时采自杂史笔记，此条虽未出《考异》，比勘《通鉴》叙李密事溢出正史部分的来源，可以推定出自《蒲山公传》《河洛记》《壶关录》之属，③ 因此保留了李密一方的谶谣。若从文本流变的角度而言，可以注意到两个版本在改写上稍有粗精之别。在《桃李子歌》不断被叠加政治喻义的传写过程中，如果说"李"附会于南北朝以来"李氏将兴"的谶言，那么作为隋室帝姓的"杨"无疑是容易想到被添入的内容，好事者只需在文本上改动一两个字，如将"绕山飞"改为"绕杨山"，便可隐喻李、杨相代。"杨"字的添入，投合了隋末因炀帝暴政、人心思乱的社会心理，但不指涉特定的政治事件，恐怕是历史上沉默者共谋的产物，不能轻易地归为李密或具体某人所造。

李密自阳城山而来的本事，系指他"以大业十三年春，出阳城，北逾方山，自罗口袭兴洛仓"的谋划。此役是瓦岗军由啸聚山林"群盗"向争衡天下"群雄"转变的关键，不过因亡命自保而起事的翟让最初

---

① 除了三则与"洪水"有关的谣谶，《朝野佥载》卷1记有另一则与营建大兴城有关者："西京朝堂北头有大槐树，隋曰唐兴村门首。文皇帝移长安城，将作大匠高颎常坐此树下检校。后栽树行不正，欲去之，帝曰：'高颎坐此树下，不须杀之。'至今先天百三十年，其树尚在，柯叶森竦，株根盘礴，与诸树不同。承天门正当唐兴村门首，今唐家居焉。"（中华书局，1979，第8页）按此则亦被《旧唐书》卷37《五行志》（第1375页）吸收，唯《五行志》误"高颎"为"高祖"。

② 《旧唐书》卷1《高祖纪》，第7~8页。

③ 《蒲山公传》《河洛记》《壶关录》三书皆多记李密事，《蒲山公传》出自李密旧僚贾润甫之手，按《新唐书》卷84《李密传》有"司马贾润甫"（中华书局，1975，第3684页）。《河洛记》又名《行年记》，作者刘仁轨身经隋末之乱，辑其见闻，著《行年记》行于代（《旧唐书》卷84《刘仁轨传》，第2796页），二者皆属亲历者的记录。唯韩昱《壶关录》成书于中唐，史源不明，《说郛》卷35有节本。

对此犹豫不决，云"仆起陇亩之间，望不至此"，大约代表了这群出身齐、济间渔猎手反叛者的普遍心态。① "杨""阳"音同，且中古时两字常混用，将"杨山"转写为"阳山"，或是李密在战前为鼓舞士气的临时起意，但已将一个空泛的反隋隐喻改造成有具体空间、事件指涉的谶言，从文本而言，仍属较简单的改写。② 李玄英版《桃李章》则经过了更多的设计，不但将第三句改编为"皇后绕扬州"，影射炀帝滞留江都、中原无主的时局，又将"宛转花园里"解读成炀帝无法返回洛阳、辗转沟壑，另外把"桃李"附会为"逃李"，契合李密曾卷入杨玄感之乱而逃亡的经历，从而将泛指的李姓谶言落实至李密本人。比较两个版本，"鸿鹄绕阳山"指涉特定的事件，全诗仅此句有寓意，与前后文脱节，一旦李密占据兴洛仓，宣传效力便大减；而李玄英改写的《桃李章》，同样只"更新"了一个构件，但通过对诗歌的创造性诠释，织就绵密的意义之网，使之成为分析天下大势、宣扬李密天命、具有明确指向性的政治工具。李玄英本人系从东都逃出，后投入李密阵营，因此这一版本形成的时间推测在李密占据兴洛仓后，时其"城洛口周回四十里以居之"，声势大振，进逼东都。炀帝北返与否不但关系到留守军民的信心，同时也决定了战场上的实力对比，改写后的版本契合当时洛阳攻守双方最关心的问题，更具宣传效果。李玄英版《桃李章》也对瓦岗军内部的权力结构产生了影响，翟让主动让位李密，除了李密功高震主、两人势力消长外，③ 李密名应谶纬恐怕也是重要的原因。④

在史料零碎且不成系统的情况下，上述分析或有"刻舟求剑"之嫌，但这至少提示我们谶谣是一种流动的知识，不但随着"构件"更替，形成新的指涉，而且即使属于同一人物的谶谣，往往也是不稳定

---

① 《隋书》卷70《李密传》，第1627~1628页；《大唐创业起居注》卷2，第24页。
② 事实上，并无"阳山"其地，系阳城、方山两个地名拼接而成，颇见潦草。
③ 见《隋书》卷70《李密传》，第1627~1628页。
④ 《资治通鉴》卷183："（贾雄）又曰：'公自立恐未必成，若立斯人，事无不济。'（翟）让曰：'如卿言，蒲山公当自立，何来从我？'对曰：'事有相因。所以来者，将军姓翟，翟者，泽也，蒲非泽不生，故须将军也。'让然之，与密情好日笃。"（第5710页）。李密应谶说在瓦岗军内部的影响由此可见一斑。这种因谶言而让位的案例，隋唐之际并不罕见，除前引唐弼拥立李弘外，曹珍等推戴李轨割据河西，亦缘于"李氏当王"的谣谶，见《旧唐书》卷55《李轨传》，第2249页。李轨虽名为河西大凉王，实权仍掌握在安修仁等手中，或许翟让让位李密，起初亦有类似打算。

的，因时势变化而随物赋形。循此思路，我们注意到附会在李渊身上的《桃李子歌》也有两个不同的版本，前引《旧唐书·五行志》中"洪水绕杨山"，虽出自国史，却非李渊起兵之初被用于宣传者。太原起兵时，亦将众口传诵的《桃李子歌》作为符命，但重点在桃李，云"桃当作陶，若言陶唐也"，山西传是帝尧始封古唐国所在，而李渊袭封唐国公，起兵于此，顺天应人；又将粉白相间的桃花、李花，比拟为起兵时所用绛白相杂的旗帜。至于其他版本中被反复改写的第三句，时作"黄鹄绕山飞"，与通行的"鸿鹄"稍有异，不知是歌谣流传中的讹变，还是别具深意。若强作解人，"黄鹄"可被视为土德将兴的预兆，李渊本人曾有"花园可尔，不知黄鹄如何。吾当一举千里，以符冥谶"之语。① 至少在起兵之初，李渊仍以匡扶隋室为号召，德运更替并未成为政治宣传的重点。

分析了分属李渊、李密的四个版本《桃李子歌》后，或可将此诗最初的面貌复原为"桃李子，莫浪语，鸿鹄绕山飞，宛转花园里"。歌谣起初也许没有政治隐喻，但变成"流行歌曲"后，成为时人"知识仓库"的一部分。当炀帝因滥用民力引起社会动荡，契合人心思变的心理，南北朝以来流行已久的"李氏将兴"的预言再次浮出水面，附着于这一脍炙人口的谣谚，成为煽动起事的工具。举事的李姓群雄，借助这一共享的知识背景，或加以改写，或另作新诠，将宽泛的隐喻导向某一特定的政权或人物，作为自身天命的符谶。

三 新不如旧：中古政治谣谶的"知识仓库"特征

利用既有知识资源，通过对个别"构件"的替换或改写，赋予谣谚以新的解释，并非仅《桃李子歌》一例，而是中古政治宣传中常见的手段。李渊起兵时宣扬的"白衣天子出东海"之谣，亦是如此。

开皇初，太原童谣云："法律存，道德在，白旗天子出东海。"常亦云："白衣天子。"故隋主恒服白衣，每向江都，拟于东海。

---

① 《大唐创业起居注》卷1，第11页。

常修律令，笔削不停，并以彩画五级木坛自随以事道。①

从文本来源上说，"白衣天子出东海"源于北魏末年流行的"齐当兴，东海出天子"。② 分析其结构，不难发现构成歌谣的几个构件，皆可拆解组合。③ 以标识方位的"东海"为例，当时亦有"海北出天子"之说，唐初刘兰便因出自青州北海，自以为应谶，意欲谋叛。④

隋唐之际，这首歌谣在流传过程中被添入的要素是"白衣"。之前学者多倾向于将"白衣"解释为弥勒信仰或摩尼教的标识，前引杨继承文已经令人信服地指出，根据《开元占经》等星占文献中的用例，此处的"白衣"系指庶民，意谓天下将乱，天子起自布衣。⑤ 毫无疑问，出身关陇贵戚的李渊并非"白衣"，并不符合谶言的指向，于是替换其中一个"构件"，将"白衣"改为"白旗"，解释上取其尚白的字面意。这种弥缝显然有些拙劣，陈寅恪已指出"所可笑者，开皇初太原童谣本作白衣天子出东海，太宗等乃强改白衣为白旗，可谓巧与傅会者矣"。⑥ 不只是"白旗"，李渊起兵山西，与"东海"也是南辕北辙。⑦ 由于"白旗天子"仅一孤例，⑧ 既往学者基于实证主义的取向，多注意探考"白衣"或"尚白"的宗教或谶纬隐喻，忽略了"构件"替换这一行为本身在当时知识流传中的作用。

从知识形态而言，谶谣绝不是典故，而是具有介入现实的能动性，

---

① 《大唐创业起居注》卷1，第11页。
② 《北史》卷89《沙门灵远传》，中华书局，1974，第2928页。姜望来《谣谶与北朝政治研究》第九章"论'白衣天子出东海'"已指出这点（第196页）。
③ 如将"东海出天子"视为谶语中较为稳定的构件，那么北魏末流行的版本，前缀"齐当兴"，初或指葛荣活跃于山东，后又被附会高齐，寓意显豁，恐非最初的面貌。《大唐创业起居注》所记，前缀"法律存，道德在"，文意模糊，除了"天子"之外，其他构件皆可随机组合，仅有宽泛的政治隐喻，或许保留了相对原始的面貌。
④ 见《新唐书》卷94《刘兰传》，第3836页。
⑤ 杨继承：《服制、符命与星占：中古"白衣"名号再研究》，《魏晋南北朝隋唐史资料》第36辑，第146~157页。
⑥ 陈寅恪：《论唐高祖称臣于突厥事》，《寒柳堂集》，三联书店，2001，第113页。
⑦ 《大唐创业起居注》云炀帝为应谶，"恒服白衣，每向江都，拟于东海。常修律令，笔削不停"，这一说法颇为牵强，炀帝与李渊一样皆非"白衣"，不符合应谶的条件。炀帝服白衣不见于史籍，疑系李渊起兵时捏造。
⑧ 或因如此，至玄宗时，唐人已不清楚"白旗天子"之事，张说《起义堂颂》叙太原起兵事，只云"火旗炎炎，云鸟洋洋"，见《张说集校注》，中华书局，2013，第1512页。

作为流体，其文本形态并不固定。不难想见在史籍保存下来的几种记载，只是历史上曾有流传的万一。"构件"添改，赋予新解，则是激活这一"知识仓库"最常见的手段，此即陈寅恪所言"夫歌谣符谶，自可临时因事伪造，但不如因袭旧有之作稍事改换，更易取信于人"。① 如本文所论，太原起兵时对"白衣天子出东海"的改写与利用相当笨拙，李密、李渊集团对《桃李子歌》的改写也有粗精之别。甚至某一长期流行的谶谣"应验"或"失验"之后，仍有人会加以续写，榨取其作为政治动员工具的剩余价值。如"李氏将兴"与"刘氏当王"作为隋唐之际最流行的谶言，在南北朝皆有长期的流传与影响。李唐建立之后，"刘氏当王"一说自然落空，之后刘姓起兵者续以"刘在李后"之类的说法，弥缝旧谶与时势，如贞观初李孝常、刘德裕谋叛时，称"但李在未决之前，刘居已决之后，明知李氏以后天下当归我家，当为决之，顺天之命耳"。② 这种续写当然也可以被视为构件增减的一种形式。

中古时期最具影响力的政治谣谚往往并非因事编造的"一次性预言"，而是各色人等将自己的政治计划或行动依傍于某一长期流传、释义分歧的预言。如秦以来，东南有天子气的传说，成为割据南方各政权的合法性来源之一。③ 从西汉末年以来流行的谶言"当涂高"，曾先后被公孙述、袁术、曹氏、司马氏等视为称帝的符命，④ 相关的例子不胜枚举。这种"谣"与"事"间一对多的关系，形成了一种相互作用的机制。如果将"谶言"视为一种政治工具，并不是由叛乱者发明或操控了工具。"工具"本身也具有一定的主体性，在一定程度上制约了叛乱者的行为，如起兵的时机、推举何人为领袖等。在共通的知识背景下，叛乱的宣传既取材于旧有的"知识仓库"，叛乱行动本身又不断给

① 陈寅恪：《论唐高祖称臣于突厥事》，《寒柳堂集》，第113页。
② 《册府元龟》卷922，中华书局，1961，第10888～10889页。
③ 见冷鹏飞《释"东南有天子气"——秦汉区域社会文化研究》，《北大史学》第4辑，北京大学出版社，1997，第16～32页；傅扬《追求正当性：南北朝晚期政治文化史的一条线索》，《史原》第25期，2013年，第22～25页。
④ 楼劲认为"当涂高"这一谶言对十六国乃至北魏初年的政治仍有相当影响，见《北魏开国史探》第二章"谶纬与北魏的建立及其国号问题"，中国社会科学出版社，2017，第52～65页。

"知识仓库"注入活力，赋予旧谣谶新的动员能力，知识在实践中被不断地重组与重构，这一"知识—行为"间的循环，[①] 塑造了政治谣谶长期流传—改写赋义—持续发挥作用的机制。如同搭载顺风车一般，中古时期的政治动员往往依傍流传已久、具有重要影响的谶谣，而非另起炉灶。起事者无论其社会阶层高低，往往假借共通的知识作为宣传手段。因此，中古时期的政治谣谶具备文本层累、解释开放、传播效力叠加三个特征。这种对既有知识的改造与利用，造就了其"知识仓库"的特质。

中国古代历史上的各种起事，往往因领导人的阶层出身、参与者的种族成分、起事者的宗教背景等，被划分为不同类型，甚至予以不同的评价，或目为叛乱，或名之起义。但回到具体的历史情境中，谣谶之类寓意模糊、解释分歧的符号作为政治工具，往往超越了原初的宗教、族群或阶层背景，事实上，我们也几乎找不到某一谶言真正意义上的"作者"，只能观察到出入这一"知识仓库"的各色使用者对其的解读与改写。同样，这种动员方式本身，也具有超越王朝史的特点，成为不同时代起事中反复出现的结构化行为。

---

① 如果将"谣"与"事"比作谜面与谜底的话，一方面，同一谜面可对应多个谜底，在解释上具有开放性，起事者往往有意迎合谶言，如武德中，李仲文谋叛，"娶陶氏之女以应桃李之歌"（《册府元龟》卷 922，第 10888 页）；另一方面，起事者因宣传需要，已预设谜底，常为此改写谜面，牵合本事。政治行动反过来也利用、改造"知识仓库"，两者间相互缠绕，随物赋形，因时而变，是一种动态的结构，绝非一般意义上"谜面"与"谜底"对应的稳定关系。

信仰与生命史

傅大士弥勒分身形象的思想渊源

陈志远*

摘 要

记载傅大士传记的文献都宣称其人为弥勒分身下世，弟子慧集是传播这一形象的重要推手。对比关于弥勒的经典描述，傅大士的弥勒分身形象既不同于兜率天宫静默说法的上生信仰，也不同于将世界整体带入美好世界的下生信仰，而主张弥勒居于兜率天的漫长时间里分身下化，从而既保持上生信仰的和平主义性格，又满足信众个体被拯救的诉求。这一弥勒信仰的新形态，借鉴了六朝南方流行的观音信仰，《首楞严三昧经》关于弥勒分身的描述，是佛典中唯一支持新说的依据。本文认为，熟悉该经的另一位弟子慧和可能参与了对弥勒分身形象的理论建构，反映出建康僧界知识资源对地方宗教领袖个人魅力（charisma）的塑造。

关键词 傅大士 弥勒 观音 《首楞严三昧经》

傅大士无疑是中国佛教史上颇具异彩的人物。他创立的教团是考察梁陈之际江南腹地庶民信仰的绝佳案例。传记记载，傅大士其人目不识丁，弟子徒众也主要是当地朴实的乡民。然而他的形象和学说，在后代经过了漫长而复杂的增饰和涂抹。换言之，傅大士的"草根"性格和主流教界精英对他的持续兴趣，形成了鲜明的对比。

传持傅大士相关文献的主要推手是浙东当地的大族如傅氏、楼氏，以及与之毗邻的天台僧人如唐之佛窟遗则、五代之永明延寿、近代之印光。[①]

---

* 陈志远，中国社会科学院古代史研究所助理研究员。

① 参见拙文《傅大士作品的早期流传》，《魏晋南北朝隋唐史资料》第 44 辑，上海古籍出版社，2021，第 85～96 页；《傅大士作品的版刻及其流传》，《佛教文献研究》第 4 辑，待刊。

然而剥去后代的踵事增华，当我们试图逼近傅大士生前教团的原始样态，是否能够寻得其信仰建构的一些思想渊源呢？

一　作为弥勒分身的傅大士

傅大士最为人所知的事迹，是其自称弥勒降世。记载其生平的文献，主要是徐陵撰《东阳双林寺傅大士碑》和南宋楼炤编《善慧大士录》四卷①。徐陵的碑文节略本收入《艺文类聚》，比较完整的文本见于《善慧大士录》卷4。今以徐陵碑文和《善慧大士录》的相关记载，简要梳理傅大士弥勒分身的形象塑造过程。

《善慧大士录》这样叙述他开悟的经历：

> 普通元年（520），年二十四，溯水取鱼于稽停塘下，遇一胡僧，号嵩头陀。语大士曰："我昔与汝于毗婆尸佛前发愿度众生，汝今兜率宫中受用悉在，何时当还？"大士瞪目而已。头陀曰："汝试临水观影。"大士从之，乃见圆光宝盖，便悟前因。乃曰："炉鞴之所多钝铁，良医门下足病人，当度众生为急，何暇思天宫之乐乎？"于是弃鱼具，携行归舍，因问修道之地。头陀指松山下双梼树曰："此可矣。"即今双林寺是。大士于此结庵，自号"双林树下当来解脱善慧大士"。②

傅大士经由外国僧人嵩头陀提醒，觉悟到自己是兜率天宫中的弥勒菩萨降世度人。在这以后，他首先向其亲属宣称"我从兜率天下，正为相接耳"。受其所化者，包括傅大士的叔父和从祖孚公等人。③

在向弟子传教的过程中，慧集起了比较重要的作用。慧集本是吴郡富春县人，家世贫贱，为躲避赋役，"逃匿天台山，剃发为僧，头陀苦行"。和嵩头陀相似，这类僧人并不定居寺院，而是游走于村落之间。大通二年（528），慧集慕名投奔傅大士门下，成书于北宋初年的《善

---

① 《卍续藏经》题为《善慧大士语录》，但此前诸书称引皆作《善慧大士录》，本文从之。《卍续藏经》第120册，台北：新文丰出版公司，1993。
② 《善慧大士录》卷1，《卍续藏经》第120册，第2页上栏。
③ 《善慧大士录》卷1，《卍续藏经》第120册，第3页上栏。

慧大士小录》说他"闻法悟解，高声唱言：'我师弥勒应身耳。'师意不许，恐损于法身"。①《善慧大士录》则记载傅大士对徒众宣称："学道若不值无生师，终不得道。我是现前得无生人，昔隐此事，今不覆藏，以示汝等。"②可见促使傅大士改变初衷的契机，大概正是慧集的到来。

傅大士对慧集有很高的评价，他曾说："弟子傅普敏则是文殊，沙门慧和是我解义弟子，亦是圣人，然行位不高，慧集上人是观世音。"③其用意显然是称赞慧集善能随方度化。慧集似也欣然接受这一称誉，并且以观音、弥勒的名义创作了一首偈颂：

> 法师自是布施、放生、救苦、治病，游行郡国，不以艰苦告劳，自唱《无量乐》。因说偈曰："大士兜率来，震动游诸国。莲华匝地生，特许迎弥勒。普光初学道，无边世界动。回天复转地，并入一毛孔。"尔时人间唱此偈者，多不领解，或有会其理者，谓大士既是弥勒佛分身，法师又为观音降迹。经云："弥勒下生，雨华遍地。观音登觉，方成普光如来。"偈言震动诸国，即弥勒下生之时也；回天转地，即是观音应变之迹也。④

偈颂最引人注目之处，是将弥勒分身的下生与观音降迹并提。关于这一点，下文还会分析。

傅大士也常与弟子谈论自己的弥勒分身身份，其中颇有异于主流弥勒信仰的内容。"天嘉元年（560），弟子慧荣等欲建龙华会。大士曰：'汝可作请佛停光会，龙华是我事也。若从吾言，定见龙华矣。'大士又曰：'吾悟道已四十劫，释迦世尊方始发心。盖为能舍身苦行，所以先我成佛耳。'"⑤对于弥勒的发心和成道，也有细致的描述："又曰：

---

① 《善慧大士小录》，录文参见上引拙文《傅大士作品的版刻及其流传》。与《小录》同源的《景德传灯录》卷27亦云："时有慧集法师闻法悟解，言'我师弥勒应身耳'，大士恐惑众，遂呵之。"释道源：《景德传灯录》，冯国栋点校，中州古籍出版社，2019，第798页。
② 《善慧大士录》卷1，《卍续藏经》第120册，第3页下栏。
③ 《善慧大士录》卷1，《卍续藏经》第120册，第9页下栏。
④ 《善慧大士录》卷4，《卍续藏经》第120册，第48页下栏～49页上栏。
⑤ 《善慧大士录》卷1，《卍续藏经》第120册，第10页上栏。

'我于梦中忆得过去师，名曰善明世尊。'或问曰：'善明世尊，得道时师耶？发心时师耶？'答曰：'非发心时师也，彼佛出世时，我为国王，供养彼佛。彼佛寿八万岁，我作佛时，寿量亦尔。我梦得师名，悲相忆念，一夕雨泪。'"①

根据《弥勒下生经》的讲法，弥勒将在龙华树下觉悟成佛，而后三会说法。所谓龙华会，是信仰者祈愿在往生之后的久远未来，能在龙华树下值遇弥勒，听闻佛法的斋会活动。僧祐的《法苑杂缘原始集》曾记载宋明帝造龙华誓愿文，南齐竟陵王萧子良也举行过龙华会。② 傅大士制止弟子们举办这类斋会，理由显然是自己已经作为弥勒佛的分身下降人间，斋会的名称当改为"请佛停光"，意指祈请作为未来佛分身的傅大士停驻世间。

而自称弥勒先于释迦四十劫发心，晚于释迦成佛，以及其过去师为善明世尊诸说，经典依据见于鸠摩罗什译《佛藏经·净见品》。"舍利弗！我念过去时世有佛，号曰善明。弥勒菩萨时作转轮圣王，字曰照明，初发阿耨多罗三藐三菩提心，于时众生寿八万四千岁。其善明佛三会说法……舍利弗！弥勒发心四十劫已，我乃发心。"③ 在主流的弥勒信仰中，《佛藏经》并不是被经常引用的经典。

在圆寂前不久，傅大士对身后的葬事做了周到的安排。此时，点化其开悟的嵩头陀入灭，"大士心自知之，乃集诸弟子曰：'嵩公已还兜率天宫待我，我同度众生之人，去已尽矣。我决不久住于世。'"④ 徐陵碑文记其遗嘱云："一分舍利起塔于冢，一分舍利起塔在山。又造弥勒像二躯置此双塔，莫移我眠床。当取法猛上人织成弥勒像，永安床上，寄此尊仪，以标形相也。"⑤ 在傅大士的理解里，生命的结束意味着返

---

① 《善慧大士录》卷1，《卍续藏经》第120册，第3页下栏。
② 释僧祐：《出三藏记集》卷12，苏晋仁、萧炼子点校，中华书局，1995，第486页。
③ 《佛藏经·净见品》，《大正新修大藏经》（以下简称《大正藏》）第15册，第798页上栏。关于弥勒早于释迦发心，《弥勒菩萨所问本愿经》曰："弥勒发意先我之前四十二劫，我于其后乃发道意，于此贤劫以大精进，超越九劫得无上正真之道成最正觉。"（《大正藏》第12册，第188页中栏）此经与《大事》（*Mahavastu*）中的一个段落相对应，参见 Jonathan Silk, "Maitreya," *Brill's Encycloepdia of Buddhism*, Vol. II, p. 304。
④ 《善慧大士录》卷1，《卍续藏经》第120册，第11页上栏。
⑤ 徐陵撰，许逸民校笺《徐陵集校笺》卷10《东阳双林寺傅大士碑》，中华书局，2008，第1232页。

回弥勒居住的兜率天，同时他还希望在舍利塔上安置弥勒像，用以标示其作为弥勒分身降世的一生。

傅大士的一生作为一个叙事整体，透露出几个基本的信息。第一，傅大士的生涯有清晰的时空框架，他生前是居于兜率天的弥勒，死后还返回兜率天，降世的数十年度化众生，所以弟子们要"请佛停光"。第二，傅大士确认自己弥勒分身身份，并向外传播的过程中，游方的僧人嵩头陀、慧集可能发挥了比较重要的作用。第三，如果相信传记的记载，即傅大士真的目不识丁，他作为弥勒分身降临人间的原理，和对诸如《佛藏经》之类经典的运用，只能由教团中具有一定文化修养的成员来营建。这样看来，嵩头陀也好，慧集也罢，知识修养终究较低，虽能广收宣传之效，然塑造傅大士弥勒形象者，恐怕另有其人。

二 弥勒信仰的类型及其新变

关于傅大士弥勒信仰的思想来源，魏斌先生提示了非常有价值的线索。他指出，剡县石城山，齐梁之际雕凿了江南最大的弥勒坐像。刘勰《梁建安王造剡山石城寺石像碑》描述说"愿造弥勒，敬拟千尺，故坐形十丈"。大佛建成以后，"其四远士庶，并提挟香华，供施往还，轨迹填委"。而嵩头陀之弘法乌伤，修营山寺，在天监末年，其时地与剡县石佛的竣工非常接近。因此，魏斌先生推测，傅大士关于弥勒下生的知识，即使不是得自嵩头陀本人，也可能是在其他村落斋会的场合获悉。①

上文业已指出，傅大士的弥勒形象和弥勒经典中的讲法颇有差异，与同时期北方流行的弥勒教匪亦不同。这里需要简单回顾一下弥勒信仰的几种类型，并以此为坐标，重新考虑傅大士作为弥勒分身这一形象的

---

① 魏斌：《南朝佛教与乌伤地方》，《"山中"的六朝史》，三联书店，2019，第234～241页。关于剡县石城大佛，参见 Kochi Shinohara, "The Maitreya Image in Shicheng and Guanding's Biography of Zhiyi," in *From Benares to Beijing: Essays in Buddhism and Chinese Religions in Honor of Dr. Jan Yun – hua*, eds. Gregory Schopen & Koichi Shinohara, Oakville, Ontario, New York, London: Mosaic Press, 1991, pp. 203 – 228。陈金华：《神话、疾病、转世观念与佛教圣迹：新昌弥勒大佛考》，陈金华、孙英刚编《神圣空间：中古宗教中的空间因素》，复旦大学出版社，2014，第229～332页。

思想史意义。

那体慧（Jan Nattier）曾将佛教史上以弥勒为主要崇拜对象的信仰分为四种类型，其分类依据是此世—彼岸、现在—未来两对参数，由此排列组合，有如下四类。

（Ⅰ）此处／此时：自称救世主，引起社会动荡；

（Ⅱ）此处／未来：下生信仰，劝导遵守僧团秩序；

（Ⅲ）他方／未来：上生信仰，表达对彼岸世界的向往；

（Ⅳ）他方／此时：上生信仰的神奇化，用于决疑，常与瑜伽行派联系。[1]

在这个分类中，最为流行的是上生信仰、下生信仰以及二者的结合形态。下生信仰的经典依据是《弥勒下生经》，有吉尔吉特、尼泊尔两个梵文本（Maitreya-vyākaraṇa）和藏译本，汉译本先后有 5 种，分别是：

A. 托名竺法护（316 年卒）译《弥勒下生经》（T453）；[2]

B. 4~5 世纪译《弥勒来时经》（T457）；

C. 鸠摩罗什（413 年卒）译《弥勒下生成佛经》（T454）；

D. 鸠摩罗什译《弥勒大成佛经》（T456）；

E. 义净（713 年卒）译《弥勒下生成佛经》（T455）。

上生信仰的经典依据是沮渠京声（464 年卒）译《观弥勒菩萨上生兜率天经》。此经无梵文本，藏译本是根据汉文翻译而成。[3]

根据下生类经典的描述，弥勒会在未来诞生于一个婆罗门家庭，彼时有转轮王穰佉治世，世界丰饶喜乐。这个美好世界的特征之一，是人寿命的长久和身材的高大。鸠摩罗什译《弥勒大成佛经》云："寿命具足八万四千岁，无有中夭，人身悉长一十六丈。"与此相应，弥勒的身长也达到了令人惊叹的程度。"身长释迦牟尼佛八十肘（三十二丈），胸广二十五肘（十丈），面长十二肘半（五丈），鼻高修直当于面门，

---

① Jan Nattier, "The Meanings of the Maitreya Myth: A Topological Analysis," in Alan Sponberg and Halen Hardacre eds., *Maitreya, the Future Buddha*, Cambridge University Press, 1988, pp. 23 – 50.

② 与《增一阿含经·十不善品》同本，一般认为该经是从《增一阿含经》中抄出，托名竺法护译。

③ 相关经典的介绍，参见菊地章太『弥勒信仰のアジア』大修館書店、2003、57~62 页。

身相具足，端正无比，成就相好。一一相，八万四千好以自庄严，如铸金像。"① 因此，造立大像的活动，往往与弥勒下生信仰有关。② 弥勒见七宝台被毁，深悟无常，出家修道，在龙华树下证悟。是后在华林园中三会说法，分别度化96亿、94亿、92亿人得阿罗汉道。

弥勒下生信仰预言弥勒将在此地的娑婆世界出现，因而具有强烈的现世指向。此外，从经文中对理想世界的描述和三会说法数十亿人得道的浩大规模来看，又具有比较强的群体面向。换言之，弥勒会降生在一个美好世界，同时给世人带来整体性的觉悟，而不解决个人的信仰诉求。不过经文也强调参与皈依弥勒的听众于恶世中"能修持戒，作诸功德"，劝导徒众维护僧团秩序。是为弥勒信仰的第Ⅱ型。

相比而言，弥勒上生信仰则具备明显的和平主义性格。根据《弥勒上生经》，弥勒此时居住在欲界第四天兜率天，这也是释迦佛入胎以前居住的位置。③ 信仰者皈依弥勒，会在寿终以后先上升兜率天听弥勒说法，经文随后描述了兜率天的种种殊胜景象。下生经对弥勒到来时间的交待非常模糊，上生经则明确指出，兜率天上的听众会在久远的未来随弥勒下生，④ "阎浮提岁数五十六亿万岁，尔乃下生于阎浮提，如《弥勒下生经》说"。⑤ 这个数字不见于今本下生类经典，或许是撰述者对下生信仰可能的危险倾向做出的某种对治。是为弥勒信仰的第Ⅲ型。

上生信仰还有一种变体，即信仰者通过禅定等手段，可立时上升兜率天，亲自与弥勒菩萨相会。相关的记载常见于瑜伽行派的修行者。是为弥勒信仰的第Ⅳ型。下生信仰也有一种极端的表现。在一些弥勒类的伪经中，弥勒下生的年代被大大提前，弥勒在充满灾难和不幸的恶世降临，给世界带来直接的拯救。下生经典中弥勒的到来是美好世界的后

---

① 《弥勒大成佛经》，《大正藏》第14册，第429页上栏、430页中栏。

② 关于诸经典中对弥勒身长的描述差异以及与造像活动的关系，参见宫治昭《涅槃和弥勒的图像学》第三部第一章"弥勒与大佛"，李萍、张清涛译，文物出版社，2009，第327～345页。

③ 关于兜率天，参见 Paul Demieville, "La Yogācārabhūmi de Saṅgharakṣa," *Bulletin de l'École française d'Extrême–Orient*, Vol. 44, No. 2 (1954), pp. 339–436。

④ 《佛说观弥勒菩萨上生兜率天经》云："如是等众生若净诸业行六事法，必定无疑当得生于兜率天上值遇弥勒，亦随弥勒下阎浮提第一闻法。"《大正藏》第14册，第420页上栏。

⑤ 《佛说观弥勒菩萨上生兜率天经》，《大正藏》第14册，第420页上栏。

果，这里二者出现的因果关系被逆转。北朝隋唐屡屡发生以弥勒下生为号召的暴乱，就是这一信仰形态的表现。是为弥勒信仰的第Ⅰ型。

以那体慧归纳的弥勒信仰类型作为参照，傅大士作为弥勒分身的形象不属于其中任何一种，而是结合上生—下生，又有所创造，显示出鲜明的特色。关于这一形象，徐陵的碑文有一段非常凝练的概括：

> 补处菩萨，仰嗣释迦，法王真子，是号弥勒。虽三会济济，华林之道未孚；千尺岩岩，穰佉之化犹远。但分身世界，济度群生，机有殊源，应无恒质。自叙因缘，大宗如此。按《停水经》云：观世音菩萨有五百身在此阎浮提地，示同凡品，教化众生。弥勒菩萨亦有五百身在阎浮提，种种示现，利益众生。故其本迹，难得而详言者也。①

由此可见，傅大士自称弥勒，接受了上生—下生信仰的基本时空框架，承认弥勒最终下生婆婆世界，在华林园三会说法的时机尚未成熟，转轮王穰佉治下人寿数万岁、身长千尺的美好治化也还在遥远的未来。

但在弥勒上生—下生信仰的经典描述里，弥勒最终降临前的漫长时间里，一直静默地处于兜率天宫，信仰者值遇弥勒，要么是等到命终以后，要么是以禅定力上升兜率。新的弥勒信仰则认为，弥勒会以分身的方式，接受众生的感应，短暂地下生人间，济度众生的苦难。一方面，以分身化现的方式，回应了当世信众的个体性诉求；另一方面，它又不同于以弥勒下生为号召的救世主信仰，避免了将世界整体带入美好时代的群体指向，保持了上生信仰的和平主义性格。于是，傅大士自称弥勒分身，就与此前南北朝流行的上生、下生信仰，都拉开了距离。

三　《首楞严经》与慧和事迹

再来探讨弥勒分身的思想渊源，仍然回到徐陵的碑文。碑文虽由文士撰写，但原始材料当由傅大士弟子提供，反映了傅大士教团对弥勒信仰的认识。碑文引用了《停水经》，该经不见于任何著录，或许是傅大

---

① 徐陵撰，许逸民校笺《徐陵集校笺》卷10《东阳双林寺傅大士碑》，第1226页。

士教团撰作的伪经。

从仅有的引文判断，经文将观音的分身化现与弥勒分身加以比拟，用前者来说明后者。观音菩萨救度众生的形象，在《法华经·观世音菩萨普门品》中得到集中的表现。南朝宋齐以降，流行着多种观音应验记，日本青莲院所藏六朝古逸观世音应验记三种可为其代表。① 这类作品的存在表明，观世音随缘化现的观念，在南方庶民阶层中深入人心。

然而作为未来佛的弥勒菩萨，与观音的形象实在大为异趣。弥勒分身化现的思想，在上生、下生经典中找不到依据。唯一的典据可能来自《首楞严三昧经》。该经藏译本和一些梵文、于阗文写本残片以及经录著录的汉译本有 9 个，年代最早的是东汉支娄迦谶的译本，由此上推大致的成书年代在公元 2 世纪。② 今存汉译本只有鸠摩罗什所译。

《首楞严经》的核心教义是宣说体得"首楞严三昧"（英勇地向成佛之觉悟状态行进）的过程，强调"唯有住在十地菩萨，乃能得是首楞严三昧"。③ 该经的卷下描述了文殊菩萨等诸大菩萨体得首楞严三昧的殊胜功德，其中有一段专门谈到弥勒菩萨的分身：

> 弥勒菩萨即时示现如是神力，名意菩萨及诸众会，见此三千大千世界诸阎浮提，其中皆是弥勒菩萨！或见在天上；或见在人间；或见出家；或见在家；或见侍佛，皆如阿难；或见智慧第一，如舍利弗；或见神通第一，如目犍连；或见头陀第一，如大迦叶；或见说法第一，如富楼那；或见乐戒第一，如罗睺罗；或见持律第一，如优波离；或见天眼第一，如阿那律；或见坐禅第一，如离婆多。如是一切诸第一中，皆见弥勒！或见入诸城邑聚落乞食；或见说

---

① 参见牧田諦亮『六朝古逸観世音応験記の研究』平樂寺書店、1970；小南一郎「六朝隋唐小説史の展開と仏教信仰」福永光司編『中國中世の宗教と文化』京都大学人文科学研究所、1982、415～500 頁。陆帅认为观世音灵验记的大量出现是在刘宋元嘉后期，其所反映的内容，则是该信仰在东晋太元年间以降直至宋初的晚渡北人之间的流行，参见「晚渡北人と南朝観世音信仰—三つの『観世音応験記』を手がかりに—」京都大学大学院人間・環境学研究科『歴史文化社会論講座紀要』第 13 号、2016、1～18 頁。

② 关于《首楞严三昧经》的译本及其早期流传情况，参见 *Śūraṃgamasāmadhisūtra: the Concentration of Heroic Process, an Early Mahāyāna Sūtra*, translated by Etienne Lamotte, English translation by Sara Boin‑Webb, Motilal Banarsidass Publishers, 2003, pp. 1–55。

③ 《佛说首楞严三昧经》卷上，《大正藏》第 15 册，第 631 页上栏。

法；或见坐禅。①

《首楞严经》反复重译的事实已经表明，此经在中古前期一直受到关注。《冥祥记》记载刘萨诃入冥经历，听菩萨说法，云："经者尊典，化导之津，《波罗蜜经》功德最胜，《首楞严》亦其次也。"② 东晋著名的居士谢敷，曾手抄《首楞严经》，并加注释。③ 傅大士本人曾自称："我得首楞严三昧。"弟子旋即赞叹："首楞严三昧，唯住十地菩萨方能得之，故知大士是住十地菩萨，示迹同凡耳。"④ 此外，在傅大士弟子慧和的相关事迹里，《首楞严经》占有非常重要的位置。

慧和的事迹有两点值得注意。第一是其早年游学建康寺院的经历。慧和20岁以前曾与神僧保志相遇，据志公卒年，可知慧和生年不晚于天监十三年（514），以常情推测，当在天监初年。出家以后，"时有云法师者，法门博赡，道俗所归。一见法师，深相赏遇，恒令覆讲，不盈旬时。尽晓经中微旨，云公已仰之不逮矣"。⑤ 此处不言"云公"为何人，但吉藏《法华义疏》卷6云："问：众生云何是佛子耶？答：昔光宅学士和阇梨云：凡夫识能更生识，所生之识则是己儿，故名为子，得无漏意识，不复生识也。"陈金华指出，法云在光宅寺出家，为梁僧三大家之一，且撰有《法华义疏》，今存。吉藏既然称和阇梨为"光宅学士"，疏解之文也是针对《法华经》，基本可以断言，慧和所从学之人，就是光宅法云。⑥

第二是慧和对《首楞严三昧经》的兴趣。传云："当时复有头陀寺隐法师者……隐公云：'若能于空山旷野，城邑聚落，唱三昧名首楞严法，其利甚深，能成众行。'法师从之。每至下讲后，辄于岐路间高唱

---

① 《佛说首楞严三昧经》卷下，《大正藏》第15册，第643页下栏。
② 释道世著，周叔迦、苏晋仁校注《法苑珠林校注》卷86引《冥祥记》，中华书局，2003，第2485页。
③ 释道世著，周叔迦、苏晋仁校注《法苑珠林校注》卷18引《冥祥记》，第592页。《出三藏记集》卷7《合首楞严经记》小注："三经谢敷合注，共四卷。"（第270页）
④ 《善慧大士录》卷1，《卍续藏经》第120册，第2页下栏。
⑤ 《善慧大士录》卷4，《卍续藏经》第120册，第50页上栏。
⑥ 陈金华：《和禅师考》，佛光大学佛教研究中心编《汉传佛教研究的过去、现在与未来》，佛光出版社，2015，第348页。

是言。时有不逞弟子，或骂辱殴捶，法师怡然自若。"① 传末又云："始，法师自幼及长，僧祇八部，佛觉三昧②，研核凡书，检校秦篆，多知弘益。又讲《大乘义》一百二十遍，《大涅槃》五十遍，《首楞严》四十余遍。在广陵诵出《大乘义》六十九科，诸学徒共执笔录出为十八卷，名教（数？）一卷，并序一卷，合二十卷，《法华义疏》十卷，传于世。"③ 另外灌顶《大般涅槃经疏》和《涅槃经疏私记》两引慧和经说，皆有关《首楞严经》之经题解释。④ 综合这些材料可知，慧和精于《首楞严经》，且有注释书传世。

至于慧和加入傅大士教团的时间点，传云：

> 及隐公将欲迁化，法师乃咨谋后事曰："谁可依止？"答曰："东阳傅大士，自然智慧，深解大乘，可依为师范。"于时大士在都，居蒋山，与梁武帝绍兴正教。法师礼谒，请为弟子。初寓会稽彦阇梨所……法师遂辞往东阳。时东阳徒众知法师将到，居士普愍往县过上申侯语，忽道："和阇梨于都立誓为大士弟子，今当故来供养家师，今将至矣。"申侯闻是语，抗声骂言："普愍贡高合治，皇太子数请和阇梨不能致，岂有远来见大士义？"普愍不答。后十一日，阇梨果至。⑤

魏斌指出，傅大士入都活动凡有三次，第一次在中大通六年十二月至大同元年（535）四月，第二次在大同五年至六年（539～540），第三次

---

① 《善慧大士录》卷4，《卍续藏经》第120册，第50页上栏至下栏。
② 此或指《摩诃僧祇律》与八部般若，用例见于《续高僧传》卷3《慧净传》："至如大乘小乘之偈，广说略说之文，《十诵》、《僧祇》、八部《波若》，天亲、无著之论，法门句义之谈，皆剖判胸怀，激扬清浊。"道宣：《续高僧传》，郭绍林点校，中华书局，2014，第81页。"佛觉三昧"，见于《舍利弗问经》："唯阿难修不忘禅，宿习总持，于少时中得佛觉三昧。"（《大正藏》第24册，第902页下栏）
③ 《善慧大士录》卷4，《卍续藏经》第120册，第51页上栏。
④ 灌顶《大般涅槃经疏》卷24云："次释名，中云首楞严，翻为坚固，和阇黎翻修治心。"（《大正藏》第38册，第178页下栏）灌顶《涅槃经疏私记》卷7云："经云首楞严者，约理性论楞严三昧也。经云有五种名……又此五名，楞严、金刚从定立名，般若、师子从慧立名，佛性总于四名，和阇梨者呼为大地者。"（《卍续藏经》第58册，第269页下栏）
⑤ 《善慧大士录》卷4，《卍续藏经》第120册，第50页下栏。

则在上次入都后数月，亦即大同六年。① 上文考出慧和生年在天监初，传文叙述此事发生在他 30 岁以后数年，因此慧和见傅大士的时间，更可能是在大同五年至六年之间。

有理由推测，早年游学于建康寺院的慧和，从《首楞严三昧经》中弥勒分身化现的观念中得到灵感，在他加入傅大士教团以后，大大丰富了傅大士弥勒分身的学理内涵。《停水经》明确声称观音、弥勒并有分身散在阎浮提，可能是以《首楞严三昧经》作为经典支持。

傅大士死后，陈太建四年（572）九月，傅大士弟子法璇、菩提、智瓒等启请陈宣帝为傅大士立碑，同时立碑的还有大士弟子慧集、慧和。根据上文的考证，对于傅大士自称弥勒，慧集有宣传之功，慧和与之并立，恐非无因，其贡献恐怕正在于对这一弥勒信仰的新类型所做的学理阐释。

关于慧和，傅大士也有一个评价，颇堪玩味。他说："沙门慧和是我解义弟子，亦是圣人，然行位不高。"② 上文提到，傅大士将弟子傅普敏称为文殊，慧集称为观音，在建康引导他谒见梁武帝的太乐令何昌为阿难，而仅仅给予慧和较低的评价。若做诛心之论，或许正反映出傅大士对慧和得天独厚的知识背景的刻意贬抑。

余 论

那体慧讨论弥勒信仰的类型，其实还考虑过另一对参数，即群体性（communal）与个人性（individual）的差别。③ 根据上文的分析，傅大士弥勒信仰之新变，正在于模仿南朝业已流行的观音信仰，改造弥勒形象，从而解除了弥勒下生经典中的群体性指向，而回归到个人信仰的诉求。弥勒与观音分身化现的背后，是南朝佛教广泛接受的应机与感应的原理。④

---

① 魏斌：《南朝佛教与乌伤地方》，《"山中"的六朝史》，第 253~254 页。
② 《善慧大士录》卷 1，《卍续藏经》第 120 册，第 9 页下栏。
③ Jan Nattier, "The Meanings of the Maitreya Myth：A Topological Analysis," in Alan Sponberg and Halen Hardacre eds. , *Maitreya, the Future Buddha*, p. 37, n. 9.
④ 参见菅野博史《中国法华思想的研究》第二章第三节"道生的机与感应观"，张文良、张宇虹译，国际文化出版公司，2017，第 36~40 页。

从史传材料的记载中，笔者对该学说的建立过程做了一些推测。傅大士的教团是观察江南庶民佛教的一面镜子，而这个教团又不那么典型。其特异之处在于，信仰号召力的核心是一位具有卡里斯马性格的宗教领袖。这个光辉形象的塑造，当然有傅大士本人人格魅力的因素，同时也离不开几个主要弟子的学理建构和宣传。本文之所以特别关注慧和的学术背景及其可能发挥的作用，是基于这样的考虑，对于一个僻处江南腹地的地方教团来说，建康主流僧团的知识向外的辐射力始终是不可忽视的。

武后不死[*]

——升仙太子碑成立前后以及武周末年的宗教、政治转向

吕 博[**]

摘 要

要理解升仙太子碑的意义，应当将竖立此碑视作"事件"，置于武周末年的诸种史事序列中来观察。封禅嵩山、竖升仙太子碑追敬仙人王子晋、建三阳宫以求长生、修炼九转神丹企图延命、嵩山山门投龙等不计代价的行为，都证明武则天晚年存有不死幻想，试图借助多种宗教、礼仪祈求长命。武则天自身由佛至道的信仰更替其实也预示着武周政局的转向。对于观望局势的朝臣来说，无论是永保国祚的政治宣言，还是形制宏大的道教碑刻，抑或是虔诚的宗教行为终究只能释放一种信号，就是武则天年迈衰朽，寿命将终。史料揭示出稍有政治敏感的人都在考虑她逝去之后的政局转向和权力让渡。只有对武则天"生命史"进行关注，才能深入理解神龙政变前武周末年的诸多礼仪、宗教、政治事件。

关键词 武则天 封禅 升仙太子碑 三阳宫 投龙 神龙政变

升仙太子碑蕴含众多理解武周末年政治、宗教转向的线索，因此引起不少中外学者的关注。饶宗颐先生早在 1974 年就注意到升仙太子碑对于武则天信仰转变的意义，阐述虽简但给人启发良多。[①] 2002 年，李

---

* 本文系国家社科基金青年项目"出土文献与唐代礼制问题研究"（17CZS010）阶段性成果。

** 吕博，武汉大学历史学院暨中国三至九世纪研究所副教授。

① 饶宗颐：《从石刻论武后之宗教信仰》，《中央研究院历史语言研究所集刊》第 45 本第 3 分，1974 年。后收入氏著《饶宗颐史学论著选》，上海古籍出版社，1993，第 516 页。

斌城对升仙太子碑做过一些简要的考释。① 2011 年，日本学者古胜隆一对升仙太子碑的内容有所笺释，但并没有深入讨论该碑的政治、宗教意涵。② 2016 年，笔者曾于武汉大学博士后出站报告中简要分析了升仙太子碑与武周末年礼仪、宗教、政治转向的关系。③ 2017 年，唐雯对于升仙太子碑的生成史有过精彩、细致的研究，不过，有关懿德太子、张昌宗与该碑关系的讨论，这里不能全部同意。升仙太子碑第三次刊刻的原因，不是唐雯讨论的重点，所以也着墨不多。④ 孙英刚着重分析了升仙太子碑的纪念意义，尤其对该碑第三次刊刻与中宗政局的研究，在唐雯的基础上有很大拓展。⑤ 不过，我们认为张易之、薛稷的名字被凿掉应该与安国相王府的出行相关，拟进一步分析。升仙太子碑成为今日学者讨论的核心史料，只是因为它的幸运留存。艺术史家常常强调读碑的"原境"。但这种原境不仅是空间原境，更应该包括时间原境。⑥ 从某种程度上讲，升仙太子碑只是历史遗迹，与同时期其他出土文献相比并无特别的地位。从纪年、空间的角度理解此碑的意义，应当将竖立升仙太子碑看作"事件"，安置到武周末年的诸种礼仪、祭祀、宗教史事序列中来理解。除升仙太子碑外，我们还能看到众多的出土文物如《大云经神皇授记义疏》《嵩山石淙河旁饮宴赋诗铭刻》《嵩山投龙金简》《岱岳观碑》等。同样综合考虑这些文物编年，可以发现不少前后关联的问题。这些幸存的遗物，几乎都和武则天晚年意图长生进而永掌国祚的想法相关。正当皇帝调动各种长生资源寻仙问道，试图永远执政之时，朝中的大臣们最关心的事情却是武则天死后政治局势可能迎来的转向。在

---

① 李斌城：《升仙太子碑并序考释》，王文超、赵文润主编《武则天与嵩山》，中华书局，2003，第 29～40 页。另外同期有梁恒唐、梁晋红《说周唐变革在升仙太子碑上的留痕》（第 192～193 页）等。

② 「武则天『升仙太子碑』立碑の背景」麥谷邦夫编『三教交涉論叢續編』京都大学人文科学研究所、2011 年 3 月。

③ 详参拙撰《出土文献与唐代礼制问题研究》，博士后出站报告，武汉大学，2016，第 84～85 页。

④ 唐雯：《女皇的纠结——〈升仙太子碑〉的生成史及其政治内涵重探》，《唐研究》第 23 卷，北京大学出版社，2017；《〈升仙太子碑〉的生成史及其内涵重探》，《文汇报》2018 年 3 月 30 日。

⑤ 孙英刚：《流动的政治景观——〈升仙太拓碑〉与武周及中宗朝的洛阳政局》，《人文杂志》2019 年第 5 期，第 101～108 页。

⑥ 有关原境的相关讨论，可以参考巫鸿《美术史十议》，三联书店，2016，第 25 页。

众多大臣勠力运作下，政局不断朝他们想要的方向发展。最终在神龙政变之后，李唐王朝复辟。我们看到武则天晚年最在乎的只是寿命、死亡。只有在"生命史"的角度下来考察诸多礼仪、宗教以及政治事件，才能更深入理解武周末年宗教与政治之间的张力，进而获得更贴近历史事实的认识。

一 长寿愿许与武则天晚年的国家祭祀

公元692年10月，武则天将年号从"如意"改为"长寿"。"长寿"是武则天在这一年使用的第三个年号。此时她69岁，离去世还有13年的光景。诸种信息透露出，她于此时已经开始担忧自己的性命。年号的更改格外能表明她内心的期许，就是直言不讳地期望长命百岁。《通鉴》是这样记述这段历史的："太后春秋虽高，善自涂泽，虽左右不觉其衰。丙戌，敕以齿落更生，九月，庚子，御则天门，赦天下，改元。更以九月为社。制于并州置北都。"①

从这一年起，史书中关于她"春秋已高""年迈""疾""寝疾"的记录越来越多。但或许是史臣出于为武则天讳的目的，在书写史籍时往往"曲笔"。概言之，就是不能径言君主年岁已高、年迈体衰。君主明明出于"私"的长生祈求常常被置换成另一种表达，声称是为了"公"方面的永隆国祚。基于以上判断，这段史料可以换一种读法。武则天"涂泽"，是为掩饰年老色衰。"齿落"大概是事实，"更生"绝不可能发生。但"齿落更生"这样的事件还是被视作祥瑞，列入"赦书"，向州县传递皇帝再获新生的信息。赦礼之后，武周王朝就将年号更改为"长寿"。年号只是体现皇帝长生期许的一个方面。为了达到长生这个目的，宗教、礼仪领域的各种长生之术都被调动起来。术士武什方"自言能合长年药"，遂被派往岭南采药。此后武什方因为牵连于河内老尼，以谋叛的罪名被杀。② 不过，武什方之死也丝毫没有影响武则天对于长生的追求。

---

① 《资治通鉴》卷205，则天后长寿元年，中华书局，1956，第6487页。
② 《资治通鉴》卷205，则天后天册万岁元年，第6499～6500页。

长寿三年五月甲午（694 年 6 月 9 日），武周王朝改元"延载"，结束长寿年号的使用。无论是长寿还是延载，其实都是皇帝长生意图的体现。延载二年（695）正月初一，武则天加尊号"慈氏越古金轮圣神皇帝"，敕昭天下，改元证圣。① 证圣（694 年 11 月 23 日至 695 年 10 月 22 日）是武则天称帝后的第五个年号，历时 10 个月。证圣即佛教用语，意为"证入圣果"，与武则天在此一时间的宗教活动有关。武氏尊号里的"越古"，意在说明武则天超迈汉代以来的所有女主，获得转轮王的称号。② 标明慈氏的称号，也在说明武则天在遵照《宝雨经》的文本指导，将"诣睹史多（兜率）天宫，供养承事慈氏菩萨"。证圣元年正月十六日夜，明堂、功德堂发生火灾，意味着转轮王供奉弥勒的剧目无果而终。《宝雨经》的政治、宗教理念开始破产。春二月，武则天删除尊号中"慈氏越古"一词，正对应明堂景观中大佛像的消失。③ Riccrado Fracasso 有一个有趣的解释，他认为 695 年明堂大火之后，武则天急于确立自身统治的合法性，因此采取了重建九鼎的方法。武则天通过复古到夏商周三代，迎合民族主义者和反佛者的口味。④ 不过，更准确地说，明堂大火后武则天也并未完全放弃佛教的宣传方式，从"天册金轮圣神皇帝"的尊号来看，她肯定还在坚持着转轮王的身份。

（一）《大云经神皇授记义疏》中的封禅与长生

证圣元年九月九日甲寅（695 年 10 月 22 日），则天合祭天地于南郊，加号"天册金轮大圣皇帝"，改元"天册万岁"。"天册"似乎表明武则天重新认定天命所在。武则天即皇帝位后，总共有过 14 个年号，从字义来看，至少有 7 个和她长生的祈求相关。其中有 3 个带有万

---

① 《旧唐书》卷 6《则天皇后本纪》，中华书局，1975，第 124 页。

② 《大云经神皇授记义疏》就已经表明过这种迈越古今的想法："问：'大圣悬记，不明氏族，详观女主乃有数君，何所准凭，独在今日？'答曰：'佛记王国位当六五，自汉以来，迄于圣代，女主虽多，并事之冥符，名称太后，不应经诰。今之圣母神皇正膺佛记，故经云：女主自在，遍阎浮提，起诸宝塔，盛弘佛事。'"参见林世田《〈大云经疏〉结构分析》，《敦煌遗书研究论集》，中国藏学出版社，2010，第 34 页。

③ 《资治通鉴》卷 205，则天后天册万岁元年，第 6502 页。

④ 参 Riccrado Fracasso，"The Nine Tripods of Empress Wu," in Antonnino Forte ed.，*Tang China and Beyond*，Kyoto：IstitutoItaliano di CulturaScuola di studisull' Asia Orientale，1988，pp. 95 – 96。

岁。年号改为天册万岁应该还与嵩山呼万岁的神奇经历相关，可是相关记载很少。

《通鉴》记载："先是，有朱前疑者，上书云：'臣梦陛下寿满八百。'即拜拾遗。又自言'梦陛下发白再玄，齿落更生。'迁驾部郎中。出使还，上书曰：'闻嵩山呼万岁。'赐以绯算袋，时未五品，于绿衫上佩之。"① "闻嵩山呼万岁"并非全然无据的口号，② 史载元封元年（前110），"春正月，（汉武帝）行幸缑氏。诏曰：'朕用事华山，至于中岳，获驳麃，见夏后启母石。翌日亲登嵩高，御史乘属、在庙旁吏卒咸闻呼万岁者三。登礼罔不答。其令祠官加增太室祠，禁无伐其草木。以山下户三百为之奉邑，名曰崇高，独给祠，复亡所与。'行，遂东巡海上"。③ 汉武帝登上了嵩山之巅，吏卒都听到了向他三次大呼"万岁"的声音。这是谁的声音呢？荀悦注曰："万岁，山神称之也。"汉武帝向神灵致意还礼，无不答应。朱前疑出使的时间、事迹不可考，但山呼万岁的记录，无疑是在模仿汉武帝的经历。④ 从叙事时间来看，嵩山呼万岁的说法应在长寿元年改元之后、神功元年讨伐契丹之前。这里颇怀疑证圣元年九月九日甲寅，嵩山山呼万岁也是改元"天册万岁"的理由。细绎相关史料遂会发现，嵩山在此时确有武则天"长命之所"的特征。证圣元年九月九日之后，武则天也像汉武帝一样在酝酿封禅大典。在举行典礼前，她先派遣使节在嵩山地区进行祭祷，以祈福助。汉武帝曾命祠官"加增太室祠，禁无伐其草木。以山下户三百为之奉邑，名曰崇高，独给祠"。⑤ 而武则天别有一种创举，就是给嵩山地区的神灵封爵。嵩山被封为"天中王"，嵩山夫人被封为"灵妃"。此外，嵩山旧有的夏启及启母、少室阿姨神庙，都被祭祀。天册万岁二年腊月甲申封禅嵩山，改元"万岁登封"，以示纪念。武则天认为封禅被嵩山周边的神灵庇佑，因是又给诸神灵奉上更高的尊号。"遂尊神岳天中王为神岳天中皇帝，灵妃为天中皇后，夏后启为齐圣皇帝；封启母神为玉京

---

① 《资治通鉴》卷206，则天后神功元年，第6517～6518页。
② 《资治通鉴》卷206，则天后神功元年，第6517～6518页。
③ 《汉书》卷6《武帝纪》，中华书局，1962，第190页。
④ 有关万岁称呼的起源，可以参考王春瑜《"万岁"考》，《历史研究》1979年第9期，第89～91页。
⑤ 《汉书》卷6《武帝纪》，第190页。

太后，少室阿姨神为金阙夫人；王子晋为升仙太子，别为立庙。登封坛南有槲树，大赦日于其杪置金鸡树。"① 为了铭记这次封禅，武则天也曾"自制《升中述志碑》，树于坛之丙地"。② 这一套"山川神灵爵位"像是在给嵩山地区的神灵编织一套"组织体系"。名号等级最能体现重要程度。这些神灵被提升为皇帝、皇后、太后、夫人，当然还有太子。具体形式有点像是道教领域的"真灵位业"。相比于皇帝、皇后而言，王子晋只是被封为升仙太子，在嵩山神灵体系里，升仙太子显然不是最重要的。

封禅前后，武则天进行了多方面的礼仪建设，学者原本多从重获天命、夸耀四夷等角度去解释，这当然没错，但有一点要注意，早期的秦汉封禅也并不只是立致太平、镇服四海、夸示外国的国家典礼。礼仪背后也隐藏着秦皇汉武的"长生祈求"。③ 这一点在《封禅书》《郊祀志》等文献中展现得很明显。齐人丁公年九十余，曰："封禅者，古不死之名也。"④ 封禅的目的是"欲放（仿）黄帝以接神人蓬莱"。⑤ 这些问题也有不少学者论及，无须多说。武则天意图长生，臣僚们自然会给她提供"封禅"这样的历史资源。要细致理解此次封禅的目的，还得回归对《大云经神皇授记义疏》的细读。"则天自制《升中述志碑》，树于坛之丙地"⑥ 提供了一些线索。《升中述志碑》虽已亡逸，但"升中"一词，出自"因名山升中于天"。封禅必于泰山者，万物交代之处，封增其高，顺其类也。升，上也。中，成也。刻石纪号，著己功绩。⑦ "升中"一词，很容易让人想到《大云经神皇授记义疏》里的一段预

① 《旧唐书》卷23《礼仪三》，第891页。
② "先是，河内老尼昼食一麻一米，夜则烹宰宴乐，畜弟子百余人，淫秽靡所不为。武什方自言能合长年药，太后遣乘驿于岭南采药。及明堂火，尼入晦太后，太后怒叱之，曰：'汝常言能前知，何以不言明堂火？'因斥还河内，弟子及老胡等皆逃散。又有发其奸者，太后乃复召尼还麟趾寺，弟子毕集，敕给使掩捕，尽获之，皆没为官婢。什方还，至偃师，闻事露，自绞死。"《资治通鉴》卷205，则天后天册万岁元年，第6499~6500页。
③ 有关此点，论者甚多，可以参考吉川忠夫『古代中国人の不死幻想』東方書店、1995。
④ 《汉书》卷25《郊祀志》，第1233页。
⑤ 《汉书》卷25《郊祀志》，第1233页。
⑥ 《旧唐书》卷23《礼仪三》，第891页。
⑦ 《通典》卷54《吉礼十三·封禅》，中华书局，1988，第1507页。

言："又西岳道士于仙掌得仙人石，记云：'六合将万国，咸集止戈天，升中镇和气，得受万亿年。'"《义疏》在解释"升中镇和气，得受万亿年"时说，此乃重明神皇封中岳之应也，即明中顶显真容。① "中顶显真容"出自《大云经神皇授记义疏》里的"嵩山道士寇谦之铭"，所谓"欲知长命所，中顶显真容"。中顶即中岳嵩山。这显示出封禅嵩山与道教谣谶密切相关。或者说武则天在遵照《大云经神皇授记义疏》中的预言进行实践。也就是说，封禅嵩山除了功成告天以致太平外，求得长生、"追寻一己之福"，同样也是武则天的目的。而长生又与"永隆周祚"的意图一致，即"所冀皇猷永固，将九地而齐贞；帝祚长隆，与三天而共远"。

万岁登封元年三月十六日丁巳（696 年 4 月 22 日），神都洛阳明堂重新建成。新明堂规模比前稍小，高二百九十四尺，东西南北广三百尺，上施金涂铁凤，高二丈。凤后为大风所损，代之铜火珠，群龙捧之。明堂之下环绕施铁渠，以为辟雍之象，号曰通天神宫。武则天依然亲自举行大享之礼，在通过大赦传递相关信息之后，改元"万岁通天"。通天神宫的名称、万岁通天的年号，不禁让人想到《宝雨经》的内容，其中讲到月净光天子在"彼时住寿无量，后当往诣睹史多天宫，供养承事慈氏菩萨，乃至慈氏成佛之时，复当与汝授阿耨多罗三藐三菩提记"。② "住寿无量"对应着"天册万岁"，"诣睹史多天宫"对应着"万岁通天"。事实上，明堂大火之后，她依旧没有放弃明堂后的大佛像及功德堂的建造，只是"制度卑狭于前"。③ 功德堂又被称作天堂，疑即"兜率（史多）天宫"的比拟。此时武则天的尊号依然是"天册金轮圣神皇帝"。从这些隐约的迹象看，她似乎仍然没有放弃"转轮王供奉弥勒"的想法。④

年号通常为两字，而天册万岁、万岁登封、通天万岁，三个带有万岁的特殊四字年号分别意味着合祭天地于南郊、封禅嵩山、明堂通天三

① 林世田：《〈大云经疏〉结构分析》，《敦煌遗书研究论集》，第 31 页。
② 《佛说宝雨经》，《大正藏》第 16 册，东京大正一切刊经会，1924～1934，第 284 页。
③ 《通典》卷 44《大享明堂》，第 1228 页。
④ 武周明堂的建立亦寄托着武周政权的很多政治、宗教理想，相关讨论可详参吕博《明堂建设与武周的皇帝像——从"圣母神皇"到"转轮王"》，《世界宗教研究》2015 年第 1 期，第 42～58 页。

场礼制活动，而这些礼仪祭祀活动都与金轮皇帝的长生愿许相关。升仙太子碑的竖立是接续这些祭祀的典礼。

（二）升仙太子碑的竖立

嵩山地区的神灵，寄托着武则天的长生理想。不少嗅觉敏锐的臣僚也在长生的问题上迎合君主。就在这次封禅回归的途中，武则天注意到王子晋庙。随行大臣陈子昂所写的《宿冥君古坟记铭序》对此次行程有所记载。《铭序》开头第一句讲"神功元年，龙集丁酉，我有周金革道息，宝鼎功成，朝廷大宁，天下无事"。①《大唐大弘道观主故三洞法师侯尊（敬忠）志文》记，在这一年契丹入侵，武则天曾请道士侯敬忠，作法退敌。②《资治通鉴》胡注说："时以契丹破灭，九鼎就成，以九月大享，改元为神功。"③恰好，按照陈子昂的叙述，武后在神功元年（697）已倾向道教，所谓"皇帝受紫阳之道，延访玉京"。这几个事件道教色彩浓厚，应该不是简单的巧合。而且在这一年，武则天带领群臣再次登上缑山之巅。陈子昂以银青光禄大夫"忝在中侍"，参与了这次登山行动并留下记录："是时屡从严祀，遥谒秘封，尝睹众灵如云，群仙蔽日。乃仰感王子晋，俯接浮丘公，行吹洞箫，坐弄云凤，窃欲邀羽袂，导鸾舆，求不死于金庭，保长生于玉册，上以尊圣寿，下以息微躬。"④

缑山、嵩山流传着王子晋、浮丘公等神仙的传说，因是，武则天"登缑山，望少室，寻古灵迹，拟刻真容，得王子晋之遗墟，在永水之层曲"。⑤群臣开启古墓，发现了宝剑等古藏。武则天和群臣为何对王子晋的遗墟感兴趣呢？应该还是和"求不死于金庭，保长生于玉册"的目的相关。中岳嵩山，也是一个信仰集合体的空间。因为临近都城洛阳，历史上就和著名的政治人物有着复杂的互动关系。王子晋升仙的

---

① 《陈子昂集》卷6《宿冥君古坟记铭序》，徐鹏点校，中华书局，1960，第138页。
② "通天年（696~697），契丹叛逆，有敕祈五岳，恩请神兵冥助。尊师衔命衡霍，遂致昭感。"《大唐大弘道观主故三洞法师侯尊（敬忠）志文》，吴钢主编《全唐文补遗》第2辑，三秦出版社，1995，第434页。
③ 《资治通鉴》卷206，则天后神功元年，第6512页。
④ 《陈子昂集》卷6《宿冥君古坟记铭序》，第138页。
⑤ 《陈子昂集》卷6《宿冥君古坟记铭序》，第138页。

故事早就流传于嵩山—缑氏山地区。《初学记》引《杂道书》云："昔周灵王太子晋好吹笙，作凤鸣，游伊洛间，道人浮丘公接上嵩山，三十余年，往来缑氏山。"① 正因为如此，嵩山地区有不少关于王子晋成仙的历史遗迹，如"［灵皇坞］，此坞有道士浮丘公接太子晋登仙之所也"。②

又《太平御览》卷69引卢氏《嵩山记》曰：

> 半马涧，人或云百马涧，亦曰拜马涧，故传王子晋得仙而马还，思之不见，而拜其马于此也。③

《初学记》引卢元明《嵩山记》曰：

> 嵩山最是栖神之灵薮，长松绿柏，生于岭涧左右，古人住止处，有铜铫器物。东北出云，有自然五谷，神芝仙药。④

《神仙感遇传》引《地理志》：

> 少室山有自然五谷甘果、神芝仙药，周太子晋学道上仙，有九十年资粮，留于山中。⑤

神功二年正月（十一月）甲子朔（697年12月20日），冬至，太后享通天宫，赦天下，以正月甲子合朔冬至，改元"圣历"。圣历是何意呢？武周王朝在垂拱四年第一次建成明堂，曾有谣谶"龙吐图"说："戊子母圣帝，千年基明唐，一合天地心，安令李更长。"⑥ 明唐即明堂。在解释"安令李更长"时，《大云经神皇授记义疏》说："李者，

① 徐坚：《初学记》卷5《地理上·嵩高山第七》，中华书局，2004，第103页。"王子乔者，周灵王太子晋也。好吹笙作凤凰鸣。游伊、洛之间，道善浮邱公接以上嵩高山。三十余年后，求之于山上，见桓良，曰：'告我家，七月七日待我于缑氏山巅。'至时，果乘白鹤驻山头。望之不得到，举手谢时人，数日而去。亦立祠于缑氏山下，及嵩山首焉。"见王叔岷校笺《列仙传校笺》卷上，中华书局，2007，第65页。
② 杨守敬、熊会贞疏，杨甦宏、杨世灿、杨未冬补《水经注疏补》卷15《洛水》，中华书局，2016，第323页。
③ 《太平御览》卷69《地部三四·涧洲》，中华书局，1960，第326页。
④ 《初学记》卷5《地理上·嵩高山第七》，第103页。
⑤ 《太平广记》卷54《神仙·薛逢》，中华书局，1961，第335页。
⑥ 林世田：《〈大云经疏〉结构分析》，《敦煌遗书研究论集》，第26页。

皇家姓也，言神皇安宗社，使国祚长远之义也，斯乃符古今悬应，此即明神皇圣寿无疆，宝历长远也。"① 所谓圣历应该就是指"圣寿无疆，宝历长远"，依然与长生愿许相关。

图 1　S. 6502 局部

资料来源：国际敦煌项目，http：//idp. nlc. cn。

泰山道教碑刻《岱岳观碑》透露出武则天圣历元年十二月特别派出洛阳的道士去东岳泰山设立金篆宝斋、河图大醮等仪式，进而两度投龙，祈求圣寿无疆：

> 大周圣历元年，岁次戊戌，腊月癸巳朔，贰日甲午，大弘道观主桓道彦，弟子晁自揣，奉敕于此东岳设金篆宝斋河图大醮，漆日行道，两度投龙，遂感庆云叄见，用斋醮物奉为天册金轮圣神皇帝敬造等身老君像壹躯，并贰真人夹侍。
> 兖州团练使都虞候银青光禄大夫试卫尉卿上柱国高晃
> 兖州团练使押牙忠武将军守左武卫大将军上柱国赵俊
> 专当官博城县尉李嘉应②

① 林世田：《〈大云经疏〉结构分析》，《敦煌遗书研究论集》，第 26 页。
② 《岱岳观碑（五）》，陈垣编纂，陈智超、曾庆瑛校补《道家金石略》，文物出版社，1988，第 82 ~ 83 页。

武后不死

67

《唐六典》记："斋有七名，其一曰，金箓大斋。调和阴阳、消灾伏害、为帝王国王（引者注：应为国土）延祚降福。"① 金箓斋法是救助帝王和国土的斋法。投龙、金箓斋、造像相互配合都有为君主祈福延祚的意图。为何要在这时派桓道彦去泰山投龙？很可能与武则天的病情有关。至少在史书的记述中，圣历二年初，武则天依旧处于生病的状态。

圣历二年（699），武则天76岁。是年二月她再次拜谒升仙太子庙。想来，这应当就是在升仙太子庙修成之后的一次祭祀活动。但在二月壬辰（13日），武则天因病不克前行，只能派阎朝隐先去嵩岳少室山祷告。祷告的地点很可能就是前文提到的"少室阿姨神为金阙夫人"庙。阎朝隐沐浴伏俎上，用了原始巫术的"转嫁替代法"，② "请代太后命"，极尽迎合之态。武则天就一直住在缑氏。据说阎朝隐自为牺牲后，"太后疾小愈"，③ 因此获得厚赏。与武什方相比，阎朝隐与此前的朱前疑的投机都恰逢其时。重建升仙太子庙只是武则天对于既有信仰资源的再唤起。在圣历二年二月拜谒升仙太子庙后，④ 武则天于同年六月十九日在庙前竖立一块高达6米的巨碑，以飞白书题名"升仙太子之碑"，昭示对仙人王子晋的崇重。"升仙太子之碑"的竖立和武则天病情好转应当有一些关系。

升仙太子碑的碑文透露出升仙太子庙重建的目的。碑文伊始，回顾了各位神仙成仙的方式。涓子、封衡、费长房、壶公、卢敖、炎帝少女、赤松子、磨镜先生、赵简子、左慈、淮南八仙等人的成仙、神异事迹，均出现在叙述中。在众多仙人的铺垫下，王子晋的事迹继之出现。王子晋是周灵王之子，所以碑铭开头用典叙述了周王朝的天命神迹。这种追述自然与武则天所建的大周王朝发生了联系。铺陈完王子晋的事迹，碑文遽下判断"斯乃腾芳万古，擅美千龄，岂与夫松子陶公，同年而语者也"，认为王子晋的成仙事迹，不是"赤松子""陶朱公"之类的仙人可以相提并论的。碑文用了特殊的写作技巧，以其他仙人作为陪衬，进而强调王子晋的特殊地位。碑文另起一段主要是说武周国土祥瑞

---

① 《唐六典》卷4《尚书礼部》，中华书局，1992，第125页。
② 〔英〕J. G. 弗雷泽：《金枝》，汪培基等译，商务印书馆，2013，第849～851页。
③ 《资治通鉴》卷206，则天后圣历二年，第6539页。
④ 《资治通鉴》卷206，则天后圣历二年，第6539页。

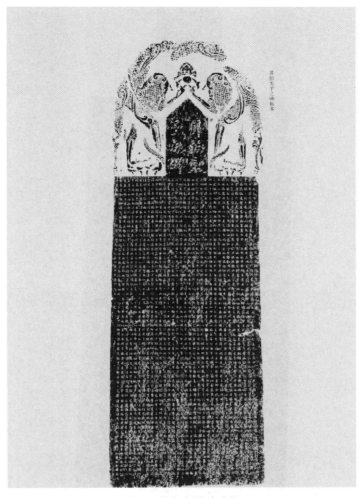

图 2　升仙太子碑碑阳

资料来源：黄明兰、朱亮编著《洛阳名碑集释》，朝华出版社，2003，第 123 页。

毕现，武则天建明堂、谒宗庙、功成告天，完成了封禅大典。在归途当中看到了升仙太子庙破败不堪。"重峦绝磴，空留落景之晖；复庙连甍，徒见浮云之影。山扉半毁，才睹昔年之规；洞牖全倾，更创今辰之制"，[1] 于是有了重建王子晋庙的举动，并且命名为升仙太子庙。平心而论，如果就"升仙太子碑"碑文本身而言，丝毫看不到有影射政治的内容。除了"太子"二字，可能也难以找到此碑与孝敬皇帝李弘的

---

[1]　黄明兰、朱亮编著《洛阳名碑集释》，第 123 页。

图 3　升仙太子碑碑阴

资料来源：洛阳师范学院、偃师文物旅游局编《武则天升仙太子碑》，中州古籍出版社，2016，第 138 页。

关系。① "镂之金石，以致不朽"，升仙太子碑第一次刊刻、竖立的意义，应当放到圣历初年的时间背景来看。建碑的目的，碑文结尾本身就

---

① 王家葵认为此碑建造的目的是追思孝敬皇帝。参王家葵《玉叩读碑：碑帖故事与考证》，四川文艺出版社，2016，第 154 页。唐雯认为升仙太子碑与懿德太子的陵墓相近，有怀念懿德太子的功能。这种看法有想象力，但目前还是推论，没有什么直接的证据。详参唐雯《女皇的纠结——〈升仙太子碑〉的生成史及其政治内涵重探》，《唐研究》第 23 卷，第 231～245 页。

说得很清楚："乃刊碑勒颂，用纪徽音，庶亿载而惟新，齐两仪而配久。方伫乘龙使者，为降还龄之符；驾羽仙人，曲垂驻寿之药。使璇玑叶度，玉烛调时，百谷喜于丰年，兆庶安于泰俗重。"[①] 修庙立碑最直接的是为了仙人能降还龄之符、驻寿之药。这与嵩山封禅"欲知长命所，中顶显真容"的功能一致。

（三）升仙太子碑与控鹤府的成立

赵明诚在《金石录》中曾评价《升仙太子碑》："右《升仙太子碑》武后撰并书。升仙太子者，王子晋也。是时张易之、昌宗兄弟有宠，谄谀者以昌宗为子晋后身，故武后为葺其祠，亲铭而书其碑。君臣宣淫无耻类如此，可发万古之一笑也。"[②] 但王昶在《金石萃编》中否定了张鷟和赵明诚的看法，[③] 他认为张昌宗模仿王子晋的行为在升仙太子碑建立之后。[④]

赵明诚和王昶二人产生争论的原因是当时在朝廷当中有一种说法是张昌宗是王子晋的后身。《册府元龟》卷307《外戚部·奸邪》记载：

> 唐武三思，则天皇后之兄子，为特进、太子宾客。性倾巧，便僻善事人。又以宗室中近属，特蒙信任，天后数幸其第，赏赐甚厚。时薛怀义、张易之、张昌宗相继被宠幸，三思与从父兄承嗣每折节事之。怀义将欲乘马，三思等必为之执辔。又赠昌宗诗，称为

---

① 黄明兰、朱亮编著《洛阳名碑集释》，第123页。

② 赵明诚：《金石录》卷25《周升仙太子碑》，刘晓东、崔燕南点校，齐鲁书社，2009，第208页。

③ 《金石萃编》卷63，收入《石刻史料新编》第1辑第2册，台北：新文丰出版公司，1977，第1071页。

④ 唐雯同意王昶的看法，认为："这显然不是武氏集团乐意看到的情形，于是武三思亲自为张易之作《传》，奉承他是王子晋后身，试图将王子晋形象与二张联系起来。这一造作很快被武后接受，于是在与诸武内宴时，女皇'令（二张）被羽衣，吹箫，乘木鹤，奏乐于庭，如子晋乘空'（《旧唐书·张易之张昌宗传》）。一时间二张俨然成了王子晋的化身。武三思此举的目的，我们或许可以作两方面的解读：一方面，既然武后持续关注王子晋，那么或许武三思希望以此迎合女皇并借机拉拢二张；另一方面，他或许希望消解掉王子晋这一意象与储君之间的关联，使武后张扬的立碑行为失去其政治意味，事实上，后人对于此碑的轻薄解读也的确渊源于武三思和二张的这番造作，只不过他们大多忽略了这一系列行为其实都发生在立碑之后。"参唐雯《〈升仙太子碑〉的生成史及其内涵重探》，《文汇报》2018年3月30日。

王子晋后身，极笔褒美。①

不过，细审张昌宗模仿王子晋的材料，两《唐书》的记载如下：

> 后每燕集，则二张诸武杂侍，搊博争道为笑乐，或嘲诮公卿，
> 淫蛊显行，无复羞畏。时无检轻薄者又谄言昌宗乃王子晋后身，后
> 使被羽裳、吹箫、乘寓鹤，裴回庭中，如仙去状，词臣争为赋诗以
> 媚后。后知丑声甚，思有以掩覆之，乃诏昌宗即禁中论著，引李
> 峤、张说、宋之问、富嘉谟、徐彦伯等二十有六人撰《三教珠
> 英》。加昌宗司仆卿、易之麟台监，权势震赫。皇太子、相王请封
> 昌宗为王，后不听，迁春官侍郎，封邺国公，易之恒国公，实封各
> 三百户。②

> 时谀佞者奏云，昌宗是王子晋后身。乃令被羽衣，吹箫，乘木
> 鹤，奏乐于庭，如子晋乘空。辞人皆赋诗以美之，崔融为其绝唱，
> 其句有"昔遇浮丘伯，今同丁令威。中郎才貌是，藏史姓名非"。③

两《唐书》的叙述，都用了模糊性的词语"时"。只有《资治通鉴》在
编年时，将张昌宗"被羽裳、吹箫、乘寓鹤，裴回庭中，如仙去状"
的行为系于久视元年。以上史料显示出正因为武则天使张昌宗被羽裳、
吹箫、乘寓鹤，裴回庭中，如仙去状，所以词臣争为赋诗以献媚。因为
害怕丑声闻于外，所以让张昌宗等人编纂《三教珠英》。《三教珠英》
的撰写时间在圣历中。因此谄言"昌宗乃王子晋后身"的记载不大可
能是晚至久视元年才发生的。这样再来看，《朝野佥载》的"传闻"颇
为可能。当时人张鷟认为"天后梁王武三思为张易之作传，云是王子晋
后身。于猴氏山立庙，词人才子佞者为诗以咏之，舍人崔融为最。周
年，易之族，佞者并流于岭南"。④《朝野佥载》的性质属于"道听途
说"，所记内容经常与史书出现扞格。"为张易之作传，云是王子晋后
身"的信息明显错误，但"词人才子佞者为诗以咏之，舍人崔融为最"

---

① 《册府元龟》卷307《外戚部·奸邪》，凤凰出版社，2006，第3467页。
② 《新唐书》卷104《张易之张昌宗传》，中华书局，1975，第4014~4015页。
③ 《旧唐书》卷78《张易之张昌宗传》，第2706页。
④ 张鷟：《朝野佥载》卷5，赵守俨点校，中华书局，1979，第125页。

可以被印证。崔融的诗歌题为《和梁王众传张光禄是王子晋后身》，保留了下来："闻有冲天客，披云下帝畿。三年上宾去，千载忽来归。昔偶浮丘伯，今同丁令威。中郎才貌是，柱史姓名非。祗召趋龙阙，承恩拜虎闱。丹成金鼎献，酒至玉杯挥。天仗分旄节，朝容间羽衣。旧坛何处所，新庙坐光辉。汉主存仙要，淮南爱道机。朝朝缑氏鹤，长向洛城飞。"[①] 诗歌主要描述的是王子晋的成仙事迹，关于这一点，稍读《列仙传》有关王子晋的记述就可知晓。但诗题的目的说得很清楚，记述此诗为"和梁王众传张光禄是王子晋后身"。梁王即武三思；张光禄即光禄卿张昌宗。诗中旧坛、新庙应该都是指升仙太子庙。最后四句用典，借汉武帝、淮南王追慕长生的事迹来说武则天倾心道教的现实。每日升仙太子驾鹤飞向何处？飞向都城洛阳。因为是和梁王众传张光禄是王子晋后身，所以这里的升仙太子王子晋自然指张昌宗。诗歌描述他日日在宫内"被羽裳、吹箫、乘寓鹤，裴回庭中，如仙去状"，模仿升仙太子的情形。崔融之诗也强调乘鹤特征，"朝朝缑氏鹤，长向洛城飞"。史籍中关于张昌宗、张易之所在的控鹤府的记载很少。但"控鹤"一词，很容易让人想起王子晋驾鹤升仙之举，所谓"鹤驾腾镳，俄陟神仙之路"。"控鹤"，被《初学记》当作专门词条，两处举例解释。一是《列仙传》中有关王子晋控鹤飞天的故事。二是孙登《天台赋》曰："王乔控鹤以冲天。"[②] 这是因为在上清道教系统的想象里，王子晋被当作天台山的神灵。"控鹤府"设置于圣历二年正月（十一月），[③] 也就是说这些从臣随武则天拜谒升仙太子庙的前三个月，控鹤府就已经设立。

圣历二年二月拜谒升仙太子庙，六月建碑。升仙太子碑的竖立与控鹤府这一机构成立关系密切。因此，升仙太子碑的第一次刊刻中，就看到控鹤府的官员。整个衔名题记无修改痕迹，与碑阴左侧参与刊碑官员的题记均在一个平面上，说明两者为同一时段所刻。第八位和第十位从臣的衔名中分别题写有"左控鹤内供奉臣吉顼"和"右控鹤内供奉"

---

① 彭定求等编《全唐诗》卷68崔融《和梁王众传张光禄是王子晋后身》，中华书局，1960，第767页。

② 《初学记》卷5《地理上·嵩高山第七》，第103页。

③ "圣历二年，始置控鹤府，拜易之为监。久之，更号奉宸府，以易之为令。乃引知名士阎朝隐、薛稷、员半千为供奉。"《新唐书》卷104《张易之张昌宗传》，第4014页。

官职。圣历二年置控鹤府时，除张易之为控鹤监外，张昌宗、吉顼、田归道、李迥秀、薛稷、员半千六人均为控鹤监内供奉。碑阴题名为控鹤内供奉吉顼、薛稷的名字没有被凿。员半千"长安（701～704）中，五迁正谏大夫，兼右控鹤内供奉。半千以控鹤之职，古无其事，又授斯任者率多轻薄，非朝廷进德之选，上疏请罢之。由是忤旨，左迁水部郎中"。① 可见他于圣历初并没有当这个官。田归道、李迥秀虽分别有免官、遭贬的经历，但均又为中宗所用。那么，这个"（奉行）敕检校勒碑使"应该就是薛稷。② 右边被全部凿去的第9行，也只能是当时的控鹤监张易之。

除编纂《三教珠英》外，张昌宗兄弟在控鹤府做些什么呢？《通鉴》长安四年条所记，稍微透露出一些端倪。这一年，张昌宗面临免官危险，杨再思为其辩解，说他此前"合神丹，圣躬服之有验，此莫大之功"。③ 太平公主荐易之弟昌宗入侍禁中，既而昌宗启天后曰："臣兄易之器用过臣，兼工合炼。即令召见，甚悦。由是兄弟俱侍宫中，皆傅粉施朱，衣锦绣服，俱承辟阳之宠。"④ "兼工合炼""辟阳之宠"隐约显现出，房中术、炼丹皆投武则天晚年长生之需。从各种史料透露出的信息来看，不惜代价的"合神丹"，确是武则天这一时期热衷的活动。也就是说，封禅、分封嵩山神灵、拜谒升仙太子庙、建升仙太子碑这些持续的"神圣"祭祀活动都有一个共同目的，就是求得龟鹤遐龄、乔松之寿。

二　圣历、久视、大足年间宗教与政治活动

（一）三阳宫、道士胡超、《大云经神皇授记义疏》中的九转神丹

拙撰开篇就说，要理解升仙太子碑竖立的意义，应当将竖立此碑当

---

① 《旧唐书》卷190中《员半千传》，第5015页。
② 有关这个问题，唐雯曾有细致分析。详参唐雯《女皇的纠结——〈升仙太子碑〉的生成史及其政治内涵重探》，《唐研究》第23卷，第225页。
③ 据《资治通鉴》，此时张昌宗、张易之与文学之士李峤等编纂《三教珠英》。《三教珠英》的编订表明武则天似乎从对佛教偏重，转向对儒释道三教进行调和。尽管只是调和，但与之前只是重视佛教相比，儒道两教地位还是在提高。《资治通鉴》卷206，则天后久视元年，第6572页。
④ 《旧唐书》卷78《张易之张昌宗传》，第2706页。

作事件嵌入当时的相关诸多史事中。因此，目光就不能孤立地停留在碑上。

　　其实多种证据显示出，嵩山确具武则天"长命之所"的性质。三阳宫最终于圣历二年十一月二十八日在嵩阳县建成。地点选在嵩山，恐非巧合。武三思的传记载："（武则天）后春秋高，厌居宫中，三思欲因此市权，诱胁群不肖，即建营三阳宫于嵩山，兴泰宫于万寿山，请太后岁临幸，己与二张扈侍驰骋，窃威福自私云。工役巨万万，百姓愁叹。"① 三阳宫虽然离洛阳城只有一百六十里，但因"有伊水之隔，嶭阪之峻"，交通极其不便，"道坏山险，不通转运"。武则天为什么要不顾年迈、不管道路险阻前往三阳宫？旁涉其他史料，就会知道"厌居宫中"不是主因，追寻长生才是她屡次东进的目的。"三阳宫"道教色彩浓厚的命名透露出其中一些隐含的线索。"三阳"两字依旧让人勾连起《大云经神皇授记义疏》中的记述，即"三阳之地，可建仙宫"。② 敦煌所出《太上灵宝老子化胡妙经》中"有修福建斋者，三阳地男女八百人得道，北方魏都地千三百人得道，秦川汉地三百五十人得道，长安晋地男女二百八十七人得道"。③ 无论从得道人数（北方魏都地受政治影响人数最多，是特殊情况）还是排列次序来看，三阳地在道教中都非常突出。本来三阳地就是指"嵩山"地区，所谓"三阳地邻嶭阪，境带嵩邱"。④ 但《义疏》中的道教谶纬把儒家理想礼制建筑明堂描绘成三阳宫。明堂被烧后，再建的明堂被称作"通天神宫"。三阳宫则被建在了嵩山。按照《大云经神皇授记义疏》的说法，居住在三阳宫有一个作用就是"福祚隆盛，长生驭寓，阐至道无为之化，使万方冲静者也"。⑤

---

① 《新唐书》卷206《武三思传》，第5840页。
② 林世田：《〈大云经疏〉结构分析》，《敦煌遗书研究论集》，第30页。
③ 王卡将敦煌文书P.2360与S.2081缀合为一件，拟名"太上灵宝老子化胡妙经"，收入张继禹主编《中华道藏》第8册，华夏出版社，2004，第209页。
④ 张鷟撰，田涛、郭成伟校注《〈龙筋凤髓判〉校注》，中国政法大学出版社，1996，第77页。有关"三阳宫"问题的考证，可参姜望来《皇权象征与信仰竞争：刘宋、北魏对峙时期之嵩岳》，《魏晋南北朝隋唐史资料》第31辑，上海古籍出版社，2015，第115～116页。
⑤ "三阳之处，可建仙宫"者，山南曰阳，水北曰阳，明堂一名阳馆。今邙山南洛水北起阳馆，故曰"三阳之处，可建仙宫"也。"圣君当王"者，即神皇也。"福祚永隆，长生万岁，无为自冲"者，此明神皇福祚隆盛，长生驭寓，阐至道无为之化，使万方冲静者也。林世田：《〈大云经疏〉结构分析》，《敦煌遗书研究论集》，第30页。

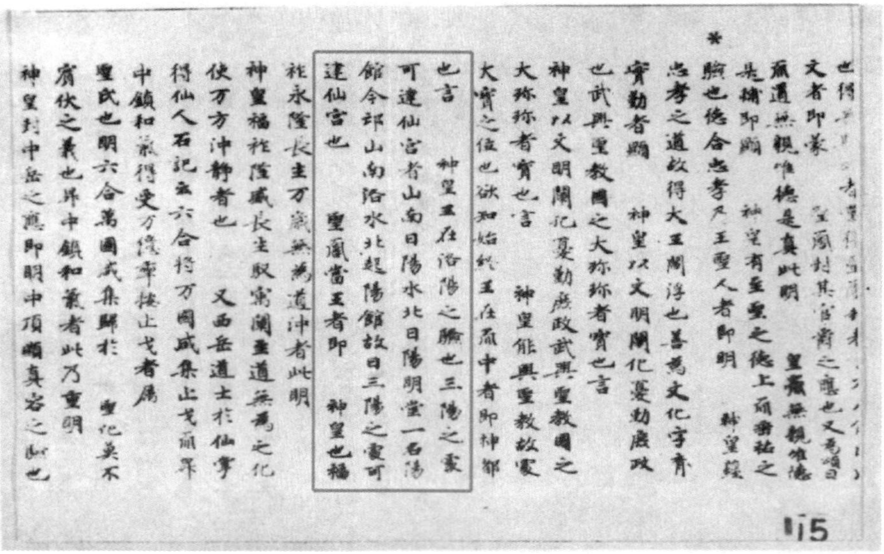

图 4　S.2658 局部

资料来源：黄永武主编《敦煌宝藏》第 47 册，台北：新文丰出版公司，1982，第 505 页。

　　圣历三年（700），武则天 77 岁，依旧处在疾病的状态中。是年四月，她再次前往"三阳宫"。在路途中，曾有胡僧邀请武则天观看埋葬佛舍利，但在狄仁杰力劝下，武则天没有前往。此事初看好似平常，可是若联系到稍后武则天追慕道教的举动，似乎会明白她此时在佛道两教之间的倾向。与拒观佛舍利形成鲜明对比，她此时热衷接触一位名叫胡超的道士，[①] 私家笔记《朝野金载》曾对此有所记述：

　　　　周圣历年中，洪州有胡超僧出家学道，隐白鹤山，微有法术，自云数百岁。则天使合长生药，所费巨万，三年乃成。自进药于三阳宫，则天服之，以为神妙，望与彭祖同寿，改元为久视元年。放超还山，赏赐甚厚。服药之后三年而则天崩。[②]

---

① 《朝野金载》中作"胡超僧出家学道"，点校本"胡超"二字下有专名号，则整理者认为名为"胡超"。《太平广记》卷 288《妖妄一・胡超僧》收录此条，则《太平广记》认为名为"胡超僧"。《资治通鉴》则认为胡超为僧，说明司马光撰写时所见材料为"胡超僧"。今人李剑国《唐五代志怪传奇叙录》对"胡超"有考证，认为"胡超僧"或为"胡超师"之讹误，其人即"胡慧超"。见李剑国《唐五代志怪传奇叙录》，中华书局，2017，第 44~45 页。但是下文投龙金简中径称"胡超"。

② 张鷟：《朝野金载》卷 5，第 116 页。

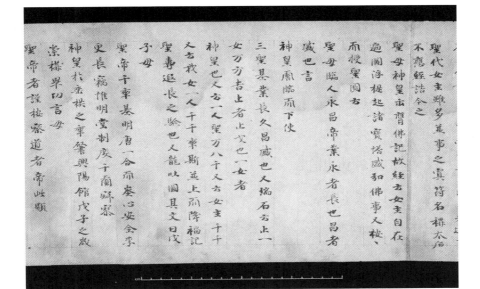

图 5　S. 6502 局部

资料来源：国际敦煌项目，http://idp.nlc.cn。

引人注目的是，道士胡超进奉仙药的地点也在嵩山"三阳宫"。这也让人怀疑武则天再次到达此地是为了服食胡超制成的仙丹。制作丹药"所费巨万，三年乃成"，看起来有点不惜代价。引文也解释"久视"这个年号与武则天服用道教长生药后，"以为神妙，望与彭祖同寿"密切相关。与张鷟对胡超"微有法术，自云数百岁"带有质疑的叙述不同，武则天亲撰之《赐胡洞真天师书》，语意恭敬，将胡超比作仙人广成子、河上公，内心对胡超所炼神丹充满期待。书云："先生道位高尚，早出尘俗，如轩历之广成，汉朝之河上，遂能不远千里，来赴三川。日御先开，望霓裳之渐远；天津后渡，瞻鹤盖以方遥。空睇风云，惆怅无已。傥蒙九转之余，希遗一丸之药。"① "傥蒙九转之余，希遗一丸之药"再次表明武则天的心迹。《大云经神皇授记义疏》曾记载："又文明年内，怀州（今河南省沁阳市）于黄河中忽有五色云起，云上有人，自称玄女，云：'天使送九转神丹进皇太后，当时有萧延休等同见。'"② "天使送九转神丹进皇太后"揭示出武则天可能很早就熟悉道教外丹。道教中炼制

---

① 《全唐文》卷97高宗武皇后《赐胡洞真天师书》，中华书局，1983，第1001页。
② 林世田：《〈大云经疏〉结构分析》，《敦煌遗书研究论集》，第31页。

神丹有一至九转之别，而以九转为贵，服之成仙最速。葛洪《抱朴子·金丹》云："九转之丹，服之三日得仙。……其转数少，其药力不足，故服之用日多，得仙迟也。其转数多，药力盛，故服之用日少，而得仙速也。"① "希遗一丸之药"是什么呢？当然最好是"成仙最速"的九转之丹。这再次体现出"合神丹"求长生是武则天内心极为迫切的需求。

（二）三阳宫中的密谋

《通鉴》对以上史事的记载略有不同："太后使洪州僧胡超合长生药。三年而成，所费巨万。太后服之，疾小瘳。"② "太后服之，疾小瘳"依然透露出武则天生病的状态。这些宗教行为都完成在一个具有神圣色彩的空间——三阳宫。《旧唐书》载："圣历三年，则天幸三阳宫，王公百僚咸经侍从，唯仁杰特赐宅一区，当时恩宠无比。"③ 这段记载说明圣历三年不少大臣从行三阳宫。具有讽刺意味的是，看似君臣共同殚精竭虑谋划皇帝长生不老时，臣僚们私下却在毫不避讳地思虑一个问题：皇帝一手缔造的政治格局在她寿终之后将会迎来怎样的转向？和很多君主一样，皇位传承问题始终是武则天晚年的政治难题。宫廷秘闻原本难以获知，但史料有时候不经意间就会透露出一些事实。《旧唐书·魏元忠传》载：

> 楚客又令御史袁守一奏言："则天昔在三阳宫不豫，内史狄仁杰奏请陛下监国，元忠密进状云不可。据此，则知元忠怀逆日久，伏请加以严诛。"中宗谓杨再思等曰："以朕思之，此是守一大错。人臣事主，必在一心，岂有主上少有不安，即请太子知事？乃是狄仁杰树私惠，未见元忠有失。守一假借前事罗织元忠，岂是道理。"楚客等遂止。元忠行至涪陵而卒，年七十余。④

以上记载说明，武则天在嵩山"三阳宫"，除了服食丹药，不免要与随

---

① 葛洪著，王明校释《抱朴子内篇校释》卷4《金丹》，中华书局，1985，第77页。
② 《资治通鉴》卷206，则天后久视元年，第6546页。
③ 《旧唐书》卷89《狄仁杰传》，第2893页。
④ 《旧唐书》卷92《魏元忠传》，第2954～2955页。

行的大臣讨论一下当下政局，而且最关心的内容可能就是谁来监国。

升仙太子碑作为历史的"亲历者"，不仅清晰地展示着武则天的信仰转向，而且在无言地叙说着武周末期的政治趋势。尤其碑阴的题名，展示着当时影响武周末年政局的重要政治人物，他们依次是武三思、王及善、苏味道、魏元忠、狄仁杰、娄师德、杨再思、吉顼。细读史籍就会知道，除武三思外，其他七位大臣几乎是武周末年最重要的外朝势力。他们的意见足以影响政治局势。当时在政局当中最重要的一件事情，就是太子的择立——选武还是选李？细绎材料可以发现，庐陵王得以返回，在与武家诸兄的竞争中最终胜出与此七人有或多或少的关系。《通鉴》在圣历二年二月后提到这一时期的政治动向：

> 武承嗣、三思营求为太子，数使人说太后曰："自古天子未有以异姓为嗣者。"太后意未决。狄仁杰每从容言于太后曰："文皇帝栉风沐雨，亲冒锋镝，以定天下，传之子孙。大帝以二子托陛下。陛下今乃欲移之他族，无乃非天意乎！且姑侄之与母子孰亲？陛下立子，则千秋万岁后，配食太庙，承继无穷；立侄，则未闻侄为天子而祔姑于庙者也。"太后曰："此朕家事，卿勿预知。"仁杰曰："王者以四海为家，四海之内，孰非臣妾，何者不为陛下家事！君为元首，臣为股肱，义同一体，况臣备位宰相，岂得不预知乎！"又劝太后召还庐陵王。王方庆、王及善亦劝之。太后意稍寤。他日，又谓仁杰曰："朕梦大鹦鹉两翼皆折，何也？"对曰："武者，陛下之姓，两翼，二子也。陛下起二子，则两翼振矣。"太后由是无立承嗣、三思之意。①

《通鉴》将武承嗣、武三思营求太子的事件放在同一文本中叙述，很容易给人造成误解，以为二武是在同一时期营求太子。同时，这段文本应当是以《大唐新语》所记为原型，或多或少夸大了狄仁杰在立嗣一事上的作用。其实，武承嗣渴望继嗣的事情并不在圣历二年，而在时间更早的天授二年。"承嗣尝讽则天革命，尽诛皇室诸王及公卿中不附己者，承嗣从父弟三思又盛赞其计，天下于今冤之。……承嗣自为次当为皇

---

① 《资治通鉴》卷206，则天后圣历元年，第6526页。

储，令凤阁舍人张嘉福讽谕百姓抗表陈请，则天竟不许。如意元年，授特进。寻拜太子太保，罢知政事。承嗣以不得立为皇太子，怏怏而卒，赠太尉、并州牧，谥曰宣。"① "则天竟不许"其实也不是武则天一己独断的决定。武承嗣营求太子的举动，遭到了岑长倩②、格辅元③、李昭德④、张仁愿⑤、欧阳通⑥等人的反对。早期并没有见狄仁杰的参与。

狄仁杰的真正作用，应当体现在圣历元年庐陵王重归神都一事上。《通鉴》对此记载颇简，云："三月，己巳，托言庐陵王有疾，遣职方员外郎瑕丘徐彦伯。召庐陵王及其妃、诸子诣行在疗疾。戊子，庐陵王

① 《旧唐书》卷183《武承嗣传》，第4729页。
② "天授二年，加特进、辅国大将军。其年，凤阁舍人张嘉福与洛州人王庆之等列名上表，请立武承嗣为皇太子。长倩以皇嗣在东宫，不可更立承嗣，与地官尚书格辅元竟不署名，仍奏请切责上书者。由是大忤诸武意，乃斥令西征吐蕃，充武威道行军大总管，中路召还，下制狱，被诛，仍发掘其父祖坟墓。来俊臣又胁迫长倩子灵源，令诬纳言欧阳通及格辅元等数十人，皆陷以同反之罪，并诛死。"《旧唐书》卷70《岑长倩传》，第2539~2540页。
③ "格辅元者，汴州浚仪人也。伯父德仁，隋剡县丞，与同郡人齐王文学王孝逸、文林郎繁师玄、罗川郡户曹靖君亮、司隶从事郑祖咸、宣城县长郑师善、王世充中书舍人李行简、处士卢协等八人，以辞学擅名，当时号为'陈留八俊'。辅元弱冠举明经，历迁御史大夫、地官尚书、同凤阁鸾台平章事。初，张嘉福等请立武承嗣也，则天以问辅元，固称不可，遂为承嗣所谮而死，海内冤之。"《旧唐书》卷70《格辅元传》，第2541页。
④ "时则天以武承嗣为文昌左相，昭德密奏曰：'承嗣陛下之侄，又是亲王，不宜更在机权，以惑众庶。且自古帝王，父子之间，犹相篡夺，况在姑侄，岂得委权与之？脱若乘便，宝位宁可安乎？'则天矍然曰：'我未之思也。'承嗣亦尝返谮昭德，则天曰：'自我任昭德，每获高卧，是代我劳苦，非汝所及也。'承嗣俄转太子少保，罢知政事。延载初，凤阁舍人张嘉福令洛阳人王庆之率轻薄恶少数百人诣阙上表，请立武承嗣为皇太子。则天不许，庆之固请不已，则天令昭德诘责之，令散。昭德便杖杀庆之，余众乃息。昭德因奏曰：'臣闻文武之道，布在方策，岂有侄为天子而为姑立庙乎！以亲亲言之，则天皇是陛下夫也，皇嗣是陛下子也，陛下正合传之子孙，为万代计。况陛下承天皇顾托而有天下，若立承嗣，臣恐天皇不血食矣。'则天寤之，乃止。"《旧唐书》卷87《李昭德传》，第2854~2855页。
⑤ "张仁愿，华州下邽人也。本名仁亶，以音类睿宗讳改焉。少有文武材干，累迁殿中侍御史。时有御史郭霸上表称则天是弥勒佛身，凤阁舍人张嘉福与洛州人王庆之等请立武承嗣为皇太子，皆请仁愿连名署表，仁愿正色拒之，甚为有识所重。寻而夏官尚书王孝杰为吐刺军总管，统众以御吐蕃，诏仁愿往监之。仁愿与孝杰不协，因入奏事，称孝杰军败诬罔之状。孝杰由是免为庶人，仁愿遽迁侍御史。"《旧唐书》卷93《张仁愿传》，第2981页。
⑥ "会凤阁舍人张嘉福等请立武承嗣为皇太子，通与岑长倩固执以为不可，遂忤诸武意，为酷吏所陷，被诛。神龙初，追复官爵。"《旧唐书》卷189《欧阳通传》，第4947~4948页。

至神都。"① 但《狄梁公传》将相关细节记载纤毫毕现。透过传记可知，庐陵王的归朝是通过一系列秘密操作。比如《狄梁公传》说当时"内人十人至房州"探望庐陵王，暗中让一内人替换庐陵王留在房州，庐陵王换上内人的衣服踏上归途。此举不仅骗过了房州州县官员，② 甚至"朝廷百僚"，一无知者。③ 司马光编《资治通鉴》时怀疑此事有伪，遂未采用《狄梁公传》。但他反驳的证据也稍显无力。④ 徐彦伯被秘密派往迎接，庐陵王归来被正式公开，徐的身份才透露岂非正常？道路遥远，如果秘而不宣，也未必会被发现。总之，《狄梁公传》相比于两《唐书》增加了很多细节。即便庐陵王回到洛阳，也不是立刻公开，很长一段时间被隐匿，外界并不知晓。⑤ 从《狄梁公传》来看，庐陵王之所以能返回洛阳，与狄仁杰等极力规劝有关。但他能否进一步成为太子，能否在武则天驾崩之后，顺继大统，还是未卜之事。大臣们以武则天死后能否受子孙血食作为说辞，力劝武则天立李氏为储君。⑥ 但史料陈述得很委婉，说武则天"无立承嗣、三思之意"。《狄梁公传》载，作为李唐皇室的李显回到皇宫依然被藏匿"帐中"，隐藏而不公布。直到狄仁杰"慷慨敷奏，言发涕流"，情感激烈地进谏，武则天才"遽出庐陵"。武则天在顾虑什么呢？抛开稍显离奇的情节，这似乎还是显示出武则天在指定正式接班人上纠结未定。这件事在《旧唐书》中另有记述，⑦ 其中庐陵王还宫之后被隐藏的情节与《狄梁公传》的记述略同。在狄仁杰的劝说下，武则天才在龙门重新安排了迎归礼仪，昭告庐

---

① 《通鉴考异》曰："《统纪》云：'癸丑，遣职方员外郎徐彦伯往房州，召庐陵王男女入都医疗。'"《资治通鉴》卷206，则天后圣历元年，第6529页。
② 《资治通鉴》卷206，则天后圣历元年，第6529~6530页。
③ 《狄梁公传》曰："后潜发内人十人至房州，宣敕云：'我儿在此，令内人就看。州县长吏，仰数出数入无令混杂。'阴令内人一人以代庐陵王；令庐陵王衣内人衣服，以旧数还，州县不悟。数日达京，朝廷百僚，一无知者。"《资治通鉴》卷206，则天后圣历元年，第6529页。
④ "按武后若密召庐陵王，宫人十人既知其谋，洛阳至房州，往来道路甚远，岂得外人都不知乎！又，实录岂能构虚立徐彦伯往迎之事，及有庐陵王至自房州之日！又，于时若储位已定，岂可自三月来九月始立为太子！盖庐陵既至，太后以长幼之次欲立之，皇嗣亦以此逊位，故迁延半载。今皆取实录为正。"《资治通鉴》卷206，则天后圣历元年，第6530页。
⑤ 《资治通鉴》卷206，则天后圣历元年，第6529~6530页。
⑥ 参见黄永年《六至九世纪中国政治史》，上海书店出版社，2004，第199页。
⑦ 《旧唐书》卷89《狄仁杰传》，第2895页。

陵王归朝的消息。武则天晚年，朝廷当中最关心的政治问题恐怕就是继承人的问题。各方势力都在关注武则天驾崩之后，最高权力究竟花落李武谁家。

事实上，除狄仁杰外，我们还发现在迎回庐陵王的事情上，名列升仙太子碑的不少人都起了作用，只是相关记载过于简略。如王及善，"庐陵王之还，密赞其谋。既为皇太子，又请出外朝，以安群臣"。① 又如娄师德，"娄侍中师德，亦进士也，吐蕃强盛，为监察御史，以红抹额，应猛士诏，躬衣皮裤，率士屯田，积谷八百万石，二十四年西征，兵不乏食，荐狄公为相，取中宗于房陵，立为太子"。②

学者今天以"后见之明"判断李唐宗室一开始就有优势。其实从武则天的态度来看，李武双方都有机会。总之，庐陵王李显或托词有病，或伪装内人，都说明一个问题：庐陵王的归朝事件是一个政治秘密。非常之举是为了避免谁知情呢？显然最有可能的是武氏诸侄。

此外，吉顼、张易之兄弟迎归庐陵王的作用，应该放到当时武周的"国际"环境中来看。圣历元年到二年，武则天老病交加，但此时亦是庐陵王迎来政治生涯转折的契机。孙万荣李尽忠之乱、东突厥第二汗国的复国运动，都曾以复归庐陵王为借口。周边势力的干涉无疑给年迈的武则天带来很大压力。圣历元年八月，突厥默啜可汗拒绝淮阳王武延秀前去娶回其女，说："我世受李氏恩，欲以女嫁李氏，安用武氏儿？闻李氏惟两儿在，我将兵辅立之。"③ 默啜兵势很盛，陷定州，围赵州，河北形势十分危急，武则天两次调集四十五万大军穷于应付。薛讷出征时也强调："丑虏凭陵，以庐陵为辞。今虽有制升储，外议犹恐未定，若此命不易，则狂贼自然款伏。"④ 而立庐陵王为太子却是下一个月的事情。可见当时的内外形势皆对李唐皇嗣有利，这推动了武则天在立嗣问题上做出最终选择。⑤

---

① 《新唐书》卷116《王及善传》，第4241页。
② 杜牧撰，吴在庆校注《杜牧集系年校注》卷12《上宣州高大夫书》，中华书局，2008，第850页。
③ 《唐会要》卷94《北突厥》，上海古籍出版社，2006，第2005页。
④ 《旧唐书》卷93《薛讷传》，第2983页。
⑤ 笔者曾简要论及此问题。详参拙撰《唐代德运之争与正统问题——以"二王三恪"为线索》，《中国史研究》2012年第4期，第127页。

细绎史料，正是因为契丹的南犯河北，同在控鹤府的吉顼、张易之兄弟在此时才达成默契，使得归来的庐陵王成为太子：

> 孙万荣之围幽州也，移檄朝廷曰："何不归我庐陵王？"吉顼与张易之、昌宗皆为控鹤监供奉，易之兄弟亲狎之。顼从容说二人曰："公兄弟贵宠如此，非以德业取之也，天下侧目切齿多矣。不有大功于天下，何以自全？窃为公忧之！"二人惧，涕泣问计。顼曰："天下士庶未忘唐德，咸复思庐陵王。主上春秋高，大业须有所付；武氏诸王非所属意。公何不从容劝上立庐陵王以系苍生之望！如此，非徒免祸，亦可以长保富贵矣。"二人以为然，承间屡为太后言之。太后知谋出于顼，乃召问之，顼复为太后具陈利害，太后意乃定。①

圣历二年，武则天成立控鹤监，吉顼与张昌宗、田归道等人一同担任控鹤监内供奉。这是武周内朝。吉顼的传记也揭示出庐陵王能最后成为太子和二张兄弟的努力密不可分。圣历元年九月，"皇嗣固请逊位于庐陵王，太后许之。壬申，立庐陵王哲为皇太子，复名显。赦天下"。李显成为太子后，曾向天下募兵，成效显著。"先是，募人月余不满千人，及闻太子为帅，应募者云集，未几，数盈五万。"② 有不少学者怀疑这件事的真实性，但吐鲁番出土的《武周智通拟判为康随风诈病逃军役等事》反映出为了对付默啜，武周政府确实曾在边远的伊、西二州"占募强兵五百"。③ 太子、相王、太平公主与二张兄弟有过短暂的政治同盟，太子、相王、太平公主甚至上表请封张昌宗为王。④ 不过，这种短暂的政治联盟，很快就因对各自安危的担忧走向破裂。武则天每一次病重，都将加重朝廷内部明争暗斗的激烈程度。

武则天此一时期主要的宗教活动是寻仙问道。不过，值得关注的

---

① 《资治通鉴》卷206，则天后圣历元年，第6526~6527页。
② 《资治通鉴》卷206，则天后圣历元年，第6534页。
③ 唐长孺主编《吐鲁番出土文书》第4册，文物出版社，1996，第236页。
④ "司仆卿张昌宗兄弟贵盛，势倾朝野。八月，戊午，太子、相王、太平公主上表请封昌宗为王，制不许；壬戌，又请，乃赐爵邺国公。"《资治通鉴》卷207，则天后圣历二年，第6559页。

是，在升仙太子碑标题后首行，武则天题名的尊号依然是"大周天册金轮圣神皇帝"。这表明她虽然于此时崇奉道教，但在升仙太子碑建立之时依然没有放弃佛教转轮王的身份标识。在《明堂建设与武周的皇帝像——从"圣母神皇"到"转轮王"》一文中笔者曾指出，武则天于长寿二年获得"慈氏越古金轮圣神皇帝"的尊号。这与《宝雨经》在是年颁布息息相关。① 明堂大火后，她改变了自己的尊号。但尊号中"转轮王"的标识持续使用到圣历三年五月。可是，事情也正在起变化。《通鉴》在这一年所记武则天"疾小瘳"后还有如是一段记述："（五月）癸丑，赦天下，改元久视；去天册金轮大圣之号。"② "去天册金轮大圣之号"之"大圣"准确来说应当为"圣神"。《旧唐书》记："五月癸丑，上以所疾康复，大赦天下，改元为久视，停金轮等尊号，大酺五日。"③ "停金轮等尊号"透露出，武则天于此年五月五日彻底放弃了从长寿二年以来就保留的佛教转轮王的称号。④ 此处固然不能遽断这样的举动标志着她放弃了佛教信仰。但透过这些线索也可觉察她在此时对佛道两教的偏重。信仰转变也驱动年号更换。她接下来使用的年号"久视"，语出《老子》，即"长生久视"之意。

（三）道士胡超嵩山投龙与长生祈求

久视元年（700）六月，升仙太子碑被二次刊刻。刊刻内容则是武则天创作的杂言诗《游仙篇》。诗由薛曜书写，刊于碑阴，文如下：

> 杂言游仙篇　御制　奉宸大夫薛曜书
> 绛宫珠阙敞仙家，蜺裳羽旆自凌霞。
> 碧落晨飘紫芝盖，黄庭夕转彩云车。
> 周旋宇宙殊非远，鸾望蓬壶停翠憾。
> 千龄一日未言赊，亿岁婴孩谁谓晚？

---

① 详参拙撰《明堂建设与武周的皇帝像——从"圣母神皇"到"转轮王"》，《世界宗教研究》2015 年第 1 期。
② 《资治通鉴》卷 206，则天后久视元年，第 6546 页。
③ 《旧唐书》卷 6《则天皇后本纪》，第 129 页。
④ 《资治通鉴》卷 205，则天后长寿二年，第 6492 页。

逶迤凤舞时相向，变啭鸾歌引清唱。

金浆既取玉杯斟，玉酒还用金膏酿。

驻迥游天域，排空聊憩息。

宿志慕三元，翘心祈五色。

仙储本性谅难求，圣迹奇术秘玄猷。

愿允丹诚赐灵药，方期久视御隆周。

图6　升仙太子碑二次刊刻的部分（方框内所标）

资料来源：洛阳师范学院、偃师文物旅游局编《武则天升仙太子碑》，第138页。

整个诗歌道教色彩浓重。其中最后两句最能阐明她的"心迹"："愿允丹诚赐灵药，方期久视御隆周。"① 诗歌表达依旧很直白，服食丹药目的就是长命百岁，永掌国祚。《游仙篇》刻于升仙太子碑背后，像是对武则天这一时期宗教活动的总括。②

久视元年，武则天已 78 岁。可能因为病情有所好转，是年七月，她再次盛夏出行。抵达嵩山后，依旧居住在"三阳宫"。对此，史书只有很简单的记录，说"自夏涉秋，不时还都"。③ 如果没有摩崖碑刻、出土金石，单看史书，我们依然不明了她此次出行的详细活动。夏秋之际，武则天带领群臣赴嵩山石淙河旁饮宴赋诗。武则天诗成后，令大臣们奉和应制各写一首，共计 17 首，连同武则天所写的序，命薛曜书写，共刻于石淙河旁的摩崖上。诗歌自然也不免仙道色彩。④ 饶宗颐先生说："应制和作者，自皇太子以下十六人，狄仁杰句'老臣预陪悬圃宴，余年方共赤松游'，全作神仙家言。可见晚年之武后，在嵩山游幸中，其精神已完全陶醉于道教之中矣。"⑤

地不爱宝，除这次石淙宴饮留有"石刻"记录外，"武则天嵩山投龙金简"重现天日，揭示出久视元年七月武则天在嵩山的宗教活动。金简内容如下：

1. 上言：大周国主武曌，好乐真道、长生神仙，谨诣中
2. 岳嵩高山门，投金简一通祈三官九府除武曌罪名。

---

① 黄明兰、朱亮编著《洛阳名碑集释》，第 123 页。

② 笔者曾简要述及这次年号更改与升仙太子碑二次刊刻的关系。详参拙撰《出土文献与唐代礼制问题研究》，第 84～85 页。唐雯也简要指出二次刊刻与武则天病情好转的问题。

③ 《旧唐书》卷 97《张说传》，第 3049 页。

④ 《金石萃编》卷 64 薛曜《夏日游石淙诗序》："爰有石淙者，即平乐涧也，尔其近接嵩岭，俯届箕峰。"同书同卷《夏日游石淙诗碑》载武后、太子李显、相王李旦、武三思、狄仁杰、张易之、张昌宗、李峤、苏味道、姚元崇、阎朝隐、崔融、薛曜、徐彦伯、杨敬述、于季子、沈佺期七律各一首，"大周久视元年岁次庚子律中蕤宾十九日丁卯"建。宋之问此诗亦同时作。见宋之问撰，陶敏、易淑琼校注《宋之问集校注》之《三阳宫石淙侍宴应制得幽字》，中华书局，2001，第 412～413 页。

⑤ 饶宗颐先生的判断十分准确，这里限于篇幅，就不详细对石淙河旁饮宴赋诗进行详细说明了。详参饶宗颐《从石刻论武后之宗教信仰》，《饶宗颐史学论著选》，第 516 页。

3. 太岁庚子七月甲申朔七日甲寅，小使臣胡超稽首再拜。谨奏。①

图7　久视元年"武则天嵩山投龙金简"

资料来源：洛阳市文物管理局编《古都洛阳》，朝华出版社，1999，第144页。

金简透露出投龙仪式在嵩山山门举行，太岁庚子即久视元年。末尾题名显示出，恰是上文提到的道士"胡超"主导了投龙仪式。另外，武则天自称"大周国主武曌"，已经及时地反映出她已放弃自我标识的转轮王身份。以往，对于这枚金简，学者们大多关注的是"投金简一通祈三官九府除武曌罪名"一句话，认为此是武则天晚年忏悔心迹的明证。但是，金简开头对武则天"好乐真道、长生神仙"的定位，则是武则天在此时信仰偏重的最好提示。

事实上，武则天此次在三阳宫也没居住多久。左补阙张说曾进谏武则天赶紧返回神都洛阳，给出以下理由："……是犹倒持剑戟，示人镈柄，臣窃为陛下不取。夫祸变之生，在人所忽。故曰：'安乐必诫，无

---

① 录文参考了《道家金石略》，第93页。同参陈尚君辑校《全唐文补编》卷20胡昭《中岳投金简文》，中华书局，2005，第247页。

行所悔。'""今国家北有胡寇觑边，南有夷獠骚徼。关西小旱，耕稼是忧；安东近平，输漕方始。臣愿陛下及时旋轸……苍苍群生，莫不幸甚。"① 其中因为三阳宫所在地"山隔水阻"，张说强调安山谷之僻处，是"犹倒持剑戟，示人镡柄"。隐约能让人感到他是在暗示当时政治形势的紧张状态。另外北方的东突厥第二汗国的复国运动如火如荼、南方岭南夷獠的持续动乱，也是朝廷亟须面对的问题。由于内灾外困，武则天不得不返回洛阳。

勾稽传世、出土文献，以编年的形式阅读相关史事就会发现：武则天在圣历至久视年间，崇道倾向明显。武周时代轰轰烈烈的佛教立国运动，已迎来了尾声。这一点透过年号、尊号都能看出。

《岱岳观碑（六）》显示出神都青元观主麻慈力依然于久视二年（701）正月于泰山投龙设斋，具体碑文如下：

> 久视二年，太岁辛丑，正月乙亥朔二日丙子，神都青元观主麻慈力亲承圣旨，内赍龙璧、御词、缯帛及香等物诣此观中，斋醮功毕。伏愿我皇万福，宝业恒隆，敬勒昌龄，冀同砺而无朽。
>
> 侍者道士麻宏信
>
> 祇承官朝散郎行兖州都督府参军事摄功曹房希望
>
> 祇承官登仕郎行兖州都督府录事刘□□②

碑刻中也将斋醮的目的说得很清楚，即祈求皇帝昌龄无朽。

（四）久视改大足：武周末期佛教界的动向

圣历二年竖立的升仙太子碑是道教信仰驱动进而建造的"景观"。洛阳神都仿佛是各种宗教、政治势力的"竞技场"，各方的理念、意图也会呈现在都城内外不同的建筑上。③ 升仙太子碑屹立缑山，往来神都与泰山的道士，对洛阳的佛教教团来说，无疑是一种挑衅。从万岁通天

---

① 《旧唐书》卷97《张说传》，第3049～3050页。

② 《岱岳观碑（六）》，《道家金石略》，第93页。

③ 参拙撰《明堂建设与武周的皇帝像——从"圣母神皇"到"转轮王"》，《世界宗教研究》2015年第1期；《转轮王化谓四天下与武周时代的天枢、九鼎制造》，《魏晋南北朝隋唐史资料》第31辑。

元年到圣历三年，明堂被烧，大佛成灰；薛怀义、净光老尼被杀；武则天去除金轮王的尊号，这些灾异、政治事件释放出的信号，佛教势力不会视而不见。那么，此时神都洛阳佛教的动向如何呢？就在升仙太子碑被二次刊刻"游仙诗"的情况下，洛阳城中又有了关于建造大佛像的提议。造像安设在哪里？是复建原来天堂中的弥勒大像吗？具体的倡议者是谁？由于史料缺乏，不得而知。从目前仅见的史料可知，建造大像的讨论，一直从"久视元年"持续到"长安四年"，才最终决定在邙山的"白马坂"建造。有学者指出，白马坂的大佛就是复建弥勒大像。[①]另外，可能在佛教徒看来，久视这个年号也多少显得刺眼。于是，在甘肃成县发生了一次佛教色彩浓厚的祥瑞制造事件。《通鉴》卷207记："春，正月丁丑（大足元年，701），以成州言佛迹见，改元大足。"[②] 成州即今甘肃成县，佛迹即释迦牟尼脚印。在早期佛教信仰当中，佛足脚印也被当作圣物崇拜。单从"久视"与"大足"年号的更替，仍旧让人感到"佛道"竞争的意味。关于大足这个年号的政治意涵，《朝野佥载》记录得更为详细，但在时间上又与《实录》记载相异："司刑寺囚三百余人，秋分后无计可作，乃于圜狱外罗墙角边作圣人迹，长五尺。至夜半，三百人一时大叫。内使推问，云：'昨夜有圣人见，身长三丈，面作金色'，云'汝等并冤枉，不须怕惧。天子万年，即有恩赦放汝。'把火照之，见有巨迹，即大赦天下，改为大足元年。"[③] 此条《太平广记》卷238云出自《唐国史》。汪校云明钞本作出《朝野佥载》。又《通鉴》长安元年《考异》引此下有"识者相谓曰：'武家理，天下足也'"十二字。《朝野佥载》载"改元大足"事在"秋分后"，且"大赦天下"，而《考异》云："按改元在春，不在秋，又无赦。今不取。"司马光单是以纪时的错误，即对这条材料弃之不用。按《新唐书·五行志》云："久视二年正月，成州有大人迹见。"[④] 武则天改元大足与成州地区出现巨型足迹应有直接的联系。张鷟所录在具体

---

① 参考松本文三郎「則天武后の白司馬坂大像に就いて」『東方學報』、1934。肥田路美：《奉先寺洞大佛与白司马坂大佛》，《石窟寺研究》2010年第1辑，第130~136页。
② 《资治通鉴》卷207，则天后长安元年，第6554页。
③ 张鷟：《朝野佥载》卷3，第72~73页。
④ 《新唐书》卷36《五行三》，第955页。

时间及史实上虽与《通鉴》、正史记载有出入，然而正像前文所指出的，张鷟生活于武周时期，这样的记载应属于时人见闻、传说，反映了当时他理解此次年号更改释放出来的政治信号。欧阳修《集古录跋尾》记有《唐司刑寺大脚迹敕》，阎朝隐撰碑铭。①《集古录跋尾》所记司刑寺大脚迹敕，刻于碑石，表明此祥瑞确有发生。但为何迟至长安二年才由阎朝隐撰碑铭？碑刻已亡，事实难辨。换言之，这个记载虽是政治传闻到民间的扭曲、变形，但其中一定反映了时人的某些观念。《朝野佥载》所记谶纬，用于解释大足年号，耐人寻味。"识者相谓曰：'武家理，天下足也。'"谶言特别强调"武家"，可能也别有一番意味。总之，综合官私两种记载，在其中读到的核心要素是佛教、武家。然而，如果仔细揣摩《大云经神皇授记义疏》中早期的道教谶纬就会发现，道教持续表达的意图是，武则天作为圣母神皇的形象是辅佐李唐宗室。偏重的是"李家"。这与佛教对武周支持的态度皎然有别。《大云经神皇授记义疏》中有中岳马先生谶。谶曰："牵三来，就水台，更徽号，二九共和明，止戈合天道，圣妇佐明夫，率土怀恩造。"②《洞仙传》和《陶隐居内传》都提到马荣作过"牵三诗，类乎谶纬"，有一定影响。而中岳马先生谶开头"牵三来，就水台"，应该就是牵三诗。③ 所以马先生可能是马荣。"牵三来，就水台"，指"治"。二九乃李，是李治；止戈为武，指武则天。"圣妇佐明夫"应指二圣并治的时代。另有谶曰："东海跃六传书鱼，西山飞一能言鸟。鱼鸟相依同一家，鼓鳞奋翼膺天号。"④ 鱼指李家王朝，鹦鹉指武则天，为能言鸟。鱼鸟扶持，指李武共治。又谶曰："戴冠鹦鹉子，真成不得欺。""二九一百八十年，天下太平高枕眠。"又谶云："陇头一丛李，枝叶欲雕疎。风吹几欲倒，赖逢鹦鹉扶。"⑤ 陇头一丛李树即指陇西李氏——李家王朝，本来大厦将倾，有赖鹦鹉（武氏）扶持，才在风中不坠。此前，在《大云经神皇授记义疏》描述中洛阳被称作神都。神都是一个佛教色彩浓厚的神圣

---

① 《集古录跋尾》，《欧阳修全集》卷129，中华书局，2001，第2007页。
② 林世田：《〈大云经疏〉结构分析》，《敦煌遗书研究论集》，第28页。
③ 《女青鬼律》，《道藏》第18册，第248页。
④ 林世田：《〈大云经疏〉结构分析》，《敦煌遗书研究论集》，第28页。
⑤ 林世田：《〈大云经疏〉结构分析》，《敦煌遗书研究论集》，第28页。

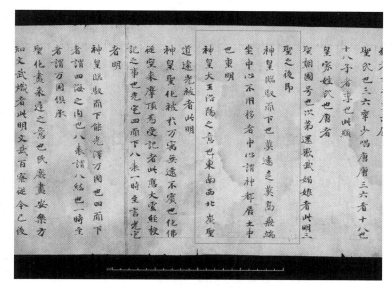

图 8　S.6502 局部

资料来源：国际敦煌项目，http://idp.nlc.cn。

国都。无论是宫殿中轴线上的明堂，还是天堂中的佛像，抑或天枢，都表明武则天在洛阳用心良苦，经营已久。而且《大云经神皇授记义疏》说："莫远走，莫高飞，端坐中心不用移者。中心谓神都居土中也，重明神皇大王洛阳之意。"①武周早期的政治宣传文本中认为洛阳是天下之中，武则天要"端坐中心不用移"。武则天自永淳元年到长安元年的近 20 年里，确实一直居住在洛阳。

不知是酝酿已久还是突发奇想，武则天突然离开洛阳返回长安。而且又更改了一个十分具有象征意义的年号"长安"。等到长安五年武则天从长安再返回洛阳时，武周政权很快就被颠覆了。

三　泰山"岱岳观"长安年间的道教碑刻与武周末年的政局

武则天日益衰老，十分讳言朝政问题，有时也显得有些喜怒无常。长安元年（701），她 79 岁。《资治通鉴》说太后"春秋高，政事多委

---

① 林世田：《〈大云经疏〉结构分析》，《敦煌遗书研究论集》，第 23 页。

张易之兄弟"。此年八月，邵王李重润与其妹永泰郡主、主婿魏王武延基私下议论张易之干政之事，不慎被张氏获知，禀告武则天。李重润、永泰郡主被武则天逼令自杀。① 这是张氏兄弟第一次把矛头同时指向武、李两家。同在长安元年，司礼丞高戬、魏元忠被张氏兄弟污蔑造反一事，也牵涉李氏皇族。在这种政治氛围下，太子李显的忧虑一再累加。史籍是这样记述这段史事的："司礼丞高戬，太平公主之所爱也。会太后不豫，张昌宗恐太后一日晏驾，为元忠所诛，乃谮元忠与戬私议云'太后老矣，不若挟太子为久长'。太后怒，下元忠、戬狱，将使与昌宗廷辨之。"② 张氏兄弟担心武则天不日逝去，自己会遭到魏元忠的清算。他们很能抓住武则天此时自觉垂垂老矣的心态，特别强调魏元忠言及君主的年龄"太后老矣"，刺激武则天日益敏感的神经。此次事件最终以高戬被杀、魏元忠被贬结束，可锋芒直指太子、相王、太平公主。两次政治风波大概表明，慎言张氏兄弟，禁言年龄、嗣子，是武则天在此时设置的一道防线。尤其是魏元忠一案，相王、太子直接牵涉其中，在朝廷内外引起的恐慌，也能推想。一面是气氛肃杀的政治斗争；另一面是武则天为了惜命延祚，不断地向神灵求助。泰山《岱岳观碑（七）》显示出道士赵敬同依然在这一年为武则天进行祈祷：

> 长安元年，岁次辛丑，十二月己亥朔，廿三日辛酉，道士金台观主赵敬同侍者道士刘守贞，王怀亮等，奉十一月七日敕，于此太山岱岳观灵坛修金箓宝斋三日三夜，又□观侧灵场之所设五岳一百廿榮醮礼，金龙玉璧并投山讫，又□镇彩纱缯敬造东方玉宝皇上天尊一铺，并二真人仙童玉女等夹侍，□□□□供养。其日祥风暂息，瑞雪便传，香烛氤氲，日月明朗，神灵降祉，吉祥事毕，故刻石记时，勒名题日。
> 专当官宣义郎行博城县丞公孙杲
> 专当斋并检校像官博城县主簿登仕郎董仁智
> 都检校官承议郎兖州大都督府户曹参军王杲③

---

① 《资治通鉴》卷207，则天后长安元年，第6556～6557页。
② 《资治通鉴》卷207，则天后长安三年，第6564页。
③ 《岱岳观碑》共有二石，陈垣先生为了方便按年代排列，将《岱岳观碑》打散为多篇，进行编排。《道家金石略》，第94页。

投龙、修金箓斋、修建天尊像是相互配合的仪式，此前记载金箓斋法的《洞玄明真科经》①中元始天尊是发愿上启的最高神。从文字记载来看，金台观主赵敬同所修造像应该类似隋代四川道教造像，主神是元始天尊，元始天尊左右安置了胁侍的二真人。正如前文指出，修金箓斋的目的是"为帝王国土延祚降福"。②金台观主赵敬同奉敕修斋、设醮、投龙、造像的目的无疑是在给"不豫"的武则天延命祈福。

后来政局的发展并不像张氏兄弟事先预料得那样。拥立李显、李旦并没有给他们带来"免死金牌"。他们二人反而成了太子、相王发动政变的突破点。碑刻显示，武则天回到长安后，早期从事武周政治宣传的高僧，口径也多少有些改变。最著名的要算是长安七宝台清禅寺的德感，他在长安宝庆寺为武则天敬立十一面观音像一尊③，题记如下：

> 检校造七宝台清禅寺主昌平县开国公翻经僧德感奉为国敬造十一面观音像一区。伏愿皇基永固，圣寿遐长，长安三年九月十五日。

德感的名字此前时常跟"声名狼藉"的薛怀义连在一起，从进献《大云经疏》到新译《宝雨经》，他们是紧密合作的同人。④但德感这里"皇基永固，圣寿遐长"的祈福语，看起来和道士们的宗旨并无二致。"圣寿遐长"一词，也出现在他参与编纂的《大云经神皇授记义疏》中。⑤此时修十一面观音与投龙、道教造像目的一致，都是给久病不愈的武则

---

① 金箓斋法记载于《无上秘要》卷53金箓斋品中，根据《洞玄明真科经》，金箓斋品的金箓斋法中有"右出洞玄明真科经"的引用。《洞玄明真科经》相当于道藏本《洞玄灵宝长夜之府九幽玉匮明真科》（HY1400，以下简称《明真科》），《明真科》中的金箓斋法是与《无上秘要》所引用的金箓斋法基本相同的。因此《明真科》应当是隋代之前的作品。参考小林正美「金録斎法に基づく道教造像の形成と展開」『東洋の思想と宗教』第22号、早稲田大学東洋哲学会、2005年3月。后收于『道教の斎法儀礼の思想史的研究』。汉译文《金箓斋法与道教造像的形成与展开》，收录于《艺术探索》2007年第3期，第32～46页。
② 《唐六典》卷4《尚书礼部》，第125页。
③ 笔者于东京国立博物馆拍摄并录文。
④ 详参肥田路美《云祥瑞像：初唐佛教美术研究》，颜娟英等译，台北：台湾大学出版中心，2018，第225～263页；孙英刚《从五台山到七宝台：高僧德感与武周时期的政治宣传》，《唐研究》第21卷，北京大学出版社，2015，第149～176页。
⑤ "又瑞石云：止一女万方吉。止者，止戈也。一女者，神皇也。又云：一人圣万八千。又云：女主千千。又云：我女一人千千年。斯并上天降幅，记圣寿遐长之验也。"林世田：《〈大云经疏〉结构分析》，《敦煌遗书研究论集》，第26页。

图9　长安宝庆寺为武则天敬立
十一面观音像
资料来源：作者拍摄自东京国立博物馆。

图10　长安宝庆寺为武则天敬立
十一面观音像题记
资料来源：作者拍摄自东京国立博物馆。

天祛病祈寿。关于这一点，读一下《十一面观世音神咒经》便不难获得如上的认知。"诵持此咒一百八遍，持此咒者现身即得十种果报，何等为十。一者身常无病。二者恒为十方诸佛忆念。三者一切财物衣服饮食，自然充足恒无乏少。四者能破一切怨敌。五者能使一切众生皆生慈心。六者一切蛊毒一切热病无能侵害。七者一切刀杖不能为害。八者一切水难不能漂溺。九者一切火难不能焚烧。十者不受一切横死。是名为十。"①

武则天又平安地过了两年。长安四年（704），她82岁，似乎有些病入膏肓。泰山《岱岳观碑》显示出，是年九月、十一月，武则天又两次派遣道士在泰山投龙。

《岱岳观碑（八）》在第三面第二截，十四行，行十三字至十六字不等。正书。录文如下：

> 大周长安肆年，岁次甲辰，玖月甲申朔，捌日辛卯，敕使内供奉、襄州神武县云表观主玄都大洞叁景弟子、中岳先生周玄度，并将弟子贰人，金州西城县玄宫观道士梁悟玄奉叁月贰拾玖日敕令，自于名山大川投龙璧，修无上高元金玄玉清九转金房度命斋叁日叁

---

① 《十一面观世音神咒经》，《大正藏》第20册，第149页。

夜行道，陈设醮礼，用能天地清
和，风云静默，神灵效祉，表圣
寿之无穷者也。

专当官朝散郎行参军燉煌张
浚并书

专当官文林郎守博城县主簿
韩仁忠

专当官宣德郎行□□□刘
玄机①

《岱岳观碑（九）》在第一面第
三截，十二行，行廿三字至廿七字不
等。正书。录文如下：

大周长安四年，岁次甲辰，
十一月癸未朔，十五日丁酉，
大□□观威仪师邢虚应、法师
阮孝波、承议郎行宫闱丞刘德
慈、邻□□等，奉敕于东岳岱
岳观中建金箓大斋卌九日，行
道设醮，奏表投龙荐璧，以本
命镇彩物奉为皇帝敬造石玉宝
皇上天尊一铺十事，并壁画天
尊一铺廿二事，敬书本际经一
部，度生经千卷，以兹功德，
奉福圣躬。其月四日巳前行道
之时，忽见日月扬光，加以抱
戴，俄顷之际，云色顿殊，遂
有紫霞□起，黄云互兴，遍满
□场，善成功德，睹斯嘉瑞，

图 11　岱岳观题记

资料来源：京都大学人文科学研究所
所藏石刻拓本资料，http://kanji.zinbun.
kyoto‒u.ac.jp/db‒machine/imgsrv/takuhon。

---

① 《道家金石略》，第94～95页。

敢不书之，斋醮既终，勒文于石。

岱岳观主伦虚白

专管官宣德郎行兖州都督府参军事金处廉

专管官文林郎守博城县主簿韩仁忠

专管官岳令刘玄□①

简单的石刻文字背后其实隐藏的是两场复杂的道教仪式场景。投龙的功用前文已屡次强调，此处不赘。内供奉、襄州神武县云表观主周玄度率领弟子投龙并"修无上高元金玄玉清九转金房度命斋"。金房斋仅见于《金箓大斋启盟仪》之中，"斋法见于道家者，凡二十七品，其源出于灵宝。……四曰金房斋。此四斋者不假人为，与天为徒，所谓内斋者也"。② 金房斋的具体功能不清楚。不过，通过金房、度命等词语可以推测，此斋的目的还是延年回命。《金房度命经》云："太常灵神都宫中，有金房度命回年之诀。皆铸金为简，刻白银之编，紫笔书编也。"③周玄度率领弟子遵循此年"叁月贰拾玖日敕令"，"自于名山大川投龙璧"，这就是说自长安四年三月二十九日以来，武周境内的名山大川可能都举行过类似的道教仪式，目的依然是"表圣寿之无穷"也。

十一月大弘道观威仪师邢虚应、法师阮孝波建斋投龙并"以本命镇采物，奉为皇帝敬造玉石宝皇上天尊一铺十事，敬写本际经一部，度人经十卷"。抄写两部道教经典，在此时也有特殊的意义。《度人经》即《太上洞玄灵宝无量度人上品妙经》，也宣扬"仙道贵生，无量度人""仙道贵生，鬼道贵终"之旨。《度人经》为何会用本命镇采物奉写？《无上秘要》中记录了一种叫作"本命缯"的斋仪物品，即"斋主本命缯随所属辰色年一尺，天皇皂缯九丈，地皇白缯七丈；人皇碧缯七丈，贫者并可尺数富足家……天王帝主禳灾度厄，用五色纹缯，随方丈数龙用上金，命缯用紫纹，庶民用缦缯，龙用中金，然灯请乞同如上法"。④ 晚一些的杜光庭的《金箓斋启坛仪》中也记载

---

① 《道家金石略》，第95页。

② 《金箓大斋启盟仪》，《道藏》第9册，第73页a。

③ 张君房编《云笈七签》卷7《三洞经教部》，李永晟点校，中华书局，2003，第125页。

④ 《无上秘要》，《道藏》第25册，第174页b。

了这种法物："谨赍金龙玉璧，纹彩命缯，油烛香花，事事如法。"①
而"采物"即有纹饰的旌旗、布物。因此，此处的"本命镇采物"，
颇怀疑即所谓"本命缯"。此外，本命缯与寿命修短也有关系，《要
修科仪戒律钞》引《明真科》曰："受真文各用命缯计岁，余壹有
关，考由玄曹。"② 张万福《传授三洞经戒法箓略说》："命缯义曰：
人受生，天与四万三千二百算为一百二十年，而不满此者，皆犯天
地、日月、星辰，违盟负约，背道叛师，不从经戒，为三官夺减算命
所致也。故以纹缯脆对官，乞延算命，名命缯也。唯天子用紫纹或罗
一百二十匹，皇后太子比之。余依年加匹、丈、尺，王公贵人用匹，
富者用丈，贫贱以尺。"③ 按照张万福的说法，武则天此处使用的命缯
应是紫纹或罗一百二十匹。根据《度人经》记载如果是在"本命之
日"，诵咏是经，会有以下功能："魂神澄正，万炁长存，不经苦恼，
身有光明，三界侍卫，五帝司迎，万神朝礼，名书上天。功满德就，飞
升上清。"④ 平时诵读《度人经》也会拥有意想不到的功效，比如说经
五遍，"久病瘤疾，一时复形"。说经六遍，"发白返黑，齿落更生"。⑤
《本际经》同样流行于唐代，被称作"众经中王"。诵读、抄写、听读
该经，具有别样的功效。元始天尊在《本际经护国品卷第一》中说：
"若复读诵此经，依经修行，昼夜不懈，是人所在之处，自然安乐，随
所往生，得居净土。……若复有人纸墨缣素，刻玉镂金，抄写书治，装
潢绦轴，流通读诵，宣布未闻当知其人已入道分，名书金格，列字玉
篇。若复有人一心正念，听读此经，欢喜踊跃，得其义味，忘于寝食，
不觉为久，当知此人过去世中，已曾闻值，暂生下世，寄惠人间，不久
仙度，终归得道。"⑥

---

① 杜光庭：《金箓斋启坛仪》，《道藏》第 9 册，第 70 页 a。
② 朱法满：《要修科仪戒律钞》，《道藏》第 6 册，第 923 页 c。有关本命缯的内容蒙辛
康同学提示，专致谢意。
③ 张万福：《传授三洞经戒法箓略说》，《道藏》第 32 册，第 195 页 a。
④ 参考山田俊「太玄真一本际经の文献学研究」『唐初道教思想史研究』平楽寺书店、
1999、33～41 頁。
⑤ 叶贵良：《敦煌本〈太上洞玄灵宝无量度人上品妙经〉辑校》，四川大学出版社，
2012，第 35 页。
⑥ 《太玄真一本际妙经》卷 1《护国品》，引自『唐初道教思想史研究』（资料篇）、
17 頁。

　　长安四年九月、十一月两次投龙、修斋、造像、抄诵两部功能特殊的道经也比较契合武则天于病中苟全性命、延命回祚的内心期待。但从另一方面来讲，这些仪式反复告知时人的信息就是她老病交加，随时有撒手尘寰的可能。

　　事实上，道教法事也不能总发挥神奇的作用。按照《通鉴》记载，是年十二月武则天的病情依旧十分严重，居住在一个仙道色彩浓厚的空间——"长生殿"。只有张易之、张昌宗"侍侧"，连宰相都累月不见。可以推想，在这一个月内，武则天的身体状况究竟如何，外界毫无所知却颇为关注。等到武则天"疾少间"，崔玄暐上奏就对侍疾人选提出了质疑。崔奏言称："皇太子、相王，仁明孝友，足侍汤药。宫禁事重，伏愿不令异姓出入。"①"奏言"显示了皇太子、相王以及支持他们的大臣的真实担忧。与其说二子关心母亲的身体状况，不如说他们真正关心的是能否顺继皇位。武则天的这次病重，加剧了各方忧虑。正是发觉武则天"疾笃"，张氏兄弟开始担忧起自己的安危来。《通鉴》记载："易之、昌宗见太后疾笃，恐祸及己，引用党援，阴为之备。屡有人为飞书及榜其事于通衢，云'易之兄弟谋反'，太后皆不问。"②史书说易之、昌宗"引用党援，阴为之备"，但他们究竟结交了哪些人，其实丝毫找不到线索。反倒是"五王"互为党援，开始谋划政变，相关记录清晰可见。也正是看到武则天"疾甚"，张柬之、崔玄暐与中台右丞敬晖、司刑少卿桓彦范、相王府司马袁恕己开始谋划政变。政变需要宣传造势与掌握军权两方面的准备，一是在舆论上坐实张氏兄弟有谋反的企图，二是积极结交神都禁军首领李多祚，以备起事之需。③

　　武则天、崔玄暐在神龙政变前的最后宗教活动也耐人寻味。《唐大荐福寺故寺主翻经大德法藏和尚传》提供了武则天长安四年冬到长

---

① 《资治通鉴》卷207，则天后长安四年，第6575页。同参《旧唐书》卷91《崔玄暐传》（第2935页），所记文字略有不同。

② 《资治通鉴》卷207，则天后长安四年，第6575页。

③ "柬之谓右羽林卫大将军李多祚曰：'将军今日富贵，谁所致也？'多祚泣曰：'大帝也。'柬之曰：'今大帝之子为二竖所危，将军不思报大帝之德乎？'多祚曰：'苟利国家，惟相公处分，不敢顾身及妻子！'因指天地以自誓。遂与定谋。"《资治通鉴》卷207，中宗神龙元年，第6578～6579页。

安五年正月期间的一些动向。① 法藏声称长安四年冬杪于内道场因对扬言及岐州舍利是阿育王灵迹。武则天没有亲迎，"特命凤阁侍郎博陵崔玄暐，与藏偕往法门寺迎之"。岁除日至西京崇福寺。是日，西京留守会稽王武攸望率官属及五部众"投身道左，竞施异供香华鼓乐之妙，蒙聩亦可睹闻"。长安五年正月十一日，就在五王政变发生前十天，武则天亲迎三十年一开的岐州法门寺舍利至神都洛阳，"安置于明堂以兜罗绵，天后及储君顶戴时七也"。荒废已久的明堂，再次迎来了武则天的回归，而且太子李显同行。据说年迈的武则天在敬奉舍利的过程中十分虔诚，"身心护净，头面尽虔，请藏捧持，普为善祷"，似乎对紧张的政治气氛毫无感知。武则天为何要在重病之际，依然躬自奉迎舍利？《大云经神皇授记义疏》能够给这种行为提供一些合理的解释。② 在武则天早期执政的政治宣传中，舍利频现是转轮王需要操控的一项重要祥瑞。不过，如果仔细琢磨《唐大荐福寺故寺主翻经大德法藏和尚传》，依旧会发现不少蹊跷之处。长安五年，武则天虽然"疾少间"，但83岁的年龄理应行动十分不便。不知道崔玄暐和法藏等人吸引武则天到洛阳是事先预谋，还是属于巧合？但可以注意的是，崔玄暐是后来发动神龙政变的主谋之一，政变的场所在洛阳禁宫。③ 让人不得不怀疑长安五年正月武则天再次入洛，是崔玄暐联合法藏等人利用舍利再现而进行的刻意安排。需要补充的是，武则天对于崔玄暐参与政变颇感意外。《新唐书·崔玄暐传》记："以诛二张功为中书令、

---

① 《大正藏》第50册，第280页下栏~286页下栏。

② "经曰：'舍利不可得，假使蚊子脚，堪任作桥梁，能度一切众，舍利乃可得。假使水中蛭，忽然生白齿，大如香象牙，舍利乃可得。假使兔生角，堪任作梯凳，高至净居天，舍利乃可得。假使小舟船，能载须弥山，度于大海水，舍利乃可得。如此譬喻，其数实多，明知如来舍利不可得也。'又经记云'王阎浮提，护持正法，大得舍利，为欲供养佛舍利故，遍阎浮提起七宝塔，恭敬供养，尊重赞叹。见有护法持净戒者，供养恭敬；见有破戒毁正法等，呵责毁辱。'今神皇林驭天下，频得舍利，前开祥于光宅，今表应于载初，故《广武铭》云'光宅四天下，八表一时至'者，即明神皇先发宏愿，造八百四万舍利宝塔，以光宅坊中所得舍利分布于四天下，此则显八表于一时，下舍利之应，斯乃不假人力所建，并是八表神功共成，此即显护持正法，大得舍利之验也。"林世田：《〈大云经疏〉结构分析》，《敦煌遗书研究论集》，第24页。

③ "神龙元年，张柬之、崔玄暐等率羽林兵迎皇太子入，诛易之、昌宗于迎仙院，及其兄昌期、同休、从弟景雄皆枭首天津桥，士庶欢踊，脔取之，一夕尽。坐流贬者数十人。"《新唐书》卷104《张易之张昌宗传》，第4016页。

博陵郡公。后迁上阳宫，顾玄晖曰：'诸臣进皆因人，而玄晖我所擢，何至是？'对曰：'此正所以报陛下也。'"① 我想，崔玄晖等人一定要将年迈的武则天再次引诱至洛阳，是因为他们与守卫洛阳宫廷的将领李多祚早已约定发动政变，从而可以避开武氏宗王把控着的长安羽林军。

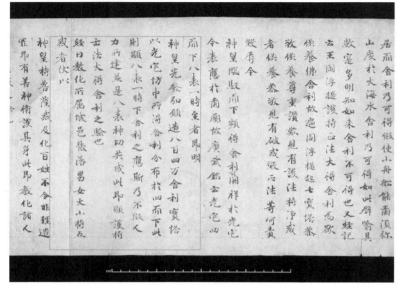

图 12　S.6502 局部

资料来源：国际敦煌项目，http://idp.nlc.cn。

四天之后，长安五年正月壬午（三十日）朔，改元神龙。神龙的名称也见于《大云经神皇授记义疏》，意思是"夔龙在位，亦是神龙防卫圣躬之应也"。② 事与愿违的是，想象召唤的神龙并没有保卫武则天的安危。

神龙元年正月二十三日，桓彦范、敬晖、李湛、崔玄晖等发动政变。政变断然不能直指君主，一般都要找一个"清君侧"的借口。所以我们发现当时的政治说辞全然针对张易之兄弟，而不敢直接指向武氏家族：

> 长安末张易之等将为乱，张柬之阴谋之，遂引桓彦范、敬晖、

---

① 《新唐书》卷 120《崔玄晖传》，第 4317 页。

② 林世田：《〈大云经疏〉结构分析》，《敦煌遗书研究论集》，第 27～28 页。

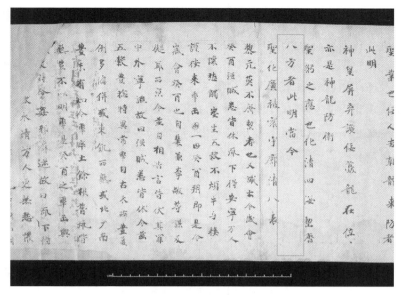

图 13　S.6502 局部

资料来源：国际敦煌项目，http://idp.nlc.cn。

李湛等为将，委以禁兵。神龙元年正月二十三日，晖等率兵将至玄武门，王同皎、李湛等先遣往迎皇太子于东宫，启曰："张易之兄弟，反道乱常，将图不轨。先帝以神器之重，付殿下主之，无罪幽废，人神愤惋，二十三年于兹矣。今天启忠勇，北门将军、南衙执政，克期以今日诛凶竖，复李氏社稷。伏愿殿下暂至玄武门，以副众望。"太子曰："凶竖悖乱，诚合诛夷。如圣躬不康何？虑有惊动，请为后图。"同皎讽谕久之，太子乃就路。又恐太子有悔色，遂扶上马，至玄武门，斩关而入，诛易之等于迎仙院。则天闻变，乃起见太子曰："乃是汝邪？小儿既诛，可还东宫。"①

政变发生后，王同皎、李湛等迎出身在东宫的太子，在所上书启中，将张易之兄弟定义为"反道乱常，将图不轨"，这在唐律里属于十恶不赦的罪名。太子的回复也是"凶竖悖乱，诚合诛夷"，依然将他们定义成谋叛的团伙。从太子对王同皎的回答中似乎可以看到他对直接逼武则天

---

① 刘肃：《大唐新语》卷 1《匡赞第一》，许德楠、李鼎霞点校，中华书局，1984，第7~8 页。

退位颇有疑虑，谋划"后图"。最后在臣僚的劝说下才直入洛阳玄武门。让人怀疑的是，这套说辞在替自己开脱逼母犯上的不道。不过，武则天久处病中，政局持久不明，应当也是他们敢于铤而走险发动政变的原因。在此次政变后太子李显全然忘了张易之的襄助之恩，将他们定性成为"反道""凶竖"，昔日恩人变成了反面典型。

政变之后，神龙二年（706）相王府成员在升仙太子碑上完成了第三次刊刻：

大唐神龙二年岁次景午水捌月/壬寅金朔二十七日戊戌木开府/仪同三司左千牛卫大将军上柱/国安国相 王 奉/制刊碑刻石为记。

1. 从官特进行尚书左仆射兼检校安国相 王 府长史平章军国重事上柱国芮国公豆卢钦望

2. 从官大中大夫行安国相 王 府司马护军皇甫忠

3. 朝散大夫守安国相 王 府咨议上柱国邢国公 王 温

4. 朝议大夫行安国相 王 府记室参军事丘悦

5. 朝议郎行安国 王 相府文学韦利器

6. 朝议大夫行安国相 王 府仓曹参军辛道瑜

7. 行安国相 王 府属韦慎惑

8. 行安国相 王 府掾丘知几

9. 行安国相 王 府典军丘琬、行安国相 王 府典军卫日新

10. 从安国相 王 品官行内侍省奚官局令引叅自

11. 安国相 王 品官行内侍省掖庭局令戴思恭

在神龙二年，这行题字显得非常突兀。很自然的发问是相王李旦为何要在升仙太子碑上刊碑刻石为记？"制"为王言之一，[1]"奉制"一词或许表明这也是在遵行哥哥中宗李显的意旨。相王李旦此行耐人寻味，除了升仙太子碑上的题名，他们的行动、目的再无记录。

在上文叙述中，我们曾判断升仙太子碑"敕检校勒碑使"后被凿

---

[1] 《唐六典》卷9《中书省》，第273～274页。

图 14　升仙太子碑三次刊刻

资料来源：洛阳师范学院、偃师文物旅游局编《武则天升仙太子碑》，第 138 页。

掉两字应是薛稷。右边被全部凿去的第 9 行，应当是控鹤监张易之。那么，张昌宗、张易之的名字是什么时候被凿掉的呢？我想很有可能就是在安国相王此行之时。原本张昌宗、张易之等人操持而立的"升仙太子碑"见证过他们在武周政权末年的得宠和荣耀。随着李唐政权的复辟，原本与李旦、李显是政治同盟的张昌宗、张易之兄弟，此时又被定义为"凶竖悖乱"。谋逆者的名字自然被从碑上凿了下来。这样一个微观现象，便足反映当时的政治形势。

　　神龙政变后中宗进行了若干拨乱反正的工作，但独对"张易之党不原"。① 对前朝政权、人物的否定，扑倒为其所立碑石是常见的方式之一。但升仙太子碑系武周王朝所立，没有颠仆是因为此时的中宗政权并未否定武周王朝。按理来说，政局复归李唐，武氏家族才是最需要忌惮的势力。但史料显示，即便李显成为皇帝，也依然不敢对武氏家族下手，甚至在政变后连对武氏诸王降爵也颇谨慎。长安五年正月壬午朔，改元神龙。《册府元龟》谓："是月甲戌，则天归政于中宗。"② 说是归政于中宗，但实际上，在此年二月四日之前，国号仍然是武周。正月二十二日，神龙政变发生。正月二十三日，武则天下令太子监武周之国。正月二十四日，武则天下制传位给太子。翌日，太子即武周国皇帝之位。正月二十七日，武则天被迫改称"则天大圣皇帝"。二月四日，国号才由周变为唐。然而，即便国号变更，当时的朝局仍然是"唐皇帝"与"则天大圣皇帝"二帝并称。在日常生活里，中宗仍然宗奉武则天。"二月，辛亥，帝帅百官诣上阳宫问太后起居；自是每十日一往。"③ 武则天的存在也是保持武氏家门完整的重要原因。武三思等人还能跻身政坛，也和武则天的存续相关。《资治通鉴》卷 208《考异》引《统纪》曰："太后善自粉饰，虽子孙在侧，不觉其衰老。及在上阳宫，不复栉頮，形容羸悴。上入见，大惊。太后泣曰：'我自房陵迎汝来，固以天下授汝矣，而五贼贪功，惊我至此。'上悲泣不自胜，伏地拜谢死罪。由是三思等得入其谋。"④

　　这是李显复国后的基本政治情势。政局上的些微变动常常会在不经意之处体现。神龙元年五月十五日，侍中敬晖等言诸武不当王，但中宗"又素畏太后，且欲悦安之"，⑤ 只是将攸暨、三思由亲王改为郡王。尽管"武诸王缩封"的举动不合人心，但中宗此时也无力去改变武家的政治遗产。神龙政变，远远谈不上是革周之命。

　　值得一提的是，道士们对于政局的变动也十分敏感，在神龙元年二

---

① 《资治通鉴》207，中宗神龙元年，第 6581 页。
② 《册府元龟》卷 15《帝王部·年号》，第 165 页。
③ 《资治通鉴》卷 208，中宗神龙元年，第 6583 页。
④ 《资治通鉴》卷 208，中宗神龙元年，第 6591 页。
⑤ 《新唐书》卷 206《武承嗣传》，第 5838 页。

月四日之后中宗复唐不久，大弘道观法师阮孝波、道士刘恩礼等九人就奔赴泰山岱岳观，为中宗、韦后九日九夜行道，设醮投龙设斋。尽管武则天依旧老病交加，但这位前大周皇帝只能默默地待在上阳宫仙居殿，她的相关信息再也没有出现在泰山岱岳观的碑刻当中。

《岱岳观碑（十）》在第二面第三截右，九行，行十三字，记：

> 大唐神龙元年，岁次乙巳，三月庚辰朔，廿八日丁未，大弘道观法师阮孝波、道士刘思礼、品官杨嘉福、李立本等，奉敕于岱岳观建金箓宝斋，卅九人九日九夜行道，并设醮投龙，功德既毕，以本命镇彩等物，奉为皇帝、皇后敬造石玄真万福天尊像一铺。
>
> 给事郎试太子中允刘秀良书①

余论：碑刻与文书——关于武周末年宗教与统治的不同叙事

在武则天晚年，死亡不仅是悬在她个人头上的一把"达摩克利斯之剑"，也是挂在整个武周政局上的一把利刃。很多武周政局末年的事件，应当放在她个人死亡的阴影下来解读，才能加深认识。事实上，从陈寅恪写《武曌与佛教》以来，学者们都高度重视武周政权与佛教的密切关系。② 但如果仔细搜集一下道教碑刻的材料，大概也能知道，在万岁通天元年前后，像胡超这样活跃的道士不止一位。饶宗颐先生曾利用这些泰山道教投龙碑刻论证武则天三教合一的信仰倾向，其实是精准修正了陈寅恪先生的观点。③ 封禅嵩山、筑造升仙太子碑、建立三阳宫、修炼九转神丹、嵩泰两山特定时间的投龙仪式、写经造像等不计代价的宗教行为，都证明武则天晚年像秦皇汉武这样的集权统治者一样，存有不死幻想，试图借助各种宗教仪式祈求长生。用最简单的方法，编年考订遗留下的传世史料和出土文献，很明显可以看到武则天晚年的宗教信仰

---

① 《道家金石略》，第95页。
② 陈寅恪：《武曌与佛教》，《金明馆丛稿二编》，三联书店，2001，第164~169页。
③ 饶宗颐：《从石刻论武后之宗教信仰》，《饶宗颐史学论著选》，第504~531页。

转向。与佛教相比，道教更擅长提供各种长生资源。在官方的言辞里，祈求长生是为了"永保国祚"。对于观望局势的朝臣来说，无论是永保国祚的政治宣言，还是形制宏大的道教碑刻，抑或是虔诚的宗教行为终究只能释放一种信号，就是武则天年迈衰朽，寿命将终。史料显示，稍有政治敏感的人都在考虑她逝去之后政局的转向和权力让渡。在上文的论述中，我们关心武则天的年龄，也关心她不时生病的生命状态。事实表明，武则天每一次"病重"都会有人进行政治投机。有人在揣摩上意，例如朱前疑、阎朝隐；有人在考虑君主身后的子嗣问题，比如狄仁杰、吉顼；有人因此深受宠爱，例如张易之、张昌宗；还有的人在考虑能否继承大统，譬如武三思、李显。不同的臣僚表面上的说辞都是希望武则天长命百岁，但私下考虑的事情都是君主身亡后自己的政治前途。此一时期，各种问题交杂在一起，北方复国的东突厥第二汗国伺机南犯，东北的契丹蠢蠢欲动，整个国家面临不少危机。还是老问题，现实的政治势力当中，天然地有武李两家，支持谁？朝堂中二姓各有支持者，即便是武则天这样强势的君主也并不能每时每刻主导政局的走向。朝中大臣处心积虑的谋划，国际势力的威胁干涉，最终使李家兄弟走向胜利。但其间充满了偶然性，哪一方其实都有胜出的可能。在此过程中，竖立升仙太子碑只是一个并没有那么重要的事件。当然，以上这些只是武周末年政局的缩影。

吐鲁番文书中提供了另外一种社会经济变化的图景，如大谷2836b《武周圣历二年三月敦煌县检校营田人等牒》①、大谷2835a《周长安三年停逃户文书》②、大谷2836a《周长安三年三月敦煌县录事董文彻牒》③、大谷2839a《周长安四年敦煌县里正等牒》④、大谷2834b《周长安四年前后敦煌县状》⑤等，这些文书告诉我们，在武周时代，尤其是武则天统治的末年，土地兼并十分严重，农民逃亡颇为普遍。即便在边远的沙州（敦煌）、西州（吐鲁番），政府都不得不派出括逃使括逃、

---

① 小田義久編『大谷文書集成』第1冊、法藏館、1983、108頁。
② 小田義久編『大谷文書集成』第1冊、105～106頁。
③ 小田義久編『大谷文書集成』第1冊、107～108頁。
④ 小田義久編『大谷文書集成』第1冊、109頁。
⑤ 小田義久編『大谷文書集成』第1冊、105頁。

检籍。户籍制度处在崩溃的边缘。① 当时士大夫有"今天下户口，亡逃过半"② 的说法，民间诗人王梵志也有"天下浮逃人，不啻多一半"③ 的吟唱。唐长孺及其学生则利用这些新出的敦煌吐鲁番文书，对武周时代做了另一种描述。也就是说，关于武周时代的课题，中古史研究的两位奠基者——陈寅恪和唐长孺的取向颇为不同。在陈寅恪的论述过程中，武则天在中古执政的意义巨大，被称作"吾国中古史上为一转捩点"，④ 即中古政治由贵族政治到官僚政治的转折点。武则天被称作"旷世怪杰"。可是每当我们把吐鲁番文书当中社会经济变动的蛛丝马迹和上述这些皇帝个人宗教信仰的金石材料对比阅读时就会发现，民众群体性的"绝家去乡，离失本业"，⑤ 在皇帝求仙问道、永隆国祚的宣言下，多少显得有些残酷与荒诞。另外，如果大胆一点去说，陈寅恪先生这种"辉格式"⑥ 的解释只是历史学家倒放电影式的判断。⑦ 武则天

---

① 参看唐长孺《关于武则天统治末年的浮逃户》，《历史研究》1961 年第 6 期，第 90 ～ 95 页。唐长孺：《唐代的客户》，《山居存稿》，中华书局，2011，第 133 页。陈国灿：《武周时期的勘田检籍活动——对吐鲁番所出两组敦煌经济文书的探讨》，《敦煌吐鲁番文书初探二编》，武汉大学出版社，1990，第 370 ～ 418 页；后收入《吐鲁番敦煌出土文献史事论集》，上海古籍出版社，2012，第 329 ～ 370 页。朱雷：《敦煌两种写本〈燕子赋〉中所见唐代浮逃户处置的变化及其他》，《敦煌吐鲁番文书论丛》，甘肃人民出版社，2000，第 272 ～ 293 页。

② 《旧唐书》卷 88《韦嗣立传》，第 2867 页。

③ 王梵志著，项楚校注《王梵志诗校注》，上海古籍出版社，2010，第 588 页。

④ 陈寅恪：《记唐代之李武韦杨之婚姻集团》，《金明馆丛稿初编》，三联书店，2001，第 279 页。

⑤ 《全唐文》卷 246《请令御史检校户口表》，第 2488 页。

⑥ "辉格史"即"历史的辉格解释"，这一词语是由英国史学家巴特菲尔德（Herbert Butterfield）首先创用的，它指的是 19 世纪初期，属于辉格党的一些历史学家从辉格党的利益出发，用历史作为工具来论证辉格党的政见，依照现在来解释过去和历史。辉格式的历史学家是站在 20 世纪的制高点上，用今日的观点来编织其历史。巴特菲尔德认为，这种直接参照今日的观点和标准来进行选择和编织历史的方法，对于历史的理解是一种障碍。因为这意味着把某种原则和模式强加在历史之上，必定使写出的历史完美地会聚于今日。〔英〕赫伯特·巴特菲尔德：《历史的辉格解释》，张岳明、刘北成等译，商务印书馆，2012。

⑦ "'倒放电影'手法的优点是：由于结局已经知道，研究者较容易发现一些当时当事人未能注意到的事物的重要性。以后见之明的优势，仔细分析当时当事人何以不能注意到那些后来证明是关键性的发展（即何以不能认识到特定事件的历史意义），以及这样的认知怎样影响到他们对事件的因应，应能有较大的启发。但这一手法也可能有副作用，即容易以今情揣古意，特别是有意无意中容易以后起的观念和价值尺度去评说和判断昔人，结果常常是得出超越于时代的判断。"参见罗志田《民国史研究的"倒放电影"倾向》，《社会科学研究》1999 年第 4 期。

只是身处在转折的时代，很难说她对转折有多大促成。武周时代日趋严重的土地兼并、农民逃亡现象，始终困扰着后来复国的唐王朝，正是社会经济变动的种种暗流，加上严峻的边疆形势，最终促成了唐王朝的各种制度转型。

山林世界

山中的教团：中古道教"寺院主义"的起源

孙 齐[*]

摘 要

5 世纪后期在中国南方最先普及开来的道观制度，反映了中古道教组织形态的重大变迁。从比较宗教史的视角看，道观现象的兴起，与基督教和佛教"寺院主义"的生成有类似的模式，都发端于遁世苦行的倾向。不过，道教寺院主义并非神仙道教遁世传统的自然发展，而是经过了两次修行理念上的"嫁接"：第一次是晋宋新兴道教经典尤其是灵宝经对神仙道教入山修行传统的改造和升华，为遁世修行赋予了更完备而神圣的教理基础；第二次是南朝天师道教团对灵宝经理念的采纳和调适，将天师道固有的社群性引入道教寺院主义的发展中，引发了南朝天师道大范围的修行转化。晋宋时期天师道教团的这种入山修行转向，导致了道教寺院主义的成立，也导致了道教寺院主义的不纯粹。

关键词 道观 道馆 寺院主义 天师道 比较宗教史

发端于 5 世纪的道观（馆）现象，被研究者赋予了非常关键的历史意义。道观的出现和普及，不仅重塑了古代中国的山岳文化景观，[①]也见证了道教组织形态的重大变迁：根植乡里的民间教团，演变为出家住观的修道集体。[②]

学界一般将刘宋泰始三年（467）建康崇虚馆的敕立，作为道观史的开端。它的建立与泰始年间宋明帝访求隐士的诏书有关，至少有 4 所

---

[*] 孙齐，山东大学儒学高等研究院副研究员。

① 参魏斌《"山中"的六朝史》，三联书店，2019。

② 参孙齐《从领户治民到出家住观：中古道教体制变迁述论》，徐冲主编《中国中古史研究》第 7 卷，中西书局，2020，第 339～361 页。

道馆在同一时期涌现于江浙地区。① 我们很难相信道观作为一种重要的历史现象，会如此突兀地出现。因此学者们做了大量工作，来寻觅它的渊源。

魏晋时期山中隐修者的精舍、炼丹者的小屋、天师道道民家中的靖室、祭酒家中的天师治堂，东晋时代"上清派"句容许氏的茅山屋宅，刘宋时期招徕隐士的学馆，此外还有洞天观念中的仙馆、古灵宝经中描绘的斋堂等，几乎所有此前既有的修行空间，都被提出与道馆的兴起有关。② 不过，比起确定道馆的建筑渊源，它迅速普及的原因或许更值得探求。这一点关系到如何解释道馆起源的区域差异：道馆首先是在南朝初期的江南特别是建康和吴会地区展开的，而且整个南北朝时期南方道观远远多于北方。南朝道教是怎样发展出这种新的修行方式的，又为何会被大多数道士迅速接受？

在本文中，笔者尝试从比较宗教史的角度来理解道观的出现，并试图指出晋宋时期天师道教团的入山修行，促成了道教寺院主义的成立，也导致了道教寺院主义的不纯粹。

一 寺院主义的生成模式

西方学者常将道观制度视为一种"寺院主义"（Monasticism，或译为隐修主义）。这是来自西方基督教研究中的词语，指专意献身于一种脱离世俗社会并遵循一定规戒的宗教生活。在许多宗教传统中都存在类似的概念，基督教的修道院和佛教的寺院是最著名的例子。不同宗教中

---

① 孙齐：《唐前道观研究》，博士学位论文，山东大学，2014，第 158～167 页。

② 参陈国符《道藏源流考》，中华书局，2012，第 265 页；Livia Kohn, "A Home for the Immortals: the Layout and Development of Medieval Daoist Monasteries," *Acta Orientalia Academiae Scientiarum Hungaricae* 53, 2000, pp. 79 - 106; Stephan Peter Bumbacher, *The Fragments of the Daoxue Zhuan*, Frankfurt: Peter Lang, 2000, pp. 490 - 493；吉川忠夫《静室考》，许洋主译，刘俊文主编《日本学者研究中国史论著选译》第 7 卷，中华书局，1993，第 446～477 页；都筑晶子《六朝后期道馆的形成——山中修道》，付晨晖译，《魏晋南北朝隋唐史资料》第 25 辑，2009，第 226～246 页；王承文《汉晋道教仪式与古灵宝经研究》，中国社会科学出版社，2017，第 3～171 页；魏斌「山中道館の興起」田熊敬之訳『アジア遊学』213『魏晋南北朝史のいま』勉诚出版、2017、121～131 頁。

的寺院主义有相近的特征，如脱离家庭的集体修行，依从明确的行为章程和宗教戒律，具有独特的社会身份、形象和社会关系模式，等等。[1]虽然也有不少学者主张道教并非寺院主义的宗教，因为其中有太多非寺院主义的表现，[2] 但至少在唐代，出家住观就成为官方法律和教内戒律所规定的道士的唯一合法的修行方式。[3] 在理想的状态下，将道观修行称为寺院主义，并非不可接受。[4] 了解其他宗教中寺院主义的生成，对于理解道观现象不无帮助。

　　基督教和佛教的寺院主义都发端于遁世苦行的隐修者。基督教的修道院制度起源于 4 世纪埃及的"沙漠教父"（Desert Fathers），尤其是圣安东尼（Saint Anthony）的倡导。他抛弃富裕的家庭生活，只身步入旷野苦修数十年，渐渐有仰慕者聚集模仿，圣安东尼遂成为这些修道者的领袖，指导徒众一同进行隐修生活。同一时代，上埃及的苦行者帕科米乌（Pachomius）在底比斯将隐修者组织起来，制定规章戒律，建立起修道院制度。修道者同食共住，统一规戒，统一服装，定时举行集体崇拜。这种修道院由若干栋简陋的房子组成，周围砌起围墙，与外部世界隔离开来，成为独立的社区。[5] 这样，基督教寺院主义就包括了圣安东尼倡导的隐士修道传统（eremitic monasticism）和帕科米乌倡导的住院修道传统（cenobitic monasticism）。[6]

---

① George Weckman, "Monasticism: An Overview," in Lindsay Jones ed., *Encyclopedia of Religion*, second edition, Vol. 9, New York: MacMillan Reference, 2005, pp. 6121 – 6122. William M. Johnston ed., *Encyclopedia of Monasticism*, Chicago: Fitzroy Dearborn, 2000, p. 1. Mark Juergensmeyer, "The Monastic Syndrome in the Comparative Study of Culture," in Austin B. Creel and Vasudha Narayanan eds., *Monastic Life in Christian and Hindu Traditions*, Lewiston: Edwin Mellen Press, 1990, pp. 544 – 553.

② Michel Strickmann, "A Taoist Confirmation of Liang Wu Ti's Suppression of Taoism," *Journal of the American Oriental Society*, Vol. 98, No. 4, 1978, pp. 467 – 475. Kristofer Schipper, "Le monachisme taoïste," *Incontro di Religioni in Asia tra il III et il X Secolo d. C.*, Florence: Urbaldini, 1984, pp. 199 – 215.

③ 郑显文：《唐代〈道僧格〉研究》，《历史研究》2004 年第 4 期。

④ 实际上，如果看唐代敦煌的情况，则佛教寺院也很难被称为寺院主义。参郝春文《唐后期五代宋初敦煌僧尼的社会生活》，中国社会科学出版社，1998。

⑤ 参许列民《沙漠教父的苦修主义》，上海人民出版社，2009，第 122 ~ 126、152 ~ 163 页。

⑥ 参见关于基督教寺院主义的论述，另请参《中国大百科全书选编·基督教》"天主教隐修制度"条，中国大百科全书出版社，1990，第 234 ~ 236 页；William Harmless, S. J., *Desert Christians: An Introduction to the Literature of Early Monasticism*, New York: Oxford University Press, 2004。

与基督教类似，佛教寺院制度也出现于印度的遁世苦行传统。释迦牟尼本人的行迹类似于圣安东尼：放弃富足的生活出家苦行，遁迹于"阿练若（araṇya）处、山岩、树下、露地、冢间"，[①] 辗转多处，并吸引了一批追随者。佛陀时代，虽然存在结夏时临时停住的住处（āvāsa）或僧园（ārāma），但僧团仍以林住为主，游行乞食。到了孔雀王朝，越来越多的僧人放弃游行，开始聚集于供奉舍利的佛塔边，建立永久性的具有大建筑群的组织化寺院（saṃghārama）或僧坊窟（leṇa），佛教僧团也由"游行者共同体"变为定住化的出家团体。[②]

基督教和佛教寺院主义的生成，有类似的模式。它们都经历了修道场所的集聚化、修道团体的定住化和修道生活的制度化：首先是主动脱离世俗的个别隐修者在远离人群之处建立简陋而不固定的居所；随后其他隐修者开始在此处追随和聚集，形成隐修者群体；然后这一群体结成更为紧密的团体，并开始营建固定馆舍；最后随着居所的固化和戒律的制定，由修道者共同生活在一起的寺院制度就出现了。

关于寺院主义产生的原因，也有一些共性。遁世的倾向和行为，是人类社会永远会有的现象，并不必然会发展成一种社会运动。作为潮流的寺院主义现象，其背后有特定的政治经济环境，往往发生在社会危机或思想变革的时代。社会危机引发的普遍精神焦虑，催生出广泛的避世行为，并为这种避世行为提供存活的空间。[③] 除此以外，寺院主义还是一种激进的宗教追求，它是对旧的丧失了精神魅力的修行方式的反抗和革新。如佛教被认为是对崇尚祭祀和自然崇拜的婆罗门教的反动；4 世纪基督教的帝国化及其所产生的弊端，被认为是修道院产生的重要原因。[④]

---

① 《弥沙塞部和醯五分律》卷 25，CBETA，T22，No. 1421，p. 166，b17 – 18。

② 参 Etienne Lamotte, *History of Indian Buddhism*: *From the Origins to the Śaka Era*, trans. by Sara Webb - Boin, Louvain, Belgium: Université Catholique de Louvain, Institut Orientaliste, 1988, pp. 310 –313；塚本启祥『初期佛教教团史の研究』山喜房佛书林、1980、287～322 页；湛如《敦煌佛教律仪制度研究》，中华书局，2003，第 220～235 页；李崇峰《佛教考古：从印度到中国》，上海古籍出版社，2015，第 3～74 页。

③ 例如，基督教修道院的出现，被认为与罗马帝国的"三世纪危机"有关。参董晓佳《帝国秩序的重建——苏格拉底〈教会史〉中的拜占庭世界》，博士学位论文，南开大学，2010，第 248～257 页。

④ Marilyn Dunn, *Emergence of Monasticism*: *From the Desert Fathers to the Early Middle Ages*, Blackwell Publishers Ltd, 2003, pp. 1 – 2.

用汤普逊的话来说，基督教修道生活是"以它的出世观念、它的忘我精神、它的严肃性来抗议那教会中已腐败透顶的世俗性、财富和虚浮性"。[①]

有些讽刺的是，寺院主义的成立往往是对其初始追求的背叛。因为虽然发端于逃避世俗生活的遁世苦行，但组织化、定住化的寺院集体修道生活一旦形成，难免会带来宗教生活的形式化、教条化，并结成新的社会关系，或者说会重新变得世俗。这近似于韦伯所谓"先知运动日常化"或"卡里斯玛程式化"。[②] 这种日常化和程式化，无疑违背了隐修的初心，往往会激发起新一轮的寺院主义重建冲动。因此，寺院主义在宗教史中常表现为一种轮回（corruption – and – reform cycle）。基督教所谓"沙漠城市悖论"[③]、大乘佛教的"林住比丘假说"[④]，都与此有关。

二　道观以前的山中修行

可以说，寺院主义本身是两种矛盾倾向的融合：一方面它有反社群性，强调脱离世俗社会的修行；另一方面它又有社群性，在寺院中居住着集体生活的修道群体。它以群体的姿态来反抗群体，在脱离社会之地建立新的社会。对于早期道教来说，这两种性质分属不同的传统：神仙道教和天师道。

天师道组织依托并服务于民间乡里社会，面向所有民众传教，并不强调遁世、苦行，反而非常重视家庭价值和世俗生活；[⑤] 脱离社会的个

① 汤普逊：《中世纪经济社会史》，耿淡如译，商务印书馆，2009，第 204 ~ 206 页。
② 参马克斯·韦伯《宗教社会学》，康乐等译，广西师范大学出版社，2005，第 77 页；《经济与社会》第 1 卷，阎克文译，上海人民出版社，2010，第 356 ~ 366 页。
③ Ilana Friedrich Silber, *Virtuosity，Charisma and Social Order：A Comparative Sociological Study of Monasticism in Theravada Buddhism and Medieval Catholicism*, New York：Cambridge University Press, 1995, p. 137.
④ 大乘佛教被认为发端于"林住比丘"（arannavasi），一批反抗僧团体制化的"硬核苦行者"。关于"林住假说"的较新综述，参见 David Drewes, "The Forest Hypothesis," in Paul Harrison ed., *Setting Out on the Great Way*, London：Equinox, 2018, pp. 73 - 93。中译的相关研究可参辛嶋静志《谁创作了〈法华经〉？——阿兰若住比丘与村住比丘的对立》，吴蔚琳等译，《佛典语言及传承》，中西书局，2016，第 264 ~ 303 页。
⑤ 参宁可《五斗米道、张鲁政权和"社"》，《宁可史学论集》，中国社会科学出版社，1999，第 493 ~ 518 页；大渊忍尔『初期の道教』创文社，1991、174 ~ 202 页；石泰安《二至七世纪的道教和民间宗教》，吕鹏志译，《法国汉学》第 7 辑，中华书局，2002，第 39 ~ 67 页。

人修行则是神仙道教的理念。天师道在汉末魏晋时期广泛传播，形成了规模较大的教团。神仙道教虽源远流长，却并不致力于广泛传教，一直停留在个人修行或师徒秘传的状态。① 如果说寺院主义发端于遁世苦行的隐修者，那么我们对道教寺院主义的考察，也应当从神仙道教开始。

与基督教的"沙漠教父"、佛教的"林住圣者"相对应，中国古代的隐修者多被称为"岩穴之士"。② "为道者必入山林。"③ 山岳之于道教，如同沙漠之于基督教、丛林之于佛教，是"他界"（other world）的象征。只不过早期道教的隐修传统与基督教和佛教相比，有完全不同的理念。

如鲍吾刚所言："宇宙观越乐观，希求的避世程度越不激进。"④ 神仙道教并没有人生为苦或人生有罪的观念，反而认为生而为人是一种幸运，因而要保养身体，追求长生，甚至有享乐主义的倾向。⑤ 同样，与基督教和佛教强调沙漠和丛林的苦行和试炼意义不同，神仙道教中的山岳被认为是保养身体甚至躲避灾厄的"福地"。⑥ 入山修行及相伴的一些类似苦行的表现，如辟谷、禁欲等，其目的不是自我救赎或心灵净化，而是道教一直致力的主题：长生和成仙，也即身体的不朽和转化。⑦ 魏晋

---

① 吉川忠夫：《师受考——集中于〈抱朴子内篇〉》，《六朝精神史研究》，王启发译，江苏人民出版社，2010，第 327～352 页；刘屹：《敬天与崇道：中古经教道教形成的思想史背景》，中华书局，2005，第 524 页。

② 参文青云《岩穴之士：中国早期隐逸传统》，徐克谦译，山东画报出版社，2009。

③ 葛洪撰，王明校释《抱朴子内篇校释》卷 10，中华书局，1985，第 187 页。

④ 鲍吾刚：《隐士的诱惑：三至四世纪中国和西方隐修的诸面向》，姜虎愚译，《魏晋南北朝隋唐史资料》第 34 辑，上海古籍出版社，2017，第 189 页。

⑤ 参小林正美《中国的道教》，王皓月译，齐鲁书社，2010，第 128～132 页；余英时《东汉生死观》，侯旭东等译，上海古籍出版社，2005，第 50～77 页。

⑥ 关于中国古代山岳的神圣化，可参傅飞岚《超越的内在性：道教仪式与宇宙论中的洞天》，程薇译，《法国汉学》第 2 辑，中华书局，1997，第 50～75 页；张广保《唐以前道教洞天福地思想研究》，郭武主编《道教教义与现代社会国际学术研讨会论文集》，上海古籍出版社，2003，第 285～321 页；赵益《句曲洞天：公元四世纪上清道教的度灾之府》，《宗教学研究》2007 年第 3 期；李丰楙《神仙三品说的原始及其演变》，《仙境与游历：神仙世界的想象》，中华书局，2010，第 1～46 页；程乐松《真形与洞天：中古道教地理学中所见的信仰聚合——以道教经典为中心的考察》，《宗教研究》2013 年第 1 期，第 95～106 页；魏斌《"山中"的六朝史》，第 324～332、380～393 页；等等。

⑦ Stephen Eskildsen, *Asceticism in Early Taoist Religion*, New York：State University of New York Press，1998.

时期流传广泛的道教修行手册《道机经》（道藏本《显道经》为其残篇）称：

> 或问：道求度世，欲止民间，成可不？老子曰：民间多欲，令意不专。入山潜处，守志自然，功满形变，则得长生。或问：道成后，可得入房室不？老子曰：欲得飞仙度世，勿入房室，不欲度世者，百日之后可自恣矣。①

同时此经又详言养生、饮食及房中之术，可见入山并不要求苦行。曹魏方士王真"将三少妾登女几山"，道教徒并不感到奇怪。② 因此，神仙道教的入山修行虽有遁世的倾向，但缺乏苦行的传统，是一种有遁世无苦行的"温和"隐修传统。

伴随东汉以降的政治危机和社会动荡，隐逸在汉末魏晋时期成为一种显著的社会现象，一个明显的标志是正史中《后汉书》首次设立了隐逸列传。也是在这一时期，长生成为社会各阶层的广泛追求。葛洪《神仙传》所载的成仙之人，基本都有入山修行的经历。同时在世俗材料中，也能够见到许多对普通的山中修道者的记载。成书于 6 世纪初期的《水经注》中提到了很多隐修者的遗迹（见表 1）。③

表 1 《水经注》中提到的隐修者遗迹

地 点	相关描述
层 山	多石室焉……其怀道宗玄之士，皮冠净发之徒，亦往栖托焉
三累山	山下水际，有二石室，盖隐者之故居焉
侧溪山	石室相距……似是栖游隐学之所
天门山	北有石室二口，旧是隐者念一之所，今无人矣
锡义山	世传列仙所居，今有道士被发饵术，恒数十人
武当山	《荆州图副记》曰：……药食延年者萃焉
苍梧山	《述初赋》言：……其上有仙人石室也，乃往观焉，见一道人独处，休休然不谈不对

---

① 《显道经》，《道藏》第 18 册，文物出版社、上海书店、天津古籍出版社，1988，第 646 页。参孙齐《王图〈道机经〉考》，《文史》2013 年第 4 期。
② 葛洪撰，胡守为校释《神仙传校释》，中华书局，2010，第 218 页。
③ 关于《水经注》的成书时间，参段熙仲《〈水经注〉六论》，《水经注疏》附录，江苏古籍出版社，1989，第 3412 页。

续表

地　点	相关描述
寿春北山	溪水沿注，西南径陆道士廨南，精庐临侧川溪，大不为广，小足闲居，亦胜境也
青溪山	盛弘之云：……林徒栖托，云客宅心，泉侧多结道士精庐焉
富春洲	上有道士范侪精庐。……侪本无定止处，宿憩一小庵而已，弟子慕之，于其昔游，共立精舍

资料来源：郦道元撰，陈桥驿校证《水经注校证》，中华书局，2007，第44、104、225、650、660、715、750、753、796页。

可见入山修道是当时南北方的常见现象，只不过北方的修道者多居住在石室中，而南方则多建精舍。这些山林隐修场所多数比较简陋，且很多已经废弃，这透露出它们属于不太稳定的个人修行场所。

《水经注》的记载显示出当时山中修道者已经出现了集聚的现象，如天门山"今有道士被发饵术，恒数十人"；武当山"药食延年者萃焉"；青溪山"泉侧多结道士精庐焉"。类似地，《后汉书》载刘根"隐居嵩山中，诸好事者自远而至，就根学道"。[1] 潘岳《关中记》载嵩高山有"石室十余孔"，"道士多游之，可以避世"。[2]《南雍州记》称青溪山中"学道者常百数，相继不绝"。[3] 更大规模的集聚也有，如《后汉书》载"性好道术"的张楷"隐居弘农山中，学者随之，所居成市"。[4]《晋书》载郭瑀"隐于临松薤谷，凿石窟而居"，"弟子著录千余人"。[5]《魏书·释老志》载十六国时期方士鲁祈"避地寒山，教授弟子数百人"。[6] 这种山中集聚现象在前代非常少见，应与东汉后期以降国家对民众控制力的放松有关。

值得注意的是，即便已经在山中聚集起相当规模的避世群体，魏晋时代的隐修者却并未发展出固定的寺院建筑。《水经注》记载了相当多

---

① 《后汉书》卷82下《方术·刘根传》，中华书局，1965，第2746页。
② 《初学记》卷5，中华书局，1962，第103页。
③ 黄惠贤：《辑校〈南雍州记〉》，《魏晋南北朝隋唐史研究与资料》，湖北人民出版社，2000，第568页。
④ 《后汉书》卷36《郑范陈贾张列传》，第1242～1243页。
⑤ 《晋书》卷94《隐逸传》，中华书局，1974，第2454页。
⑥ 《魏书》卷114《释老志》，中华书局，1974，第3054页。

的北方佛教寺院和民间祠庙，① 但是关于道教修行空间，除了平城寇谦之的大道坛庙和蜀地天师道的遗迹以外，② 就全是上述石室、精舍。郦道元并未指认任何一所道馆的存在。甚至有些修道场所就与佛寺毗邻，却并没有发展成道观的迹象。

典型的例子是永嘉乱后北方隐修者王嘉和张忠。《晋书》载：

> 王嘉字子年，陇西安阳人也。……不食五谷，不衣美丽，清虚服气，不与世人交游。隐于东阳谷，凿崖穴居，弟子受业者数百人，亦皆穴处。石季龙之末，弃其徒众，至长安，潜隐于终南山，结庵庐而止。门人闻而复随之，乃迁于倒兽山。③

王嘉的行迹类似圣安东尼。后者为防止灵性的退步，一旦有人聚集在他的隐修地周围，就会离开这一地点，转至更为偏远的地方修行。④ 王嘉两次"弃其徒众"，与这种逐步的退隐非常相似。而张忠的例子则表明当时山中隐修者不仅形成了一定规模的修道社群，甚至出现了在老师指导下的集体修行活动：

> 张忠字巨和，中山人也。永嘉之乱，隐于泰山。恬静寡欲，清虚服气，餐芝饵石，修导养之法。……其居依崇岩幽谷，凿地为窟室。弟子亦以窟居，去忠六十余步，五日一朝。其教以形不以言，弟子受业，观形而退。立道坛于窟上，每旦朝拜之。⑤

然而这似乎就是 4 世纪时北方隐修者所发展出的寺院主义的最高形态了。据《水经注》引车频《秦书》：

> 苻坚时，沙门竺僧朗尝从隐士张巨和游。巨和常穴居，而朗居琨瑞山，大起殿舍，连楼累阁。虽素饰不同，并以静外

---

① 参见陈桥驿《水经注研究》，天津古籍出版社，1985，第 252～261、273～283 页；宫川尚志『六朝史研究・宗教篇』平楽寺書店、1964、366～390 頁；蔡宗宪《北朝的祠祀信仰》，新北：花木兰文化出版社，2011，第 130～141 页。
② 郦道元撰，陈桥驿校证《水经注校证》，第 314、642～643、774 页。
③ 《晋书》卷 95《艺术・王嘉传》，第 2496 页。
④ 许列民：《沙漠教父的苦修主义》，第 122～126 页。
⑤ 《晋书》卷 94《隐逸・张忠传》，第 2451 页。

致称。①

张忠和僧人竺僧朗同时同地也都领有徒众。但竺僧朗所代表的佛教，已经有着相当完备的寺院制度；而张忠所代表的山中修道者，却并未再进一步发展出道教的寺院。②

以上这些入山修道及其集聚化的现象，主要出现在北方。如果参照寺院主义起源的一般模式，则北方更具有演化出道观的可能。然而道观现象却首先是在南朝初期的江南特别是建康和吴会地区展开的，而且整个南北朝时期南方道观远远多于北方。这种差异与 4 世纪佛教山林寺院在南北方并行发展的情况殊为不同。魏斌认为这种明显的区域差异，或是因为山中修道风气在永嘉之乱后移入江南，并在江南地区发展和成熟，而在北方地区则逐渐消歇。③

六朝江南的隐逸风气确实比北方更胜，甚至形成了士族隐逸、官方招隐的社会风气。南方的隐者大多出身士族，他们在山中结宇立屋，"携妻子泛江湖"，其实主要目的是"求名誉，诈在山林，望大官职，召即出仕"。④ 以致刘宋王微说："岩穴人情所高，吾得当此，则鸡鹜变作凤凰。"⑤ 与之相应，达官贵人也有"招隐"的风气，乐于为隐者置立馆舍。⑥ 从这一意义上说，早期的道馆，确实是南方隐逸文化的一种表现。最早的道馆为泰始三年（467）所建崇虚馆，可以被视作国家招

---

① 郦道元撰，陈桥驿校证《水经注校证》，第 209 页。

② 北方最早的道馆是北魏太和年间（477～499）终南山的楼观（宗圣观），建德三年（574）被废，周末隋初复兴。参孙齐《唐前道馆研究》，第 207～212 页。

③ 魏斌「山中道館の興起」、129～130 页。

④ 参《晋书》卷 94《隐逸·陶淡传》，第 2460 页；《宋书》卷 93《隐逸·宗炳传》，中华书局，1974，第 2279 页；《隐逸·刘凝之传》，第 2284～2285 页。《文选集注》卷 43 引公孙罗《文选钞》云："隐有三种：一者求于道术，绝弃喧嚣，以居山林。二者也，求名誉，诈在山林，望大官职，召即出仕，非隐人也，侥名而已。"见《唐钞文选集注汇存》，上海古籍出版社，2000，第 220 页。

⑤ 《宋书》卷 62《王微传》，第 1667 页。

⑥ 如"郗超每闻欲高尚隐退者，辄为办百万资，并为造立居宇"（余嘉锡笺疏《世说新语笺疏》卷下，周祖谟等整理，中华书局，2007，第 778 页）。郗超在剡县为隐士戴颙"起宅，甚精整"。戴颙后至吴郡，"吴下士人共为筑室，聚石引水，植林开涧，少时繁密，有若自然"（《宋书》卷 93《隐逸·戴颙传》，第 2277 页）。类似的例子还有沈道虔，他在吴兴石山建精庐，县令庾肃之又"迎出县南废头里，为立小宅，临溪，有山水之玩"（《宋书》卷 93《隐逸·沈道虔传》，第 2291 页）。

隐的"学馆"。① 而另外一些王公贵族私人赞助的道馆，也可以被认为出于同样的逻辑，只不过是一种私人化的招隐行为。

不过，将道馆的出现理解为招隐之馆的道教版本依然存在问题。首先，招徕道士置立馆舍有更早的例子。如曹操曾为郄孟节"立茅茨，使令诸方士"；② 北魏道武帝为仙人博士张曜造"静堂"，"给酒扫民二家"；③ 东晋桓温为杜子恭设馆"于赤兰桥南"。④ 但这些馆舍都没有带来一个"道观时代"。再者，见于记载的这些道馆，只是当时最为著名的案例，其馆主都是在南朝士族社会中比较"成功"的道士。⑤ 而道馆现象在南方的迅速铺展，说明道馆修行存在广大的群众基础，或者说南方道教整体已经做好了转向道馆修行的准备，这实非个别宗教领袖所能左右，也非官方的招隐行为所能覆盖。我们应当将目光转向南方基层修道者的宗教选择，他们主要是天师道教徒。

三 天师道教团的入山

魏晋时期，也是天师道在南北方广泛流布的时代。但由于失去了教会核心的约束，天师道在南北方的传播主要体现为"祭酒体制"的自发复制，呈现出"人人称教，各作一治"的状态。⑥ 分散各地的自立天师治，几乎成了祭酒敛财的工具，以致互相竞争、争抢民户，至于信仰、组织、仪式之类，早已毫无章法可言。道民也不遵科戒，无事不赴会，

① 都筑晶子：《六朝后期道馆的形成——山中修道》，第 234～237 页。按《释名》云："止客曰馆，集贤曰观。"崇虚馆设立时，正值国学废后、总明观未建之前的空档期，当时建康中并未有其他学馆。从某种意义上说，崇虚馆在当时具有替代国子学的作用。参孙齐《唐前道观研究》，第 64～66 页。

② 葛洪撰，胡守为校释《神仙传校释》，第 218 页。

③ 《魏书》卷 114《释老志》，中华书局，1974，第 3049 页。

④ 《太平御览》卷 137 引《杜祭酒别传》，中华书局，1960，第 765 页。按《杜祭酒别传》为天师道祭酒杜子恭之传记，学界多误认为国子祭酒杜夷之传记。参李丰楙《〈洞仙传〉研究》，《六朝隋唐仙道类小说研究》，台北：台湾学生书局，1986，第 206～207 页。

⑤ 在南方的宗教界，无论对于道教徒还是佛教徒，能够说服赞助人建立寺观，都成为衡量宗教或个人成功的重要标准。参 J. E. E. Pettit, *Learning from Maoshan*: *Temple Construction in Early Medieval China*, Ph. D. diss., Indiana University, 2013。

⑥ 孙齐：《从领户治民到出家住观：中古道教体制变迁述论》，第 341～345 页。

有急才设厨，甚至随意背叛本治，改从他师。这种乱象在陆修静《道门科略》及同时代的道教经典中有生动的刻画。① 天师道的这种无序发展，导致了天师道祭酒的地位分化。以南方而论，当时既有钱塘杜治一样"操米户数万"的大治，也有"事之者八百余家"的中型教团，还有"未能立治，履历民间"的"小师"，其间祭酒的地位各不相同。许多民间天师道祭酒无法有效掌控道民，只能"把持刀笔，游走村里"，"举止轻脱，贱慢法术"，扮演着地位不高的职业法事服务者的角色。② 进入5世纪之后，天师道又面临着佛教的冲击和世俗政权的压制，尤其是东晋后期的孙恩起义（399~411），更让奉行"领户治民"的天师道教团陷入难以为继的境地。

正是在400年前后，南方本土新兴的上清经和灵宝经开始广泛流传。这些后来被称为"三洞经书"的新兴经典的流行，与天师道教团神圣性的缺乏不无关系。它们重新提倡神仙道教致力于长生不朽的传统，并选择性地吸纳佛教的元素，形成了具有新的宇宙论和世界观的经教体系。它们自称"上道""上经""上法"，对旧天师道修法多有批判，贬之为"下道"、"小道"或"下科"。其受众主要是那些有意愿脱离世俗、追求神圣的修道者，其中当然也包括天师道信徒。

上清经被认为是神仙道教追求个人长生成仙的理论和实践发展的顶峰。③ 其最初的成员是本为天师道信徒并设有"丹阳许治"的句容许谧父子，以及托言神降的"灵媒"杨羲。上清经继承了神仙道教入山修行的理念，认为修习上清经者，应当"弃家放妻，游五岳，长斋山林，

---

① 《正一法文天师教戒科经》《三天内解经》《陆先生道门科略》《老君音诵戒经》等教内科戒都有类似的批判。参倪克生《从〈陆先生道门科略〉重探南朝天师道——理论与实践的问题》，陈鼓应、冯达文主编《道家与道教：第二届国际学术研讨会论文集·道教卷》，广东人民出版社，2001，第156~161页。

② 《陆先生道门科略》，《道藏》第24册，第782页。例如为句容许氏家族服务的曲阿李东，《真诰》称其"领户为祭酒"，但又有"许家常所使祭酒""常为许家奏章往来"的表述。这透露出李东只是许家使唤的职业道士，为其提供法事服务，他对许家能有多大的控制力是很值得怀疑的。

③ 上清经甚至发展出为了不朽的自杀，即不用长生的升仙。参 Michel Strickmann, "On the Alchemy of Tao Hung - ching," in *Facets of Taoism*, New Haven：Yale University Press，1979，pp. 123 - 192；Isabelle Robinet, *Taoism：Growth of a Religion*, trans. by Phyllis Brooks，Stanford：Stanford University Press，1997，pp. 114 - 149。

精思苦念，正中而餐，素水单瓢，不劳苦寒，晨夕无怠"。① 在《真诰》中，杨羲不厌其烦地说服许谧在茅山建立精舍，完成由"人间许长史"向"山中许道士"的转变。② 许谧的"精舍"又称为"南山治"，可以说是天师道将靖室迁入山中的最早案例。③ 不过，上清经仍是一种个人化的宗教，许谧的茅山靖室只是个人修行的空间，且很快就湮毁不存，并不能看作一种道观。④

更具革命意义的是灵宝经的出现。灵宝经本质上也是神仙道教发展的产物："夫学上法，思神念道，山居静志，修斋诵经，转度七祖，身求神仙。"⑤ 只不过它接受并改造了大量佛教理念，被认为是第一种真正被佛教渗透或者说试图超摄佛教的道教经典系统，其中尤为重要的是普世救度、因果报应、功德转让、禁欲出家等理念。⑥ 借由这些观念，灵宝经重新设定了道士的职责和形象：道士修道不仅是追求个人的成仙，更重要的是帮助一切众生解脱；同样，个人欲解脱也不必亲身修习道法，通过礼请道士讲经或做法事，即可将功德回向己身。⑦ 而功德转让需要神圣性的保证，于是脱离世俗的职业道士就出现了。⑧ 出于对道

① 《四极明科经》，《道藏》第 3 册，第 426 页。

② 张超然：《系谱、教法及其整合：东晋南朝道教上清经派的基础研究》，博士学位论文，台湾政治大学，2008，第 275～281 页；J. E. E. Pettit, *Learning from Maoshan*: *Temple Construction in Early Medieval China*, pp. 14 – 49。

③ 参《真诰》卷 18 陶弘景注，《道藏》第 20 册，第 597 页。《南史》载梁代邓郁"隐居衡山极峻之岭，立小板屋两间，足不下山断谷三十余载，唯以涧水服云母屑，日夜诵《大洞经》"，似亦为上清经之影响。见《南史》卷 76《隐逸下》，中华书局，1975，第 1896 页。

④ 参 J. E. E. Pettit, *Learning from Maoshan*: *Temple Construction in Early Medieval China*, pp. 14 – 49。

⑤ 《太上洞玄灵宝赤书玉诀妙经》，《道藏》第 6 册，第 189 页。

⑥ 参见 Erik Zürcher, "Buddhist Influence on Early Taoism: A Scriptural Evidence," *T'oung Pao*, Vol. 66, 1980, pp. 84 – 147；Stephen Bokenkamp, "Sources of the *Ling – pao* Scriptures," in Michel Strickmann ed., *Tantric and Taoist Studies*, Brussels: *Mélanges chinois et bouddhiques*, XXI, Institut Belge des Hautes Études Chinoises, 1983, V. 2, pp. 434 – 486；神塚淑子「靈寶經と初期江南佛教—因果報應思想を中心に—」『東方宗教』第 91 号、1998、1～21 頁；贺碧来《佛道基本矛盾初探》，万毅译，《法国汉学》第 7 辑，中华书局，2002，第 168～187 页；Stephen Bokenkamp, "The Early Lingbao Scriptures and the Origins of Chinese Monasticism," *Cahiers d'Extrême – Asie* (20), 2011, pp. 95 – 124。

⑦ 孙齐：《从领户治民到出家住观：中古道教体制变迁述论》，第 347～348 页。

⑧ 作为一个标志，灵宝经首先提出了道教的法服制度。参孙齐《中古道教法服制度的成立》，《文史》2016 年第 4 期。

士神圣性的保证，灵宝经强调入山修道的重要；同时作为救度世人的途径，其核心是由职业道士在"斋堂"中集体举行的灵宝斋仪。[1] 但如柏夷所言，灵宝经并没有在天师道的靖室和天师治之外设想出一种集体隐修山林的道观制度，它们只是期望受经者成为虔诚的"山居道士"（anchorites），而非"住观道士"（cenobites），道观的出现"是灵宝经所未曾完全预想到的"。[2]

南方新兴道教经典，尤其是灵宝经，在出现后很快风教大行。这不仅是因为这些新兴理念提供了更加新颖、高级和神圣的救赎途径，更是因为其所倡导的修行模式契合了当时处在危机中的天师道教团尤其是基层天师道祭酒的实际需求。"三洞经书"出现后，很快被天师道接受，并深刻地改变了天师道的教义理念、修行实践和教团的组织模式。但这一接受过程是复杂的，更多地体现为天师道主动地取舍、调适和改造。当时出现了一批以天师道为本位，将天师道与上清经、灵宝经中的教理和仪式杂糅在一起的"混合经典"，其作者大概是天师道成员。[3] 这批经典对新兴教理接纳融合的方式和侧重各不相同，展示出天师道教团转型期不同阶段的复杂面貌。

成书于晋宋交替期的著名终末论道经《洞渊神咒经》，是这批"混合经典"中较早的一部。[4] 此经借助末世论来宣扬奉受"三洞之

---

[1] 王承文认为"斋堂"是天师道治堂的发展。参王承文《汉晋道教仪式与古灵宝经研究》，第 149~171 页。但如《太极真人敷灵宝斋戒威仪诸经要诀》等经所言，斋堂是设在家中且独立于靖室的一种建筑，专为请职业道士修斋而设，并非是职业道士自身需要兴建的建筑。它很可能是对当时广泛存在的佛教斋堂的效仿。参 Robert Ford Campany, "Abstinence Halls（Zhaitang）in Lay Households in Early Medieval China," *Studies in Chinese Religion*, 2015, pp. 1 – 21。

[2] Stephen Bokenkamp, "The Early Lingbao Scriptures and the Origins of Chinese Monasticism," *Cahiers d'Extrême – Asie*（20）, 2011, p. 124.

[3] 孙齐：《从领户治民到出家住观：中古道教体制变迁述论》，第 358 页。

[4] 学界一般认为此经前 10 卷、卷 19 后半及卷 20 撰于晋末宋初，其余部分可能是唐代杜光庭所增。参吉冈義豊『道教経典史論』道教刊行会、1955、182~263 頁；大渊忍爾『道教史の研究』冈山大学共济会、1964、435~547 頁；宫川尚志『中国宗教史研究 第一』同朋舍、1983、149~174 頁；菊地章太『神咒経研究：六朝道教における救済思想の形成』研文出版、2009、243~308 頁；Christine Mollier, *Une Apocalypse taoïste du Ve siècle：le Livre des incantations divines des grottes abyssales*, Paris：collège de France, institut des hautes études chinoises, 1990。

法"的必要，① 是"受灵宝经影响且由江南社会底层民间道士造作的经典"，"拼凑杂糅了多种流行宗教成分以宣传末世救度"，其宣教对象很大一部分是基层的天师道信徒。② 借由激进的宗教宣传，《洞渊神咒经》意欲向天师道信徒推广一种新型的修道形式，即在推崇"一切断绝，入山修道"的同时，又允许"游行世间，为人治病"。③ 它一方面继承了天师道的仪式和技术用以救度民众，并以普度观念将之升华；另一方面又放弃追求天师道教团内部的晋升体系，与民间的传统天师道"黄赤道士"划清界限。④《洞渊神咒经》并没有全然否定民间"黄赤道士"的意义，甚至许诺他们和"心务山林"的受经道士一样不会被疫鬼伤害，但同时认为奉"三洞立法"的才是真道士，其他只是"小小道士"，⑤ 并不断强调只有道士入山，才能过渡灾难。《洞渊神咒经》卷 20 展示了其所设想的天师道教团入山修行的图景：

> 道士自今壬午年以去，亦作冠褐裙帔三法衣策杖耳。一日一食，过中不餐，断一切荤，酒亦不尝。教化俗人，为事不得犯科。男女相度，智者为师。不得畜生生之物，正孑然一身耳。经书为业，入山中人，月月长斋，斋空食菜耳。入山十人、三十人、百人一处，广作田植、园菜、五果、屋舍四方，并斋堂、楼阁，不得一人、二人、三人独住。鬼神欺人，经法不可独。斋堂人多，月月三斋，日日三时，上香礼拜十方，此为神来附人矣。二人一人独在山中，复不立法建斋，直独在山中，虫鹿亦在山中耳，此为何异也。当奉明师，师多才技，又多经文，乃一人上，可住多多。遂上十人者，不可住也，况复二人、五人也。此不伏山神，山神欺人，

① 但其所谓"三洞"是非常含糊的概念，显示出其作者对新兴经典系统只有粗浅的了解。参 Christine Mollier, *Une Apocalypse taoïste du Ve siècle : le livre des incantations divines des grottes abyssales*, pp. 44 – 48。

② 吕鹏志：《唐前道教仪式史纲》，中华书局，2008，第 174 ~ 181 页。

③ 《太上洞渊神咒经》卷 9，《道藏》第 6 册，第 34 页。

④ 经文屡次提到入山道士"不求生官"、"不用生官"或"不取生官"，所谓"生官"，即指天师道的教内职务。关于《洞渊神咒经》对天师道黄赤合气之术的批评，参王承文《敦煌古灵宝经与晋唐道教》，中华书局，2002，第 419 ~ 447 页。

⑤ 《太上洞渊神咒经》卷 20，《道藏》第 6 册，第 78 页。

人亦不吉矣。①

这是道教寺院主义成立中的一段极为重要的材料，它显示出在新兴经典的刺激下，天师道教团已经做出了寺院修行的规划：入山道士应当结成十人以上的团体，集体居住在设施完备的寺院之中，开辟田地和菜园作为生活来源，按时进行集体修道活动，并遵循相关的戒律和制度。显然，这非常接近一种真正的寺院生活，只是其中并未对修道团体的进行性别限定，而称"男女相度，智者为师"，似乎是一种男女混住的团体。

《洞渊神咒经》倡导的这种入山修行应非空言，当时有一部分天师道徒已经转向山中修行。是以经中屡次提到世上愚恶之人对于山中修行的不理解和嘲笑："有受经者，愚人笑之，笑声盈路。诽谤贤人，谓道狂颠，入山何为？或言妖鬼，诈作善行"，"有一人受经，众共笑之，谓曰妖魅，不欲生活，入山避人，不求生官。不知此人天上生来，见世间浊恶，自求仙道，度一切人"。② 这其实正反映出天师道修行方式的转变刚开始不久，所以才招致非议。

如果说《洞渊神咒经》是面向底层天师道信徒宣教因而带有激进色彩，那么同时期略晚一些的另一部"混合经典"《太真科》③，则展示了当时更为"正统"或者说"上层"的天师道教徒的寺院主义规划，其特点是直接将天师治转化为类似寺院的建筑群。经中描绘了一种拥有诸多建筑物的大型天师治，地方八十一步，由三排建筑物构成，其中心是"崇虚堂"，可供天师道包括天师后裔、上八大治祭酒、山居道士以及"大小、中外祭酒"举行集体的朝礼仪式，另外还置有屋舍，供祭酒居住，并声称"二十四治，各各如此"。④ 这在形式上非常接近后世的道观布局，⑤ 但并没有其他寺院主义的相关规定。《太真科》虽然糅

---

① 对于不能入山者，经文认为应该"但逐延林山，可远世人。十里、五里绝别之处，多种五果木林田圃。月月作斋，斋令不废。化度愚人，令奉三宝"。见《太上洞渊神咒经》卷20，《道藏》第6册，第78页。

② 《太上洞渊神咒经》卷3、卷9，《道藏》第6册，第11、34页。

③ 参大渊忍尔「太真科とその周辺」『道教とその経典』創文社、1997、473～505頁。

④ 《要修科仪戒律钞》卷10，《道藏》第6册，第966页。

⑤ 陈鸣：《中国道教建筑的历史转换》，《宗教》1990年第2期。

合了上清经和灵宝经的理念与仪式，但主旨仍是通过重申和强化祭酒制度来规范当时混乱的天师道组织，其所描绘的"加强版"天师治带有理想化的色彩，尚找不到实际存在过的证据，也很难想象它能在凭借镇压孙恩之乱起家的刘宋时代实现。不过，其中心建筑"崇虚堂"很容易让人想起最早也是最重要的官立道馆——建康"崇虚馆"，其间或有微妙的联系。① 而"山居道士"在集体朝礼中被提升到与天师后裔、上八大治祭酒同等重要的地位，享有"登台朝礼"的殊荣，也显示出入山修行不仅已被纳入当时"正统"天师道教团的修法中，且受到了刻意的推崇。

刘宋初期的"混合经典"尤其是《洞渊神咒经》所倡导的入山修道，与上清经和灵宝经的本意都有所不同，最显著的特点是带有鲜明的群体性。其所追求的入山修行，没有遁世苦修的特点，更像是对天师道既有活动形式的改造。它并没有放弃天师道本有的世俗色彩，而是在更为推崇"入山修行"的同时，依然奉行"人间教化"。因此推演开来，只要能"受三洞之要""化一切愚人"，则"若入山中，或住人间"并无区别，甚至提出"道士入山，山途玄隔，世人不见，无处归依，虽有本心，无处相度，是以智人道士，不必山中矣"。② 这可以说是一种不算彻底的寺院主义理想，体现出天师道对晋宋新兴宗教理念的调适和改造。或许正是因为这种变通性，才能够吸引更广泛的南方基层天师道教徒接受和参与，从而让道观现象迅速在南方铺展开来。

四　南朝道馆与天师道

在《洞渊神咒经》成书后约半个世纪，最早的一批道馆就在南方，或者说就在历史记载中出现了。这些道馆基本是由皇室敕立或者士族官僚捐建的，其馆主也大多不是普通的基层道士，而是与士族社会关系密切的上层道教知识分子。因此，学界往往强调早期道馆与"招隐馆"的接近。不过这一图景很大程度上受到了留存史料的扭曲。实际上，这

---

① 参见孙齐《唐前道馆研究》，第 66～68 页。
② 《太上洞渊神咒经》卷 8，《道藏》第 6 册，第 29 页。

些有名的道馆，只是当时风起云涌的道馆现象之一斑，还有大量基层的道馆并没有被记载下来。

一个可供参考的材料是普通三年（522）立于茅山的《九锡真人三茅君碑》。[①] 此碑的碑阴题名，列有 103 名道士及 63 所道馆或精舍的名称，其中只有极少一部分见于其他史料。[②] 可见仅是梁代茅山周边地区的道馆，其数量就超出了我们从其他文献中所见南朝道馆的总和。如此众多的道馆从何而来？陶弘景在《真诰》注中对刘宋初至南齐末年大茅山南洞附近的修道情况的描述，提供了重要线索：

> 今（大茅山）近南大洞口有好流水而多石，小出下便平。比世有来居之者，唯宋初有女道士徐漂女，为广州刺史陆徽所供养，在洞口前住，积年亡。女弟子姓宋，为人高洁，物莫能干，年老而亡，仍葬山南。宋女弟子姓潘，又袭住，于今尚在。元徽中，有数男人复来其前而居。至齐初，乃敕句容人王文清仍此立馆，号为崇元。开置堂宇厢廊，殊为方副。常有七八道士，皆资体力。自二十许年，远近男女，互来依约，周流数里，廯舍十余坊。而学上道者甚寡，不过修灵宝斋及章符而已。近有一女人来洞口住，勤于洒扫，自称洞吏，颇作巫师占卜，多杂浮假，此例亦处处有之。大茅东西亦有涧水，有晋末得道者任敦住处，合药灶墟犹存。今有薛彪数人居之，又有朱法永，近小山上，快瞩眺而乏水。[③]

通过这段记载，我们可以看到茅山道馆现象是从刘宋初期出现的。一开始先有零星的入山修道者建立的精舍。接着，南齐初年官方在此处敕立"崇元馆"，较之精舍更为宏敞而正式。然后，更多的修道者聚集在道馆附近，"互来依约"，建立"廯舍十余坊"。这些山中修道者自发聚集而建立的精舍，并没有官方敕立的背景，但有迹象表明它们也自称或后续发展为道馆。[④] 如陶弘景提到住在小山上"快瞩眺而乏水"的朱法

---

① 关于此碑，参见魏斌《"山中"的六朝史》，第 95～137 页。
② 参孙齐《唐前道观研究》，第 99～100 页。
③ 《真诰》卷 11，《道藏》第 20 册，第 558 页。
④ 如 Stephan Peter Bumbacher 所言，精舍一般比道馆要简陋，并有可能受到赞助而发展成道馆，见 *The Fragments of the Daoxue Zhuan*，pp. 442－443。

永，当即《九锡真人三茅君碑》碑阴中的"洞玄馆主盐官朱法永"。以此推知，《九锡真人三茅君碑》碑阴中所见的大量道馆，有龙阿馆、福乡馆、金陵馆、方隅馆、天市馆、北洞馆、茅真馆等，其名称都带有明显的茅山神圣地理学的意象，应当就是茅山山中修道者自发营建的道馆。

有迹象表明，这些山中修道者有很大一批出身于天师道道士。如陶弘景弟子周子良的"中表亲族"，在天监十二年（513）从浙东地区"来投山居"，"出就西阿别廨住"。① 周子良的中表亲主要指其姨母徐宝光、舅徐普明。徐家本为"旧道祭酒"，在入山前，徐宝光"十岁便出家，随师学道，在余姚立精舍"，后来寄住在永嘉郡"天师治堂"。② 也就是说，徐氏是传统的天师道祭酒世家，但在周子良跟随陶弘景回茅山后，徐氏家族也放弃了原本在浙东的传教区，前来投奔陶弘景，并居住在华阳馆附近的"别廨"。

可以推知，茅山中"互来依约"、建立"廨舍"的"远近男女"，其中有不少如徐氏一样，原本是在民间传教的传统天师道教徒。他们之所以选择在道馆附近居住，很大程度上是因为当时的茅山已经成为远近的宗教中心。陶弘景记载茅山庆祝三茅君的节日时，"公私云集，车有数百乘，人将四五千，道俗男女，状如都市之众"。③ 可以想见茅山宗教市场规模之大。这些信众"唯共登山，作灵宝唱赞，事讫便散"，主要来做法事，并未和道馆有类似天师道祭酒、道民之间的隶属关系。而作灵宝斋仪，由官方敕立的道馆自然是信众的最佳选择，但即便没有敕立背景的茅山精舍或"廨舍"，也能在这庞大的宗教市场中分一杯羹。如陶弘景所言，当时茅山道士"学上道者（按：指上清经）甚寡，不过修灵宝斋及章符而已"。④ "西阿别廨"虽然比较简陋，但也同正式的道馆一样，设有举行灵宝斋仪和天师道仪式的斋堂、静屋和庭坛，周子良就曾同其舅徐普明"在中堂为谢家大斋三日"。⑤ 可见，这些原是天师道祭酒的道

---

① 《周氏冥通记》卷1，《道藏》第5册，第518页。
② 《周氏冥通记》卷1、卷3，《道藏》第5册，第522、533页。
③ 《真诰》卷11，《道藏》第20册，第557页。
④ 《真诰》卷11，《道藏》第20册，第558页。
⑤ 参孙齐《唐前道观研究》，第105～110页。

士，放弃了在民间的传教，而选择进入山中修建馆舍，依照灵宝经提倡的新理念，靠着赚取法事收入而不是道民租税发展下去。

这样我们就能理解何以早期著名道馆的馆主也多具有天师道背景，因为很多道馆就是天师治的直接转化。① 在道馆修行中，也保存下大量天师道的元素，如南齐孔稚珪"于禹井山立馆，事道精笃，吉日于静屋四向朝拜"，这是在道馆中举行天师道的朝仪。② 天监十四年（515）夏旱，茅山"诸道士恒章奏"，陶弘景与周子良亦"共作辞"，"于静中奏之"，③ 这是天师道的章表仪式。徐宝光不仅"奏章上言"，"修服诸符"，同时也奉持上清、灵宝、三皇经典。④ 而被视为"上清派"的陶弘景收徒授经，也是天师道经典、灵宝经、三皇经同时并修。⑤

茅山的情况是当时南方天师道"道观化"的一个缩影。当时基层天师道道士放弃传统修法，选择入山修行，很大程度上是出自经济的原因，而未必是精神的追求。因此，南朝普通道馆能在多大程度上抛弃旧天师道的世俗特质，去采纳真正的寺院主义修行，是很值得怀疑的。南朝时代另一部"混合经典"《太霄琅书》，描绘了天师道融摄道观修行的面貌。⑥

《太霄琅书》同时存在天师道授箓"化民"的旧传统和传授"三洞经书"的新传统。只不过受箓者称"道民"，需要输送租税，"租不送者，不得治箓"；而受经者称"弟子"，"于租虽阙，无妨受经"。道民和弟子，虽然在衣着法服和修行方法上有所区别，但都是"同宗一道"的学者。⑦ 为师者同时传授天师道的《道德经》注疏和三洞经书，并同

---

① 孙齐：《从领户治民到出家住观：中古道教体制变迁述论》，第350页。

② 《南齐书》卷48，中华书局，1974，第835页。参吕鹏志《唐前道教仪式史纲》，第160～161页。

③ 《周氏冥通记》卷2，《道藏》第5册，第529页。

④ 《周氏冥通记》卷1、卷2，《道藏》第5册，第521、522、524页。

⑤ 参王卡《敦煌本〈陶公传授仪〉校读记》，《道教史论丛》，巴蜀书社，2007，第321～339页；广濑直记《陶弘景新考——以其与天师道的关系为中心》，《道教学刊》2018年第1期，社会科学文献出版社，2018，第99～110页。

⑥ 吉冈义丰推定为5世纪后半叶成书；大渊忍尔认为成书于6世纪前半叶，即齐末至梁代。参吉冈義豊「老子河上公本と道教」酒井忠夫編『道教の総合的研究』国書刊行会、1977、316～319頁；大渊忍爾『初期の道教』281～286頁；『道教よその経典』412～418頁。

⑦ 《洞真太上太霄琅书》卷4，《道藏》第33册，第664页。

时举行天师道章奏仪式和灵宝斋仪。经文中的修道者可以有在世、出世、在家、出家、游涉、幽居六种分迹，但并不强求入山、出家。为师者或"建立馆治，缮写经图"，或"行方布术，履世历山"，或"爱身保神，不滞不洿"，都被允许，[①] 但最好设立馆宇，不要游化乡里：

> 凡行妙化，当立馆宇，山、世华素，丰俭随时。弟子来学，师勿往教。道轻来学，又重善心束修，躬诣师门，通名拜谒，形神尽恭，请法受真，祈恩救厄，皆办斋具，咨师施行，不得猜疑，犹豫致考也。……行道之师，山林之士，因缘暂出，遇有善人，欲受经戒，可留其居，严加别净堂坛也。若是世师，有佳坛堂，不得妄游履历余处矣。[②]

如《洞渊神咒经》一样，《太霄琅书》也认为最重要的是精心事道，普度世人，"居山、处世无异"，因此反对纯粹神仙道教式的追求自我解脱的个人入山修行，而推崇在民间设立馆治：

> 凡学上道，大乘之人，修己化世，勿逃山林。山林绝人，中小避欲，合药试术，研习奇方，是建德之细，非立功之大基。山中立功无所，所以出世市朝，起创治馆，缮写经书，宣行妙法，助国济时，慈心精勤，抑恶扬善。[③]

总而言之，《太霄琅书》所述，体现了南朝天师道将道观修行"内化"之后的状态，旧的天师道修行模式和新的道馆修行模式并行不悖。其所言法师行道所建"馆宇"，像是天师道靖室和治堂的自然转化。因此《太霄琅书》虽然有推崇出家修行的迹象，但对此并不严格要求，甚至专门规定了"在俗师资"与弟子之间的婚姻关系：除"男弟子不得以女师为妇，女师不得以男弟子为夫"外，"师取弟子之女"或"弟子为婿"都是被允许的。[④]

因此，虽然出于神圣性的要求，出家（不婚）在南朝道馆中逐渐

① 《洞真太上太霄琅书》卷4，《道藏》第33册，第668页。
② 《洞真太上太霄琅书》卷6，《道藏》第33册，第684页。
③ 《洞真太上太霄琅书》卷9，《道藏》第33册，第693页。
④ 《洞真太上太霄琅书》卷8，《道藏》第33册，第691页。

成为普遍的现象，但对此并无严格的限定，尤其是并不排斥家庭生活。① 有不少道馆是在师、弟子之间继承，但包括官立道馆在内的另一些道馆则是家族内传承。如齐高帝为褚伯玉敕立的太平馆，在梁代馆主为褚伯玉五弟之孙褚仲俨；为蒋负刍敕立宗阳馆后，"负刍又于许长史旧宅立陪真馆"，"乃以馆事付第二息弘素"。② 道馆在家族内的传承，透露出这些道馆道士很可能是与家庭成员一起生活，同时道馆也类似家族的私产，而非修行团体的"常住"。在陶弘景眼中非常嘈杂的"西阿别廨"中，至少居住着徐宝光及其兄徐普明、子朱善生、外甥周子平、婢子令春等近十人，其中大部分是徐氏一族的家庭成员，而且男女混住。虽然并没有证据说明其中存在婚姻关系，但也绝非脱离家庭之地。司马虚因此提出："将茅山视为一个真正的寺院主义中心是非常错误的。很显然，这个社群既包括已婚的修行者，也包括未婚的，甚至还有不少儿童。"③ 这种情况在南朝应当并非仅见。实际上，真正脱离家庭生活的修行，即便是在道教寺院主义鼎盛的隋唐时代都未必能被严格执行，而这一点在道教寺院主义成立的初期即定下了基调。

结 论

如果说寺院主义成立的一般模式是发端于激进的遁世苦行、发展为定住的修行团体、演化成日常的体制生活，那么道教寺院主义亦即道观修行与之确有可相对照之处。只不过道教寺院主义并非神仙道教遁世传统的自然发展，而是经历了两次修行理念上的"嫁接"：第一次是晋宋新兴道教经典尤其是灵宝经对神仙道教入山修行传统的改造和升华，借用佛教理念，为遁世修行赋予了更完备而神圣的教理基础；第二次是南朝天师道教团对灵宝经理念的采纳和调适，将天师道固有的社群性引入

---

① 参尾崎正治「道士——在家から出家く」『历史における民众と文化—酒井忠夫先生古稀祝贺记念论集—』国书刊行会、1982、205～220 页。

② 《上清真人许长史旧馆坛碑》碑阴题名有"上清弟子太平山馆主吴郡钱唐褚仲俨"。据《真诰》，"褚（伯玉）弟第五弟之孙名仲俨"，见《真诰》卷 20，《道藏》第 20 册，第 606 页。蒋负刍见《上清道类事相》卷 1 引《道学传》，《道藏》第 24 册，第 877 页。

③ Michel Strickmann, "A Taoist Confirmation of Liang Wu Ti's Suppression of Taoism," pp. 467–475.

道教寺院主义的发展中，引发了南朝天师道大范围的修行转化。原本根植民间社会的天师道教团接受并改造了强调脱离世俗的入山修行，由此成为道教寺院主义兴起的关键一步。

这在某种程度上可以解释南北朝道观现象的区域差异，因为北方天师道要晚了近一个世纪才受到"三洞经书"的洗礼。[①] 灵宝经对北方天师道的影响以及北方天师道团体的存在，在 5 世纪后期大量涌现的道教造像中可见一斑。[②] 有意思的是，在灵宝经传入以后，北方天师道也没有广泛采纳道观修行的模式，道观在北方的普及是隋代之后才出现的。这背后可能有更深层的社会结构方面的因素。刘淑芬在研究同样地域差异明显的南北朝造像现象时指出，北方佛教广泛存在僧俗联合的"义邑"组织，而南朝政府由于实行符伍连坐制，对社会的控制力较强，基层民众难以结成类似的宗教结社。[③] 这一分析也适用于南朝道教。天师道领户治民的组织形式，与南朝日益加强的国家控制力有不可调和的矛盾，细密化的基层管制加速促进了南方道教的道观化进程。5 世纪中期陆修静的道教清整运动即由此而发，而他本人也正是由旧天师道转向道馆修行的最佳代表。[④]

中古的道观并不是严肃而彻底的寺院主义，而是一种入山不离俗、住观不出家的修行方式。这一方面是因为神仙道教本来就没有真正的苦行传统，而天师道的寺院主义转向，又保留下大量世俗特质。遁世入山的隐修者，后来甚至被贬低为"小乘之人"，出现了"上士学道在市朝，下士远处山林"的观念。[⑤] 南朝时代多数道观坐落于山林之中，但

---

① 参 Stephen Bokenkamp, "The Yao Boduo Stele as Evidence for the 'Dao – Buddhism' of the Early Lingbao Scriptures," *Cahiers d' Extrême – Asie*, 9, 1996 – 1997, pp. 54 – 67；刘屹《寇谦之身后的北天师道》，《首都师范大学学报》2003 年第 1 期；刘屹《5、6 世纪之交南北道教的交汇——以"姚伯多碑"为中心》，《神格与地域：汉唐间道教信仰世界研究》，上海人民出版社，2011，第 281～302 页。

② 对北朝道教造像目前最完备的搜集整理见李淞《中国道教美术史》第 1 卷，湖南美术出版社，2012。

③ 刘淑芬：《从造像碑看南北朝佛教的几个面向——石像、义邑和中国撰述经典》，林富士主编《中国史新论·宗教史分册》，台北：联经出版事业公司，2010，第 217～258 页。

④ 参王承文《汉晋道教仪式与古灵宝经研究》，第 601～706 页。

⑤ 参《太上老君戒经》，《道藏》第 18 册，第 208 页；《太玄真一本际妙经》，《道藏》第 24 册，第 658 页；《洞玄灵宝千真科》，《道藏》第 34 册，第 375 页。

随着时代的推移，位于城市的道观逐渐增加。① 道观最终由山林中的"神仙之馆"演化为都市中的宗教服务设施。

于是在体制化、程式化了的道观之中，又孕育着重新入山的冲动。《永乐大典》所引《江州志》虽然说的是宋代庐山的情况，但很有助于理解寺院主义的这种轮回：

> 限额曰寺观，不限额曰庵岩。……（庵岩）道释得居之，方外亦得居之。所奉不必专主一教，浮屠居则奉浮屠，道流居则奉老氏。所仰不必皆有田，近市者乞食以为资，山居者姜芋以代粟。至若裕襁之事、梵呗之工，则有不屑者焉。入林愈深，则奉养者愈薄，而人愈寿。昔之异僧至人，其始往往类是，比其影迹彰，意度广，敕额一加，升为寺观，则人境俱迁，无复真淳之味。②

这里提到的庵岩与寺观在派系意识、经济来源、修行取向等方面的差异，也是寺院主义的初始阶段与体制化阶段的区别。我们可以发现在俗世之中建设一块"反世界"（counter-world）的飞地几乎是不可能的愿景：发展不起来的话，它会零散地旋起旋灭；而一旦发展成寺院，则又"人境俱迁，无复真淳之味"。

---

① 参孙齐《唐前道观研究》，第104页；张泽洪《山林道教向都市道教的转型：以唐代长安道教为例》，《四川大学学报》2006年第1期。

② 《永乐大典方志辑佚》，马蓉等点校，中华书局，2004，第1639页。

山居的昭玄大统[*]

——历史图景与考证逻辑

魏　斌^{**}

摘　要

北齐昭玄大统法上究竟是居于合水山寺，还是邺城定国寺？本文从这一疑问入手，探讨当时僧人山居的意义。由于史料限制，对这一问题的解答仍只能呈现为若隐若现的线索，很难完全断定。另外两位昭玄大统僧贤和定禅师也是如此。尽管如此，在考证史料的过程中，由城寺、山寺承载的佛教历史图景也在慢慢呈现。从平城到洛阳再到邺城，北朝佛教一以贯之的底色是重禅诵，禅师地位较高。迁洛之后义学逐渐兴起。而高欢迁邺之后，佛教发展趋势并不是禅定、义学之间简单的此消彼长，而是呈现为一种既"倒退"又"发展"的复杂面貌。山居、城居之间，隐含着禅诵、义学的纠缠。

关键词　昭玄大统　法上　北齐　山居

史料是历史学者探索过去的媒介。由于语言文字本身的局限性，写下来的历史和鲜活的历史之间，原本相距有间。幸存至今的史料，又只是以往文字记录的很小一部分。而且无论是编纂性的史籍，还是带有较强记忆性质的文献记述，在成为"文本"之前，可能都已经有过复杂的选择性建构过程，^①有些甚至就是拼合变形的记

---

　*　本文蒙陈志远、孙齐两兄指正，谨致谢意。

　**　魏斌，武汉大学历史学院教授。

　①　参看孙正军《魏晋南北朝史研究中的史料批判研究》，《文史哲》2016 年第 1 期。

忆、传闻。① 即便史源"可靠"，不同记述之间也往往存在诸多歧异。

历史学的基础工作之一，就是尽量搜寻关联史料，通过细致对读，在不同史料的缝隙处寻觅可能存在的蛛丝马迹，辨析和清理出关于往昔事件、制度、场景及其因果关系的证据链条。但由于现存史料内容具有相当大的偶然性，未必能够建立完整的证据逻辑，研究者就不得不经常在证据缺环之处，进行"适当"的逻辑推理和想象，作为弥补。这使得看似科学的实证史学，实际上充满了不确定性。

本文所关注的北齐最高僧官昭玄大统与山居的关系，就是如此。现存史料中提到了三位昭玄大统——法上、僧贤和定禅师，其中法上的传记文本中有不少抵牾费解之处，僧贤和定禅师更是扑朔迷离。学界以往对此有过一些考证和推测，② 但正如前文所说，由于史料不足而不得不进行的推理，逻辑上看似合理，实则不无疑问。本文打算重新梳理相关史料及其背后的证据逻辑，探讨北齐时代的佛教历史图景。

一　法上传记与修定寺唐碑

三位昭玄大统之中，仅有法上明确见于道宣《续高僧传》等传世文献记载。关于他的生平，现存有两种资料。一种是《续高僧传》"义解"篇中的法上传记；③ 一种见于费长房《历代三宝纪》，在著录法上所撰《增壹数》《佛性论》《众经录》三种著作之后，附有他的相关事

---

① 这一点在宗教传记中表现得尤为明显，如《高僧传》中的高僧昙始传记，就是由流传到江南的几个神异故事拼合而成的。如果不是恰好《魏书·释老志》中附记了昙始的简略事迹，可以作为对读参照的话，单纯依据《高僧传》构建出的昙始生平以及相关场景，实际上根本就不是本来发生过的历史。参看拙撰《昙始碑考证：史传阙失与地方记忆》，《文史》2018 年第 3 辑。

② 圣凯：《僧贤与地论学派——以〈大齐故沙门大统僧贤墓铭〉等考古资料为中心》，《世界宗教研究》2017 年第 4 期；李崇峰：《僧璨、定禅师与水浴寺石窟》，《石窟寺研究》第 2 辑，文物出版社，2011。此外，关于东魏北齐时期的昭玄大统，学界已经有不少研究，参看谢重光《中古佛教僧官制度和社会生活》，商务印书馆，2009，第 51 ~ 86 页；曾尧民《北朝僧官制度的递嬗——以沙门大统为中心》，《早期中国史研究》第 10 卷第 1 期，2018。

③ 《续高僧传》卷 8《义解四·释法上传》，郭绍林点校，中华书局，2014，第 260 ~ 263 页。

迹。① 稍加对读即可发现，两种传记资料的中间部分，叙述内容、次序和文字均有相同之处，依据的明显是相同史源。

《续高僧传》法上传记最后提到，隋代高僧灵裕"资学有承，具之本传"。② 这篇关于法上生平的"本传"，怀疑就是灵裕所撰《十德记》中的一篇。③《十德记》全称为《光师弟子十德记》，可知是慧光门下十位高僧的合传，自然包括法上。道宣《续高僧传》"自序"中特别提到了这篇《十德记》，指出该记"偏叙昭玄师保，未粤广嗣通宗"，④ 可见他在写作时参考过。费长房《历代三宝纪》也著录有灵裕"《十德记》一卷"。⑤

灵裕《十德记》中的法上传记，应当就是《历代三宝纪》《续高僧传》的史源依据。北齐时期，灵裕活跃于邺城，与慧光一系的僧人渊源颇深。从这一点来说，《十德记》史料权威性是很高的。但尽管如此，传记叙事仍有不少费解之处。

最明显的一个问题，是法上的僧官任职。传记提到，"天保之中，国置十统，有司闻奏，事须甄异"，文宣帝高洋"手注状"，任命法上为大统，"余为通统"。⑥ 但并没有提到法上这次出任大统的具体时间。而他出任大统之前的僧官任职，比如此前是否还出任过地位更低一些的昭玄都，也不太清楚。传记说：

> 年阶四十，游化怀卫，为魏大将军高澄奏入在邺，微言一鼓，众侣云屯。但上戒山峻峙，慧海澄深，德可轨人，威能肃物，故魏齐二代，历为统师。昭玄一曹，纯掌僧录，令史员置，五十许人，所部僧尼，二百余万，而上纲领将四十年，道俗欢

① 《历代三宝纪》卷12，《大正藏》第49册，河北省佛教协会影印本，2008，第104～105页。
② 《续高僧传》卷8《义解四·释法上传》，第263页。
③ 《续高僧传》卷9《义解五·释灵裕传》，第317页。
④ 慧光门下弟子众多，"十德"的具体所指，存在一些争议，参看汤用彤《汉魏两晋南北朝佛教史》第二十章"北朝之佛学"，中华书局，2016，第613～615页。《续高僧传》与法上列在同一卷的，还有慧光的多位弟子，如僧范、昙遵、惠顺、道凭、灵询。其中有好几位都曾担任过昭玄僧官（所谓"昭玄师保"），相关传记可能也依据的是灵裕《十德记》。
⑤ 《历代三宝纪》卷12，《大正藏》第49册，第105页。
⑥ 《续高僧传》卷8《义解四·释法上传》，第263页。

愉，朝廷胥悦。所以四万余寺，咸禀其风，崇护之基，罕有继彩。既道光遐烛，乃下诏为戒师。文宣常布发于地，令上践焉。天保二年，又下诏曰……①

这段记述中的"历为统师"一句，《历代三宝纪》写作"历为统都"，前者指昭玄统，后者则指昭玄都、统，语义颇有差异。"师""都"二字显然是形近讹写。按照一般习惯来说，应当是先担任昭玄都，后升昭玄统，《历代三宝纪》作"统都"，看起来更为合理一些。但由于传记中缺乏明确佐证，究竟是否如此，仍不好遽下断言。

两种传记都说，法上"纲领（纪）将四十年"。而有意思的是，日本兴圣寺保存的古抄本《续高僧传》中，"将四十年"写作"将三十年"。②"三""四"字形差别很大，不像是常见的形近讹抄。北齐灭亡于 577 年初，往前推"将四十年""将三十年"，分别追溯到 538 年、548 年。据《续高僧传》之说，法上去世于北周大象二年（580），享年八十六岁，538 年前后大概四十二三岁，548 年则已经年过五十。传记中说他"年阶四十，游化怀卫"，被高澄召请入邺城，从年龄推算前者大概是合适的。高澄以大将军身份开始在邺城执政，是在天平三年（536），时间也相符。③ 也就是说，按照《续高僧传》的相关记载推算，兴圣寺古抄本写作"将三十年"，明显是不太合理的。中华书局点校本注意到兴圣寺抄本中的异文，但仍然择从"将四十年"之说，可能就是出于这个考虑。

这个推算，在很大程度上是依赖于《续高僧传》记载的法上去世年龄。这是最关键的证据。至于"年阶四十，游化怀卫"一句，以及高澄开始在邺城执政的时间，从史料逻辑上来说，都只是比较含糊的辅证。法上究竟在怀卫地区游化了多久之后才被召入邺城，其实并不清楚。高澄自天平三年开始在邺城执政，到武定七年（549）被刺杀，前后长达十三年之久，在此期间他都有可能召请法上入邺城。

---

① 《续高僧传》卷 8《义解四·释法上传》，第 261 页。
② 《续高僧传》卷 8《义解四·释法上传》注释 9，第 264 页。包括《续高僧传》在内的兴圣寺一切经，主要抄写于平安时代，但一般认为有更早的抄本依据，参看池丽梅《〈续高僧传〉在日本的流传》，《汉语佛学评论》第 5 辑，上海古籍出版社，2017。
③ 《北齐书》卷 3《文襄帝纪》，中华书局，1972，第 31 页。

令人困惑的是，法上去世时间和年龄这个关键证据，《历代三宝纪》的记载是有歧异的。该书将法上列入"大随"经录，说他去世于开皇初年"至尊龙飞，佛日还照"之后，已经"九十余矣"。① 前面提到，《续高僧传》《历代三宝纪》记述的法上事迹，基本依据应当是灵裕的《十德记》。至于为何法上去世时间和年龄会出现不同说法，尚不清楚。二者之中，《续高僧传》撰述时间较晚，道宣曾亲自走访过邺城周边的北齐佛教遗迹，也许另有别的依据。不管如何，这一问题让现有的考证增加了新的不确定性。

还有一个关键疑点，是法上与合水寺的关系。传记说：

> 末敕住相州定国寺，而容德显著，感供繁多。所得施利，造一山寺，本名合水，即邺之西山，今所谓修定寺是也。山之极顶造弥勒堂，众事庄严，备殚华丽。四事供养，百五十僧。及齐破法湮，僧不及山寺，上私隐俗服，习业如常。②

这段话接在武平七年（576）高句丽王遣僧问佛法、法上做答之后。初看之下，法上似乎在此之后才"敕住"邺城定国寺，又利用在定国寺期间的供养之财，建造了合水山寺，亦即后来的安阳修定寺。可是577年初北齐就已经灭亡，紧接着便是周武帝灭佛，如果说武平七年法上才"敕住"定国寺，之后建造合水山寺，时间上似乎过于局促。③《续高僧传》法上传记最后附录有弟子法存事迹，记述更为矛盾："本是李老监，齐天保屏除，归于释种。明解时事，分略有据，上乃擢为合水寺都维那。当有齐之盛，每年三驾皆往山寺，有所觐礼。……存随事指拟，前后给济，三宫并足。"④ 法存出任合水寺都维那，显然是在"有齐之盛"，不会迟至武平之末。如何理解这一矛盾？或者更具体地说，法上究竟是何时居于邺城定国寺，又在何时建造了合水山寺？他与两寺究竟

---

① 《历代三宝纪》卷12，《大正藏》第49册，第104~105页。
② 《续高僧传》卷8《义解四·释法上传》，第262页。
③ 《历代三宝纪》卷12所附法上小传，开始称法上为"相州前定国寺沙门"，文中也是先叙述武平七年高句丽王遣僧问佛法，接着说法上"起一山寺，名为合水，山之极顶造兜率堂"（第105页），两段之间并没有"末敕住相州定国寺"一句。
④ 《续高僧传》卷8《义解四·释法上传》，第263页。

是什么关系？

由于两种传记的相关叙述均语焉不详，上面提到的这些疑问，其实很难解释。可是如果对读安阳修定寺保存的两种唐代开元年间碑刻——开元三年（715）《唐相州邺县天城山修定寺之碑》（以下简称"开元三年碑"）和开元七年（719）《大唐邺县修定寺传记碑》（以下简称"开元七年碑"），就会发现关于法上入邺城的时间、担任昭玄僧官的经历、与定国寺和合水山寺的关系等问题，原本有其较为清晰的时间脉络。

两种碑刻原石均已破碎，有拓本存世。录文最早见于清代《安阳县金石录》补遗部分，近年又有学者结合存世拓片和新发现的残石，对碑文进行了重新校读。① 两种碑刻记述重点有一些差异，开元七年碑叙述寺院沿革更为详细一些。下面以开元七年碑为主，对涉及修定寺起源和法上生平的部分梳理如下。

根据碑刻记载，修定寺的起源可以追溯到北魏孝文帝太和初年。邺人张僧猛入山打猎，有所感应，在此"结构草庵，誓求真觉"，"栖迟此谷，积十余年"。② 太和十七年（493），北魏孝文帝迁都之时经过邺城，在附近围猎而有神异事迹，因此下诏立寺，"以此谷四面山势，状类城埤"，取名为天城寺。可见法上到来之前，该寺已经存在。碑文接下来说：

> 次有沙门法上者，汲郡朝歌人也。业行优裕，声闻天朝。兴和三年，大将军、尚书令高澄奏请入邺，为昭玄沙门都维那，居大定国寺而充道首。既非所好，辞乐幽闲，不违所请，移居此寺。澄又别改本号为城山寺焉。魏历既革，禅位大齐，文宣登极，敬奉愈甚。天保元年八月，巡幸此山，礼谒法师，进受菩萨戒，布发于地，令师践之，因以为大统。既见二水寺前合流，又改为合水寺

---

① 李裕群较早根据两种碑刻讨论修定寺塔演变，《安阳修定寺塔丛考》，《中国建筑史论汇刊》第5辑，中国建筑工业出版社，2012，第176～194页。本文原刊于2002年文物出版社出版的《宿白先生八秩华诞纪念文集》。近年的校读，参看侯卫东《相州邺县天城山修定寺之碑校读》，《殷都学刊》2012年第4期；郝飞雪《安阳修定寺两通唐碑的再发现》，《中原文物》2018年第4期。本文以下引用两种碑文，主要根据侯卫东、郝飞雪两文的校读，为避免烦琐，不再一一出注。

② 开元三年碑更是直接说，该寺"本邺人张僧猛之禅居"。

焉。封方十里，禁人樵采射猎，仍给武官兵士，守卫修营，三时视
觐，四事无阙。师以什物余积，拟建支提。有一工人，忽然而至，
入定思虑，出观剞劂，穷陶甄之艺能，竭雕镂之微妙，写慈天之宝
帐，图释主之金容，虽无忧之役龙神，无以加也。

将开元七年碑的这段叙述与《续高僧传》《历代三宝纪》对读，会发现
很多问题。首先，法上被高澄召请入邺城的时间，碑文明确说是兴和三
年（541）。其次，法上到邺城后，最初担任的确实是地位稍低的昭玄
都，而不是直接出任昭玄统。再次，法上初到邺城就住在定国寺，而不
是迟至武平末年。他后来"辞乐幽闲"，得到高澄同意后而移居天城
寺，高澄还因此改寺名为城山寺。开元三年碑的相关记述较为简略，
云："大统法师，粤投兹境，香花供养，三十余年。"以北齐灭亡时间
推算，法上到天城寺至迟应在547年之前。几年之后，高洋禅代，曾到
山寺巡幸，受菩萨戒，"布发于地，令师践之，因以为大统"。碑文提
到的高洋受戒和"布发"之事，亦见于《续高僧传》，但没有提到具体
时间和地点。[1] 至于高洋此时任命法上为昭玄大统，以及敕改寺名为合
水寺，《续高僧传》更是完全没有提及。

按照碑文的说法，法上兴和三年到邺城，先担任昭玄都，北齐天保
元年（550）八月任昭玄大统，其间的僧官经历则不太清楚。如果从天
保元年任大统算起，至北齐灭亡是27年；如果从兴和三年担任昭玄都
算起，至北齐灭亡则是36年。这样来看，《历代三宝纪》中的"历为
统都""纲纪将四十年"，显然更为准确。法上担任昭玄大统的时间不
足三十年，兴圣寺古抄本《续高僧传》"将四十年"写作"将三十年"，
或许是注意到《续高僧传》中"师""都"讹写导致的时间矛盾，而进
行的修改。[2]

碑文记述合水山寺的历史非常详细。该寺其实早已存在，法上只是

<hr/>

[1] 关于这次"布发"之举的佛教内涵，参看孙英刚《布发掩泥的北齐皇帝：中古燃灯
佛授记的政治意涵》，《历史研究》2019年第6期。《续高僧传》提到布发之事后，
紧接着说"天保二年"，也可以证实碑文记述此事发生在天保元年，是准确的。

[2] 李裕群认为，《续高僧传》记述时间更具有文本权威性，碑文中的"兴和三年"，或
为永熙三年（534）之误，亦即东魏迁邺之年，见《安阳修定寺塔丛考》，第182页。
此说不确。高澄开始在邺城执政，始于天平三年（536），法上到邺城不会早于此。

兴建了寺中"支提"，也就是《续高僧传》《历代三宝纪》中提到的山顶弥勒（兜率）堂。从"穷陶甄之艺能，竭雕镂之微妙"等描述来看，与现存修定寺塔的外观特征相符。[①] 建塔所需财物，来自皇帝"三时视觐"的供养。现存修定寺塔之东，原来还有一座白石塔，塔基出土过天保五年（554）石雕舍利函，上有"释迦牟尼佛舍利塔"铭文，又有供养题记："大齐皇帝供养、尚书令平阳王高淹供养、王母太妃尼法藏供养、内斋法师尼道寂供养、内斋法师尼道尝供养、平阳王妃冯供养、李嬷供养。"[②] 这个舍利函主要跟高洋的异母弟、平阳王高淹有关，题记提到了"大齐皇帝供养"，可见合水寺与高齐皇室的关系确实很密切。

修定寺唐碑属于寺院地方记忆，叙述可能也有不准确之处，此点需要警惕。不过，对读碑刻和传记，大致可以看出《续高僧传》叙事剪裁失当之处。法上传记的开始部分，即叙述入邺之前的经历，时间脉络较为清晰，此后则非常混乱。诸如法上入邺、合水寺建立，以及高洋受戒、"布发"、任命法上为大统等事件，传记对此不仅没有交代具体时间，还将其割裂在传记中的几个地方分别叙述。特别是"末敕住相州定国寺"一句，接在插叙的武平七年高句丽王问法之后，更是给阅读者带来极大的误导和困惑。这种混乱究竟是道宣剪裁之失（可能性更大一些），还是灵裕《十德记》已经如此，还不太清楚。总之，如果不是两种修定寺唐碑很幸运地被保存至今，单纯只是依据《续高僧传》和《历代三宝纪》考证相关历史，实际上只能就传记文本内部的自相矛盾和抵牾之处提出一些质疑，"真相"很难解释清楚。

二 山居还是城居

《历代三宝纪》称法上为"相州前定国寺沙门"，《续高僧传》也说

---

① 关于现存修定寺塔的年代，学界有很多讨论，参看李裕群《安阳修定寺塔丛考》，第176～194页；董家亮《安阳修定寺塔建造年代考》，《佛学研究》2007年刊；曹汛《安阳修定寺塔的年代考证》，《建筑师》2005年第4期；曹汛《修定寺建筑考古又三题》，《建筑师》2005年第6期；侯卫东《安阳修定寺塔年代补正及历史价值》，《殷都学刊》2015年第3期。笔者认为，该塔虽然经过唐代重修，但应当维持了北齐原来的基本形制和外观。

② 河南省文物考古所等：《安阳修定寺塔》，文物出版社，1983，图版142，第88～89页；曹汛：《安阳修定寺塔的年代考证》，《建筑师》2005年第4期。

"敕住相州定国寺",而根据唐碑记载,法上似乎早在高澄时期就离开了邺城定国寺,居于合水山寺,高洋在天保初年还曾到山寺访问供养。《续高僧传》也提到了"有齐之盛"皇帝巡礼山寺。这就让人感到好奇:法上究竟是居于哪所寺院?

昭玄大统作为最高僧官,需要处理昭玄曹事务。道宣曾说,北齐文宣帝高洋"置昭玄十统,肃清正法,使夫二百万众,绥缉无尘,法上一人,诚有功矣"。① 叙述容有夸张,但北齐时代佛教隆盛,寺院和僧尼数量巨大,昭玄曹事务必然十分繁忙。法上之师慧光,先在洛阳任昭玄沙门都,东魏迁邺后"转为国统",去世前一天,曾"乘车向曹,行出寺门,屋脊自裂。既坐判事,块落笔前,寻视无从"。② 慧光去世于邺城大觉寺,③ 此前一天仍从居住的大觉寺出发,前往昭玄曹处理事务。身为昭玄大统的法上,想来也需要经常去昭玄曹"判事"。如果是这样的话,像慧光一样住在邺城寺院,显然更加合理一些。④ 合水山寺位于邺城西南,二者直线距离差不多三十公里,往返并不方便。

跟法上差不多同一时期到邺城的,还有被仆射高隆之召请的僧达,高洋称帝后"特加殊礼",曾任其为昭玄沙门都。僧达"性爱林泉,居闲济业",高洋特意为他在邺城西南的林虑山黄华岭建造洪谷寺,"又舍神武旧庙造定寇寺,两以居之"。⑤ 定寇寺位于邺城之中,僧达"两以居之",是在山寺和城寺之间移动。他后来去世于洪谷山寺。值得注意的是,僧达主持建造洪谷山寺完工,准备返回邺城时,曾有山神"夜访",希望他留在山中供养,不要再返回邺城。此时僧达回答说:"在山利少,在京利多,贫道观机而动,幸无遮止。"这一回答耐人寻味。对于僧人们来说,山寺、城寺带来的现实利益显然是不同的。既然如

---

① 《续高僧传》卷15《义解十一》卷末"论曰",第549页。
② 《续高僧传》卷22《明律上·释慧光传》,第823页。
③ 慧光墓志近年在安阳出土,也提到他去世于邺城大觉寺,葬于"豹祠之西南",参看赵生泉《东魏〈慧光墓志〉考》,《文物春秋》2009年第5期。
④ 北齐武成帝时,"并州东看山侧有人掘地","寻见一物,状如两唇,其中有舌,鲜红赤色"。这件事上奏后,武成帝询问诸位僧人,"沙门大统法上奏曰:此持《法华》者,六根不坏怖耳,诵满千遍,其征验乎?"(《续高僧传》卷29《读诵八·释僧湛传》,第1171页)天保年间僧人、道士在朝廷上的法术之争,他也在场(《续高僧传》卷24《护法上·释昙显传》,第903~904页)。
⑤ 《续高僧传》卷16《习禅初·释僧达传》,第571页。

此，僧达为什么还要两处居住？难道就只是因为"性爱林泉"？

另外两位昭玄大统僧贤和定禅师，见于墓志和石刻题记，《续高僧传》均未列传。其中，僧贤墓志近年在安阳发现，题为"大齐故沙门大统僧贤墓铭 昭玄大统"。① 根据墓志来看，他俗姓张，桑乾人，"家有旧风，名德相踵"，可见是出自旧族：

> 于是矫迹缁门，游心真寂，长惊玄境，深入秘藏。微言妙旨，独得如神，驰誉飞声，遍于遐迩。年廿九，敕修《内起居法集》。既而实相虚宗，静业圆教，异轸同归，殊途总入。悬河注水，破石摧金，一音所说，四部俱仰。龙象之望，朝野推焉。诏为沙门都，俄转沙门大统。总持、兴圣，国之福田，又诏为二大寺主。……以武平元年，岁在庚寅，二月乙卯朔，五日己未，迁神于兴圣寺，时年六十六。

僧贤是从沙门都转任昭玄大统，具体时间不详。从他的卒年推算，二十九岁时敕修《内起居法集》，是在 540 年前后，即东魏迁邺之后。他在出任昭玄大统后，又被任命为大总持寺、大兴圣寺两所"国之福田"的官寺之主。这两所寺院均在邺城之内。大总持寺位于邺南城的郭城之内，河清二年（563）五月由"城南双堂闰位之苑"改建而成；大兴圣寺位于邺北城，河清二年八月舍三台宫而建。② 两寺分别位于北城和南城，空间距离较远。从去世于大兴圣寺来看，他可能主要生活在北城的大兴圣寺。

关于僧贤，《续高僧传·释僧伦传》有一条蹊跷的记载：

> 齐武平九年，与父至云门寺僧贤统师、珉禅师所受法出家，时年九岁。二师问其相状，答以白光流脸，二幡夹之。叹曰："子真可度。"因而剃落。周武平齐，时年十六，与贤统等流离西东，学

---

① 墓志见王连龙《新见北朝墓志集释》，中国书籍出版社，2013，第 159～162 页。相关考释，看田熊信之「大齊故沙門大統僧賢墓銘疏考」『学苑』833 号、2010；圣凯《僧贤与地论学派——以〈大齐故沙门大统僧贤墓铭〉等考古资料为中心》，《世界宗教研究》2017 年第 4 期。

② 《北齐书》卷 7《武成帝纪》，第 91～92 页。关于邺城佛教寺院，参看諏訪義純「鄴都仏寺考」『中国中世仏教史研究』大東出版社、1988、294～323 页。

四念处，诵《法华经》。①

这段叙述问题不少。武平年号行用七年，"九年"云云明显错误。僧伦九岁受法出家，北齐亡国时十六岁，据此推算则是武平二年（571）前后出家。② 据墓志所载，僧贤去世于武平元年二月，而传记却说北齐亡国后"贤统"仍然健在，并与僧伦一起"流离西东"，明显与墓志矛盾。云门寺是高洋为僧稠所建，位于"邺城西南八十里龙山之阳"。③ 值得注意的是，颜娟英曾调查邺城西南的安阳小南海石窟，在中窟发现一处以往被忽视的题名，共四行：

> 石窟都维那宝□（所？）供养
>
> 比丘僧贤供养
>
> 云门寺僧纤书
>
> 伏波将军彭惠通刊④

其中提到了比丘僧贤，遗憾的是没有时间信息。小南海中窟题记提到该窟建于天保元年（550），后来经过僧稠重修，窟壁有僧稠浮雕供养像，榜题"比丘僧稠供养"。僧稠去世后，弟子又"镂石班经，传之不朽"，刻写了经文。⑤ 圣凯据此认为，此处题名中出现的僧贤，就是僧伦之师"云门寺僧贤统师"，亦即昭玄大统僧贤，为僧稠弟子。⑥ 至于僧伦传记中的时间抵牾，他认为是《续高僧传》叙述有误。不过，书丹者题名

---

① 《续高僧传》卷21《习禅六·释僧伦传》，第790页。

② 传记所载，僧伦去世于贞观二十三年（649），享年八十五岁，可知出生于565年前后，九岁时应为武平四年（573）前后。这又是一个时间上的歧异。

③ 云门寺的具体位置，迄今仍有疑问。马忠理认为在今磁县的五合乡五羊城村村北山上，见《北朝邯郸籍高僧史迹略考》，邯郸市文物保护研究所编，乔登云主编《追溯与探索——纪念邯郸市文物保护研究所成立四十五周年学术研讨会文集》，科学出版社，2007，第247~272页。但五合乡五羊城村位于邺城正西偏北，与《续高僧传·释僧稠传》记载的"邺城西南八十里"之说不合。从方位来看，云门寺位于小南海石窟周边的善应镇某地，更为合理一些。

④ 颜娟英：《北齐禅观窟的图像考》，收入颜娟英主编《台湾学者中国史研究论丛·美术与考古》，中国大百科全书出版社，2005，第513~514页。

⑤ 河南省古代建筑保护研究所：《河南安阳灵泉寺石窟及小南海石窟》，《文物》1988年第4期。

⑥ 圣凯：《僧贤与地论学派——以〈大齐故沙门大统僧贤墓铭〉等考古资料为中心》，《世界宗教研究》2017年第4期。

为"云门寺僧纤"，"僧贤"并未冠以云门寺名，据此来看，"比丘僧贤"是否为云门寺僧人，不无疑问。

而且，如果说"比丘僧贤"、"云门寺僧贤统师"和昭玄大统僧贤为同一个人，就会有一个明显的问题。僧稠以禅法著称，门下弟子可考者如智舜、僧邕、智旻、昙询等人，同样也都是以禅法知名。僧贤墓志却完全没有提到他的禅法修为，"深入秘藏""微言妙旨，独得如神""穷理入神"云云，说的都是义学修养。[1] 他二十九岁时奉敕修《内起居法集》，此时还是东魏初年，同一时期僧稠一直辗转于定州嘉鱼山、赵州嶂洪山和嵩山、怀州王屋山和马头山、定州大冥山等各处坐禅，尚未到邺城。

这样就出现了两种可能性：要么僧稠门下并不像一般理解的那样只是注重禅法，也有以义学见长的僧人；要么山居的云门寺僧贤，并不是昭玄大统僧贤，而是另外一位法名重合的僧人。值得注意的是，僧伦本人也是被列入"习禅篇"，以禅法知名。仔细读他的传记，好几次提到做某件事的年龄，语气像是回忆性的自述。从常理来说，他回忆自己的年龄和早年受业时间，难免会有出入，但北齐亡国之后，紧接着佛法毁灭，他和业师"贤统"等人"流离西东"，这样的切身经历，恐怕很难出现记忆讹误。

这两种可能性都存在逻辑上的疑点。而另一位昭玄大统定禅师，史料提供的考证空间更为局促。水浴寺石窟有"昭玄大统定禅师供养佛"题名，[2] 李崇峰注意到，跟他同时在水浴寺石窟题名中出现的，还有"比丘僧璨供养佛时"。定禅师、僧璨的题名组合，让他联想到唐宋禅宗文献中提到的三祖僧璨及其同学"定公"，并由此推测，他们应当都是慧可弟子，北齐灭国后曾流离于江淮和岭南地区。[3]

---

[1] 《续高僧传》卷 25《护法下》卷末"论曰"："虽稠公标于定道，贤上统于义门，一时之庆，固不同年而语矣。"（第 970 页）前一句中的"稠公"指僧稠，后一句中的"贤上"，怀疑也许是僧贤、法上两位昭玄大统并称。

[2] 邯郸市文物保管所：《邯郸鼓山水浴寺石窟调查报告》，《文物》1987 年第 4 期。

[3] 李崇峰：《僧璨、定禅师与水浴寺石窟》，《石窟寺研究》第 2 辑，文物出版社，2011。关于禅宗三祖僧璨的相关讨论，参看陈金华《事实与虚构：禅宗"三祖"及其传说的创生》，《佛教文化研究》第 4 辑，江苏人民出版社，2016。定州博物馆收藏的东魏武定二年定州刺史库狄干造像基座上，有"部落统比丘僧定侍佛"题名，可惜的是这位比丘僧定事迹不详，不清楚是否与定禅师有关，见贾敏峰《东魏定州刺史库狄干造思惟像及相关问题》，《文物》2019 年第 2 期。

可是，这样一来也出现了跟前文类似的问题。如果说定禅师、比丘僧璨就是禅宗三祖及其同学"定公"，也就意味着达摩、慧可一系的禅法，至迟到北齐武平年间应该已经取得官方认可的崇高地位。而从现存的《续高僧传》等文献中，完全看不出这一点。北齐亡国时慧可仍然在世，传记中说他"流离邺卫，亟展寒温，道竟幽而且玄，故末绪卒无荣嗣"，① 也就是说并没有显赫的弟子传人。当时僧稠禅法最受崇重，所谓"高齐河北，独盛僧稠"，② 在这种情况下，由慧可弟子出任昭玄大统，是很难理解的。

定禅师显然是以禅法知名。除了水浴寺石窟，他还出现在南响堂石窟题名中，时间更早一些，当时还是沙门统。据此来看，他跟响堂山周边石窟寺群的关系颇为密切。根据记载，住在云门寺、以禅法著名的国师僧稠，曾兼任"石窟大寺主"，"两任纲位，练众将千"。③ 一般认为，"石窟大寺"就是指鼓山（北响堂山）石窟寺。④ 考虑到僧稠禅法在北齐时期笼罩性的影响力，定禅师出自僧稠和云门寺禅法系统的可能性明显更大一些。⑤

当然，这些都是根据《续高僧传》记载提出的背景性疑问。正如前文所说，要么道宣描述的北齐佛教，是基于某种立场塑造的结果，与本来的历史出入较大；⑥ 要么推测僧贤为僧稠弟子、定禅师为慧可弟子，就像根据传记考证法上生平时出现的问题一样，考证逻辑是合理的，但在某个未知的地方存在着陷阱。

昭玄大统僧贤和云门山寺的关系存疑。定禅师虽出现在响堂山、水浴寺题名中，但究竟是山居，还是山寺、城寺"两以居之"，也并不清

---

① 《续高僧传》卷16《习禅初·释僧可传》，第568页。邺城周边有不少慧可遗迹，参看马忠理《北朝邯郸籍高僧史迹略考》，第247～272页。

② 《续高僧传》卷21《习禅六》卷末"论曰"，第811页。参看葛兆光《记忆、神话以及历史的消失——以北齐僧稠禅师的资料为例》，《东岳论丛》2005年第4期。

③ 《续高僧传》卷16《习禅初·释僧稠传》，第576页。

④ 马忠理：《北朝邯郸籍高僧史迹略考》，第247～272页。小南海石窟题名有"石窟都维那宝口（所？）供养"，不清楚此处的"石窟"是否也与鼓山石窟有关。

⑤ 圣凯也已经指出这一点，见《僧贤与地论学派——以〈大齐故沙门大统僧贤墓铭〉等考古资料为中心》，《世界宗教研究》2017年第4期。

⑥ 道宣没有给僧贤和定禅师列传，原因不详。僧稠系的云门寺僧有好几位有传，道宣本人也去过云门寺和鼓山石窟寺旧址寻访，他应该知道僧贤和定禅师。

楚。《续高僧传·释圆通传》说：

> 至明年夏初，以石窟山寺，僧往者希，遂减庄严、定国、兴圣、总持等官寺，百余僧为一番，通时尔夏预居石窟。①

石窟山寺即鼓山（北响堂山）石窟寺，传说是高欢葬所。② 此事难以证实，但圆通传记末尾提到"自神武迁邺之后，因山上下，并建伽蓝"，可见鼓山石窟寺在东魏北齐时代的地位确实比较特别。从这段记载来看，鼓山石窟寺僧人不多，因此要特意拣选邺城城内几所主要官寺的僧人，轮番前往夏居。这种带有强制性的僧人"番替"山居举措，似乎也印证了前面提到的僧达"在山利少，在京利多"之语。而这里提到的邺城城内官寺，就包括了法上住过的大定国寺，还有僧贤曾出任寺主的大兴圣寺、大总持寺。

这几所邺城官寺中，建立时间最早的是大定国寺，高欢迁邺后改建邺城南台而成。③ 大庄严寺建于天保九年（558），是高洋赐死清河王高岳后，改建高岳的城南宅舍而成。④ 大总持寺、大兴圣寺，前文已经提到均建于武成帝河清二年。法上被高澄召请入邺城之时，庄严、兴圣、总持三寺尚不存在。这是他到邺城后以昭玄都身份居于大定国寺的背景。法上的同门，同时也曾追随他学习涅槃的道慎，在高洋掌权时任沙门都，后来去世于定国寺。⑤ 可见定国寺确实与法上一系的关系比较密切。

这几所邺城寺院在性质上都属于官寺。鼓山石窟寺显然也是如此。

---

① 《续高僧传》卷26《感通上·释圆通传》，第998页。
② 《资治通鉴》卷160，梁武帝太清元年八月，中华书局，1956，第4957页。
③ 《太平寰宇记》卷55《河南道四》相州安阳县"南台"条引《后魏书》："东魏迁邺，高丞相以南台为定国寺，作砖浮图极高，其铭即温子昇文。"（中华书局，2007，第1136页）
④ 《北齐书》卷4《文宣帝纪》，第66页；《北史》卷51《清河王岳传》，中华书局，1974，第1848页。参看諏訪義純「鄴都仏寺考」『中国中世仏教史研究』，294～323页。
⑤ 《续高僧传》卷8《义解四·释道慎传》，第264～265页。慧光本人以及弟子僧范、昙隐等，均在大觉寺去世。北魏末年洛阳也有大觉寺，见范祥雍校注《洛阳伽蓝记校注》卷4《城西》，上海古籍出版社，1978，第234页。该寺中有温子昇撰文的浮图寺碑，即《艺文类聚》卷77《内典下·寺碑》收录的温子昇《大觉寺碑》，上海古籍出版社，1999，第1312～1313页。

僧稠修行的云门寺，在小南海石窟题记中被称作"云门帝寺"。① 智舜传记中也提到"乃就稠师，具蒙印旨。为云门官供，当拟是难，因就静山，晓夕通业。不隶公名，不行公寺"。② 法上的合水山寺、僧达的洪谷山寺，也应当是受到"官供"即朝廷供养的寺院。

也就是说，虽然僧贤和定禅师的情况不太确定，但北齐时代的昭玄僧官，似乎均若隐若现地与山中官寺存在某种关联。如何理解这种现象？

三 魏齐时代山寺的意义

北魏平城时代，僧人以禅诵为主。迁洛之后，义学有了很大发展，与此同时也出现了禅诵、义学之间的冲突。《洛阳伽蓝记》记载了一个胡太后时期的相关故事，僧人惠凝游于地狱，数日而返，讲述了阎罗王对于禅诵僧人的重视和对讲经、造像僧人的批评，"自此以后，京邑比丘，悉皆禅诵，不复以讲经为意"。③ 惠凝自己也到白鹿山隐修。正如汤用彤所说，这个故事表达的就是禅僧对义学的排诋。④

禅诵、义学在修行空间上存在差异。禅僧多居于山林，义学僧人多在城市。北魏神龟元年（518），任城王元澄上奏说：

> 昔如来阐教，多依山林；今此僧徒，恋著城邑。岂湫隘是经行所宜，浮喧必栖禅之宅，当由利引其心，莫能自止。处者既失其真，造者或损其福，乃释氏之糟糠，法中之社鼠，内戒所不容，王典所应弃矣。⑤

元澄认为，僧人应当在山林修道，不应该像当时那样集中在城市之中。

---

① 河南省古代建筑保护研究所：《河南安阳灵泉寺石窟及小南海石窟》，《文物》1988 年第 4 期。
② 《续高僧传》卷 17《习禅二·释智舜传》，第 647 页。
③ 范祥雍校注《洛阳伽蓝记校注》卷 2《城东》，第 79～81 页。
④ 汤用彤《汉魏两晋南北朝佛教史》第十九章"北方之禅法、净土与戒律"引用这个故事后评论说："此故事或虽伪传，然颇可反映当时普通僧人之态度。后魏佛法本重修行。自姚秦颠覆以来，北方义学衰落。一般沙门自悉皆禅诵，不以讲经为意，遂至坐禅者或常不明经义，徒事修持。"（第 559～560 页）
⑤ 《魏书》卷 114《释老志》，中华书局，1974，第 3045 页。

这个批评针对的是当时洛阳城内寺院急速扩张带来的社会问题。迁洛之初，城内原本只规划了一所永宁寺，郭内则只有一所尼寺，"欲令永遵此制"。这种看起来有些严苛的佛教空间规划，其背后正是僧人应当禅修于山林的观念。可是事与愿违，迁都之后二三十年间，洛阳城内寺院数量急速扩张，"寺夺民居，三分且一"。① 城内寺院的扩张，当然是基于民众的日常信仰需求，此外可能也跟义学的兴起有关。义学僧人需要了解最新的经典及其解释方式，居于城市之中，学团辩难研讨，显然更有利于知识获取和理解的深化。但至少从元澄上奏来看，山居的禅僧在人们心目中仍然更具有神圣性。

平城时代的昭玄统昙曜，住在武州山石窟寺。② 北魏迁洛之后的昭玄统，可考的有僧令法师，墓志题为"大魏故昭玄沙门大统令法师之墓志铭"。他原在嵩山闲居寺修行，后被"征为沙门都维那"，孝庄帝即位后，"仍转为统"，永熙三年（534）去世后，葬于邙山。③ 令法师出任沙门统后，"自居斯任，弥历数朝，事无暂壅，众咸归德"，去世前一年，曾与沙门都慧光、昙宁、僧泽等人在洛阳永宁寺参与过菩提流支的译经。④ 当时令法师和慧光等人应当都住在洛阳寺院之中。此外，天平二年（535）的《中岳嵩阳寺碑铭序》提到了"沙门统伦、艳二法师"，继承其师生禅师之愿，续建嵩阳寺佛塔，参与其事的还有"高足大沙门统遵法师"，"率诸邑义，缮立天宫"。⑤ 伦法师、艳法师都是沙门统，遵法师则是"大沙门统"。由于碑文语焉不详，不清楚伦法师、艳法师担任的是州统还是国统。该碑建立于僧令法师去世的次年，如果"大沙门统"就是昭玄大统，遵法师则可能就是令法师的继任者。他们是否居于嵩山嵩阳寺，碑文没有提及。

高洋称帝之后，对禅僧颇为崇重。天保二年僧稠到邺城时，"帝躬举大驾，出郊迎之"，僧稠为其说四念处法，"帝闻之，毛竖流汗，即受禅道，学周不久，便证深定"。⑥ 据说高洋还下敕推动禅法修行，令

---

① 《魏书》卷114《释老志》，第3044～3045页。
② 《续高僧传》卷1《译经初·释昙曜传》，第12页。
③ 赵超：《汉魏南北朝墓志汇编》，天津古籍出版社，1992，第311～312页。
④ 《深密解脱经序》，《大正藏》第16册，第665页。
⑤ 毛远明编著《汉魏六朝碑刻校注》第7册，线装书局，2008，第135～137页。
⑥ 《续高僧传》卷16《习禅初·释僧稠传》，第576页。

"国内诸州，别置禅肆，令达解念慧者，就为教授，时扬讲诵，事事丰厚"，并明显表现出对义学僧人的轻视：

> 帝曰："佛法大宗，静心为本。诸法师等徒传法化，犹接嚣烦，未日阐扬，可并除废。"稠谏曰："诸法师并绍继四依，弘通三藏，使夫群有识邪正，达幽微。若非此人，将何开导？皆禅业之初宗，趣理之弘教，归信之渐，发蒙斯人。"①

这段话出现在僧稠传记中，可信度存疑，至少不清楚是否经过了禅僧立场上的修饰。从历史背景来说，邺城佛教是洛阳佛教的延续，《洛阳伽蓝记》记载的义学、禅诵之间的矛盾，在邺城应当也是存在的。实际上，高洋的这番话，也确实让人联想到僧凝游冥间后转述的阎罗王之语："沙门之体，必须摄心守道，志在禅诵。不干世事，不作有为。"②天保十年（559）二月至三月间，高洋曾在辽阳山甘露寺（今山西左权县）中禅观，"唯军国大政奏闻"。③这件事可以证实，高洋从僧稠学禅的记载，应当并非仅是基于佛教立场的夸大之词。僧稠之所以能够在北齐拥有如此崇高的地位，与这种重禅法的背景有关。

在这种氛围下，山居禅修的僧人较之城居僧人，更容易获得皇室和权贵的崇敬。这可能是昭玄僧官不肯放弃山林，而要"两以居之"的真正原因。④僧稠、僧达均以禅法著名。法上十二岁时"投禅师道药而出家"，"后潜林虑上胡山寺，诵《维摩》、《法华》"；从慧光受具足戒后，"夏听少林，秋还漳岸"。传记中虽然没有提到法上的禅法修养，但看起来应该是定慧双修。法上弟子净影慧远晚年回忆学禅经历时说：

> 忆昔林虑，巡历名山，见诸禅府，备蒙传法，遂学数息，止心于境，克意寻绎，经于半月，便觉渐差，少得眠息，方知对治之良验也。因一夏学定，甚得静乐，身心怡悦，即以己证，用问僧稠。

---

① 《续高僧传》卷16《习禅初·释僧稠传》，第576页。
② 范祥雍校注《洛阳伽蓝记校注》卷2《城东》，第80页。
③ 《北齐书》卷4《文宣帝纪》，第66页。
④ 天保七年到邺城的那连提黎耶舍，先后担任沙门都、沙门统，住在邺城天平寺中。他曾经在汲郡西山建立三寺，"依泉旁谷，制极山美"，见《续高僧传》卷2《译经二·那连提黎耶舍传》，第34~35页。但他跟这几处山寺的具体关系，不太清楚。

稠云："此心住利根之境界也，若善调摄，堪为观行。"①

净影慧远以义学著名，《续高僧传》中也被列入"义解"篇。但他在这段回忆中流露出的对于禅法的态度，是很值得注意的。他不仅早年曾"巡历名山，见诸禅府"，还向僧稠请教过禅法。传记中还特别提到"远每于讲际至于定宗，未尝不赞美禅那，槃桓累句，信虑求之可得也。自恨徇于众务，无暇调心，以为失耳"。从慧远的经历来看，当时僧人的佛法修习，实际上涉及多个面相。道宣在编写《续高僧传》时，出于卷次和内容编排需要，只能选择将某位僧人系于如"译经""义解""习禅""明律"等不同分类的某一种身份之下，这在某种程度上其实掩盖了当时佛教的本来面貌。山西高平市高庙山石窟保存的供养题记，为此提供了一个很重要的理解线索，转录部分如下：

建州沙门统讲《涅槃》《法华》《胜鬘》大义法师禅师迴山寺
主昙寿
建州沙门都大义法师道力
玄氏县沙门都律师法文
劝化主阳阿县沙门都讲《涅槃》《法华》法师昙智
诵《法华》法师普业
学《涅槃》法师昙神
义学《涅槃》诵《法华》《胜鬘》法师昙因
禅师昙瑶②

题记没有明确年代，结合内容来看应为东魏北齐时期。题名中的僧人，身份题写非常具体，如法师就分为"大义"和"学"、"诵"、"讲"几种，"学""诵""讲"又按照《涅槃》《法华》《胜鬘》等经典具体区分。最值得注意的是建州沙门统昙寿，同时有法师、禅师两种身份，并以建州沙门统职务任迴山寺主，是一位山居的"州统"。可以假设，如果昙寿被列入《续高僧传》，也只能被归入"义解""习禅"中的某一个门类，其另外一种身份则会被忽视。这种"复合"身份的僧人，在

---

① 《续高僧传》卷8《义解四·释慧远传》，第286页。
② 李裕群、张庆捷：《山西高平高庙山石窟的调查与研究》，《考古》1999年第1期。

当时可能为数不少。

在《续高僧传》中，法上之师慧光被列入"明律"篇，慧光之师少林寺佛陀跋陀禅师在"习禅"篇，慧光的很多弟子（包括法上）则被列入"义解"篇。但如果据此认为他们之间存在着律师、禅师、法师的明确身份界限，显然是不太合适的。实际上慧光墓志就说，"每岩栖谷隐，禅诵颐性。栖林漱沼，味道为业，幽衿与妙理双明，悟玄共冲旨俱远"。① 他的禅法显然也很有修养。前引《中岳嵩阳寺碑铭序》中，生禅师的三位弟子都是法师。《续高僧传》为了撰述体例和分类需要，以僧人"擅名"的方面赋予其身份标签，不能说是错误，但明显是将当时的佛教生态简单化了。

东魏北齐时代的邺城佛教界，并不是一个平静的存在。作为慧光体系继承者的法上，能够一直维持显赫的宗教权力，并不简单。关于这一点，《续高僧传》或许是有意回避，对此着墨不多，但仍然透露出一些信息。如灵裕传记记载：

> 有齐宣帝盛弘释典，大统法上势覆群英，学者望风向附，用津侥幸。唯裕仗节，专贞卓然，不偶伦类，但虑未闻所闻，用为翘结耳。②

据此不难推想，围绕着昭玄大统法上，邺城佛教界内部必然存在各种宗教派系和明争暗斗。僧达传记中也说："自季世佛法崇尚官荣，侥幸之夫，妄生朋翼。而达为国都，眇然无顾，昭玄曹局，曾不经临。"③ 可见"朋翼"产生的焦点之地，或者说邺城佛教的权力漩涡，就是"昭玄曹局"。高昌僧人慧嵩的遭遇，是一个典型事例。当时"上统荣望，见重宣帝"，慧嵩"以慧学腾誉，频以法义凌之，乃徙于徐州为长年僧统"。④ 慧嵩后来去世于徐州。东魏北齐时期，佛教界最大的"朋翼"

---

① 赵生泉：《东魏〈慧光墓志〉考》，《文物春秋》2009 年第 5 期。另可参看陈志远《从〈慧光墓志〉论北朝戒律学》，《人文宗教研究》第 8 辑，宗教文化出版社，2017。
② 《续高僧传》卷 9《义解五·释灵裕传》，第 311 页。
③ 《续高僧传》卷 16《习禅初·释僧达传》，第 572~573 页。
④ 《续高僧传》卷 7《义解三·释慧嵩传》，第 247 页。

就是慧光、法上一系。

僧稠禅法来自佛陀跋陀弟子道房，不属于慧光一系。他长期在河北各地山林禅修，天保二年才应高洋之请从定州到邺城，是邺城佛教的晚来者。他虽然没有担任过昭玄大统，却被尊称为"国师"，云门寺也被称作"帝寺"，其受高洋崇重的程度，似乎更胜于慧光系统的法上等人。这不禁让人思考：僧稠的到来，会不会对邺城佛教原有的权力格局造成冲击？一年之前刚刚出任昭玄大统的法上，如何面对这位新来的"国师"禅僧？可惜文献中对此完全没有记载。北齐后期的两位昭玄大统僧贤和定禅师，是理解这一问题可能的线索，遗憾的是《续高僧传》并没有给他们立传，难言其详。

这些困惑让人感到无奈。幸存至今的史料充满了偶然性，在研究者和业已消失了的历史之间，存在着巨大的信息不对称。通过只言片语的史料残留去理解历史，很容易陷入坐井观天式的困境之中——现存史料中看到的天空太小，正如井底青蛙见闻之陋。通过史料考证建立的逻辑链条，也有太多不确定性。面对残缺有限的史料，首先要弄清楚的基本问题是人（谁）、时间（什么时候）和地点（在哪儿），其次是事件过程（怎么发生）和原因（为什么）。对这些问题的解答程度，取决于史料提供的考证空间。而不得不承认，由于很多时候史料提供的信息太少，答案往往无从得知。受到好奇心的驱使，研究者又总是希望能够探求到历史的"真相"，于是就有了各种联想和推测。

本文通过"考证"所展示的，就是这样一种困境。法上究竟是山居还是城居，或者是"两以居之"（不同时期居住重心或许有所变化）？现有史料很难给出一个明确论定。僧贤和定禅师也是如此。不过，在考证史料的过程中，由城寺、山寺承载的北齐佛教历史图景，似乎也在慢慢呈现。这些图景由多个并不确定的"考证"碎片连缀而成，近观充满了裂纹和矛盾；如果自远处观之，似乎又隐隐呈现为一幅可辨的历史画卷。

从平城到洛阳再到邺城，可以看到北朝佛教一以贯之的重禅诵底色，彼时禅师地位较高；北魏迁洛之后义学逐渐兴起，如果没有六镇之乱，佛教必然会在义学方面走得更远。六镇之乱打乱了这一节奏。继承洛阳遗产的邺城佛教，一方面是义学在洛阳轨辙上的继续发展；另一方面统治层来自六镇，知识程度较低，更加重视禅诵。这就使得东魏北齐邺城佛教的发展趋势，并不是定、慧之间简单的此消彼长，而是继承（义学取向）和回归（禅诵取向）并行，呈现为一种既"倒退"又"发展"的复杂面貌。与合水山寺关系密切的昭玄大统法上，就处在这种新佛教氛围的核心。山居、城居之间，隐含着禅诵、义学的纠缠。

引人遐想的是，生活在这幅画卷中的人，原本都是有情感的生命。可是在文本性的传记和碑刻中，生平叙述以任职和"重要"事件为主，情感和日常大都隐藏不见。法上担任昭玄僧官"将四十年"，无论是"昭玄曹局"中的事务处理和权力关系，还是山居时的个人佛法修行，都是复杂而鲜活的生命过程，体现在传记文本中，则只有寥寥几句程式化的文字。后来者阅读这些"干瘪"的史料，需要重新注入当时的场景和情境，才能使其尽量恢复为往昔曾经有过的鲜活状态。

现存的安阳修定寺华塔，则是一处凝聚法上生命史的鲜活遗迹。北齐灭亡后，紧接着周武帝灭佛，法上"私隐俗服，习业如常"，住在附近山舍之中，从地位尊崇的最高僧官，变成了一个普通的老人。合水山寺虽然也被毁坏，幸运的是使者不忍心拆除华丽的山顶弥勒堂，"虽奉严敕，才烧栏槛阶砌，拆去露盘仙掌而已"（开元七年碑），将其大体保存下来。周武帝去世后，佛法有复兴迹象，已经"形羸微笃"的法上"喜遍心府"，[1] 由弟子扛舆，袈裟覆头，"升山寺顶，合掌三礼弥勒世尊，右绕三周，讫还山下，奄然而卒"。[2] 在人生最后的时刻，法上的全部情感仿佛都投射在这座"众事庄严，备殚华丽"的山顶弥勒堂之上。[3] 这是一个令人动容的历史场景。邺城佛教曾经有过的兴盛、荣光和派系争斗，随着北齐灭亡和周武帝灭佛，瞬间烟消云散。我们能够想象法上看到佛法再兴迹象的喜悦，也可以揣测他内心里对往昔岁月的回想。这些情感，还有背后复杂而鲜活的北齐佛教图景，仿佛都留存在这座精美的佛塔之中。

---

① 《续高僧传》卷8《义解四·释法上传》，第262页。

② 《历代三宝纪》卷12，《大正藏》第49册，第105页。

③ 法上去世前的场景记述，《续高僧传》《历代三宝纪》文字有些差异。《续高僧传》说他由弟子扛抬到合水山寺，但据《历代三宝纪》可知，其实是到山顶礼拜弥勒堂和弥勒尊像。法上去世时合水寺还没有恢复。开元七年碑提到开皇二年（582）十月十五日，"下敕修理，度人配住，改名为修定寺，封疆赒给，一同齐日"（开元三年碑记为开皇三年）。这时法上已经去世两年。

认知南方

族群分类的史相与史实[*]

——以《宋书》对"蛮"的分类为中心

胡 鸿[**]

摘 要

　　盘瓠蛮与廪君蛮的分布区域，若信从范晔《后汉书》与沈约《宋书》的叙述，则两者在东汉是南北之别，在刘宋是西东之分。对此现象，此前学者所采用的迁徙论在解释上存在不足。本文认为，史书中对蛮的命名存在政区和种别两种标准，而两者的勘同对应有很大的主观性，需要对此种叙事方式下呈现的族群格局进行史料批判。在史书分类变化的背后，刘宋时期的"蛮"的确呈现出新局面，即沔水流域至大别山南北的蛮活动频繁、与刘宋政权冲突剧烈，三峡地区与沮漳水流域次之，而武陵五溪区域则显得非常平静。沔水流域的蛮在原盘瓠、廪君分类中处于边缘，大别山区的蛮则根本没有位置。为了适应新的族群形势，刘宋国史的修撰者抛弃了按南北划分的叙述框架，而改用荆雍州、豫州东西二分的框架来叙事。进而为了保持与前史的连续性，又将两个大政区的蛮牵强地与盘瓠种、廪君种对应起来。《宋书》对蛮的新分类，与南北朝后期至隋唐时期各区域蛮人的实际认同颇有差距。在此时期，盘瓠信仰出现在长江三峡和沔水流域，在北朝蛮人中也有一定的接受度。反之，在《宋书·蛮传》之外，不论在南北朝还是之后，都找不到任何豫州蛮与廪君的联系。两种祖源信仰传播扩散的成败表明，上

---

　　* 本文系国家社科基金冷门绝学专项课题"汉至唐长江中游山区族群史料整理与研究"（19VJX011）的阶段性研究成果。初稿曾在厦门大学"多元视角下的汉唐制度与社会青年学者工作坊"、清华大学"第三届古代中国国家研究的新探索工作坊"、台湾"中研院"文哲所"'刘宋关键词'学术研讨会"上进行报告，收获了与会学者的许多评论，特别要感谢罗新、鲁西奇、方诚峰、仇鹿鸣、杜树海、刘婷玉、聂溦萌、孙齐、王万儁、苏航、李丹婕等先生提供的宝贵意见。
　　** 胡鸿，武汉大学历史学院教授。

层文化精英所做的族群分类，在适应被分类者的实际利益需求时更容易得到承认；反之则只流于纸面，被湮没在历史之中。

关键词 盘瓠蛮　廪君蛮　《宋书》　族群分类

　　族群分类是建立民族史叙述框架的基础，古代的王朝史编撰者同样也面临这一问题，他们在史书中写下的分类往往成为现代学者继续研究的出发点。除了在史料之间存在明显矛盾时必须有所取舍，古代史书的族群分类常被作为"史实"而接受，但实际上这些"史实"不过是古代史家基于特定的政治、社会和知识环境而做出的判断，或者说是经过审慎的思考和叙述呈现出的一种"史相"。由于历史编纂尤其注重对既有文献的征引和参照，经过层层沿袭与因革的链条，作为古代历史编纂终极产物的"正史"距离"原始记录"已非常遥远，可以说是建立在多重中间"史相"之上的"史相"。在史料批判得到大力提倡的今天，"一切史料都是史学"已经成为多数研究者的共识。① 在质疑与解构之后，仍然可以继续追问的是，"史相"既然不等于史实，那么塑造这一"史相"的历史情境是什么？理解了此种历史情境，也就向着"史相"背后的史实迈出了一步。② 本文以南朝刘宋时代的"蛮"为中心，试着用这种新思路对中古南方"蛮"的分类和源流问题做一番考察。

一　《后汉书》与《宋书》所记蛮分布格局的变化

　　关于南方"蛮"的分布格局，范晔《后汉书》与沈约《宋书》之

---

① 孙正军：《魏晋南北朝史研究中的史料批判研究》，《文史哲》2016 年第 1 期，第 21～37 页；罗新：《一切史料都是史学》，《有所不为的反叛者：批判、怀疑与想象力》，上海三联书店，2019。
② 王明珂以布迪厄的"表征"与"本相"为基础，提出了"文本"与"情境"的概念并运用于对族群根基历史叙事的分析，相关理论解释见王明珂《英雄祖先与弟兄民族：根基历史的文本与情境》"结语"，中华书局，2009，第 234～235 页。本文所言"史相"，更专注于正史类文本所呈现的具有"权威性"的历史知识，类似思路曾被用于十六国史的研究，见胡鸿《能夏则大与渐慕华风：政治体视角下的华夏与华夏化》第六章"十六国的华夏化：'史相'与'史实'之间"，北京师范大学出版社，2017，第 202～241 页。

间呈现出明显的分歧。以其中最为重要的盘瓠、廪君两大种落而论，在《后汉书》中，两者是很清晰的南北之分。长沙、武陵二郡在长江以南，巴郡南郡在清江—长江一线及江北，东汉南郡的最北部是襄阳，已到达汉水流域。与南郡比邻的江夏郡虽未单独列出，但在建武末年，曾迁徙南郡潳山的叛蛮置江夏界中，因此江夏的沔中蛮乃至整个江夏郡的蛮也被归入廪君蛮的板块加以叙述。可以简单地概括，在范晔的划分中，三峡以东、清江和长江以北的蛮都是廪君种，在洞庭湖以西以南的蛮则是盘瓠种。①

到沈约《宋书》中，这一格局为之一变，荆、雍州为盘瓠蛮，豫州则为廪君蛮。② 方高峰已经指出《宋书·蛮传》中的"荆州""豫州"与《宋书·州郡志》的"荆州""豫州"是不一致的，并推测《蛮传》是以孝武以前湘州、郢州未分立之时为准。③ 这一看法是正确的，否则无法解释与蛮关系密切的郢州，何以在分类时被忽略。宋孝武帝孝建元年（454），"分荆州之江夏、竟陵、随、武陵、天门，湘州之巴陵，江州之武昌，豫州之西阳，又以南郡之州陵、监利二县度属巴陵，立郢州"。④ 郢州兼跨原荆州、豫州的蛮区，在描述种落分布时，反而带来某种不便。这大概是《宋书》最终选择用更笼统的荆雍州与豫州作为叙述单位的原因。值得补充的是，雍州原为侨置，元嘉二十六年（449）"割荆州之襄阳、南阳、新野、顺阳、随五郡为雍州"，⑤ 才出现了实土化的雍州。荆、雍州合称，且郢州未分立，这一政区格局仅存在五年左右的时间，用它来描述刘宋一朝蛮的分布，是为了更清晰地建立蛮的种落与地域的关系。元嘉末"荆雍州"与"豫州"之间，在空间上是西东并立的关系。

对于史书呈现的盘瓠、廪君两个支系分布格局的变化，此前学者大多采用迁徙论去解释。各种迁徙论都需要回答两个问题：第一是刘宋荆雍州蛮的江北部分是否由汉代武陵蛮北迁而来；第二是刘宋豫州蛮是否

① 《后汉书》卷 86《南蛮传》，中华书局，1965，第 2829~2842 页。
② 《宋书》卷 97《蛮传》，中华书局，1974，第 2396~2399 页。
③ 方高峰：《六朝民族政策与民族融合》，博士学位论文，首都师范大学，2002，第 7~8 页。
④ 《宋书》卷 37《州郡志三》"郢州刺史"条，第 1124 页。
⑤ 《宋书》卷 37《州郡志三》"雍州刺史"条，第 1135 页。

由汉代巴郡南郡蛮即廪君蛮迁徙而来。根据回答的不同，可以将迁徙论加以归类。第一类对两个问题都采取肯定回答，如吴永章《南朝对"蛮"族的统治与"抚纳"政策》一文所论，盘瓠蛮在东汉时主要居于武陵地区，南朝时期，北迁至荆州、雍州；而以西阳五水流域为中心的豫州蛮，则是由东汉时的江夏蛮演变而来的。① 又如王仲荦在《魏晋南北朝史》中也说豫州蛮是廪君蛮的后裔，后来出至南郡，又从南郡迁至汉水下游，渐渐又推进至庐江，形成豫州蛮；荆雍州蛮则从长沙、武陵一带渐渐北上至荆州、雍州一带。② 这是完全相信《后汉书》与《宋书》而得出的解释，是迁徙论的最强形式。第二类肯定豫州蛮是东迁的廪君蛮，但不承认荆雍州蛮全部是盘瓠蛮。这类回答强调"移徙交杂"，虽承认存在一定的迁移，但基本上坚持盘瓠、廪君二种的主体部分是南北分布的格局，变化只是既有分布范围扩大而带来的交错杂居。如章冠英《两晋南北朝时期民族大变动中的廪君蛮》一文认为在荆雍州江北地区有一部分北迁而来的盘瓠蛮，但此地原有的廪君蛮也未完全消失，而且推测廪君蛮数量应该更多。在豫州地区，廪君蛮也是主体，而且"有一部分廪君蛮乘西晋末年中原丧乱的时候，向北扩张到河南西南部"。③ 又如吴永章在《中南民族关系史》中所论："廪君蛮在北，盘瓠蛮在南的分布格局，早在汉代就已形成，到南北朝时期，只是其势力又向四周发展，使分布范围大为扩大；廪君蛮与盘瓠蛮彼此交错增加而已。"④ 蒙默认为豫州蛮中有一部分是廪君蛮，而廪君蛮居留于川鄂湘交接地带者仍有很多；盘瓠蛮的分布最广，南朝的荆、湘、雍、司、豫州，北朝的荆、豫诸州皆有。⑤ 持此类观点者相信《后汉书》的划分符合史实，有些进而以此来审视《宋书》的记载。如万绳楠认为

① 吴永章：《南朝对"蛮"族的统治与"抚纳"政策》，《江汉论坛》1983 年第 6 期。

② 王仲荦：《魏晋南北朝史》第六章第六节"南方各族人民的融合"，上海人民出版社，2016 年第 2 版，第 439 页。

③ 章冠英：《两晋南北朝时期民族大变动中的廪君蛮》，《历史研究》1957 年第 2 期。该文将廪君蛮的范围划得过于宽泛，将賨人、巴氏甚至五溪蛮都归于其中，论证中也存在不少问题。

④ 吴永章：《中南民族关系史》第六章"南北朝时期的中南民族关系"，民族出版社，1992，第 87 页。

⑤ 蒙默：《魏晋南北朝时代的"蛮"》，《南方民族史论集》，四川民族出版社，1993，第 273～301 页。

《宋书·荆雍州蛮传》所列诸蛮，只有五溪蛮、天门蛮、桂阳蛮、临贺蛮是盘瓠蛮，其他都是廪君蛮；盘瓠蛮的迁徙不是向北，而是向东扩大到赣江流域。① 《宋书·豫州蛮传》中"北接淮汝，南极江汉"的豫州蛮为廪君种的说法，因与《后汉书》所记东汉时代巴郡南郡蛮向江汉一带的迁徙相合，故而是正确可信的。② 又如周伟洲也以《后汉书》的记载为基点，认为《宋书》的撰者沈约对蛮族的划分问题很多，"说明他对汉代以来盘瓠蛮、廪君蛮的迁徙分合关系并没有完全弄清"。由于蛮族的迁徙与分合特别复杂，史籍记载多阙，难以完全弄清楚，不妨将南朝的蛮族统视为汉代盘瓠蛮和廪君蛮迁徙、分合而后逐渐形成的一种少数民族。③

两类迁徙论都常常引用《北史·蛮传》中的这段话作为论据：

> 蛮之种类，盖盘瓠之后。在江、淮之间，部落滋蔓，布于数州，东连寿春，西通巴、蜀，北接汝、颍，往往有焉。其于魏氏，不甚为患，至晋之末，稍以繁昌，渐为寇暴矣。自刘、石乱后，诸蛮无所忌惮，故其族渐得北迁，陆浑以南，满于山谷，宛、洛萧条，略为丘墟矣。④

这里一共提到了两个北朝蛮人活跃的区域，一个是以江淮、汝颍、寿春、巴蜀为四至的区域，另一个是陆浑至南阳间的山谷地带。细寻其意，《北史》是以第一个区域为蛮在魏晋及之前的固有分布区，而刘、石乱后的北迁，是从第一个区域扩展到第二个区域，即其北缘从淮河流域北进到了洛阳、陆浑以南的山谷中。这与盘瓠蛮从五溪北迁至沔水中游，或者廪君蛮从三峡、鄂西东迁至沔东大别山桐柏山的图景，完全不能混为一谈。《北史》这段话的来源很可能是魏收《魏书》，意在解释北魏境内蛮的来历；至于南朝境内江淮之间的蛮是否从别处迁徙而来，

---

① 万绳楠：《魏晋南北朝史论稿》，安徽教育出版社，1983，第316~317页。
② 万绳楠：《魏晋南北朝史论稿》，第128~129页。方高峰的观点与之大体类似。见方高峰《六朝民族政策与民族融合》，第12~14页。
③ 周伟洲：《南朝蛮族的分布及其对长江中下游地区的开发》，《边疆民族历史与文物考论》，黑龙江教育出版社，2000，第128~129页。
④ 《北史》卷95《蛮传》，中华书局，1974，第3149页。

并未交代。现代学者用这段材料来论述蛮的北迁时，往往只引"自刘、石乱后"一句，其实是一种曲解。

在关于南朝蛮人的研究中，也不乏反对迁徙论的声音。雷翔《魏晋南北朝"蛮民"的来源》一文从迁徙人数、迁徙条件和原因以及蛮人的姓氏构成几个方面，有力地质疑了蛮从武陵巴建地区向江沔江淮地区迁徙的成说。① 鲁西奇《释"蛮"》一文认为中古长江中游及其周围地区的"蛮"并非一个族群，而是"先秦两汉以来就一直生息于此、在魏晋南北朝社会大动乱背景下未著籍的土著居民"，"只有少部分才是汉代盘瓠蛮、廪君蛮的后裔"，进而指出将诸蛮分别为盘瓠、廪君两大族系是史书编纂中加以分类的结果。② 罗新则明确指出"起源与迁徙，是传统民族史史料最突出的两大陷阱"。起源研究和迁徙研究，往往以统治集团的"起源"和"迁徙"掩盖和取代了整个民族集团丰富多样的传统和历史。迁徙说倾向于用民族迁徙来解释当前的族群分布格局，将之看成不久前发生的某种外来族群流动的结果。这或许是部分地受到了现存史料的局限——因为这些史料几乎都是外部观察者对于突发性政治事件的记录，而为了解释该事件之前的时间空白，就容易用更大的事实空白去填充。③ 这些从具体史事到方法原理上的反思，有力地打破了迁徙论的迷思，同时也提示，与其用"迁徙"去弥合不同时代史料中所记族群分布的差异，不如先考虑一下这些史料中的分类和叙述究竟从何而来。

二　《后汉书》与《宋书》族群分类的史料批判

如果暂时搁置大规模族群迁徙的解释，我们不难发现，中古时期对蛮的分类和命名，存在两种基本形式。一类是"祖先（种名）＋蛮"，

---

① 雷翔：《魏晋南北朝"蛮民"的来源》，《湖北民族学院学报》1990 年第 1 期，第 112～117 页。

② 鲁西奇：《释"蛮"》，《人群·聚落·地域社会：中古南方史地初探》，厦门大学出版社，2012，第 23～56 页。

③ 罗新：《民族起源的想象与再想象——以嘎仙洞的两次发现为中心》《从民族的起源研究转向族群的认同考察》《王化与山险——中古早期南方诸蛮历史命运之概观》，皆收入氏著《王化与山险：中古边裔论集》，北京大学出版社，2019。

如盘瓠蛮、廪君蛮等；一类是"区域＋蛮"，如武陵蛮、长沙蛮、南郡蛮、江夏蛮等，虽然根据语境也存在澧中蛮、五水蛮、五溪蛮、大阳蛮等以水系、山地等自然地理区域命名的蛮，更常见的则是用该时代通行的一级政区作为划分单位。在东汉时期是郡，在南朝则州、郡并用。进而，在一些关键性的历史文献——如上节所举的《后汉书》《宋书》中，以这两种形式划分的蛮被对应起来，各书的对应方式又不完全一致，于是引发了持续的争论。①

笔者曾撰文讨论过范晔《后汉书》中南蛮分类及其谱系的建构性，指出《后汉书》试图效法《史记·匈奴列传》，为各种蛮也建立自英雄祖先而下的源流叙述。《后汉书·南蛮传》在引述《风俗通》所记盘瓠传说之后的那句"今长沙、武陵蛮是也"，应该是范晔自己的判断，对其他如廪君、板楯、交阯诸蛮的划分也与之类似。② 换言之，作为第一次为南蛮建立族群分类的文献，《后汉书·南蛮传》的分类并非建立在多么坚实的实证基础之上，亦并非是不可置疑的。如果要为范晔辩护一下，可以说，盘瓠与武陵五溪地区蛮人的联系并不是由他一手建立起来的。那句"今长沙、武陵蛮是也"或许也来自对《风俗通》内容的引用或概括，此处的"今"也应代指东汉而非范晔生活的刘宋。③《风俗通》作者应劭的家族与武陵郡渊源颇深，其祖父应彬曾任武陵太守，而

---

① 王万僖认为《后汉书》对蛮的分类兼顾文化特征，而《宋书·蛮传》则是将空间作为分类的唯一标准，而这种空间划分是以地方行政区划为基础，辅以山川地理的自然空间。参看王万僖《从〈宋书·蛮传〉看蛮人的历史叙事》，《东吴历史学报》第37期，2017，第17～20页。笔者认为，虽然《后汉书》中巴郡在廪君蛮之外另有板楯蛮，但总体上仍然是以政区为划分和命名标准的，祖源信仰等"文化特征"附属在基于政区的划分之上，详见后文。

② 胡鸿：《能夏则大与渐慕华风：政治体视角下的华夏与华夏化》第四章，第157～160页。

③ 这样判断有两个依据。其一，在此之后叙述的有关蛮的史事，基本都发生在东汉的武陵、长沙二郡范围之内，偶尔涉及零陵郡，而零陵郡是汉武帝时期从长沙国分置的。其二，刘宋时期的长沙、武陵二郡范围较之东汉已经大为缩小。东汉长沙郡的辖区范围，在刘宋时至少存在着长沙、巴陵、衡阳、湘东、安成等郡国；东汉武陵郡范围内，在刘宋时则有武陵、天门二郡国，《后汉书》所记的武陵蛮乱多发生在澧水及其支流溇水流域，这在孙吴以后都属于天门郡了。魏斌认为此处的"今"是指刘宋时代，范晔把刘宋武陵郡范围内的蛮人传说，与东汉武陵郡北部（刘宋时为天门郡）的蛮乱混杂在一起，造成了后世理解的困难。这与本文的观点不同，可看魏斌《古人堤简牍与东汉武陵蛮》，《中央研究院历史语言研究所集刊》第85本第1分，2014，第91页。

其父应奉在永兴元年（153）出任武陵太守，不仅平息蛮乱，还"兴学校，举仄陋，政称变俗"。应奉又在延熹五年（162）随同车骑将军冯绲征讨叛乱的武陵蛮，"勤设方略，贼破军罢，绲推功于奉"。① 应奉对武陵蛮有密切接触和深入了解，而且他还是一位以记忆力惊人著称的博学者，著述颇丰，② "少笃学，博览多闻"的应劭完全可能从其父处获得有关武陵蛮的知识。盘瓠传说很可能就是应奉所收集记录的武陵郡蛮人的传说之一，《风俗通》"名渠帅曰精夫"一语与东汉武陵蛮行用的实际称谓相合，③ 也可印证这一推断。

即便武陵长沙郡夷为盘瓠后裔是应奉、应劭父子原有的叙述，它仍然不足以充分证明，汉代武陵郡、长沙郡以及零陵郡、桂阳郡这一广大范围内的蛮人都已接受了盘瓠祖源的信仰，这涉及对这一历史叙述的成立过程的推论，后文将详论；同时，它也不意味着盘瓠祖源信仰仅为这一区域的蛮人所专有。在刘宋以前的文献中，存在着多种将盘瓠作为其他地区异族祖先的记载。曹魏时期鱼豢所著《魏略·西戎传》曰：

> 氐人有王，所从来久矣。自汉开益州，置武都郡，排其种人，分窜山谷间，或在福禄，或在汧、陇左右。其种非一，称槃瓠之后，或号青氐，或号白氐，或号蚺氐。④

在这段史料中，氐人种落众多，其中一种称"槃瓠之后"，虽然具体地域不详，但不外乎武都（今甘肃陇南）、福禄（今甘肃酒泉）、汧、陇（关中以西）等地，即在汉中、关中的西北地区，与武陵郡相距非常遥远。鱼豢是京兆人，⑤ 对于关陇地区想必非常熟悉，故而《魏略》的这

---

① 《后汉书》卷48《应奉传》，第1608页。
② 《后汉书》卷48《应奉传》李贤注引《袁山松书》曰："奉又删《史记》、《汉书》及《汉记》三百六十余年，自汉兴至其时，凡十七条，名曰《汉事》。"（第1608页）
③ 《后汉书·南蛮传》中可见到三次"精夫"的记载，分别在武溪、零阳和充县，涵盖了澧水流域和沅水下游支流武溪（第2831~2832页）。
④ 《三国志》卷30《魏书·乌丸鲜卑东夷传》裴注引《魏略·西戎传》，中华书局，1959，第858页。
⑤ 《史通·古今正史》："魏时京兆鱼豢私撰《魏略》，事止明帝。"参看津田资久「『魏略』の基礎的研究」『史朋』第31號、1998。

一记载不容忽视。① 而在东晋初年郭璞留下的著述中，又将盘瓠与东南沿海地域联系了起来。在为《山海经》中"犬封国"作注时，郭璞曰：

> 昔盘瓠杀戎王，高辛以美女妻之，不可以训，乃浮之会稽东海（宋本、毛扆本作"东南海"——袁珂）中，得三百里地封之，生男为狗，女为美人，是为狗封之国。②

以会稽东南海中的"狗封之国"来注释昆仑之墟东北的"犬封国"，无疑有些牵强。正因为如此，这个故事更像是别有来历。在郭璞的另一本著作《玄中记》中，保留有这个故事更详细的版本，盘瓠受封之地被记作"会稽东南二万一千里"的"海中土"。③ 干宝与郭璞同活跃于东晋初年而略晚于后者，《搜神记》中还有多则郭璞的故事，二人笔下的盘瓠传说虽有详略之别，在关键情节上却基本相同，但二者关于盘瓠"封地"或其子孙分布地域的说法则大相径庭。干宝《搜神记》所记是"梁、汉、巴、蜀、武陵、长沙、庐江"，而在《晋纪》中则为"武陵、长沙、庐江郡"。④ 《晋纪》的说法与今本《后汉书》最为接近，但"庐江郡"的有无仍构成两者的重大区别。西晋庐江郡包括了大别山东麓，在刘宋时此地正是豫州蛮的核心地区之一。在范晔着手撰述《后汉书》时，以上几种文献都不难获得，⑤ 在这些互相歧异的盘瓠子孙分布

---

① 《魏略》另一段佚文记述了"槃瓠"的来历："高辛氏有老妇，居王室，得耳疾，挑之，乃得物大如茧。妇人盛瓠中，覆之以槃，俄顷化为犬，其文五色，因名'槃瓠'。"（《后汉书·南蛮传》注引，第2830页）从文本内容来看，这段话难以直接纳入《西戎传》中。从《魏略》中仍有《东夷传》，以及有关哀牢等南方异族的内容来看，该书很可能另有《南蛮传》（参看胡鸿《能夏则大与渐慕华风：政治体视角下的华夏与华夏化》第四章，第144~146页）。那么这段佚文是否原本就存在于《南蛮传》中？根据目前的资料难以回答这一问题。在《搜神记》（单行本）中，高辛氏老妇挑治耳疾得槃瓠的这段，被直接置于《后汉书·南蛮传》所载故事的开头，衔接十分自然。干宝撰，李剑国辑校《新辑搜神记》卷24"盘瓠"条，中华书局，2007，第401~403页。

② 袁珂校注《山海经校注（最终修订版）》卷7《海内北经》，北京联合出版公司，2014，第268页。

③ 鲁迅辑《古小说钩沉》，《鲁迅大全集》第20册，长江文艺出版社，2011，第318页。

④ 干宝还提到了对槃瓠的祭祀，"用糁杂鱼肉，叩槽而号，以祭槃瓠"，这在此前的材料中尚未见到，从《搜神记》说"其俗至今"来看，很可能有当代的一手观察和记录作为依据。干宝撰，李剑国辑校《新辑搜神记》卷24"盘瓠"条，第402页；《后汉书》卷86《南蛮传》注引干宝《晋纪》，第2830页。

⑤ 范晔在《后汉书·南蛮西南夷列传》文末的"论"中提到"著自山经、水志者"（第2860页），可以推测他一定读过《山海经》，对郭璞注亦不会陌生。

地的说法中，他最终选择的是东汉长沙、武陵二郡说（很可能源自《风俗通》），排除了庐江、巴蜀、会稽。[1] 假如他选择其他几种说法中的任何一种，那么后世又会如何认识东汉盘瓠蛮的分布呢？也就是说，构成后世"确定知识"的盘瓠蛮与长沙武陵蛮的对应，在成立之初颇有偶然和主观的一面。

以上分析表明，盘瓠传说曾经与多个地域相关联，而范晔的《后汉书》仅记载了其中的一种；此外，东汉武陵、长沙二郡广大范围之内的蛮人，也不太可能只具有一元的族源信仰。一般认为与廪君系巴文化密切相关的虎钮錞于，不仅出土在相当于巴郡南郡的今重庆、鄂西地区，也大量发现于湘西地区尤其是北部的澧水流域，湖南发现者甚至数量更多。[1] 虽然不能简单将某种器物与祖源信仰画上等号，但是至少可以认为这两个区域之间物质与文化的交流是密切的，人群之间的交融混杂亦可以想见。如果《风俗通》的盘瓠传说并非在武陵、长沙二郡的所有蛮人中流传，而是仅采集自武陵郡的某个或某几个地点，那很可能是在沅水的支流——武溪流域。《后汉书》注引用了黄闵《武陵记》对武溪源头武山的描述："山半有槃瓠石室，可容数万人。中有石床，槃瓠行迹。"李贤还追加了按语："今案，山窟前有石羊、石兽，古迹奇异尤多。望石窟大如三间屋，遥见一石仍似狗形，蛮俗相传，云是槃瓠像

---

① 王明珂已经注意到魏晋时期几种文献将盘瓠故事置于不同的地域，并推测"魏晋南北朝时，许多中原华夏南迁，因而对南方有更深入的接触。此时'盘瓠之后'的非我族类概念被移到湖南一带，指湘西之山居人群"。"因此华夏将盘瓠视为南方蛮夷之祖，可能因为本地诸大姓家族原来就有以神犬为祖源的传说，魏晋的华夏作者们将此起源与汉文献记载中的犬封国、盘瓠等传说相结合。我们也很难排除另一种可能，在魏晋时，湘西一些本地豪强由中国文献记忆中认识'盘瓠'，因此以'有功于中国'的盘瓠子孙自居。"见王明珂《英雄祖先与弟兄民族：根基历史的文本与情境》，第 161 页。这一观点相当于说盘瓠传说出于中原或北方，由掌握汉字文献的华夏将之应用于不同的周边族群，之后得到他们的接受。这一猜想颇有启发性，但低估了东汉时期盘瓠传说已经在武陵郡流传的可能性。吴晓东利用后代的民俗传说得出了类似的观点，参看吴晓东《盘瓠神话源流研究》第三章"盘瓠神话源于中原"，学苑出版社，2019，第 78~129 页。

① 虎钮錞于与巴文化的联系，最初由徐中舒提出，此后得到大多数研究者的赞同（徐中舒：《四川涪陵小田溪出土的虎钮錞于》，《文物》1974 年第 5 期，第 81~83 页）。在一篇较近的论文中，作者统计所收集到的虎钮錞于的资料，共计湖南 70 件、湖北 37 件、重庆 12 件、贵州 6 件、四川 6 件（马健、张慧玲：《古代巴族地区虎钮錞于造型特征研究》，《美术观察》2020 年第 9 期，第 72~73 页）。

也。"又引《荆州记》曰:"沅陵县居酉口,有上就、武阳二乡,唯此是槃瓠子孙,狗种也。二乡在武溪之北。"[1] 这两种文献的年代不详,大约应在宋齐时期,不出范晔、沈约二人的时代范围。《水经注》"沅水"条也写道:"水又经沅陵县西,有武溪,源出武山,与酉阳分山,水源石上有盘瓠迹犹存矣。"[2]《水经注》依据的一定也是某种南朝地理文献。由此可知,虽然南朝时广大范围内的人群都被称作"盘瓠子孙",但特别强调其正宗性、排他性,而直接出现盘瓠相关遗迹的地区尤其受到关注,主要集中在武溪与武山。这里即使不是传说的起源地,也当是较早接受此传说的地区。东汉武陵郡的第一次也是当时最大规模的蛮乱——绵延三年之久、折损刘尚与马援两位主将的相单程之乱,其势力核心,就在武溪。[3] 这也许并非巧合。以上推测若能成立,则《后汉书·南蛮传》做族群分类时,明显采用了在政区范围内的由点及面扩展原则,这里不妨简称其为"政区原则"。武溪流域收集的盘瓠传说,被运用到整个五溪地区,进而是整个沅水流域。这些地区属于武陵郡,于是整个武陵郡,包括其北部的澧水流域,乃至与武陵紧密相连的长沙、零陵、桂阳也被作为"盘瓠子孙"的分布地。廪君蛮的情况更为明显。廪君传说涉及的地点在夷水(今清江)至三峡一带,这里在东汉是巴郡和南郡的交界地带,于是整个巴郡南郡的蛮人都被归入了廪君种。在《后汉书》中,另有巴郡阆中的板楯蛮夷,这显示出巴郡的族群混杂状况。而东汉南郡因为缺少其他蛮的记载,"南郡之蛮皆为廪君蛮"逐渐成为人们的定见。东汉又有几次将南郡的蛮强制迁徙至江夏郡的记载,于是江夏郡的蛮也被视为廪君蛮了。

以上分析了《后汉书》对蛮分类的原理和依据,再来看《宋书》的情况。沈约《宋书》成书仓促,纪传部分多袭用徐爰旧本,[4] 有关蛮人的传记也不例外。徐爰《宋书》的记事止于大明之末,即截止于孝

---

① 《后汉书》卷86《南蛮传》,第2830页。
② 郦道元注,杨守敬、熊会贞疏《水经注疏》卷37"沅水"条,江苏古籍出版社,1989,第3080页。
③ 《后汉书》卷86《南蛮传》,第2831~2832页。
④ 参见赵翼著,王树民校证《廿二史札记校证》卷9"宋书多徐爰旧本"条,中华书局,1984,第179~180页。陈高华、陈智超等:《中国古代史史料学(修订本)》第四章,天津古籍出版社,2006,第119页。

武帝统治时期，而沈约《宋书》的"荆雍州蛮"部分，最末一条记事便在"大明中"；"豫州蛮"部分，除了最后一段记载西阳蛮田益之等在宋明帝与刘子勋对抗时的"起义"事件外，其余记事也都不超过大明年间。子勋之乱是刘宋政治史上的大事，牵涉人物众多，蛮人在其中发挥的作用又比较明显，这大概是沈约在此补笔的理由。除此一段之外，《蛮传》的其他部分应该都是徐爰的旧作了。

徐爰与范晔几乎是同时代的人物，徐爰出生于晋太元十九年（394），范晔出生于晋隆安二年（398）。两人在仕宦履历上颇有交集。范晔于元嘉十年（433）或稍后在宣城太守任上完成了《后汉书》的撰写，几经迁转后，于元嘉十七年（440）任始兴王濬后军府长史，同年"濬为扬州，未亲政事，悉以委晔。寻迁左卫将军、太子詹事"。① 徐爰在元嘉初已经成为宋文帝身边的近臣，累迁至殿中侍御史、南台侍御史，其后曾任始兴王濬后军行参军，复侍太子于东宫。② 始兴王濬拜后将军在元嘉十六年，十七年为扬州刺史，将军如故，置佐领兵。十九年，罢府。③ 由此可知，范晔与徐爰曾于元嘉十七年至十九年间同任职于始兴王濬后将军府，此后又都迁为太子东宫僚属，在两府中，范晔任长史、詹事，可算是徐爰的直接上司。范晔于元嘉二十二年（445），在太子詹事任上参与了谋反，事发伏诛。徐爰则历事宋文帝、元凶劭、孝武帝、前废帝，直到明帝泰始三年（467）被流放交州。徐爰奉诏修撰宋史，始于大明六年（462），止于前废帝初，此时距离《后汉书》作成已过去了大约 30 年。徐爰与范晔有多年共事经历，虽不知二人关系如何，但徐爰作为"颇涉书传，尤悉朝仪"的学问家，又负责编修国史，一定读过范晔的《后汉书》。然而，在对蛮进行分类时，徐爰似乎无视《后汉书》中的南北二分法，固执地启用了荆雍州—豫州的西东二分法，还将《后汉书》中属于廪君蛮区域的荆州江北直至汉水中游地区，归入盘瓠蛮的活动地域。这背后究竟出于何种考虑？如果我们相信刘宋国史中对蛮的分类，不是徐爰或者他之前的撰写者的随意行为，而是代表着一种当时知识界能够认可的新认识，那么，从《后汉

① 《宋书》卷 69《范晔传》，第 1819～1820 页。
② 《宋书》卷 94《恩幸·徐爰传》，第 2306～2307 页。
③ 《宋书》卷 99《二凶·始兴王濬传》，第 2435 页。

书》写成的元嘉十年，到徐爰《宋书》写作的大明六年，究竟发生了哪些改变知识界对蛮认知的史事？

三　刘宋时期蛮事重心的北移东进

将《宋书》及其他史料所记刘宋一代与蛮有关的事件分区域逐年编排，可以得到附表一（见文末）所示的内容。若将荆州以江陵为中心拆分为荆南区、荆西区、荆北区，与雍州、豫州并列而观，可以清楚地看到，在刘宋一代，与蛮有关的记事主要集中于雍州、豫州这两个区域。荆州仅有西部的三峡至清江一带有较多记载。荆州南部原汉代武陵蛮地区的事件最少。如果仅关注战争和对抗，这一趋势更为明显。荆南区域仅有三次反抗与讨伐的记载，除了宋末沈攸之禁断五溪鱼盐引发的大乱，另外两次都规模较小，斩获以百而记，且很快得到平息。而雍州与豫州区域与蛮的战争则大为不同，刘宋动用的军队数量庞大，每次虏获的生口都以万计、甚至达到十数万，斗争持续的时间更长，波及的范围更广。尽管不可能所有事件都在史书中留下记载，我们仍然可以得出这样的结论：刘宋时代，蛮事的重心已经北移至沔水中游与江淮之间。

从时段上来看，北移又可细分出两个阶段：先在沔水中游的荆州北部与雍州区域，之后则进一步东进至豫州西阳郡、弋阳郡为中心的大别山区。以襄阳为中心的沔水中游的蛮（包括雍州蛮与荆州竟陵蛮）主要活跃在元嘉中后期，大规模的集中战争发生在元嘉二十年、二十二年和二十八年。自东晋以来，对雍州蛮的军事行动，都是配合建设襄阳军事重镇的战略而展开的，而经营襄阳则意在北伐。东晋前期，桓宣等将领从石赵手中夺回襄阳，使之成为边境镇戍之一。咸和八年（333），庾亮谋划北伐，以桓宣为都督沔北前锋征讨军事、平北将军、司州刺史、假节，镇襄阳。此后庾翼继承庾亮遗志，移镇襄阳，与石赵控制的樊城隔水对峙，这是江左王朝建设襄阳军镇的开始。桓温前两次北伐，都经襄阳出师。淝水之战前，襄阳陷于前秦，晋末收复，又卷入内争之中。刘裕消灭荆雍地区的政敌后，以姻亲赵伦之镇襄阳，北伐后秦时，赵伦之自襄阳派出傅弘之、沈田子率军攻入武关。

刘宋面对来自北魏日益增加的压力，也加强了对于北部边镇的经营，元嘉中宋文帝有志北伐，重新重视起襄阳。在襄阳大兴军旅，势必要增加对周边蛮人的赋役要求，而巩固襄阳，必须要保证沔水航路的畅通，以确保军队、物资可在襄阳、江陵、夏口间无碍流动。元嘉前期的雍州刺史刘道产善于临民，对蛮人采取怀柔政策，"诸蛮悉出缘沔为居"；刘道产卒后，未知是出于政策的变动，还是仅仅由于对变动的恐惧，雍州"群蛮大动"，① 遂引发元嘉二十年（443）的伐蛮战争。元嘉二十二年武陵王骏"徙都督雍梁南北秦四州荆州之襄阳竟陵南阳顺阳新野随六郡诸军事、宁蛮校尉、雍州刺史，持节、将军如故。自晋氏江左以来，襄阳未有皇子重镇，时太祖欲经略关、河，故有此授"。② 随着襄阳成为皇子重镇，且要承担经略关、河的战略任务，伐蛮战争也日益激烈。武陵王骏之镇途中即遇到群蛮阻断水路，随郡驿道蛮又反，沈庆之、柳元景等进行的伐蛮战争由此开始。

这些战争涉及沔水流域的广大区域，宋军首先讨伐的是阻碍沔水干流水路交通线的蛮人，继而则深入诸山，而诸山中最主要的是郧山。郧山亦称涢山、大阳山，即今大洪山，从西晋末年平氏蛮张昌在此屯聚以来，一直是蛮人活跃的地区。史言"陨山蛮"最强盛，晋末鲁宗之屡讨不能克，元嘉二十二年时沈庆之"剪定之，禽三万余口"。③ 到元嘉二十六至二十七年，由沈庆之、柳元景等"伐沔北诸山蛮"，诸军多道并进，从"宗悫自新安道入太洪山，元景从均水据五水岭，文恭出蔡阳口取赤系坞"的路线来看，其主要作战区域仍是郧山地区。④ 由此可见，元嘉后期对雍州蛮的军事行动，是以沔水以东的大洪山区为重点的，襄阳以西和以北的地区则相对记载较少，这与三国时期襄阳以西相中蛮夷特别活跃的情形差别很大。究其原因，在于刘宋讨伐雍州蛮，主要目的是保证沔水、涢水流域水陆交通线的畅通。经过元嘉后期的大规模战争，这一任务基本完成，于是蛮事的重心进一步向更东边的"豫州

---

① 《宋书》卷85《刘道产传》，第1719页；卷76《朱修之传》，第1970页。
② 《宋书》卷6《孝武帝纪》，第109页。
③ 《宋书》卷77《沈庆之传》，第1997页。
④ 《宋书》卷77《沈庆之传》，第1997页。"太洪山"即大洪山，也就是郧山。"蔡阳口""均水"俱见于《水经注》卷31"涢水"条，"涢水出蔡阳县""涢水又东，均水注之。水出洪山，东北流经土山北，又东北流入于涢水"（《水经注疏》，第2637、2639页）。

蛮"转移。

南朝的豫州蛮以西阳五水为中心，在元嘉二十五年之前，在《宋书》中几乎未见他们的活动记载。西阳，在东汉时属江夏郡，治所在大别山南麓今黄冈附近，魏晋西阳城移至大别山北麓今光山县西，东晋南朝又南移回汉旧治附近，"故邾城上流五里"，魏晋西阳城在刘宋时设光城县。[1] 大约正因为西阳曾在大别山南北移动，以致北麓的光城蛮有时也被称作西阳蛮。在刘宋之前，西阳蛮的活动只有零星记载。东汉灵帝时多次发生江夏蛮的叛乱，光和三年（180）"江夏蛮复反，与庐江贼黄穰相连结，十余万人，攻没四县，寇患累年"。[2] 从其与庐江郡的反叛者联合来看，此处的江夏蛮应该就是江夏郡东部大别山中的蛮，[3] 也就是后来的西阳蛮。东汉后期江夏郡编户数不足六万，在荆州七郡中居倒数第二，仅略多于武陵郡，远远低于十几万户至几十万户的其他五郡。[4] 这无疑是因为其辖区内有大量未能有效统治的山区，其中生活的都是未纳入编户的蛮人。[5] 西晋末期，曾有"西阳夷贼抄掠江夏"。[6] 东晋初，王敦党羽邓岳为西阳太守，欲伐诸蛮，尚未付诸行动，太宁二年（324），王敦身死兵败，邓岳与周抚逃入西阳蛮中，为蛮酋向蚕所接纳。[7] 咸和五年至七年（330～332），陶侃为荆州刺史镇于武昌（今鄂州），其间曾与下属有一段对话：

> 议者以武昌北岸有邾城，宜分兵镇之。侃每不答，而言者不已，侃乃渡水猎，引将佐语之曰："我所以设险而御寇，正以长江耳。邾城隔在江北，内无所倚，外接群夷。夷中利深，晋人贪利，夷不堪命，必引寇虏，乃致祸之由，非御寇也。且吴时此城乃三万兵守，今纵有兵守之，亦无益于江南。若羯虏有可乘之会，此又非

---

① 参看孟刚、邹逸麟《晋书地理志汇释》，安徽教育出版社，2018，第165～166页。
② 《后汉书》卷86《南蛮传》，第2841页。
③ 参看鲁西奇《释"蛮"》，《人群·聚落·地域社会：中古南方史地初探》，第33页注3。
④ 《后汉书》卷22《郡国志四》，第3476～3485页。
⑤ 盛允戏黄琬所言"江夏大邦，而蛮多士少"，也从侧面反映了这一事实。见《后汉书》卷61《黄琬传》，第2040页。
⑥ 《晋书》卷81《朱伺传》，中华书局，1974，第2120页。
⑦ 《晋书》卷58《周抚传》，第1582页。

　　　　所资也。"①

　　此后庾亮谋划北伐，以精兵一万戍邾城，果为石赵骑兵攻陷。② 这几件史事都充分说明，东晋前期鄂东大别山区的西阳蛮仍未进入王朝统治的范围，其中生活的"夷""蛮"等，仍是国家无法掌控的化外之人。甚至由于江北群夷可能引致北方的"羯虏"，东晋的军镇还要对他们忌惮三分；江北守军若实力不足，还可能遭到倾覆之祸。也正因为如此，当南方王朝有意经略中原时，也必须对这一山区地带有所措置。永和十二年（356）桓温北伐收复河洛，回军之后，趁势"遣西阳太守滕峻出黄城，讨蛮贼文卢等，又遣江夏相刘岵、义阳太守胡骥讨妖贼李弘，皆破之，传首京都"。③ 从西阳、江夏、义阳联合行动来看，这次讨伐的对象正是鄂东大别山区的蛮人。

　　虽有上述零星记载，但总体而言，东晋时期对大别山区及其更北方山中的蛮人并未采取多少军事行动。时入刘宋，这一地带的情况变得更加复杂，刘裕死后黄河南岸诸重镇被北魏夺取，到宋明帝时期尽失淮北之前，宋、魏在黄淮之间维持着微妙的平衡，北魏占据的长社与刘宋控制的悬瓠成为南北对峙的最前沿。悬瓠至长社一线以西，紧邻外方山、伏牛山与桐柏山余脉形成的低山丘陵区，悬瓠往南一百公里则进入大别山区，与义阳、光城、边城等大别山北麓诸城邑相距不远，再往南越过大别山，便到达江汉平原东部与鄂东皖西的长江沿线。这些山中活跃的势力，就是"豫州蛮"。义熙年间刘裕造宋的过程中，司马修之、鲁轨、王慧龙等政争失败者逃亡北方，随即被安置在河南淮北之地，他们常常鼓动山中的蛮人进行反宋斗争。直到元嘉二十五年（448），刘宋才以豫部蛮民设立了 27 个左县，④ 这些县分布于大别山两侧，宣告了刘宋王朝开始对豫州大别山区蛮人加强控制。这也是元嘉年间经营北伐的

---

　① 《晋书》卷 66《陶侃传》，第 1778 页。
　② 《晋书》卷 73《庾亮传》，第 1923 页；《晋书》卷 106《石季龙载记》，第 2769 页；《晋书》卷 81《毛宝传》，第 2124 页。
　③ 《晋书》卷 98《桓温传》，第 2572 页。
　④ 太湖、吕亭二县属晋熙；茹由、乐安、光城、雩娄、史水、开化、边城七县属弋阳郡；建昌、南川、长风、赤亭、鲁亭、阳城、彭波、迁溪、东丘、东安、西安、南安、房田、希水、高坡、直水、蕲水、清石十八县属西阳。见《宋书》卷 36《州郡志二》，第 1076、1080 页；卷 37《州郡志三》，第 1128 页。

准备之一。元嘉二十七年至二十八年宋魏大战前后，豫州的西阳蛮、新蔡蛮活跃起来，"淮上亡命"司马黑石、"庐江叛吏"夏侯方进等在西阳、新蔡蛮中以道教救世主"李弘"相号召，展开反宋斗争。此时发生的"西阳蛮杀南川令刘台""新蔡蛮二千余人破大雷戍"等事件，①应该都与此有关。二十九年末沈庆之率江、荆、雍、豫四州之军加以讨伐，尚未见进展，即因刘劭弑杀文帝而中止，这支伐蛮大军转而成为支持刘骏争夺皇位的主要力量。

孝武帝刘骏即位之后，蛮事重心进一步向豫州转移。元嘉末年朱修之任雍州刺史，以抚纳群蛮为务，此后雍州区域没有再发生大规模的伐蛮战争，在整个孝武帝统治时期，刘宋史料中都没有雍州蛮活动的记载。此时期对蛮的行动，亦是继续元嘉末年中断的对司马黑石、夏侯方进等所在的西阳蛮的打击。孝建二年（455）豫州刺史王玄谟利用西阳蛮内部矛盾进行分化，蛮文小罗等将司马黑石徒党执送至寿阳。西阳郡此时仍属郢州，这次行动却由远在东北方的豫州刺史策划并实施，不仅说明西阳蛮的活动范围的确是"北接淮汝，南极江汉，地方数千里"，②亦即江淮之间整个大别山区域，并不局限在其西南麓的西阳郡，也可进一步推测其重心或在更偏东北部的地区。大明四年（460），西阳五水蛮复为寇，沈庆之再次统领诸军讨伐，"攻战经年，皆悉平定，获生口数万人"。③ 这次战役持续数月，由冬至春，虏获人数也达到数万。翌年二月诏书中有"伐蛮之家，蠲租税之半"的规定，也显示了朝廷对于此次伐蛮战争的重视。

在完成了对西阳蛮的军事镇压之后，大明八年（464），6 个左郡被省为县，西阳郡属下多个左县被省并。④ 刘宋一共设置过 7 个左郡，此次明确有记载被省并的是南陈、边城、光城、东随安、安蛮、建宁，前

---

① 《宋书》卷 97《蛮传》，第 2398 页。南川即元嘉二十五年所设西阳郡诸左县之一，其县令也应是蛮人。
② 《宋书》卷 97《蛮传》，第 2398 页。
③ 《宋书》卷 77《沈庆之传》，第 2003 页。
④ 明确记载大明八年省并的左县有西阳郡的赤亭、彭波、阳城三县，其他左县"不详何时省"。翌永光元年"复以西阳蕲水、直水、希水三屯为县"，说明这三个左县在此前也早已废省为屯。见《宋书》卷 36《州郡志三》"西阳太守"条，第 1128 页。太湖、吕亭二县在明帝初复立，也可推断在孝武帝时期被省去。《宋书》卷 36《州郡志二》"晋熙太守"条，第 1076 页。

面 5 个属于南豫州，建宁左郡属郢州。这些左郡都是以豫部蛮民设置的。四月孝武帝崩，之后六个月由其子前废帝统治，大规模省并左郡左县不知是由父子中哪位皇帝做出的决策，也可能他们在对豫州蛮的打压上是完全一致的。在接下来宋明帝与晋安王子勋的对抗中，豫州蛮几乎都站在了宋明帝一边，这与宋孝武帝及前废帝对西阳蛮的高压态度应有直接的关系。与之相应，在宋明帝与刘子勋对抗期间及其后，宋安、光城郡被恢复，太湖、吕亭、始新等被省去的左县也被恢复，这应是对蛮酋安抚和笼络政策的一环（参见附表二）。以上这些战争与抚纳、左郡左县的置废，无不发生在以大别山为中心的豫州蛮地区。

除了有关蛮事记载的区域性变化，还有一些迹象能够说明蛮事重心的北移东进，最重要的莫过于郢州及郢州都督区的设立。本文第一节已经提到，宋孝武帝孝建元年，"分荆州之江夏、竟陵、随、武陵、天门，湘州之巴陵，江州之武昌，豫州之西阳，又以南郡之州陵、监利二县度属巴陵，立郢州"。[1] 分荆置郢是在平定荆州刺史南郡王义宣、豫州刺史鲁爽、江州刺史臧质的叛乱后进行的，此前论者多从削弱荆州实力、维护皇权对地方优势的角度进行解读，[2] 这当然是正确的，但仍不够充分。仅为削弱荆州，为何要将湘州、江州、豫州也划一部分给郢州呢？郢州作为行政区划十分特别，在地图上呈现为一种罕见的哑铃形，哑铃的两端分别是今鄂东与湘西两大片山区，连接它们的是以武陵、巴陵、江夏三座郡城为中心的水路交通轴线。鄂东的西阳五水流域，湘西的五溪流域，都是蛮人最为集中的地区，可以认为，郢州的重要职能之一便是处理对蛮军政事务。刘宋一代，郢州所辖郡也有几次变化，明帝泰始五年，"割豫州义阳郡属郢州，郢州西阳郡属豫州"，[3] 至元徽四年又将义阳郡从郢州划出归于司州。随国也于永光元年度属雍，泰始五年还属郢，元徽四年又度属司州。[4] 与政区同时建立的还有郢州都督区，西阳、义阳两个蛮人集中的郡，即便在被划出郢州的时期，也处在郢州都

---

① 《宋书》卷 37《州郡志三》"郢州刺史"条，第 1124 页。

② 张灿辉、文安国：《郢州与南朝政局》，《湘潭师范学院学报》1998 年第 5 期，第 45～49 页。

③ 《宋书》卷 8《明帝纪》，第 164 页。

④ 《宋书》卷 36《州郡志二》"随阳太守"条，第 1105 页。

督区之中。① 郢州都督区在军事上控御、镇压诸蛮的用意，十分明显。明白了这一点，就不难理解为何在郢州设立的同时，罢废了南蛮校尉一职，② 郢州不仅继承了南蛮校尉的大部分职能，还进一步扩大了其所管辖的蛮区。南蛮校尉原设在江陵，常由荆州刺史兼任，而郢州治于夏口，即使职能有所重合，其地缘重心已发生明显变化。选择夏口城为州治的原因，何尚之的奏议说得非常清楚：

> 时欲分荆州置郢州，议其所居。江夏王义恭以为宜在巴陵，尚之议曰："夏口在荆、江之中，正对沔口，通接雍、梁，实为津要，由来旧镇，根基不易。今分取江夏、武陵、天门、竟陵、随五郡为一州，镇在夏口，既有见城，浦大容舫。竟陵出道取荆州，虽水路，与去江夏不异，诸郡至夏口皆从流，并为利便。湘州所领十一郡，其巴陵边带长江，去夏口密迩，既分湘中，乃更成大，亦可割巴陵属新州，于事为允。"上从其议。③

夏口作为江汉交汇之处，位于雍、梁、荆、湘通往长江下游的必经之路，而不像巴陵仅扼守荆、湘二州的水路出口，从制衡荆雍考虑，最终被选为州治。然而，"诸郡至夏口皆从流"，反之夏口至诸郡皆逆流，距离夏口越远的郡，受到郢州军事力量保护的机会越少。《宋书·沈攸之传》曰：

> 初元嘉中，巴东、建平二郡，军府富实，与江夏、竟陵、武陵并为名郡。世祖于江夏置郢州，郡罢军府，竟陵、武陵亦并残坏，巴东、建平为峡中蛮所破，至是民人流散，存者无几。④

郢州设立时还罢停了诸郡的军府，巴东、建平不属郢州。除了郡罢军府

---

① 严耕望：《中国地方行政制度史·魏晋南北朝地方行政制度》（上），上海古籍出版社，2007，第70~71页。

② 《宋书》卷6《孝武帝纪》，第115页。关于南蛮校尉，参看王延武《两晋南朝的治"蛮"机构与"蛮族"活动》，《中南民族学院学报》1983年第3期，第31~35页；王万儁：《以军御蛮：两晋时期的蛮府》，《早期中国史研究》第5卷第2期，2013，第1~49页。

③ 《宋书》卷66《何尚之传》，第1737~1738页。

④ 《宋书》卷74《沈攸之传》，第1932页。

之外，荆州的削弱与南蛮校尉的废止或也是其为蛮所破的原因。竟陵、武陵划归郢州，却同样残坏，大概因其距离夏口较远且需逆流而上方能到达，更主要是因为郢州对蛮的关注重心东移了。无论如何，承接南蛮校尉大部分职能的郢州，设在了原荆州东部的夏口，正说明这一时期西阳蛮与豫州蛮成为最被关注的蛮人群体。

刘宋时期蛮事的北移东进既如上述，基于荆雍州蛮与豫州蛮东西并立的格局，这里还想对聚讼已久的左郡左县之"左"的语义提出一个新的猜想。在关于左郡左县的研究中，学者大多注意到刘宋的左郡左县集中在特定的区域。河原正博指出，刘宋时代的左郡、左县，除了乐化左县一例以外，全部在大别山—桐柏山一带。① 胡阿祥论述得更加具体：刘宋左郡左县"分布在巢湖—淮河—涢水—长江围成的区域中，并呈现相对集中趋势。齐世分布范围稍有扩大，西越涢水达于汉水，分布密度增大，相对集中趋势愈加明显，大别山以西南、长江以北、汉水以东、淮河上源以南建置尤众"。② 研究者普遍同意，左郡左县是为"豫州蛮"而设置的。左郡左县之左，也就是蛮左之左，究竟取自何意，一直众说纷纭。③ 论者多从蛮与左的意义关联上加以考虑，然而左郡左县只设于一部分蛮人区域，说明并非所有的蛮都等于左。若从豫州蛮与荆雍州蛮东西并立的角度考虑，此处的"左"是否有可能是"左部蛮人"的省称呢？左表示东方，六朝人习用江左、淮左等称呼，颇有可能以"左部蛮人"来称呼在原荆雍州蛮的东方突然活跃起来的豫州蛮人。《隋

---

① 河原正博『漢民族華南発展史開發史研究』第一編第一章第二节「宋書州郡志に見える左郡・左县」、吉川弘文館、1984、76 頁。

② 胡阿祥：《六朝疆域与政区研究》第九章"南朝的宁蛮府、左郡左县、俚郡僚郡"，学苑出版社，2005，第 374 页。

③ 代表性的看法有：河原正博以为"左"与"楚"音近，而蛮被看作楚（荆蛮）的后裔（河原正博『漢民族華南発展史開發史研究』、79~80 页）；杨武泉认为"左"来自文学中称夷狄为"左衽"的传统，以左代蛮，而南北朝后期习见的"蛮左"一词反而是来自宋齐时代的左郡左县（杨武泉：《"蛮左"试释》，《江汉论坛》1986 年第 3 期，第 69~70 页）；胡阿祥（《六朝疆域与政区研究》第九章，第 359~361 页）、方高峰（《试论左郡左县制》，《中国边疆史地研究》2006 年第 2 期，第 23 页）赞同杨氏的观点；川本芳昭在同一书中先赞同河原正博的"楚""左"通融的意见，后又据《大汉和辞典》认为这是左与夷的古字形近而致（川本芳昭『魏晋南北朝時代の民族問題』第 4 篇、汲古書院、2006、439、484 頁）；北村一仁认为在六朝文学中"左"有荒僻、僻左之意，左郡左县正取义于此（北村一仁「南北朝期『中華』世界における『蛮』地の空間性について」『東洋史苑』第 67 輯、2006、29~32 頁）。

书·地理志》在叙述古荆州区域的风俗时，对蛮左的葬俗有一段描述：

> 南郡、夷陵、竟陵、沔阳、沅陵、清江、襄阳、春陵、汉东、安陆、永安、义阳、九江、江夏诸郡，多杂蛮左。……诸蛮本其所出，承盘瓠之后……其死丧之纪……其左人则又不同，无衰服，不复魄……①

这段文字明确说左人的葬俗与蛮不同，将蛮与左人做了区分。这已经是经历了南朝齐、梁、陈三代，蛮、左概念发生泛化与混用之后出现的文本，② 但仍然保留了蛮、左有别的痕迹，颇可印证"左人"最初作为一部分蛮的专称的猜想。按照以上推测，刘宋时代对本朝突然活跃的沔东—大别山一带的蛮冠以"左人"的称号，在其地设置左郡左县，在统治策略上将他们与荆雍州地带的蛮区别对待，这种可能性也不能完全排除。

四 《宋书》对蛮分类的接受情况

如前文所论，刘宋时期蛮事重心北移东进的趋势，在元嘉二十年前后开始凸显出来。范晔于元嘉十年前后完成《后汉书》时尚未及见，更无论在他之前的魏晋时代写作后汉史书的作者们了。《后汉书》中几乎没有"豫州蛮"的记载，这是东汉以来原始史料所决定的，自然也不会受到作者所处时代常识的太大挑战。但到刘宋时代，长沙武陵蛮与巴郡南郡蛮二分的分类体系，显然已经与元嘉二十年之后沔水、大别山一带作为蛮事重心的事实无法相容。这些既为当朝军政档案所记录，又是徐爰、沈约等史家目睹与经历的转变。史书撰写者又有着保持与前史

---

① 《隋书》卷 31《地理志下》，中华书局，1973，第 897～898 页。
② 在南北朝后期，颇有"蛮左"连称用于沔东至大别山以外区域的例子，如《陈书》卷 9《欧阳頠传》："还为直阁将军，仍除天门太守，伐蛮左有功。"（中华书局，1972，第 157 页）天门郡在澧水流域。又如发现于今河南南阳市镇平县贾庄村的西魏大统三年《白实等造中兴寺石像记》，造像记中描述在该地任职的镇固城大都督白实的政绩时写道"左夏伏其才武"，显然是以"左"代"蛮"，而且该地域不在最初左郡左县设立的范围之内，这也应理解为"左人"语义泛化的结果（拓片及录文见颜娟英《北魏佛教石刻拓片百品》，中研院历史语言研究所，2008，第 91～92 页）。

连续性的强烈倾向，① 是以目前所见的徐爱和沈约等接力完成的《宋书》中的蛮之分类，即是兼顾范晔分类与刘宋现实的妥协结果。具体操作起来，遵循的仍然是政区原则。首先，需要给豫州蛮找到东汉时代的源头。由于桐柏—大别山西南麓在东汉时期大部为江夏郡辖区，宋西阳郡为汉江夏郡的西阳县，宋义阳郡、光城郡的部分地区也属于汉江夏郡，而东汉时代又有从南郡迁徙叛蛮至江夏郡的事件，于是江夏郡的蛮被视为南郡蛮的同类，也就是廪君蛮。其次，为了体现豫州蛮与以襄阳为中心的沔水中游蛮东西并立的格局，可能也兼顾两者在风俗面貌上的区别，《宋书》将雍州蛮与豫州蛮分开叙述，而刘宋雍州又完全寄于荆州之域，雍州蛮实为荆州蛮，故而荆、雍州蛮得以合称。如此，已不再是蛮事重心所在的荆州其他地区，包括荆西三峡清江地区以及武陵五溪地区，也被纳入荆雍州蛮的叙述单元。最后，既然豫州蛮是廪君后裔，荆雍州蛮与之有所区别，又包含了汉代盘瓠蛮所在的五溪区域，荆雍州蛮就被统归为盘瓠之后了。

如果对荆雍州和豫州蛮人的祖源追溯只是史书撰写时的处理，那么，这样的祖源认定是否得到了"蛮左"的认可呢？以下试着做一番验证。在现存史料中，尚未见到南北朝隋唐时期沔东—大别山区蛮人认同廪君祖源的例子。论者常举《魏书·韦珍传》的史料，说明豫州蛮为廪君种：

> 高祖初，蛮首桓诞归款，朝廷思安边之略，以诞为东荆州刺史。令珍为使，与诞招慰蛮左。珍自悬瓠西入三百余里，至桐柏山，穷淮源，宣扬恩泽，莫不降附。淮源旧有祠堂，蛮俗恒用人祭之。珍乃晓告曰："天地明灵，即是民之父母，岂有父母甘子肉味。自今已后，悉宜以酒脯代用。"群蛮从约，至今行之。②

此处的蛮用人献祭，而《后汉书·南蛮传》中写道："廪君死，魂魄世为白虎。巴氏以虎饮人血，遂以人祠焉。"③ 论者据此认为这些蛮就是

---

① 《宋书·蛮传》在"豫州蛮，廪君后也"一句后，特别点出"盘瓠及廪君事，并具前史"（第 2398 页）。这里的前史无疑就是范晔《后汉书》。
② 《魏书》卷 45《韦珍传》，中华书局，1974，第 1013 页。
③ 《后汉书》卷 86《南蛮传》，第 2840 页。

廪君蛮。① 此处桐柏山淮源的蛮，确属《宋书》所称的豫州蛮。但是，以人献祭神灵，是在很多文化中都存在的现象，仅凭这点难以将之与廪君蛮勘同，何况献祭祖先与献祭淮源祠庙并不能等而视之。② 除此一例之外，再也难以找到豫州蛮与廪君的关联了。

相反，汉代巴郡南郡所对应的地区，虽被《宋书》划为盘瓠蛮分布区，六朝隋唐时期却有廪君祖源信仰的痕迹，如《搜神记》所载"貙人"故事：

> 江汉之域有貙人，其先廪君之苗裔也，能化为虎。长沙所属蛮县东高居民，曾作槛捕虎。虎槛发，明日众人共往格之，见一亭长，赤帻大冠，在槛中坐。民因问："君何以入此中？"亭长大怒曰："昨忽被县召，夜避雨，遂误入此中耳。急出我。"民曰："君见召，必当有文书。"即出怀中召文书。于是即出之。寻视之，乃化为虎，上山走。俗云：貙虎化为人，好着葛衣，其足无踵。虎有五指者，皆是貙。③

这一故事的更原始形态见于西晋张华的《博物志》中，江汉之域写作"江陵之域"，且并未提到"廪君苗裔"。④ 尽管如此，虎化为人的母题，的确与廪君传说有千丝万缕的联系，又发生在江汉之间，可以视为魏晋时期从他者视角对该区域信奉廪君祖源人群的叙事。

又如《周书·扶猛传》载：

> 扶猛字宗略，上甲黄土人也，其种落号曰兽蛮，世为渠帅。⑤

中华书局点校本校勘记已经指出，此处的"曰"在宋本、南本等多个版本中都作"白"，白兽蛮即白虎蛮，避唐讳而改。⑥ "上甲黄土"，据

---

① 章冠英：《两晋南北朝时期民族大变动中的廪君蛮》，第82页。蒙默：《魏晋南北朝时期的蛮》，《南方民族史论集》，第289~290页。
② 淮源庙东汉时已建并被纳入祀典，由南阳太守奉祀，并非蛮人所建。汉延熹六年南阳太守亲祠该庙并立碑，文见《隶释》卷2《桐柏淮源庙碑》，中华书局，1986，第31~32页。
③ 干宝撰，李剑国辑校《新辑搜神记》卷20"貙人"条，第343页。
④ 张华撰，范宁辑校《博物志校证》卷2"异人"，中华书局，1980，第24页。
⑤ 《周书》卷44《扶猛传》，中华书局，1971，第795页。
⑥ 《周书》卷44《扶猛传》"校勘记"，第803页。

《隋书·地理志》"西城郡黄土县"条："西魏置洧阳郡。后周改郡，置县曰长冈。后郡省入甲郡，置县曰黄土，并赤石、甲、临江三县入焉。开皇初郡废。"[1]《太平寰宇记》"金州洵阳县"条曰："废洧阳县……晋于此置洧口戍，后魏大统十七年改置洧阳郡，又于郡西三十三里置黄土县，居汉水南黄土山之西为名……洧水，在（废洧阳）县西一百步，自商州上津县来，东流于汉。"[2] 可知其地在汉水上游支流洧水（今蜀河）西侧，即今陕西旬阳县蜀河镇一带。在南北朝后期，此处仍有号为白兽蛮即承认廪君祖源的人群。

又《舆地纪胜》卷 174 夔州路"涪州"条"其俗有夏巴蛮夷"句自注引"旧《图经》"曰：

> 夏则中夏之人，巴则廪君之后，蛮则盘瓠之种，夷则白虎之裔。巴夏居城郭，蛮夷居山谷。[3]

涪州在"蜀江之南，涪江之西"，即今重庆涪陵区一带，与鄂西北山水相连。这里的族群构成复杂，夏人之外，不仅有盘瓠种与廪君种之别，廪君种似又区分为巴和夷两类，区分标准可能是居住在城中或山谷，亦即华夏化程度的差异。在紧邻涪州的黔州，仍可看到廪君种活跃的迹象，《太平寰宇记》卷 120 "黔州"条载：

> 控临蕃种落：牂柯，昆明，柯蛮，桂州，提甸，蛮蜑，葛獠，没夷，巴，尚抽，勃傩，新柯，俚人，莫猺，白虎。[4]

在实际行政运作和地方性的文献中，显然对蛮人的划分要更加细致。[5]

---

[1] 《隋书》卷 29《地理志上》，第 818 页。

[2] 乐史：《太平寰宇记》卷 141 "洵阳县"条，王文楚等点校，中华书局，2007，第 2731～2732 页。

[3] 《舆地纪胜》卷 174 "夔州路·涪州"条，中华书局，1992，第 4525 页。"旧《图经》"应是唐源乾曜所编《夔州图经》，说见鲁西奇《释"蛮"》以及《散居与聚居：汉宋间长江中游地区的乡村聚落形态及其演变》，俱收入氏著《人群·聚落·地域社会：中古南方史地初探》，第 32～33、78 页。

[4] 乐史：《太平寰宇记》卷 120 "黔州"条，第 2398 页。

[5] 《华阳国志·巴志》所云"其属有濮、賨、苴、共、奴、獽、夷、蜑之蛮"，也当作如此理解。参看常璩撰，任乃强校注《华阳国志校补图注》卷 1《巴志》，上海古籍出版社，1987，第 5 页。

这里列举了15个种落的名称，其中蛮蜒、莫徭与盘瓠蛮关系较大，巴、白虎则是廪君之裔，其细分方式与涪州如出一辙。在传统上属于"武陵五溪蛮之西界"的黔州，[1] 仍能看到廪君后裔在种落构成中占据相当的比重。[2]

更有甚者，如《通典·州郡典》"黔州"条载：

> 五溪谓酉、辰、巫、武、沅等五溪也。古老相传云，楚子灭巴，巴子兄弟五人流入黔中，各为一溪之长。一说云，五溪蛮皆槃瓠子孙，自为统长，非巴子也。[3]

这里列出了五溪蛮酋的两种来历，形象地展示了关于祖源的竞争。廪君为巴氏子，后代颇有将廪君与巴国相混的说法。"巴子兄弟五人"之说，更与《后汉书》所载廪君传说的巴氏五姓相近：

> 巴郡南郡蛮，本有五姓：巴氏，樊氏，瞫氏，相氏，郑氏。皆出于武落钟离山。其山有赤黑二穴，巴氏之子生于赤穴，四姓之子皆生黑穴。未有君长，俱事鬼神，乃共掷剑于石穴，约能中者，奉以为君。巴氏子务相乃独中之，众皆叹。又令各乘土船，约能浮者，当以为君。余姓悉沉，唯务相独浮。因共立之，是为廪君。[4]

可以认为，在盘瓠信仰的核心区五溪，唐前期也有廪君祖源信仰与之竞争的迹象。联想到前文提到过的虎钮錞于在五溪地区曾广泛存在，这种局面很可能在更早的时代就已经出现。

综上所述，奉廪君为祖先的蛮人，南北朝至隋唐在以三峡为中心的诸山地之中仍然广泛存在。廪君祖源信仰，并未因为《宋书》仅将豫州蛮划为廪君蛮而在原巴郡南郡地域消失。那么，盘瓠祖源信仰，是否如《宋书》所说越出五溪及沅水流域，在整个荆雍州尤其是长江

---

[1] 乐史：《太平寰宇记》卷120 "黔州"条引贾耽《四夷述》，第2393页。

[2] 唐长孺很早就指出了涪州、黔州族群构成的复杂性，参看唐长孺《范长生与巴氏据蜀的关系》，收入氏著《魏晋南北朝史论丛续编》，三联书店，1959，第156～157页。

[3] 杜佑：《通典》卷183《州郡十三》"黔中郡"条，王文锦等点校，中华书局，1988，第4883页。这条史料的更原始形态见于《太平御览》卷171 "辰州"条所引《十道志》（中华书局，1960，第835页），当为唐初就已经存在的说法。

[4] 《后汉书》卷86《南蛮传》，第2840页。

以北地区得到接受？限于史料，以下仍只能从几个线索加以间接推断。

第一个线索是"刺北斗"葬仪。前引《隋书·地理志》述"大荆州"蛮人的葬俗云：

> 当葬之夕，女婿或三数十人，集会于宗长之宅，著芒心接篱，名曰茅绥。各执竹竿，长一丈许，上三四尺许，犹带枝叶。其行伍前却，皆有节奏，歌吟叫呼，亦有章曲。传云盘瓠初死，置之于树，乃以竹木刺而下之，故相承至今，以为风俗。隐讳其事，谓之刺北斗。①

《酉阳杂俎·境异》中有一段颇为相近的文字：

> 峡中俗，夷风不改。武宁蛮好著芒心接离，名曰苧绥。尝以稻记年月。葬时，以笄向天，谓之刺北斗。相传盘瓠初死，置于树，以笄刺之下，其后化为象。②

苧绥，《隋志》作茅绥，未知孰是；"以笄向天""以笄刺之下"的"笄"，《隋志》作"竿"，证以前句对竹竿的描述，当以"竿"为是。这段话最值得注意的地方，是将蛮人葬仪中以竹竿向天"刺北斗"的风俗，与盘瓠之死联系了起来。从"传云""隐讳其事"来看，这应该是蛮人真正信奉且不愿外人得知的深层观念，即盘瓠祖源信仰。执行此种葬俗的蛮究竟分布在哪些地区？《酉阳杂俎》给出了一个例证。关键在于，此武宁蛮的武宁，究竟在何处？

许逸民在《酉阳杂俎》笺注中认为"按武宁在今越南境内，与此所谓'峡中俗'无涉，疑当作'武陵蛮'"。③ 这一猜想是无法成立的。交州的武宁县过于遥远，其实仅南朝荆雍州区域就有两个武宁郡。一为荆州之武宁郡，为晋安帝隆安五年（401），桓玄以沮、漳降蛮立，领

---

① 《隋书》卷31《地理志下》，第897~898页。
② 段成式撰，许逸民校笺《酉阳杂俎校笺》前集卷4《境异》，中华书局，2015，第459页。本条又见于《太平广记》卷482，注云"出《酉阳杂俎》"，文字略有差异（中华书局，1961，第3969~3970页）。
③ 段成式撰，许逸民校笺《酉阳杂俎校笺》前集卷4《境异》，第460页。

乐乡、长宁二县，古今地理学者一致认定在今荆门市北。① 第二个武宁郡属雍州宁蛮府，领新安、武宁、怀宁、新城、永宁五县，地望不详，要之不出雍州范围。② 隋唐时期另有一武宁县，《旧唐书·地理志》"万州"条：

> 武宁，汉临江县地，周分置源阳县，隋改为武宁，治巴子故城。③

此地在今重庆万州区武陵镇一带，在三峡上游不远，与《酉阳杂俎》引文开头的"峡中俗"更加贴合，但《隋志》所述是在古荆州区域之中，准确说应在"南郡、夷陵、竟陵、沔阳、沅陵、清江、襄阳、春陵、汉东、安陆、永安、义阳、九江、江夏诸郡"范围内。如果相信这两种史料都言之有据，或许只有一种可能的解释，即《酉阳杂俎》所述的是唐代万州武宁县的蛮人之俗，而《隋志》所述的是以上十四郡之内某些地域的蛮人风俗，并非一定是南朝的武宁郡。这十四郡中不仅有江北诸郡，也有五溪所在的沅陵郡。刺北斗之俗仅存在于沅陵，④ 抑或行用于长江以北的十三郡的部分区域？目前难以判断。可以明确的是，三峡上游的唐武宁县，治巴子故城，不在东汉武陵郡或南朝荆雍州范围之内，说明盘瓠祖源信仰在南北朝后期至隋唐时期不只存在于五溪地区，也出现在三峡之内。

　　同在三峡附近的万州，唐初巴东冉氏也以盘瓠后裔自居，这可以作为考察盘瓠信仰传播的第二个线索。　《太平御览》卷785引《唐

---

① 《宋书》卷37《州郡志三》"荆州"条，第1123~1124页。《晋书》卷99《桓玄传》，第2590页。孟刚、邹逸麟：《晋书地理志汇释》，第565~566页。胡阿祥：《宋书州郡志汇释》，安徽教育出版社，2006，第181~182页。然而这一地望远在长江以北，与《晋书·桓玄传》"移沮漳蛮二千户于江南，立武宁郡"并不完全契合，前人未见解释，待考。

② 谭其骧主编《中国历史地图集》第4册"南朝齐司州、雍州、宁蛮府"将之列入无考郡县。

③ 《旧唐书》卷39《地理志二》，第1556页。

④ 张鷟《朝野佥载》卷2述唐代五溪蛮丧葬风俗："五溪蛮父母死，于村外阁其尸，三年而葬。打鼓路歌，亲属饮宴舞戏一月余日。尽产为棺，余临江高山半肋凿龛以葬之。自山上悬索下柩，弥高者以为至孝，即终身不复祀祭。初遭丧，三年不食盐。"（赵守俨点校，中华书局，1979，第40页）这里未提及刺北斗，反更接近《隋志》的"左人"之俗。

书》曰：

> 黄国公册（冉）安昌者，槃瓠之苗裔也，世为巴东蛮师（帅），与田、李、向、邓各分槃瓠一礼（体），世传其皮，盛以金函，四时致祭。①

巴东冉氏，在南朝系统史书中未见记载，北朝史料中所记三峡地区的蛮酋则以冉氏为首。② 北周时期发生了信州蛮冉令贤、向五子王的反叛，充分显示了他们在三峡地区的实力。③ 隋末唐初的冉安昌，作为割据诸侯之一，于武德四年至五年降唐，并参与了唐灭萧铣的战争。④ 冉安昌"分盘瓠一体，世传其皮，盛以金函，四时致祭"的做法，表明彼时他们刻意强调盘瓠后裔的认同。供奉盘瓠遗体之事，还可得到《蛮书》所引王通明《广异记》的印证：

> （盘瓠）后立功……公主分娩七块肉……今巴东田、雷、再（冉）、向、蒙、昊、叔孙氏也。……盘瓠皮骨，今见在黔中，田、雷等家时祀之。⑤

在这个盘瓠传说的变体中，盘瓠和公主所生的"七块肉"竟然全都在巴东。据《元和姓纂》，巴南地区还出现了盘瓠后裔的"盘"姓，与冉并列在巴南六姓之中。⑥ 如果想到湘西地区自南朝就被记载的诸多盘瓠遗迹，并且也有祭祀盘瓠遗体的说法，⑦ 可以认为此时巴东地区蛮酋在

---

① 《太平御览》卷785"槃瓠"条，第3476页。
② 如《周书》卷49《蛮传》载："有冉氏、向氏、田氏者，陬落尤盛。余则大者万家，小者千户。更相崇树，僭称王侯，屯据三峡，断遏水路，荆、蜀行人，至有假道者。"（第887页）
③ 《周书》卷49《蛮传》，第888~890页。《周书》卷28《陆腾传》第472~473页。
④ 《册府元龟》卷973载："（武德）四年，巴东蛮帅冉安昌，率兵与大军平萧铣。安昌者，盘瓠之苗裔，代为蛮帅。"（中华书局影印宋本，1989，第3865页）
⑤ 樊绰撰，向达校注《蛮书校注》卷10，中华书局，1962，第256~257页。王通明生平不详，当为初唐人，说见李剑国《唐五代志怪传奇叙录》卷1"《广异记》"条，中华书局，2017，第138页。
⑥ 林宝撰，岑仲勉校《元和姓纂（附四校记）》卷4"盘"条，中华书局，1994，第516页。
⑦ 《水经注》"沅水"条云"其狗皮毛，嫡孙世宝录之"，即其证（《水经注疏》卷37，第3081页）。

有意争夺盘瓠后裔的身份。冉安昌官至潭州都督，子仁才，孙寔，皆与李唐皇室联姻。冉仁才仕宦已超出了乡土地域，冉寔的历官更与信州无关，科举出身，在各地任职，卒于河州刺史任上，已经与中原大族无别，其祖源建构方向也随之发生了变化。冉仁才墓在今重庆万州区，已于 1978 年被考古发掘，出土墓志残损严重，关键的祖源部分字句不全，仅存的部分未见提及盘瓠。[①] 至冉寔一辈，张说撰写的神道碑中叙述家系甚详："雍也为德行之目，求也为政事之首。……明德之后，知其必大。公讳寔，字茂实。其先鲁国邹人也。古天子有相氏，宅于相土，实曰冉姓，盖氏族之兴旧矣。不常厥所，今为河南人焉。"[②] 文中完全不见盘瓠的影子，而是特别强调与孔子弟子冉雍、冉求的关系。冉寔之子取名祖求、祖雍，更是一种直白的祖源宣传。在冉祖雍为其兄所撰墓志中，用"家本鲁人"印证了父辈奠定的祖源叙事。[③] 冉寔父子着力经营的祖源迁移，并未完全获得认可，而且冉氏家族仍有继续留在巴东发展的支系。在《元和姓纂》中，冉姓区分了"鲁国"和"云安"冉氏两支，巴东冉氏被归入后者，直接标明"盘瓠后冉髳（岑疑作䮻）之种类也，代为巴东蛮帅"。[④]

巴东三峡原是廪君蛮和板楯蛮活跃的主要地区，至隋唐时期出现了一批以盘瓠后裔自居的蛮酋，反映出盘瓠祖源信仰在地域上的扩展。同时如前文所论，这一区域信奉廪君祖源的人群也同样存在，实际族群状况是混杂多元的。

最后一个线索来自进入北朝的鲁阳蛮。随着北魏疆域的南进，淮汉以北大量蛮人逐渐进入北朝的统治之下。除了少数重要蛮酋如田益宗等在正史有专传，大部分蛮人处于失语状态，未能发现反映北朝蛮人祖源认同的材料。近年公布的墨香阁藏北朝墓志中，有一方《魏故长秋雷氏

---

① 四川省博物馆：《四川万县唐墓》，《考古学报》1980 年第 4 期，第 503 ～ 514 页。蒙默：《也谈四川万县唐冉仁才墓——兼论巴东冉氏族属》，《南方民族史论集》第 306 ～ 313 页。陈剑：《对冉仁才生平的几点认识》，《四川文物》1990 年第 4 期，第 64 ～ 69 页。

② 《文苑英华》卷 920 张说《唐河州刺史冉府君神道碑》，中华书局，1966，第 4845 ～ 4846 页。

③ 冉祖雍：《大周故河州刺史冉府君长子墓志》，籍合网中华石刻数据库（唐代墓志铭数据库），ID：ZHB050000003M0003084，http：//inscription. ancientbooks. cn。

④ 林宝撰，岑仲勉校《元和姓纂（附四校记）》卷 7 "冉" 条，第 1148 ～ 1149 页。

文夫人墓志铭记》。① 这位墓主名文罗气，是鲁阳蛮酋文虎龙之孙女，从传世文献中可知，文氏与雷氏都是蛮中大姓，多见于襄阳、南阳周边的山区。墓志中云文氏"其先盘护之苗裔"，"盘护"即"盘瓠"。根据志文及志主生平分析，这方墓志由其子雷暄主持营造，可以认为代表了其家族认可的族源记忆。墓志使用"盘护"，而非更常见的"盘瓠"或"槃瓠"，也暗示了它并非直接从正史中抄撮而来。从淮汉一线迁入北方的蛮人为数不少，有些在迁入地还处于聚居状态，如周一良曾指出正光年间的《张猛龙碑》碑阴题名"新阳县"下多见田、樊、雷、梅等姓，该地民户中蛮人可能占大多数；此外，清河县故城为蛮人聚居，被世人称为蛮城。② 这些蛮人是否仍保有自己的祖源记忆呢？目前史料无法回答。《周书》《北史》的《蛮传》，仅言蛮为盘瓠之后，并未提及其他祖源，也未再对蛮做更细致的分类，反映了北朝知识界对蛮的主流认识。《宋书》以豫州蛮为廪君之后的观点完全被忽略了。北朝史家的观点若有另外的来源，或许北朝蛮人尤其当中地位较高者的自我叙述也发挥了一些作用。

结　语

对于《后汉书》与《宋书》中蛮人分类体系的差别，本文试图从迁徙论之外的思路寻求理解。史书中对蛮的命名存在政区和祖源两种标准，而两者的勘同对应有很大的主观性，我们需要对此种叙事方式下呈现的族群格局予以史料批判。从某一较小地域收集来的祖源传说，在史书中被放大到其所属的整个高级政区范围，形成几大种落分居于几大政区的史相，而政区的调整变易又会影响后世对于族群的分类。《后汉书》对蛮的种落划分正是如此形成的。到刘宋时代，"蛮"事重心北移到了长江以北，先集中于沔水中下游地区，继而东进到沔水以东的大别山—桐柏山区域，这些区域在《后汉书》的蛮人叙事中几乎找不到对应的位置。而在这些区域对蛮人进行的讨伐、抚纳等活动对刘宋王朝的

---

① 录文和拓片见叶炜、刘秀峰主编《墨香阁藏北朝墓志》，上海古籍出版社，2016，第68～69页。参看胡鸿《蛮女文罗气的一生》，《魏晋南北朝隋唐史资料》第35辑，上海古籍出版社，2017，第97～111页。

② 周一良：《魏晋南北朝史札记》"兖州蛮人"条，中华书局，1985，第385～386页。

统治意义重大，是王朝史书不可忽略的内容。为了兼顾对本朝史实的记载和保持与前史的连续性，《宋书》使用了荆雍州蛮和豫州蛮西东二分的叙述框架，又遵循政区关联的原则，将之分别与盘瓠蛮和廪君蛮对应起来。但这种对应并不成功，从南北朝到隋唐的大量史事说明，廪君祖源信仰在大别山—桐柏山区难以找到存在的证据，同时也并未从荆雍州地区尤其是以三峡为中心的山区消失；盘瓠祖源信仰的地域范围则获得了一定的扩张，不仅在五溪地区得到强化，也在巴东三峡地区获得了诸多蛮酋家族的认同，甚至北朝境内的一些鲁阳蛮人也自认为是盘瓠后裔。很难说《宋书》对蛮所做的新分类对后世蛮人的实际认同产生了多大影响，甚至紧随其后的正史《南齐书》也退回到"蛮，种类繁多，言语不一，咸依山谷，布荆、湘、雍、郢、司等五州界"① 的模糊叙述，放弃了《宋书》中政区与种别明确对应的分类法。

古代国家在行政管理中对人群的分类，以及在纪传体王朝史这样的权威文献中所建立的分类与谱系，常常能够自上而下地影响到被分类者的自我认同。但其影响不是绝对的，有时也会受到拒斥，《宋书》对蛮的分类提供了一个很好的例证。安东尼·史密斯在批评"传统的发明"时写道，"知识分子和其他人的重新发现和重新建构必须尽可能地与公众的感觉相接近"，"只有通过发现和运用人们的集体记忆、象征、神话、价值观和传统，才能吸引'我们的人民'参与"。② 传统可以被建构，但不能过于脱离实际地建构。纵观此后的历史，盘瓠祖源信仰最终向更加广大的地域传播，为苗、瑶、畲等许多南方民族所接受，传说本身也出现了大量变体。③ 盘瓠传说中的诸多要素，如祖先立功带来的专有山泽和免赋役特权、与古帝王高辛氏的关系等，可能为它在诸多祖源传说中胜出提供了条件。这是另一个复杂的话题，期待未来能有更深入的研究。

---

① 《南齐书》卷58《蛮传》，中华书局，1972，第1007页。
② 安东尼·史密斯：《民族主义：理论、意识形态、历史》第五章，叶江译，上海人民出版社，2011，第128页。
③ 关于盘瓠神话的研究，钟敬文《槃瓠神话的考察》［收入氏著《钟敬文民间文学论集》（下），上海文艺出版社，1985］为奠基之作，此后现有大量相关论著。较新的成果有吴晓东主编的"盘瓠神话丛书"，已出版周翔《盘瓠神话资料汇编（增订版）》（学苑出版社，2019）、吴晓东《盘瓠神话源流研究》（学苑出版社，2019）、"中国神话学"课题组《盘瓠神话文论集（修订版）》（学苑出版社，2019）。

190

附表一 刘宋蛮事分区编年整理

【说明】（1）本表中大部分条目出自《宋书》蛮传及诸帝纪，在表中不再一一注明；出自《宋书》其他传、志者仅列篇名，出自其他史籍者在文后括注出处。（2）为了展示蛮事记载在时间上的分布，一些没有记载的年份，也保留一行。

皇帝	年代	年号	荆南区	荆西区	荆北区	雍州区	豫州—大别山区
宋武帝	420	元熙二年、永初元年					
	421	永初二年					
	422	永初三年					
少帝	423	景平元年				梅安归附北魏（《魏书·太宗纪》《北史·蛮传》）	
	424	景平二年、元嘉元年		宜都蛮诣阙上献			
	425	元嘉二年					
	426	元嘉三年					
宋文帝	427	元嘉四年					
	428	元嘉五年				丹、淅二川蛮屡为寇，雍州刺史张劭诱斩其帅，群蛮并起反抗（《张劭传》）	

皇帝	年代	年号	荆南区	荆西区	荆北区	雍州区	豫州—大别山区
宋文帝	429	元嘉六年		建平蛮张雍之等诣阙献见		1 六年大水，蛮饥（《水经注》卷29）	
	430	元嘉七年		宜都蛮田生等诣阙献见		2 沔中蛮大动，商旅殆绝	
	431	元嘉八年					
	432	元嘉九年			时竟陵群蛮充斥，役刻民散。义宣从竟陵王改封南谯王（《义宣传》）		
	433	元嘉十年				刘道产为持节，督雍梁南秦三州荆州之南阳顺阳襄阳新野随六郡诸军事、宁远将军、雍州刺史，宁蛮校尉，善于临民，在雍部政绩尤著，蛮夷前后叛民，不受化者，并皆顺服，悉出缘沔为居（《刘道产传》）	
	434	元嘉十一年					
	435	元嘉十二年					
	436	元嘉十三年					
	437	元嘉十四年					
	438	元嘉十五年					
	439	元嘉十六年					
	440	元嘉十七年					
	441	元嘉十八年	溇中蛮田向求等不堪徭赋过重起义反抗。荆州刺史遣军讨破之				

皇帝	年代	年号	荆南区	荆西区	荆北区	雍州区	豫州—大别山区
宋文帝	442	元嘉十九年				刘道产卒，雍州群蛮大动（《沈庆之传》《柳元景传》）	
	443	元嘉二十年				朱修之讨蛮，失律下狱，沈庆之专军进讨，大破缘沔诸蛮，进征湖阳。获万七千余口（《沈庆之传》《朱修之传》）	
	444	元嘉二十一年					
	445	元嘉二十二年				武陵王骏为雍州刺史，沈庆之随府西上，讨破郧山、大阳及顼山蛮（郧山、大阳）。获十万余口（《沈庆之传》《柳元景传》）	
	446	元嘉二十三年					
	447	元嘉二十四年			南郡临沮当阳蛮反，缚临沮令，荆州刺史遣军讨破之		
	448	元嘉二十五年					以豫部蛮民立大批左县（27个）（《州郡志三》）

皇帝	年代	年号	荆南区	荆西区	荆北区	雍州区	豫州—大别山区
宋文帝	449	元嘉二十六年				1 随王诞遣沈庆之等伐丙北诸山蛮 2 南新郡蛮田彦生反叛，宗悫、柳元景等讨平之（《宗悫传》）	
	450	元嘉二十七年					臧质伐汝南西境刀壁等山蛮，大破之，获万余口（《臧质传》）
	451	元嘉二十八年				1 龙山雉水蛮寇抄涅阳县 2 滍水诸蛮因险为寇 3 龙山蛮帅鲁奴子内附	西阳蛮杀南川令刘台
	452	元嘉二十九年					新蔡蛮二千余人破大雷戍，略公私船舫，悉引人湖。有亡命司马黑石在蛮中，共为寇盗。太子步兵校尉沈庆之率江、荆、雍、豫诸州军讨之
	453	元嘉三十年				朱修之为雍州刺史，抚纳群蛮（《朱修之传》）	
宋孝武帝	454	孝建元年					
	455	孝建二年					1 复立南陈左郡（《州郡志二》） 2 豫州刺史王玄谟遣人慰劳诸蛮，西阳蛮文小罗等执司马黑石徒党送寿阳

族群分类的史料与史实

皇帝	年代	年号	荆南区	荆西区	荆北区	雍州区	豫州—大别山区
宋孝武帝	456	孝建三年					
	457	大明元年				鲁阳蛮文虎龙率千余家归附（《魏书·世宗纪》）北魏	
	458	大明二年		大明中，建平蛮向光侯寇峡川，朱修之讨之，光侯走清江			
	459	大明三年					
	460	大明四年					沈庆之伐西阳五水蛮（沿江蛮），大克获
	461	大明五年	大明中，桂阳蛮、临贺蛮反。杀县令				
	462	大明六年					
	463	大明七年					
	464	大明八年		时巴东、建平、宜都、天门四郡蛮为寇，诸郡民户流散，百不存一，太宗、顺帝世尤甚，遭攻伐，终不能禁，荆州为之虚散			省南陈、边城、光城、东随安、安蛮、建宁诸左郡为县，省并西阳所属多个左县（《州郡志二》《州郡志三》）
前废帝	465	永光元年、景和元年（泰始元年）					

皇帝	年代	年号	荆南区	荆西区	荆北区	雍州区	豫州—大别山区
宋明帝	466	泰始二年				（袁）顗既下，世隆乃率合率蛮，众二千余人，起义于上庸，来袭襄阳（《邓琬传》）	1 弋阳西山蛮田益之、田义之、成邪才、田光兴等起义应建康，攻弋阳城；又围义阳城。以益之为辅国将军，都统四山军事，又以蛮户立宋安、光城二郡，以义之为安定太守、光兴为龙骧将军，光城太守。封益之边城县王，食邑四百一十一户，成邪财阳城县王，食邑三千户，益之征为虎贲中郎将、将军如故 2 晋熙蛮梅式生亦起义，斩晋熙太守阎湛之，晋安王子勋典签沈光祖，封高山侯，食所统牛岗、下柴二村三十户 3 复立大湖左县（《州郡志二》）

皇帝	年代	年号	荆南区	荆西区	荆北区	雍州区	豫州—大别山区
	467	泰始三年					1 立始新左县，属庐江郡 2 以环水县度属宋安左郡（田文之）（《州郡志二》)
	468	泰始四年					
	469	泰始五年		分荆州之巴东、建平，益州之巴西、梓潼郡，置三巴校尉，治白帝			义阳郡度属郢州（《州郡志二》)
	470	泰始六年					
	471	泰始七年					
宋明帝	472	泰豫元年	沈攸之责赕，伐荆州界内诸蛮，禁断五溪鱼盐。群蛮大乱，抄掠至武陵城下（《南齐书·豫章文献王传》)	泰始以来，巴建蛮向宗头反，沈攸之讨不克，连年盐米（《南齐书·蛮传》)		大阳蛮首桓诞拥沔水以北，遣叶以南，八万余落投魏。魏以诞为征南将军、东荆州刺史、襄阳王（《魏书·高祖纪》)	
后废帝	473	元徽元年					
	474	元徽二年					
	475	元徽三年					

皇帝	年代	年号	荆南区	荆西区	荆北区	雍州区	豫州—大别山区
	476	元徽四年		其年春，攸之遣军人峡讨蛮帅田五郡等。及景素反，攸之急追峡中军（《沈攸之传》）			
后废帝	477	元徽五年（昇明元年）					攸之围郢城，怀珍遣建宁太守张谟、游击将军裴仲穆统蛮汉万人出西阳，破峡蛮前锋公孙方平军数千人，收其器甲（《南齐书·刘怀珍传》）
	478	昇明二年					
顺帝	479	昇明三年					

附表二 刘宋左郡的沿革

左郡	宋文帝时期	宋孝武帝时期		宋明帝时期	出处
		大明八年前	大明八年		
南陈		孝建二年立	省郡，即名为县		
边城	元嘉二十五年立茹由、乐安、光城、亏娄、史水、开化、边城七县，属亏阳郡	边城郡，领零娄、史水、开化、边城四县	省为边城县，属亏阳郡	复立为郡	《宋书·州郡志二》
光城		疑大明中分亏阳立光城郡，或即大明中领茹由三县	省光城县，属亏阳郡	复立为郡	
宋安	元嘉中立，文帝世，领拓边、绥慕、乐宁、慕化、仰泽、革音、归德七县	后省改	省亏阳郡所统东隋二（安）左郡为宋安县，属亏阳	复立为郡	《宋书·州郡志二》《宋书·州郡志三》
东隋安				复立为左郡	《宋书·州郡志二》
安蛮	疑元嘉末立为县	寻改为郡	省为县，属安陆郡	复立为左郡	《宋书·州郡志二》
建宁	徐志有建宁县	此后省为郡	省为县，属西阳郡	复立为郡	《宋书·顺帝纪》、《南齐书·沈攸之传》、《宋书·刘怀珍传》有"建宁太守张谟"

"瀨""滩"之争：
汉魏六朝"滩瀨"景观地名的演变史*

林昌丈**

摘 要

作为地名的"瀨"字，在战国秦汉时期主要分布于淮泗流域及其以南的南方地区，成为南方河川中浅滩景观的统一表记地名。而"滩"字用于地名，大概出现于汉末三国时期的黄河流域。它逐渐向南传播，至迟在西晋时期就已经流行于巴蜀一带了，而后逐渐扩散至湘水、赣水流域。永嘉乱后，大规模南迁的北人将"滩"字这一日常地名用语带到江淮以南地区。至东晋南朝时期，"瀨"字除了在南方僻远、边缘地区仍旧使用外，主要借楚辞和汉赋的文学传统，开始意象化，成为多种辞赋中的组合用词，在文士群体中使用和流传。随着文士群体宦游、旅居于南方大小河川，以往被称为"瀨"的浅滩景观，经文人的笔墨逐渐被"深描"，呈现出水道交通中"恶道"的面貌。南方土著之民习以为常的水路景观，却在渡江的侨人那里得以记载和传播开来。就此点而言，"恶道"可谓南渡士人的一种特有景观建构。透过对"瀨""滩"之争演变的考察，可加深理解汉魏六朝时期南北地域间的文化接触、碰撞和融合的漫长历史过程。

关键词 "滩瀨" 恶道 水域景观 南方地区

> 石浅沙平流水寒，
>
> 水边斜插一鱼竿。

---

* 本文在修改过程中得到清华大学历史系孙正军先生的指正，在此谨致谢忱！

** 林昌丈，厦门大学历史系副教授。

江南客见生乡思，

道似严陵七里滩。

——白居易《新小滩》

《汉书·武帝纪》载元鼎五年（前112）武帝出兵南越，其中"甲为下濑将军，下苍梧"。西晋臣瓒注曰："濑，湍也，吴越谓之濑，中国谓之碛。《伍子胥书》有下濑船。"① 《说文解字》"濑"字下曰："水流沙上也，从水，'赖'声。""湍"字下云："疾濑也。"段玉裁注曰："疾濑，濑之急者也。"又"碛"字下曰："水陼有石者，从石，'责'声。"② 则"湍"即疾濑，"碛"即水渚（陼）有沙石者。可见，"濑"和"碛"，在本义上并无多大区别。但有趣的是，臣瓒却说"吴越谓之濑，中国谓之碛"。杨守敬据《水经注》"江水""资水"记载之"黄金濑""关羽濑"，认为"楚地亦以濑名"，对臣瓒的说法进行补充。③ 《华阳国志·蜀志》江阳郡"符县"下曰："永建元年十二月，县长赵祉遣吏先尼和（先尼叔和），拜檄巴郡守，过成湍滩，死。"④ 则蜀地似以"滩"而非"濑"来给险滩景观命名。还有一例证，《后汉书·光武帝纪下》建武十一年（35）八月，"岑彭破公孙述将侯丹于黄石"，唐人李贤注曰："即黄石滩也。"⑤ 黄石滩位于巴郡涪陵县。李贤认为黄石即黄石滩，而不是黄石濑，或可说巴蜀一带这种地名多以"滩"字结尾。因此，"濑"大致上是南方地区吴越和楚等地用以描述山川中的浅滩景观，后沿用成地名。

再来看"碛"字。《史记·司马相如列传》引《子虚赋》曰："陵三嵏之危，下碛历之坻。"唐人张守节《史记正义》曰："碛历，浅水中沙石也。"⑥ 《汉书·司马相如传》颜师古注曰："碛历，沙石之貌也。

① 《汉书》卷6《武帝纪》，中华书局，1962，第187页。
② 段玉裁注《说文解字注》第九篇下、第十一篇上，上海古籍出版社，1981，第450页上栏、549页下栏、552页下栏。
③ 杨守敬、熊会贞注疏《水经注疏》卷35，段熙仲点校，江苏古籍出版社，1989，第2881～2882页。
④ 常璩著，任乃强校注《华阳国志校补图注》卷3《蜀志》，上海古籍出版社，1987，第180页。
⑤ 《后汉书》卷1下《光武帝纪下》，中华书局，1965，第58页。
⑥ 《史记》卷117《司马相如列传》，中华书局，1959，第3034～3035页。

坻，水中高处也。"① 则"碛历"合称，描绘水中沙石。又如《水经注·谷水》记载千金堨"石人西胁下文"曰："若沟渠久疏深，引水者当于河南城北石碛西，更开渠北出。"② 此处的表述，将石碛和沟渠联系起来，仍是使用了"碛"的本义。不过，值得注意的是"历"字，史书中又有作"厉"者。《史记·南越列传》称"故归义越侯二人为戈船、下厉将军"。③ "下厉"，《史记·东越列传》和上引《汉书·武帝纪》作"下濑"。《尔雅·释水》云："济有深涉，深则厉，浅则揭。"④ 段玉裁《说文解字注》曰："厉者，石也。从水厉犹从水石也，引伸之为凡渡水之称。"⑤ 这样来看，"厉""濑"不仅因声近常假借通用，而且词义也较相似。⑥ 司马相如将"碛""历"二字相合，正是杂糅了南北地区有关沙滩、浅滩的不同名称。

正如上文所见，和"濑""碛"密切相关的尚有"滩"字，"碛历""湍濑"也逐渐被"滩濑"的组合所取代。《说文》"滩"字，作"灘"，本义是"水濡而干也"。⑦ 元释希麟《续一切经音义》"滩渚"条引《方言》曰："江东呼水中沙堆为潬，河北呼滩。"⑧ 此则佚文不见于今本《方言》。《尔雅·释水第十二》"潬，沙出"下晋人郭璞注曰："今江东呼水中沙堆为潬。"⑨ 和《续一切经音义》引《方言》相比，此处没有"河北呼滩"的内容。不过，有一点应当可以确定，就是希麟将郭璞注误作为《方言》了。《说文》不见有"潬"字，自汉至晋，此字反而在江东地区得以沿袭使用。在东汉时期，中原地区使用"碛历"、"湍"或"滩"等字词来描述河滩景观。然而从现有材料来看，"滩"作为地名使用，却要晚至汉末。《三国志·董卓传》引《献帝纪》

---

① 《汉书》卷 57 上《司马相如传》，第 2563、2565 页。
② 王先谦：《合校水经注》卷 16，中华书局，2009，第 251 页下栏。
③ 《史记》卷 113《南越列传》，第 2975 页。
④ 郭璞注，邢昺疏，王世伟整理《尔雅注疏》卷 7《释水第十二》，上海古籍出版社，2010，第 370 页。
⑤ 段玉裁注《说文解字注》第十一篇上，第 556 页下栏。
⑥ 有关"厉""濑"的具体情况，参见赵祎缺《老子出生地厉乡与赖（濑）乡关系考》，《长江大学学报》2015 年第 2 期。
⑦ 段玉裁注《说文解字注》第十一篇上，第 555 页上栏。
⑧ 徐时仪校注《一切经音义三种校本合刊·续一切经音义》卷 8，上海古籍出版社，2008，第 2311 页。
⑨ 郭璞注，邢昺疏，王世伟整理《尔雅注疏》卷 7《释水第十二》，第 365 页。

曰："初，议者欲令天子浮河东下，太尉杨彪曰：'臣弘农人，从此已东，有三十六滩，非万乘所当从也。'"① 则黄河弘农郡以东河段有三十六滩之说。管辂《管氏指蒙》卷上曰："不闻滩濑之惊天。"② 管氏，《三国志》有传，为平原郡人，此郡亦濒临黄河。或可推测，"滩"字作为地名，黄河流域是主要的分布区域之一。这也和上文"河北呼滩"的叙述相合。此处"滩""濑"合称，和上引西晋臣瓒将"濑"和"碛"相对应不同。由此也可看出，"滩"字用于地名，可能迟至汉末。至于其渐趋流行，而后取代"濑"作为习称，则需到两晋南北朝了。陈桥驿《〈水经注〉地名汇编》"滩濑"节认为：

> 滩、濑是同一类地名，一般是指的河床浅涩、水流湍急、航行困难之处。滩是习见的称谓，而濑和滩实际上并无多大分别。③

在今人看来，"滩""濑"在本义上毫无区别。然而，"濑""滩"二字，分别发源于南、北，在使用和传播过程中此消彼长。不仅如此，这一过程的诸多细节仍不清楚。如，来自南方地区的"濑"，它的具体使用情况及作为地名的分布状况是如何的呢？由此可进一步追问，南方地区的哪一类水域景观会被描绘成"濑"？与之相关的是，"滩"作为地名的大致分布区域又是怎样的？"濑""滩"之争的历史过程又呈现出什么样的具体面貌呢？

一 "濑"在南方及其退场

战国秦汉时期，文献所见"濑"字，多以"湍濑""涛濑"的组合出现，为泛指。《淮南子·原道》谓舜"钓于河滨，期年而渔者争处湍濑，以曲隈深潭相予"。又《俶真》曰："湍濑旋渊，吕梁之深不能留也。"④ 查

---

① 《三国志》卷6《魏书·董卓传》，中华书局，1982，第186页。
② 管辂：《管氏指蒙》卷上《得穴第二十二》，《续修四库全书》第1052册，上海古籍出版社，1995，第395页下栏。
③ 陈桥驿编著《〈水经注〉地名汇编》上册，中华书局，2012，第405页。
④ 刘文典集解《淮南鸿烈集解》卷1《原道训》、卷2《俶真训》，冯逸、乔华点校，中华书局，2013，第28、63页。

核《淮南子》一书，多处地方使用"湍濑"一词，这和刘安宾客多来自江淮地区有关。《焦氏易林》云："江河淮济，盈溢为害，邑被其濑，年困无岁。"① 王充《论衡》曰："江起岷山，流为涛濑。"② 应劭《风俗通义》"宋均令虎渡江"下曰："凌涛濑而横厉哉？"③ 邯郸淳《孝女曹娥碑》谓孝女"或趋湍濑，或还波涛"。④ 不过，"濑"字较早开始亦有实指。《战国策·楚一》"楚王问于范环"，范环曰："越乱，故楚南察濑胡（濑湖），而野江东。"⑤ "濑湖"地望，乃是越地濑水。《越绝书》谓伍子胥至溧阳界中，"见一女子击絮于濑水之中"。⑥ 又作"濑溪"。《琴操》曰："伍员奔吴，过溧阳濑溪，见一女击漂于水中。"⑦ 由此可知，"濑水""濑湖"已专指河泊名。郭宪《别国洞冥记》记东方朔拜于武帝前曰："臣东游万林之野，获九色凤雏，涔源丹濑之水赤色。"⑧ 郭宪为两汉之际的术士，师事东海王仲子，王莽时期逃于东海之滨。⑨ 此处东方朔之言，虚诞无稽，但郭宪籍属汝南郡，又在汉代长期活跃于东部地区。"丹濑水"，或出于江淮人士的表达习惯。

有关"濑"作为地名相对集中的记载，主要来自《水经注》和魏晋南朝的州郡地记。《水经注·淮水注》"又东过淮阴湖"下引曹魏蒋

---

① 焦延寿撰，刘黎明校注《焦氏易林校注》卷 2《颐之第二十七》，巴蜀书社，2011，第 489 页。

② 黄晖：《论衡校释》卷 18，中华书局，1990，第 795 页。

③ 应劭著，王利器校注《风俗通义校注》卷 2，中华书局，1981，第 124 页。

④ 严可均辑《全上古三代秦汉三国六朝文·全三国文》卷 26，中华书局，1958，第 1196 页下栏。

⑤ 诸祖耿编撰《战国策集注汇考（增补本）》，凤凰出版社，2008，第 738～742 页。"察濑湖"，《史记·甘茂列传》作"塞厉门"，"厉""濑"相通。其他考证，参见杨宽《楚怀王灭越设郡江东考》，《古史探微》，收入《杨宽著作集》，上海人民出版社，2016，第 303 页。

⑥ 李步嘉校释《越绝书校释》卷 1《越绝荆平王内传第二》，中华书局，2013，第 18 页。《明史》卷 40《地理志一》南京"溧阳"条直接说道："西北有溧水，一名濑水，上承丹阳湖。"（中华书局，1974，第 911 页）"溧"音同"厉"，是对"濑"的转写。又南京所出西晋永宁元年砖，有"居丹阳江宁赖乡齐平里"的铭文，其中"赖乡"当即"濑乡"，因濑溪为名。参见南京市文物保管委员会《南京板桥镇石闸湖晋墓清理简报》，《文物》1965 年第 6 期。

⑦ 李昉等编《太平御览》卷 761《器物部六》引《琴操》，中华书局，1960，第 3380 页下栏。

⑧ 郭宪：《别国洞冥记》卷 1，程荣纂辑《汉魏丛书·子籍》，吉林大学出版社，1992，第 692 页中栏。

⑨ 《后汉书》卷 82 上《方术列传》，第 2708 页。

济《三州论》曰："淮湖纡远，水陆异路，山阳不通，陈［登］（敏）穿沟，更凿马濑，百里渡湖者也。"① 清人赵一清曰："本诗人淮有三洲之义，言水浅也。"② 则"三州"当作"三洲"，"马濑"正是处于淮湖三洲的地理环境中。《水经注·肥水注》肥水"又北过寿春县东"下曰："肥水自黎浆北径寿春县故城东，为长濑津。"③ "长濑津"即"长濑"。《南史·梁本纪上》"武帝纪上"云："豫州刺史崔慧景既齐武旧臣，不自安，齐明忧之，乃起帝镇寿阳，外声备魏，实防慧景。师次长濑，慧景惧罪，白服来迎，帝抚而宥之。"④ 长濑津乃交通要道，为南来北往、迎送之地。

南康、建安二郡亦有"濑"的记载。雷次宗《豫章记》曰："（雷）孔章临亡，戒其子，恒以剑自随。后其子为建安从事，经浅濑，剑忽于腰间跃出，遂视见二龙相随焉。"⑤ "浅濑"，《水经注·沔水注》作"践濑溪"，当以《太平寰宇记》引作"浅濑溪"为是。⑥ "浅濑"即"浅濑溪"，描述的是建安郡一带的水域景观。邓德明《南康记》曰："赣水奔流二百余里，横波险濑二十四处。"⑦ 《水经注·赣水注》曰："赣川石阻，水急行难，倾波委注六十余里。"⑧ 位于南野县和赣县间的赣水河段，多滩石急流。《晋书·卢循传》云："赣石水急，出船甚难，皆储之。"⑨ 《陈书·高祖上》大宝二年（551）六月，"高祖发自南康。南康赣石旧有二十四滩，滩多巨石，行旅者以为难"。⑩ 此处的"二十四滩"即《南康记》所载的二十四险濑。

---

① 王先谦：《合校水经注》卷30《淮水注》引蒋济《三州论》，第453页下栏。

② 杨守敬、熊会贞注疏《水经注疏》卷30《淮水》引赵一清按语，第2558页。

③ 王先谦：《合校水经注》卷32《肥水注》，第471页下栏。

④ 《南史》卷6《梁本纪上》，中华书局，1975，第169页。

⑤ 欧阳询：《艺文类聚》卷60《军器部·剑》引雷次宗《豫章记》，汪绍楹校，上海古籍出版社，1999，第1081页。

⑥ 王先谦：《合校水经注》卷28《沔水注》，第422页下栏；乐史：《太平寰宇记》卷106《江南西道四·洪州》丰城县"故丰城"条下引《豫章记》，王文楚等点校，中华书局，2007，第2109页。

⑦ 李昉等编《太平御览》卷69《地部三十四·湍》下引［邓］（刘）德明《南康记》，第329页上栏。

⑧ 王先谦：《合校水经注》卷39《赣水注》，第557页下栏。

⑨ 《晋书》卷100《卢循传》，中华书局，1974，第2635页。

⑩ 《陈书》卷1《高祖上》，中华书局，1972，第5页。

如前所述，魏晋时期巴蜀一带的河滩景观，已出现使用"滩"字来命名的情况。不过，在以"滩"为地名占据优势的情况下，这一带仍可寻觅"濑"字作为地名的踪迹。盛弘之《荆州记》曰："东有博望滩，张骞使外国，经此船没，因以名滩。滩下接鱼复县界，有羊肠虎臂濑，〔杨〕（阳）亮为益州，至此覆没，人至今犹名为使君滩。"① 《水经注·江水注》曰："江水又东径瞿巫滩，即下瞿滩也，又谓之博望滩。"《水经注》记载，博望滩的上游是羊肠虎臂濑，"杨亮为益州，至此舟覆，惩其波澜，蜀人至今犹名之为使君滩"。② 稍稍梳理两者的记载可知，《荆州记》所称的"羊肠虎臂濑"，蜀人将其命名为"羊肠虎臂滩"，又称"使君滩"。同样地，蜀人命名的博望滩，则和张骞出使西域而经此地建立联系。这表明，"滩"大有取代"濑"之势。那么，或可稍作推测，"博望滩"则取代了原来很有可能被称作"某某濑"的地名。进一步言之，在三峡地区，"濑"的说法自楚地传播于此，而"滩"字地名则来自蜀地。较之于"濑"，"滩"属于魏晋以后南方地区渐趋流行的用语。

相似的例子仍旧来自《水经注》的记载。《水经注·夷水注》曰："夷水又东径虎滩，岸石有虎像，故因以名滩也。夷水又东径釜濑，其石大者如釜，小者如刁斗。"③ 虎滩与釜濑处于同一河段，相去不远，虽其岸石形状不一，但竟有二名，非常值得注意。宋人姚宽《西溪丛语》引《宜都山水记》曰："佷山溪有釜滩，其石大者如釜，小者如钴镆。"④ 《宜都山水记》疑即《宜都山川记》，郦道元此注很有可能本于《宜都山水记》。但《宜都山水记》将"釜濑"写成了"釜滩"。加上"虎""釜"二字音近，颇疑"虎滩"或即"釜濑"。即使不是同一处地名，也可见在三峡地区，"滩""濑"二字地名混用的现象。这也正可反映"滩"字在这一带传播、使用的历史实景。

① 李昉等编《太平御览》卷 69《地部三十四·湍》引盛弘之《荆州记》，第 329 页上栏。此则佚文，今本《太平御览》系于盛弘之《荆州记》有关"桂阳耒阳县"的另一则佚文下，且没有另起一行。这里推测仍属于盛氏《荆州记》佚文。
② 王先谦：《合校水经注》卷 33《江水注》，第 489 页上栏至下栏。杨亮为益州刺史，杨守敬认为当是梁州刺史，具体参见《水经注疏》卷 33《江水注》，第 2806 页。
③ 王先谦：《合校水经注》卷 37《夷水注》，第 531 页上栏。
④ 姚宽辑《西溪丛语》卷下，孔凡礼点校，中华书局，1993，第 91 页。

长江中游仍见有"濑"名，此处属于旧楚地的核心地带。《水经注·江水注》"湘水从南来注之"下曰："江之南畔名黄金濑，濑东有黄金浦。"① 《幽明录》曰："巴丘县自金冈以上二十里，名黄金潭，莫测其深，上有濑，亦名黄金濑。"② 据《水经注》，黄金濑位于湘水、江水交汇处，巴丘位于庐陵郡，颇疑此处"巴丘县"当为洞庭湖东侧的"巴陵县"。更南边的湘中南一带，亦见有"濑"的踪影以及"滩""濑"地名并存的现象。盛弘之《荆州记》云："耒阳县有雨濑，此县时旱，百姓共壅塞之，则甘雨普降。"③ 所谓"雨濑"，即"水濑浚激而能致云雨"。④ 耒水多险濑。《水经注·耒水注》曰："耒水发源出汝城县东乌龙白骑山，西北流径其县北，西流三十里，中有十四濑，各数百步，浚流奔急，竹节相次，亦为行旅溯涉之艰难也。"⑤ 不仅如此，《水经注》还有"滩""濑"并存的记载。《水经注·资水注》谓益阳县有"关羽濑，所谓关侯滩也"。⑥ 《三国志·甘宁传》载鲁肃、甘宁和关羽对峙于益阳，"羽闻之，住不渡，而结柴营，今遂名此处为关羽濑"。⑦ 可知三国西晋时，此处尚称"关羽濑"，后又名"关侯滩"。"关侯滩"替代"关羽濑"，暗示了"滩"字地名逐渐进入荆南的历史轨迹。至东晋、南朝时期，正史文献中几乎很少再出现带"濑"字的地名，往往以"滩"字命名。如《梁书·元帝纪》谓承圣元年（552）"营州刺史李洪雅自零陵率众出空灵滩"。⑧ 空灵滩旁有空灵城。

不过至魏晋时期，南方的偏远地区，仍在使用"濑"字。漓水、溱水流域就仅见有"濑"名。《水经注·漓水注》曰："漓水又东南流入熙平县，径羊濑山，山临漓水，石涧有色类羊。又东南径鸡濑山，山带漓水，石色状鸡。"⑨ 羊濑山、鸡濑山，皆本之于水名，即漓水河段

① 王先谦：《合校水经注》卷35《江水注》，第501页下栏。
② 欧阳询：《艺文类聚》卷83《宝玉部上·金》引《幽明录》，第1424~1425页。
③ 李昉等编《太平御览》卷11《天部十一·祈雨》引盛弘之《荆州记》；卷69《地部三四·湍》引盛弘之《荆州记》，第329页上栏。
④ 王先谦：《合校水经注》卷40《浙江水注》，第565页上栏。
⑤ 王先谦：《合校水经注》卷39《耒水注》，第554页上栏。
⑥ 王先谦：《合校水经注》卷38《资水注》，第539页下栏。
⑦ 《三国志》卷55《吴书·甘宁传》，第1294页。
⑧ 《梁书》卷5《元帝纪》，第132页。
⑨ 王先谦：《合校水经注》卷38《漓水注》，第547页下栏。

羊濑和鸡濑旁的两座山。《舆地纪胜·广南西路》静江府"景物下"栏谓马鞍山、羊头山,"二山皆以滩名"。① 杨守敬《水经注疏》按语曰"'头'当'濑'之误",可从。"以滩名"而非"以濑名"这一现象,正透露出"滩"字作为地名,在唐宋时期已司空见惯。漓水有支流濑水。《水经注·漓水注》曰:"濑水出县西北鲁山,东径其县西,与濡水合。水出永丰县西北濡山,东南径其县西,又东南流入荔浦县,注于濑溪。"② 荔浦县位于苍梧郡,"濑水"即"濑溪"。溱水流域的情况,如东汉熹平三年(174)《桂阳太守周憬功勋铭》云:"六泷作难,湍濑潨潨。"③ "六泷"乃溱水的险要河段,此处以"湍濑"形容"六泷"。又《水经注·溱水注》曰:"因名逃石,以其有灵运徙,又曰灵石。其杰处,临江壁立,霞驳有若缋焉。水石惊濑,传响不绝,商舟淹留,聆玩不已。"④ "水石惊濑"和"湍濑潨潨"表达之意相同。

此外,在岭南的西南部和东汉益州南部益州郡一带,我们亦可发现"濑"字在当地使用的情况。《汉书·地理志》记益州郡有同劳、铜濑县,其下曰:"谈虏山,迷水所出,东至谈稿入温。"⑤ "同劳"、"铜濑"和"谈虏"三者声近,"谈虏"应是最接近于当地方言的音译,而"同劳"和"铜濑"则是在"谈虏"基础上扩展而来的另外两种称呼。值得一提的是,益州北部的巴蜀地区以"滩"字结尾的地名命名习惯,竟没有影响至此地。这或许是因为秦汉时"濑"字经岭南西南部辗转传播至此。这一点,尚有踪迹可寻。《水经注·侵离水注》下载郁林、晋兴郡一带有重濑水。⑥ "重濑""铜濑",声、韵接近,二者或有一些联系。

回到臣瓒所说的"濑"字最为流行的吴越地区。《水经注·浙江水注》中保留了不少该地区和"濑"相关的地名。具体来说,《浙江水注》中记载的"濑",有绝溪四十七濑,"浙江左合绝溪,溪水出始新

---

① 王象之:《舆地纪胜》卷103《广南西路》,中华书局,1992,第3167页。
② 王先谦:《合校水经注》卷38《漓水注》,第548页上栏。
③ 洪适:《隶释》卷4《桂阳太守周憬功勋铭》,见《隶释·隶续》,中华书局,1986,第54~55页。
④ 王先谦:《合校水经注》卷38《溱水注》,第551页上栏。
⑤ 《汉书》卷28上《地理志上》,第1601页。
⑥ 王先谦:《合校水经注》卷40《侵离水注》,第574页下栏。

县西，东径县故城南，为东西长溪。溪有四十七濑，浚流惊急，奔波聆天"；新安江建德至寿昌的十二濑，"浙江又东径寿昌县南，自建德至此，八十里中有十二濑，濑皆峻崄，行旅所难"；紫溪赤濑，"山水东南流，名为紫溪，中道夹水，有紫色盘石，石长百余丈，望之如朝霞，又名此水为赤濑，盖以倒影在水故也"。相似的记载见于顾野王《舆地志》，"紫溪中夹水有赤色盘石，长百余丈，望之如霞，名曰赤濑水"；桐庐至於潜的十六濑，"自县至於潜，凡十有六濑，第二是严陵濑。濑带山，山下有石室。武帝时，严子陵之所居也。故山及濑，皆即人姓名之"。则十六濑中，仅知第二濑是"严陵濑"，其他十五濑中，有一濑可能是"七里濑"。谢灵运有《七里濑》，诗云："石浅水潺湲，日落山照曜……目睹严子濑，想属任公钓。"顾绍柏谓："距离吴郡桐庐县城二十里左右。两山夹峙，江流湍急，连亘七里，故名。"① 此濑较之其他诸濑，水势可能较为平缓，故灵运有"石浅水潺湲"的描述。东阳郡信安县定阳溪上亦有"濑"。《水经注》曰："水悬百余丈，濑势飞注，状如瀑布。濑边有石如床，上有石牒，长三尺许，有似杂采帖也。"定阳溪水位于今衢江流域。此条记载和《北堂书钞》《太平御览》所引郑缉之《东阳记》非常相似。郑缉之《东阳记》曰："信安县去石门四十里，濑边悉有石牒，长三尺许，似罗列杂缯，如店肆也。"② 《水经注》这一记载当本之《东阳记》。这也就进一步表明《浙江水注》中"濑"的说法取自吴越地区，只不过这些地名经由文人的记载而得以流传。此外，永嘉郡有百簿濑，郡人"刲以为脍，顿获百簿，故因以百簿名濑"。③

综上所考可知，至迟在秦汉时期，"濑"字已地名化，其使用和分布，主要位于淮水流域及其以南的广大南方地区。"濑"字应是以吴越、楚地为核心，在更广阔的南方地区扩散、传播。不过，巴蜀地区尚未见到带"濑"字的地名。"滩"字作为地名使用，似晚于"濑"字。受到北方地区主要是黄河流域"滩"字地名使用的影响，一方面是

① 顾绍柏：《谢灵运集校注》，台北：里仁书局，2004，第78页。
② 李昉等编《太平御览》卷69《地部三四·湍》引郑缉之《东阳记》，第329页上栏。此外可参阅虞世南《北堂书钞》卷133《服饰部二·床十五》"石床"条引《东阳记》，天津古籍出版社，1988，第570页上栏。
③ 刘敬叔：《异苑》卷1，范宁校点，中华书局，1996，第3~4页。

"湍濑""滩濑"等富有南北地名特征的组合语词的形成；另一方面，至东晋南朝时期，在官方文献中，"滩"字有逐渐替代"濑"字的趋势，这和"滩"字进入南方地区从而得到使用、传播密不可分。见诸史籍记载的零散史料，虽不足以清晰地呈现"滩"字在长江上、中游乃至南方地区的传播过程，但也表明"滩"字在南方地区的传播、使用的若干场景。透过这些场景，我们似可以勾勒"滩"字使用的大致过程，即由一开始的"濑""滩"并存，逐渐过渡到以"某某滩"替代"某某濑"，最后是"濑"地名的逐渐消失。至魏晋南朝时期，"濑"字地名主要保留和使用于南方地区的偏远地方。值得一提的是，上文征引郭璞注所称的"潬"字，在"滩"字进入江东地区前，应是和"濑"字并存使用，但其作为地名，则很少见到。

二 "濑"的意象化

魏晋以来，在"滩""濑"之争中，"濑"字用于水域景观地名的情况渐趋减少。但和"濑"字有关的地名仅见于南方地区不同的是，作为虚指的"濑"字在文士群体中得到了较为普遍的使用。进一步言之，不少诗辞、铭赋中使用"濑"字，突出表现的是"濑"这一意象。为便于讨论，兹将汉魏六朝铭赋中与"濑"字有关的内容列表如次（见表1）。

表 1　诗辞、铭赋中的"濑"

作者	与"濑"有关的内容	出处
屈原	石濑兮浅浅；顺长濑之浊流；下石濑而登洲	《楚辞》卷2《九歌》
司马相如	《哀秦二世赋》："东驰土山兮，北揭石濑。"《上林赋》："逾波趋浥，莅莅下濑。"	《史记》卷117《司马相如列传》；《六臣注文选》卷8
东方朔	《自悲》："戏疾濑之素水兮，望高山之蹇产。"	《全上古三代秦汉三国六朝文·全汉文》卷25
刘向	《逢纷》："波澧澧而扬浇兮，顺长濑之浊流。"《离世》："下石濑而登洲。"	《全上古三代秦汉三国六朝文·全汉文》卷35
扬雄	《反离骚》："终回复于旧都兮，何必湘渊与涛濑。"《蜀都赋》："博岸敌呷，崒濑磴岩。"	《汉书》卷87上《扬雄传上》；《扬雄集校注》

作者	与"濑"有关的内容	出处
王褒	《昭世》曰："蛟龙兮导引，文鱼兮上濑。"	《全上古三代秦汉三国六朝文·全汉文》卷42
梁竦	《悼骚赋》："服荔裳如朱绂兮，骋鸾路于犇濑。"	《全上古三代秦汉三国六朝文·全后汉文》卷22
班固	《终南山赋》曰："傍吐飞濑，上挺修林（竹）。"	《初学记》卷5《地部上》；《全上古三代秦汉三国六朝文·全后汉文》卷24
傅毅	《洛都赋》："通谷岐岖，石濑寒泉。"又曰："垂芳饵于清流，出漩濑之潜鳞。"	《艺文类聚》卷61《居处部一》
蔡邕	《述行赋》："实熊耳之泉液兮，总伊瀍与涧濑。"	《全上古三代秦汉三国六朝文·全后汉文》卷69
王粲	《浮淮赋》："于是迅风兴，涛波动，长濑潭溰，滂沛汹溶。"	《艺文类聚》卷8《水部上》
曹植	《洛神赋》："采湍濑之玄芝。"	《艺文类聚》卷8《水部上》
何晏	《景福殿赋》："陆设殿馆，水方轻舟。篁栖鹓鹭，濑戏鳏鲉。"	《六臣注文选》卷11
应贞	《临丹赋》："漱玄濑而漾沚，顺黄崖而荡博。"	《艺文类聚》卷8《水部上》
左思	《蜀都赋》："跃涛戏濑，中流相忘。"《吴都赋》："控清引浊，混涛并濑。"又曰："直冲涛而上濑，常沛沛以悠悠。"《魏都赋》："兰渚莓莓，石濑汤汤。"	《六臣注文选》卷4、卷5；《艺文类聚》卷61《居处部一》
庾阐	《涉江赋》："排岩拒濑，触石兴涛。"《杨都赋》："彭蠡吞江，荆牙吐濑。"	《艺文类聚》卷8《水部上》、卷61《居处部一》
张华	《归田赋》："瞻高鸟之陵风，临鲦鱼于清濑。"	《艺文类聚》卷36《人部二十》
稽含	《瓜赋》："振采濯茎，玄濑葩映。"	《艺文类聚》卷87《果部下》
夏侯湛	《抵疑》："归志乎涡濑，从容乎农夫。"	《晋书》卷55《夏侯湛传》
挚虞	《观鱼赋》："观鳞族于彪池兮，睨羽群于濑涯。"	《艺文类聚》卷96《鳞介部上》
张载	《蒙汜池赋》："挹洪流之汪濊，包素濑之寒泉。"	《艺文类聚》卷9《水部下》
曹摅	《答赵景猷诗三首》："俯玩琁濑，仰看琼华。"	《文馆词林》卷157
潘岳	《哀永逝文》："鸟俯翼兮忘林，鱼仰沫兮失濑。"	《六臣注文选》卷57

作者	与"濑"有关的内容	出处
陆云	《讲武赋》："礼既毕，归旅将振，寻荣员转，因濑盖旋。"	《陆云集》
郭璞	《江赋》："或挥轮于悬碛，或中濑而横旋。"	《六臣注文选》卷12
王胡之	《赠安西庾翼一首》："譬诸龙鱼，陵云潜濑。"	《文馆词林》卷157
曹毗	《伐蜀颂》："岩干紫霞，泉吐万濑。"	《文馆词林》卷347
殷仲堪	《水赞》："清澜可濑，明激弗渝。"	《艺文类聚》卷8《水部上》
孙绰	《庾司空冰碑》："君喻嵩岩之玄精，挹清濑之洁流。" 《太平山铭》："被以青松，洒以素濑。"	《艺文类聚》卷47《职官部三》、卷8《山部下》
习凿齿	《南征赋》："停美人之名濑，眺越女之奇石。"	《编珠》卷1
谢灵运	《长溪赋》："潭结绿而澄清，濑扬白而戴华。" 《撰征赋》："水激濑而骏奔，日映石而知旭。" 《山居赋》："山巇下而回泽，濑石上而开道。"自注曰："里翳漫石数里，水从上过，故曰濑石上而开道。" 又曰："鲈鳖乘时以入浦，鱏鲵沿濑以出泉"；"濑排沙以积丘，峰倚渚以起阜。"	《宋书》卷67《谢灵运传》；《艺文类聚》卷9《水部下》
谢庄	《月赋》："菊散芳于山椒，雁流哀于江濑。"	《六臣注文选》卷12
张融	《海赋》："港漾涴濑，辗转纵横。"又曰："游风秋濑，泳景登春。"又曰："筵秋月于源潮，帐春霞于秀濑。"	《南齐书》卷41《张融传》
孔稚圭	《北山移文》："闻凤吹于洛浦，值薪歌于延濑。"	《六臣注文选》卷43
江淹	《草木颂十五首（并序）》："石濑戋戋，庭中有故池。"	《江文通集》卷10
陶弘景	《水仙赋》："绝壁飞流，万丈悬濑。"	《华阳陶隐居集》；《艺文类聚》卷78《灵异部上》
沈炯	《归魂赋（并序）》："击万濑而相奔，聚千流而同出。"	《艺文类聚》卷79《灵异部下》
沈约	《梁武帝北伐诏》："卷甲风驱，径趣长濑。"	《艺文类聚》卷95《兽部下》；《文馆词林》卷662

作者	与"濑"有关的内容	出处
何逊	《渡连圻》："此山多灵异，峻阻实非恒。泆流自洞纠，激濑视奔腾。"	《何逊集》
刘峻	"每思濯清濑，息椒丘，瘌寐永怀，其来尚矣。"	《东阳金华山栖志》
刘孝仪	《平等刹下铭》："孕吐仙雾，涌濑灵泉。"	《艺文类聚》卷77《内典下》
任昉	《齐竟陵文宣王行状》："清猿与壶人争旦，缇幕与素濑交辉。"	《六臣注文选》卷60
徐陵	《册陈公九锡文》："浮江下濑，一朝翦扑。"	《徐陵集》
	《赠李叔龙以尚书郎迁建平太守一首》曰："惟彼建平，居江之濑。"	《文馆词林》卷156
	《中岳嵩阳寺碑》："微波碧澈，潈流潜濑。"	《全上古三代秦汉三国六朝文·全后魏文》卷58

表 1 中，除习凿齿《南征赋》"美人濑"和孔稚圭《北山移文》"延濑"可能为实指外，其他均为虚指。"濑"字入辞赋，屈原乃首创之功者。《楚辞》中使用的相关意象是"石濑"和"长濑"，二者成为后世辞赋的经典意象。辞赋作者群诸如两汉的司马相如、刘向和傅毅，三国的王粲，晋左思，南朝的谢灵运、江淹和沈约等人，皆使用过这两种意象。

承袭自《楚辞》语言风格的汉赋，在描绘山川名物上，更是创造出众多华丽的辞藻。① 除了"石濑"和"长濑"两种意象外，汉赋的文士们又组合出一些新的意象。司马相如《上林赋》中的"下濑"，可能是简化《楚辞》的"下石濑"而成，成为后世铭赋中的常用意象，如徐陵使用的"浮江下濑"，陆琼《下符讨陈宝应》文中的"定秦望之西部，戈船下濑"，庾信《周柱国大将军纥于弘神道碑》中的"公受命中军，迅流下濑"，等等。② 东方朔《自悲》中有关"疾濑之素水"的描绘，被后世辞赋作者概括成"素濑"的意象，在张载《蒙汜池赋》、孙绰《太平山铭》和任昉《齐竟陵文宣王行状》中皆可见到。扬雄《反

---

① 万光治：《汉赋通论》，巴蜀书社，1989，第303~307页。

② 《陈书》卷35《陈宝应传》，第488页；李昉等编《文苑英华》卷905《碑》，中华书局，1966，第4762页上栏。

离骚》文中使用的"涛濑"组合，也在左思《吴都赋》和庾阐《涉江赋》中出现。其他如"飞濑"、"清濑"、"玄濑"、"漩濑"、"江濑"和"沙濑"等组合意象，屡屡被文士们加以使用，来描绘可能未曾亲历的景观和想象的场景。

简而言之，和屈原《楚辞》中使用的意象取材自楚地山川景观不同的是，后来创作诗辞、铭赋的文士们，更倾向于吸收前人辞赋中的意象并加以组合、改造。观察实地景观而获得的感染和灵感，便不是他们的重点。因而表1中这些被写入辞赋中的"濑"的意象，也就脱离了实景，基本谈不上是对具体场景和地名的描绘。有趣的是，在东晋南朝时期，渡江南来的文人们，通过山川之旅，纷纷将目光聚焦于吴楚山川中的"濑"的景观，也开始接触和使用一些南方地区仍旧使用的"濑"的地名，不过在描绘这些景观时，他们并非使用上述这些相对空虚的"濑"的意象。

三 "石濑"和"恶道"

《论衡·书虚篇》云："溪谷之深，流者安详；浅多沙石，激扬为濑。"[1] 则濑原义为浅滩。但河道中水势有缓急之差，沙石有大小、多少之别，因而又有疾濑、缓濑的区分。《广雅》谓"湍，濑也"，强调的正是"疾濑"。疾濑则因水流湍急，阻碍交通，甚为行旅所不便。《管氏指蒙》就说道："瀑潦浊濑滩，五凶也。"[2] "濑滩"，一南一北，名列五凶，成为水道交通的重大隐患。

"濑"地名分布的地方，往往也是津关要道。东晋以来，随着文士们在南方地区的山川旅行、跨区域流动，这些水道的情况才逐渐见于文献记载，浮出历史的水面。《世说新语·言语第二》"王司州"条曰："王司州至吴兴印渚中看，叹曰：'非惟使人情开涤，亦觉日月清朗。'"王司州，即王胡之，曾任吴兴郡守，游历至印渚。印渚位于於潜县白石山，"王司州"条下刘孝标引《吴兴记》云："於潜县东

---

① 黄晖：《论衡校释》卷4，第186页。
② 管辂：《管氏指蒙》卷下《三吉五凶第八十六》，《续修四库全书》第1052册，第437页下栏。

七十里，有印渚，渚傍有白石山，峻壁四十丈。印渚盖众溪之下流也。印渚已上至县，悉石濑恶道，不可行船；印渚已下，水道无险，故行旅集焉。"① 则於潜县的石濑恶道，主要位于印渚以上水道。这一水道，《太平御览》引《吴兴记》作"浮溪水"。② 袁淑《恶道记》曰："恶道两边连山临溪，高巘壁立，相重属，莫测其源。其孤岩绝崖，百丈千寻，钟乳石穴，幽邃潜洞。"③《太平寰宇记·江南东道十一》处州丽水县"突星濑"条引作"袁漱《道记》"，并曰："从石壁去江三十里，中有突星濑。"④ "淑""漱"字形相近易讹，《道记》即《恶道记》。杨守敬《增订丛书举要·续群书拾补》作"袁升《恶道记》"。⑤ 袁升仅见于《魏书》，为太学博士，⑥ 此处当是杨守敬张冠李戴。据《太平寰宇记》所引《恶道记》佚文可知，袁淑描述的是永嘉郡名为"突星濑"的恶道。然而《宋书·袁淑传》《袁阳源集》皆没有涉及他曾前往浙东任官和游历。⑦ 除了袁淑，王羲之、谢灵运也曾游历至此恶道。《永嘉记》曰："昔王右军游恶道，叹其奇绝，遂书'突星濑'于石。"⑧ "突星濑"又作"凸星濑"。《处州图经》曰："丽水县有恶道，恶道有凸星濑。谢灵运与弟书曰：'闻恶道溪中九十九里有五十九滩。'"⑨ "突星濑"可能由王羲之书于石侧，但其得名，应来自当地，如上文所述永嘉郡的百簿濑。谢灵运所说的"五十九滩"，即《舆地志》记载的恶溪"五十九濑"："恶溪道间九十里，而有五十九濑，

---

① 刘义庆著，刘孝标注，余嘉锡笺疏《世说新语笺疏》卷上之上《言语第二》，周祖谟等整理，中华书局，2007，第164页。

② 李昉等编《太平御览》卷46《地部十一·江东诸山》"印渚山"条引《吴兴记》，第225页上栏。

③ 虞世南：《北堂书钞》卷158《地部二·穴篇十三》引《恶道记》，第730页上栏。

④ 《宋本太平寰宇记》，中华书局，1999，第115页；乐史：《太平寰宇记》卷99《江南东道十一·处州》，第1983页。

⑤ 谢承仁编《杨守敬集》第7册，湖北人民出版社、湖北教育出版社，1988，第144页。

⑥ 《魏书》卷108《礼志四》，第2793页。

⑦ 《宋书》卷70《袁淑传》，第1835～1841页；《袁阳源集》，张溥编《汉魏六朝百三家集》，光绪五年（1879）刻本。

⑧ 乐史：《太平寰宇记》卷99《江南东道十一·处州》丽水县"突星濑"条引《永嘉记》，第1983页。

⑨ 李昉等编《太平御览》卷171《州郡部十七·江南道下》"处州"栏引"图经"，第833页上栏。

两岸连云，高岩壁立。"① "高岩壁立"正是《恶道记》中描绘的"高巇壁立"。由此可知，"突星濑"只不过是恶溪水道中"五十九濑"之一。

对"恶道"的关注和描绘，自西晋以来就有传统，如潘尼作《恶道赋》，有"道深地狭，坂峭轨长"一句，描绘由洛阳道出荥阳成皋的陆路交通状况。② 王羲之、王胡之、袁淑和谢灵运等文人在会稽、吴兴和永嘉游历，描述这一带山川中的"恶道"，多少也算是这一传统的延续。不过引起文人们对"恶道"关注的，更多的是因为南方地区交通道路被逐渐认识。在文士的关注下，不仅更多的交通道路得到记载，而且有关道路情况的描述更为细致。正因如此，仅仅以"濑"或"滩"字来记述交通状况，早已无法突出其细节。《舆地志》曰："自上虞七十里至溪口，从溪口随江上数十里，两岸峻壁极险，乘高临水，深林茂竹，表里辉映，名为崿嵊，奔濑迅湍，以至剡也。"③ 这是上虞至剡县的水路。"崿嵊"是这一带江岸险势的当地说法，地记的编纂者还用"奔濑迅湍"四字来加以描绘。《庐山诸道人游石门诗序》叙述庐山石门道，"将由悬濑险峻，人兽迹绝，径迥曲阜，路阻行难，故罕经焉"。④ "庐山诸道人"在"悬濑"的基础上，加上"径迥曲阜，路阻行难"，描绘石门路途之险。更多对山川水道的描绘，不再止于"濑""滩"等简单的字眼。如，傅亮《光世音应验记》曰："始丰南溪中，流急岸峭、回曲如萦，又多大石。白日行者，犹怀危惧。吕竦字茂高，兖州人也，寓居始丰。"始丰溪位于临海郡始丰县。文中描述始丰南溪的"流急岸峭、回曲如萦"和"又多大石"，其实就是一种"疾濑"的景观。《光世音应验记》又曰："徐荣者，琅琊人。常至东阳，还经定山。舟人不贯，误堕回复（洄洑）中，旋舞涛波之间，垂欲沉没。"⑤定山位于富春江畔，这一带是钱塘县至东阳郡的必经水路，谢灵运《富

---

① 乐史：《太平寰宇记》卷99《江南东道十一·处州》丽水县"恶溪"条引《舆地志》，第1984页。

② 徐坚等：《初学记》卷24《居处部·道路第十四》引潘尼《恶道赋》，中华书局，2004，第590页；《北堂书钞》卷141《车部下·轴十四》引潘尼《恶道赋》，第629页下栏。

③ 顾野王著，顾恒一等辑注《舆地志辑注》，上海古籍出版社，2011，第301页。

④ 严可均：《全上古三代秦汉三国六朝文·全晋文》卷167，第2437页上栏。

⑤ 董志翘：《〈观世音应验记三种〉译注》，江苏古籍出版社，2002，第19、21页。

春渚》云："宵济渔浦潭，旦及富春郭。定山缅云雾，赤亭无淹薄。"① 这是灵运由渔浦溯江逆流而上所见之光景。李善注引《吴郡缘海四县记》云："钱塘西南五十里有定山，去富春又七十里，横出江中。"② "洄洑"是富春江中因滩濑急流带来的水势。《光世音应验记》的作者傅亮，家于会稽，陆杲《系观世音应验记》交代傅氏此书的成书过程：

> 昔晋高士谢敷，字庆绪，记光世音应验事十有余条，以与安成太守傅瑗，字叔玉。傅家在会稽，经孙恩乱，失之。其宋尚书令亮，字季友，犹忆其七条，更追撰为记。③

傅瑗为傅亮父。他所谓的"追撰为记"，大概已经不是会稽谢敷的原话了。因而《光世音应验记》中有关水道的描述，只能说出自傅亮自己的表达习惯。同样居住于会稽、生活于浙东，谢灵运在诗赋中却多处提及、使用"濑"字。除了《长溪赋》《撰征赋》外，在《山居赋》中，谢灵运自注曰："里塈漫石数里，水从上过，故曰濑石上而开道。""里塈"当是会稽一带的叫法，而谢灵运用"濑石"来概括水从石上过的景观。"塈""濑"音近，想必是谢灵运根据土人的发音而转写。此外，谢灵运有诗《七里濑》、《发归濑三瀑布望两溪》和《石门新营所住四面高山回溪石濑茂林修竹诗》，诗题中也都使用了"濑"字。有学者指出，谢灵运的诗赋在语言风格和表现形式上，极力地模仿《楚辞》。④ 如此说来，和傅亮的文章、诗赋相比，谢灵运更加频繁地在诗赋中使用"濑"字，当是受到了《楚辞》的影响。不仅如此，其他如谢庄、江淹、何逊、任昉等文士，也和谢灵运相似，在辞赋中会使用"濑"字。不过，在其他的文本语境下，谢灵运似乎也习惯使用"滩"字来代替"濑"，如上引的"谢灵运与弟书"。这也说明在日常的交流中，"滩"字已成为习见语了。简言之，除辞赋外，东晋南朝时期，文士们倾向于使用更加细腻的辞藻来描绘"滩濑"景观，而"恶道"即

---

① 顾绍柏：《谢灵运集校注》，第 68 页。
② 萧统编，李善等注《六臣注文选》卷 26，中华书局，1987，第 497 页上栏。
③ 董志翘：《〈观世音应验记三种〉译注》，第 59 页。
④ 鈴木敏雄「謝霊運の詩表現の一特色—『楚辞』との関連を中心に」『中国中世文学研究』15、広島大学文学部中国中世文学研究会、1981、1~24 頁。

是对水路交通中存在"疾濑"路段的简要概述。

六朝时期,会稽郡南部的建安、晋安、永嘉与东阳等地,一般都有水路和陆路通往建康。《宋书·州郡二》记建安郡去京都水三千四十,并无陆,晋安郡去京都水三千五百八十。《宋书·州郡一》记永嘉郡去京都水二千八百,陆二千六百四十,东阳郡去京都水一千七百,陆同。[①] 大概当时建安与晋安并无陆路通往京师,只能利用自然河道断续行进。[②] 浙江境内的交通状况,从谢灵运赴任永嘉郡守的行程中,反映得尤为清楚。顾绍柏通过梳理、排列《谢灵运集》中著录的诗文,大致勾勒出灵运从建康至永嘉的交通路线。其云:"永初三年,宋武帝刘裕病死,灵运被排挤出京,任永嘉太守。赴郡前,枉道回始宁故居逗留数日,然后转回会稽郡永兴县西陵,折向西乘船走浙江,盖至今浙江建德县梅城镇,再折向南至东阳郡长山县,然后陆行抵青田溪(今大溪),再乘船走青田溪、永嘉江至永嘉郡。"[③] 谢灵运的这段行程主要以水路为主,溯富春江而上,取道兰江、金华江至金华,最后是在丽水莲都区顺大溪、瓯江而下至温州。金华至大溪这一段,顾绍柏谓灵运是陆行,实则不然。《太平寰宇记》引谢灵运《答从弟书》云:"出恶江至大溪,水清如镜。"[④] 恶江即上文的恶溪、恶道,今丽水好溪。这封寄给从弟谢惠连的家书,当是灵运赴永嘉任上途经恶溪所写。因而,灵运至长山县后,在县东武义江溯流而上,经武义、永康,在今新建镇一带上岸陆行,越岭至恶江,载舟顺流至大溪。此条交通线连接永嘉、东阳至三吴地区,成为浙江境内南北来往的重要通道。南朝后期,这一带的陆路交通亦有所发展。侯安都率官军讨伐东阳留异,"异本谓官军自钱塘江而上,安都乃由会稽、诸暨步道袭之。异闻兵至,大恐,弃郡奔于桃支岭,于岭口立栅自固。明年春,安都大破其栅,异与第二子忠臣奔于陈宝应,于是虏其余党男女数千人"。[⑤] 可见当时由三吴往来东阳等地,一般取道钱塘江,步道会稽、诸暨至东

---

① 《宋书》卷35、卷36,第1035、1037、1092页。
② 何德章:《魏晋南北朝史丛稿》,商务印书馆,2010,第164页。
③ 顾绍柏:《谢灵运集校注》,第73页。
④ 乐史:《太平寰宇记》卷99《江南东道十一·处州》,第1984页。
⑤ 《陈书》卷35《留异传》,第486页。

阳，迂回漫长，故非常用的交通道路，因而留异对侯安都取道会稽、诸暨，甚感惊恐。再者，留异等人奔于闽中陈宝应，说明东阳与建安等地已有孔道相互来往。①

无论如何，由于会稽丘陵绵延、山脉众多的地理条件的限制，水路而非陆路成为重要的交通线。② 广大的南方地区亦是如此。《华阳国志》"南广郡"下云："自僰道至朱提，有水、步道，水道有黑水及羊官水，至险难行。"③ 任豫《益州记》曰："江曲由左担道，按图在阴平县北，于成都为西注，其道至险。"④ 可见"左担道"是水路。舟行虽较便捷，然大小河川中密布的"濑"等险滩成为行旅往来的重大隐患。《水经注》及六朝地志记载各溪流中的濑及其数量，当经过行旅口耳相传、宦游士人的经历，最后形诸笔墨。这犹如后世的路程书，记载着重要的行旅资讯。在南方地区的游山玩水中，宦游士人特别是渡江的北人如王、谢子弟对"濑"这一景观产生浓厚的兴趣，《水经注》中翔实的记载当得益于他们的文字资料。但与以往不同的是，这些文字不再仅仅是诗辞、铭赋中的意象组合，而是更加细腻丰富、非常具体的描述。不仅如此，正是这些南来的文士群体，将南方山川中的"石濑"景观和"恶道"联系起来，并进行细致的描绘。而对于南方土著之民而言，这些景观可能再平常不过了。

结　语

在今日来看，"濑""滩"作为地名用字，本义毫无差别，但它们背后经历了由起源、扩散乃至传播和消退的漫长历史过程。对这一演变过程的研究，不仅涉及地名和地名学的直接问题，而且还属于文化交流

---

① 其时，东阳、建安边界有安泉岭，《陈书》卷20《韩子高传》曰："异平，除假节、贞毅将军、东阳太守。（天嘉）五年，章昭达等自临川征晋安，子高自安泉岭会于建安，诸将中人马最为强盛。"（第270页）更详细的考证，参见林昌丈《六朝入闽陆路交通考》，《中国社会经济史研究》，待刊。

② 如《晋书》卷88《孙晷传》曰："富春车道既少，动经江川，父难于风波。"（第2284页）

③ 常璩著，任乃强校注《华阳国志校补图注》卷4《南中志》，第279页。

④ 徐坚等：《初学记》卷24《居处部·道路第十四》"束马覆轮"条引任豫《益州记》，第590页。

史领域的课题。① 地名研究不再是简单的地名解释和分类归纳，而应通过对某一或某些具有特定内涵的字词进行长时段考察，将其置入社会文化史的演变脉络中，从而揭示其背后丰富而复杂的历史场景和历史瞬间。② 不仅如此，对地名的研究还涉及区域差异和文化接触、交流以及音韵流变和人群移动等诸多复杂的问题。本文的研究或是对上述若干学术旨趣的尝试之作。稍稍转换视角即可发现，若在这些学术脉络的基础上观察六朝地记，它们本身就是地名史综合研究的史料宝库，值得引起学术研究上的重视。

通过对"濑"字的梳理可知，作为地名的"濑"字在战国秦汉时期主要分布于吴越和楚地，其中以楚地为核心。南方地区的巴蜀一带较为特殊，没有发现"濑"字的踪迹。从地名使用的角度而言，无论是"濑"还是音同或音近的"赖"、"历"和"犁"等字，主要分布于淮泗流域及其以南的南方地区。除了上文所举的例子，《续汉书·郡国志》还保存了几处关于"赖亭"的地名。如汝南郡褒信县有赖亭，济南郡菅县、南阳郡厉乡县亦有赖亭。这里的"赖"音同"历"（"厉"），本义可能和"濑"字没有关系。但《史记》《汉书》等文献中提及老子籍贯赖（厉）乡，《晋书·戴洋传》却谓戴洋"及吴平，还乡里。后行至濑乡，经老子祠"。③ 这里又将"赖"写作"濑"了。无论如何，至两汉时期，"濑"字成为南方河川中浅滩景观的统一表记地名。

和"濑"字一样，"滩"字被收录在《说文》中。不过据现有史料而言，"滩"用于地名，则要晚至东汉末，主要出现于黄河流域。它逐渐向南传播，至迟在西晋时期就已经流行于巴蜀一带了。紧接着的传播路线大致是顺江而下，进入湘江流域和赣水流域。永嘉乱后，大规模南迁的北人，也将北方的这一日常地名用语带到南方地区。"濑"字除了

---

① 有关中国地名学的梳理，参见华林甫《中国地名学源流》，湖南人民出版社，1999。以地名的传播为切入点，研究文化交流方面的论文，参见胡鸿《江到东北：古代东亚世界文化交流之一例》，《田余庆先生九十华诞颂寿论文集》，中华书局，2014，第670～683页。

② 考察字词具有重要的学术意义，可参阅侯旭东《字词观史——从陈寅恪"凡解释一字即是作一部文化史"说起》，《北京大学学报》2020年第4期。

③ 《晋书》卷95《艺术·戴洋传》，第2469页。

在南方僻远、边缘地区仍旧使用外，主要借楚辞和汉赋的文学传统开始意象化，成为多种辞赋中的组合词语，在文士群体中使用和流传。这一传统自两汉以来一直得以延续，甚至在唐诗中亦可发现不少有关"濑"的组合意象。唐诗使用出现"濑"的意象，基本承袭自汉魏六朝的辞赋。不过，随着文士群体宦游、旅居于南方大小河川，以往被称为"濑"的地名和景观，经文人的笔墨逐渐被"深描"，呈现出水道交通中的"恶道"这样的面貌。较之于辞赋中虚幻的意象，这些认识更为具体。南方土著之民习以为常的水路景观，却在渡江的侨人那里得以记载和传播开来。就这一点而言，"恶道"可谓南渡士人的一种特有景观建构。

当然，"濑"字作为地名的退场并非在六朝时期。这一过程的最终完成需至唐代，唐诗中仍可见到诸如石头濑、栾家濑、浮石濑等专有地名。不过，《六臣注文选》谢灵运《七里濑》诗唐人张铣注曰："濑，滩名。"① 对于张铣而言，"濑"字已经需要使用"滩"字来加以解释了。可见至唐代，作为河滩景观的地名，"滩"早已深入人心了。透过"濑""滩"之争来理解南北间的文化接触、碰撞和融合的漫长历史过程，于此可见一斑。

---

① 《六臣注文选》卷26，中华书局，2012，第498页上栏。

今世岭南古何州[*]

——唐宋岭南认识的一个侧面

孙正军[**]

摘 要

　　分野是传统天文、地理知识的重要构成。关于岭南九州分野，唐宋地理文献中存在四种不同叙述：岭南属扬，岭南东部属扬、西部属荆，岭南不属九州，以及岭南分属荆、扬及九州外。这些不同叙述，彼此并无正误之分，而是有着不同的理论依据。岭南属扬，源自《禹贡》"淮、海惟扬州"的九州界定及天文分野的启示；岭南东部属扬、西部属荆，与僧一行分野理论密切相关；岭南不属九州，乃是杜佑旨在回归经典、坚持《禹贡》原典主义的产物；而岭南三分，则是对业已存在的对岭南某地分野只言片语的汇总，不成体系，但附会秦岭南三郡或也在其中发挥一定作用。唐宋岭南九州分野多种叙述并存，缘于岭南在华夏地理和文化上的边缘位置以及分野在古代知识结构中的特殊地位。

关键词　岭南　分野　九州　地理　唐宋

　　对于中国古代周边世界，以往考察大致存在两种研究取径。其一是历史学取径，即探究周边世界的历史面貌，如地理、族群、政治、经济、社会、军事、风俗，乃至对外交通、与中原王朝的关系等；其二是知识史取径，即透过历史书写探讨古人尤其是身处中原的人如何看待、认识周边世界。前者研究积累甚丰，称之汗牛充栋，殆非虚言；后者起

---

　　*　本文系国家社会科学基金青年项目"汉唐历史文献的史料批判研究"（16CZS037）阶段性成果。

**　孙正军，清华大学人文学院历史系长聘副教授。

步虽晚，但随着学者尝试基于天下观或华夷秩序定位周边世界，以及透过史传文本生成观察古代正史中"四夷传"或"列国传"背后王朝意识的兴盛，近数十年来亦获得长足进展。①

对于作为周边世界之一的岭南地区，相关研究也不例外。历史学取径的岭南研究致力于探究岭南社会历史面貌，新近出版的王承文著《唐代环南海开发与地域社会变迁研究》即为这方面代表；② 知识史取径的岭南研究则侧重挖掘岭南相对于中原的"异域"景象，这方面美国学者薛爱华（Edward Hetzel Schafer）在1976年出版的《朱雀：唐代的南方意象》已有集中叙述。③ 而在后一取径中，奇珍异宝和原始蛮荒似乎构成岭南"异域"景象最重要的两个特征。④

不过，"异域"是否就是古人对岭南地区的唯一印象？应该注意到，至晚从汉武帝元鼎六年（前111）攻灭南越，设置南海、郁林、苍梧、交趾、合浦、九真、日南诸郡始，岭南在相当长的时期内都实际或名义上较为稳定地处于中原王朝控制之下。这也就意味着，对于中原地区的人来说，岭南既是王朝边缘，又是华夏世界的重要组成部分，而这势必会影响时人对岭南地区的观感。笔者在比较新、旧《唐书·地理

---

① 基于天下观或华夷秩序思考周边世界的研究甚夥，兹不赘举。后者代表性研究如王明珂《英雄祖先与弟兄民族——根基历史的文本与情境》，中华书局，2009；关志国《论中国古代史籍对四夷的体系化记述模式》，《史学集刊》2014年第5期；钱云《从"四夷"到"外国"：正史周边叙述的模式演变》，《复旦学报》2017年第1期；胡鸿《能夏则大与渐慕华风——政治体视角下的华夏与华夏化》第4章"塑造他者：华夏有关异族群的知识建构"，北京师范大学出版社，2017，第115~162页；聂溦萌《"列国传"模式与纪传体官修史体制的成立》，《唐研究》第24卷，北京大学出版社，2019，第35~54页；苗润博《从东夷到北狄：中古正史有关契丹的归类变化》，《唐研究》第24卷，第147~168页；等等。

② 王承文：《唐代环南海开发与地域社会变迁研究》，中华书局，2018。

③ 薛爱华：《朱雀：唐代的南方意象》，程章灿、叶蕾蕾译，三联书店，2014。

④ 岭南上述"异域"景象除薛爱华著述外，另可参马强《地理体验与唐宋"蛮夷"文化观念的转变——以西南与岭南民族地区为考察中心》，《西南师范大学学报》2005年第5期；罗媛元、赵维江《岭南地域文化环境中的唐诗意象创造》，《暨南学报》2008年第5期；于赓哲《疾病、卑湿与中古族群边界》，《民族研究》2010年第1期；李荣华《"南方本多毒，北客恒惧侵"：略论唐代文人的岭南意象》，《鄱阳湖学刊》2010年第5期；赵仁龙《唐代宦游文士之南方生态意象研究》，博士学位论文，南开大学，2012，第118~133页；陈健梅《从象郡到安南国——论历史时期中国对交州的地理认知与地域解读》，《暨南学报》2015年第8期；朱婧《唐人地域观念研究——以出土唐人墓志为主的考察》，硕士学位论文，西南大学，2016，第50~53页；等等。

志》的差异时注意到《新唐志》将岭南视为"古（禹贡）扬州之南境"，而在唐宋时期其他一些文献中，岭南在被附会《禹贡》九州时则有不同的定位——除属扬州外，另外还可看到分属荆扬二州、部分属九州部分不属九州及完全在九州外等多种描述。① 这些不同描述是怎么来的？其意味着什么？这些定位与时人对岭南地区的其他认识又有什么关联？显然，对上述问题的回答不仅可以揭示这些描述文字的演生过程，亦能展现唐宋对岭南地区的多元认识，更为全面地呈现时人眼中的岭南意象。

一　岭南竟属何州：唐宋文献所见岭南归属分歧

岭南在当代主要是一个自然地理概念，指中国境内五岭山脉以南的地区，大致包括今广东、广西、海南三省份及香港、澳门两个特别行政区。而在唐宋时期，受唐代设岭南道、宋代设广南东西路影响，岭南除自然地理外，还具行政地理意义。唐代岭南道除包括上述地区外，还包括安南都护府统辖的越南北部；宋代岭南分为广南东路和广南西路，且疆域有所缩小，越南北部从境内分出。不过，虽然存在上述差异，岭南一词的核心意义自古迄今还是较为明确的，即指北限五岭、南滨南海的广大地区。

当然，在论及唐代岭南时，有两地需特别说明一下。一是位于湘粤两省交界地的连州。连州地处五岭南麓，唐开元二年（714）至天宝元年（742）、乾元元年（758）至上元二年（761），一度辖属岭南道。② 二是位于闽粤两省交界地的漳州，也曾在开元二十二年（734）至二十九年（741）、天宝十载（751）至十五载（756）短暂辖属岭南道。③ 由于两地一度辖属岭南道，故一些唐宋文献论及唐代岭南九

---

① 需要说明的是，文献以某地比附古某州，并不单以《禹贡》九州，有时也以虞舜十二州、《周礼·职方》九州或天文分野说中的十二（三）州加以界定。由于比附《禹贡》九州者最为常见，且各种体系的州在与岭南相关处并不矛盾，故本文统一称之为《禹贡》九州或九州分野。

② 周振鹤主编，郭声波撰《中国行政区划通史》第7卷《唐代卷》（第2版），复旦大学出版社，2017，第549页。

③ 周振鹤主编，郭声波撰《中国行政区划通史》第7卷《唐代卷》（第2版），第603页。

州分野①时或将两地单独论述，与对岭南道整体认识不同，考虑到两地隶于岭南道时间不长，本文讨论暂将两地排除在外。

迄今可见唐代叙及岭南九州分野的地理文献②主要有以下几种，按时间顺序，分别是唐中宗、睿宗时期梁载言撰《十道志》，玄宗开元十五年（727）徐坚等撰《初学记》之《州郡部》，开元二十七年（739）李林甫等撰《唐六典》"户部郎中、员外郎"条之十道贡赋，德宗贞元十七年（801）杜佑撰《通典》之《州郡门》，宪宗元和八年（813）李吉甫撰《元和郡县图志》。③兹将诸书所论整理如下（见表1）。

表1　唐代地理文献所见岭南九州分野

文献	唐代建置	九州分野
《十道志》	韶州、冈州、窦州、罗州	扬州
	桂州、环州、严州、瀼州	荆州
《初学记》	岭南道	扬州南境
《唐六典》	岭南道	扬州南境
《通典》	岭南道	九州外
《元和郡县图志》	广州、循州、端州、封州、韶州④	扬州
	桂州、富州	荆州
	钦州	九州外

据表1，唐人在将岭南附会《禹贡》九州时大致存在四种意见：一种意见认为岭南属扬州，如《初学记》《唐六典》，二书均明确以岭南为"扬州之南境"；一种意见认为岭南不属九州，《通典》即持此论；

---

① 本文所谓分野包括两个层次：其一，九州分野，即以《禹贡》九州为代表的九州进行分野；其二，天文分野，即以二十八星宿和十二星次以及与之对应的十二（三）个先秦列国及州或地区进行分野。两种分野自成体系，又存在关联。
② 所谓地理文献，包括地理总志、地方志、正史地理志、类书或政书之地理部等。
③ 关于诸书成书时间，参点校本说明或前言。《十道志》成书时间参夏婧《唐梁载言〈十道志〉辑校》，《国学研究》第30卷，北京大学出版社，2012，第312～313页；《初学记》成书时间见《唐会要》卷36《修撰》，上海古籍出版社，2006，第768页。
④ 《元和郡县图志·岭南道一》"广州"条云"《禹贡》梁州之域"，小字注云"下言南海郡地，即《禹贡》之域也"；清人张驹贤《考证》认为"梁"宜作"扬"，"贡"下脱"扬州"，是。又《元和郡县图志》仅在"广州"条提及九州分野，不过小字注，则凡属秦南海郡地者，皆可归入扬州。循州、端州、封州、韶州皆明确称秦南海郡地，故知也应属扬州。《元和郡县图志》卷34《岭南道一》"广州"条，中华书局，1983，第885页。

一种意见认为岭南两属，一部分属扬州，一部分属荆州，《十道志》似倾向该说；一种意见将岭南三分，或属扬州，或属荆州，或在九州之外，《元和郡县图志》则为代表。值得注意的是，这种区分似乎与诸书的叙述形式相关，《初学记》、《唐六典》和《通典》均系整体描述，故统一将岭南归属某一地域，《十道志》和《元和郡县图志》则对岭南道下唐代某州与《禹贡》九州一一定位，由此诸州九州分野的差异得到凸显。

当然，由于《十道志》早已散佚，今见仅是辑本，不排除其书在叙述唐代岭南九州分野时还有其他认识。不过，据现有文本，毋宁认为《十道志》叙述虽存暧昧，但整体可能仍是统一的。诚如表1所见，《十道志》叙述唐代岭南诸州九州分野，仅在少数州下附会至《禹贡》九州，其余诸州，或完全不论其在九州中的位置，或将其归属于古越地、闽越地、百越地、瓯骆越地甚至巴蜀西南徼外蛮。① 这不禁令人疑惑，这些不言九州、只云"古越地"等的州是否不在九州之列，书中称"贵州怀泽郡，虞舜暨周并为荒裔"，似乎更加剧了这一印象。② 不过值得注意是，《十道志》中亦不乏"某州，《禹贡》某州之地，古四夷地"这样的描述，如"窦州怀德郡，《禹贡》扬州之分，古越地"，"桂州始安郡，《禹贡》荆州之域，春秋时越地"，"罗州招义郡，《禹贡》扬州之地，是为南越"，准此例，那些但言"古越地"等的州大约也属九州，只不过史文略去不言。若此说不误，推测《十道志》倾向于将岭南分属九州之荆、扬，当不算无稽。

和《十道志》一样，《元和郡县图志》明确叙及九州分野者也仅数州，绝大多数州同样但云古越地、南越地、瓯骆越地或是夜郎国之地。③

---

① 属古越地者如新州、春州、宾州、澄州、邕州、横州、田州、辩州、白州、钦州、笼州，属闽越地者如潮州，属百越地者如循州、禹州，属瓯骆越地者如潘州、义州，属巴蜀西南徼外蛮者如牢州。

② 一般认为《禹贡》语境中，"九州"指华夏地区，荒裔之地不在其内。参唐晓峰《从混沌到秩序——中国上古地理思想史述论》，中华书局，2010，第208~237页；葛兆光《何为"中国"？——疆域、民族、文化与历史》，牛津大学出版社，2014，第37~38页；葛兆光《历史中国的内与外——有关"中国"与"周边"概念的再澄清》，香港中文大学出版社，2017，第7页；等等。

③ 属古越地者如梧州、龚州、宾州、澄州、钦州、安南都护府、骧州，属瓯骆越地者如贵州，属南越地者如演州，属夜郎国地者如峰州。

不过，该书在列举属扬、属荆诸州外，又明确称"钦州，古越地，非九州之域"。① 基于此，毋宁认为在李吉甫的认识中，岭南确有部分地区系在九州之外。

如果说岭南道或在九州外，在《十道志》和《元和郡县图志》中还只是暧昧或零星提及，那么《通典》对此则笃信无疑，且在杜佑看来，整个岭南都在九州之外。《通典·州郡二》记载：

> 自晋以后，历代史皆云，五岭之南至于海，并是《禹贡》扬州之地。按：《禹贡》物产贡赋，《职方》山薮川浸，皆不及五岭之外。又按：荆州南境至衡山之阳，若五岭之南在九州封域，则以邻接宜属荆州，岂有舍荆而属扬，斯不然矣，此则近史之误也。则岭南之地非九州之境。②

所谓"自晋以后历代史"，据《通典》后文，系指《晋书》《隋书》，二书《地理志》在叙述晋、隋疆域之九州分野时均将岭南附会至扬州。③ 针对此，杜佑认为《禹贡》所论物产贡赋以及《周礼·职方》所举名山大川均未涉及岭南，故判断"岭南之地非九州之境"，为此他还专门设置了"古南越"名目用来指称上古时代的岭南。值得一提的是，杜佑并不只对岭南如此"苛刻"，对于"雍州西境，流沙之西"，他也认为"并非九州封域之内"。④ 由此可见，对于《禹贡》九州所覆盖的疆域范围，杜佑是较为保守的。

唐代对岭南九州分野的认识已如上述，及至宋代，大体沿袭唐人认识但又有所改变。宋人描述岭南与《禹贡》九州关联大致存在两种形式：其一是在唐代疆域格局下论述，岭南道仍为主体；其二是在宋代疆域格局下论述，广南东路、西路构成基点。前者文献如北宋太宗雍熙末端拱初乐史撰《太平寰宇记》，仁宗嘉祐五年（1060）欧阳修、宋祁撰

---

① 《元和郡县图志》卷34《岭南道五》"钦州"条，第952页。
② 《通典》卷172《州郡二·序目下》，中华书局，1988，第4486页。
③ 《通典》卷184《州郡十四·古南越》，第4910页。《晋书》《隋书》文字，参《晋书》卷15《地理志下》，中华书局，1974，第464、466页；《隋书》卷31《地理志下》，中华书局，1973，第886页。
④ 《通典》卷172《州郡二·序目下》，第4487页。

《新唐书》之《地理志》，南宋高宗绍兴三十一年（1161）郑樵撰《通志》之《地里略》，度宗咸淳七年（1271）王应麟撰《玉海》之《地理门》，元成宗大德十一年（1307）马端临撰《文献通考》之《舆地考》；① 后者文献如北宋徽宗政和年间欧阳忞撰《舆地广记》，南宋理宗宝庆三年（1227）王象之撰《舆地纪胜》，嘉熙三年（1239）祝穆撰《方舆胜览》，宁宗、理宗朝张洽撰《历代郡县地理沿革表》，元顺帝至正五年（1345）脱脱等撰《宋史》之《地理志》；南宋宁宗、理宗时期章汝愚撰《山堂考索》之《州郡门》则一并叙及唐之岭南道与宋之广南东、西路。②

整体上看，以唐代疆域格局论述岭南九州分野的宋代地理文献，基本沿袭了唐代地理文献的观察（见表2）。

表2　宋代地理文献所见岭南道九州分野

文献	唐代建置	九州分野
《太平寰宇记》	恩州、韶州、交州、武峨州、粤州、芝州③	扬州
	贺州、桂州、蒙州、严州、山州	荆州
《新唐书》	岭南道	扬州南境
《通志》	岭南道	扬州南境④

---

① 关于诸书成书时间，参点校本说明或前言。《山堂考索》成书时间参李裕民《四库提要订误（增订本）》，中华书局，2005，第296页；《玉海》成书时间参韩兴波《〈玉海〉成书考略》，《荆楚学刊》2015年第2期；《文献通考》成书时间参王树民《史部要籍解题》，中华书局，2003，第233页。又《文献通考》成书虽已进入元朝，但马端临在南宋后期即着手撰述，体现的是宋人意识，故一并列于此。

② 关于诸书成书时间，参点校本说明或前言。《历代郡县地理沿革表》成书时间不详，按张洽为宁宗嘉定元年（1208）进士，其书据张洽《进书状》所云，理宗端平元年（1234）九月已进于朝（朱彝尊撰，林庆彰等主编《经义考新校》卷189《春秋二十二》"春秋集注"条，上海古籍出版社，2010，第3455页），推测其书当成于宁宗、理宗时期。又《宋史》虽由元人修撰，但主要依据宋修国史，故仍可视为代表宋人认识。

③ 《太平寰宇记》卷171《岭南道十五》"粤州""芝州"条称二州"土地与安南府同"（中华书局，2007，第3279～3280页）。据罗凯考证，《寰宇记》文字本自《通典》，《通典》记载不可靠，其说是（罗凯：《唐代山州地望与性质考——兼论岭南附贡州的建置》，《历史地理》第26辑，上海人民出版社，2012，第99页）。不过，《寰宇记》既以二州"土地与安南府同"，毋宁认为在《寰宇记》的语境中，二州和安南府（交州）一样，属"《禹贡》扬州之裔土（'士'当作'土'）"。

④ 《通志》认识亦存矛盾，其《地里略》"开元十道图"条以岭南道为"古扬州南境"，不过同略"历代封畛"条又抄录《通典》，以"岭南之地非九州之境"。《通志·二十略·地里略》，中华书局，1995，第553、543页。

续表

文献	唐代建置	九州分野
《山堂考索》	岭南道	扬州南境
《玉海》	岭南道	扬州南境
《文献通考》	岭南道	九州外

如表 2 所示，唐代认识岭南九州分野的四种意见中，有三种在宋代都各有继承。其中《新唐书》《通志》《山堂考索》《玉海》和《初学记》《唐六典》一样，将岭南归于扬州；《文献通考》一遵《通典》，以岭南在九州之外；而和《十道志》《元和郡县图志》一样按唐代诸州逐一叙述的《太平寰宇记》，也和二书类似，仅数州条下提及九州分野，且在某些州的叙述中将其归属于古越地、南越地、闽越地、百越地乃至文狼国、越裳氏国等，不过在二书中，《寰宇记》明确选择了前者，将岭南分属荆、扬二州——尽管《寰宇记》事实上不少内容抄录自《元和郡县图志》。① 《寰宇记》如此处理应与乐史对岭南九州分野的整体认识相关。在《太平寰宇记·四夷五·南蛮一》"南蛮总述"条中，乐史这样说道：

> 昔在虞舜，南巡至于苍梧，今桂州也。《禹贡》："淮、海惟扬州。"《传》曰："北距淮，南至海。"然则南至海裔，尚为九州焉。其后德有衰隆，化有远迩，盖自五岭以外，浸为夷俗焉。②

亦即在乐史看来，岭南化为蛮夷之地乃是晚后的事，从虞舜曾南巡至桂州，以及《禹贡》称扬州"南至海"，毋宁认为虞舜及《禹贡》时代，岭南"尚为九州焉"。明乎此，《寰宇记》不采《元和郡县图志》以岭南部分属九州外之说，也就不难理解了。

如果说宋人基于唐代疆域格局对岭南九州分野的认识大体不出唐人之外，宋人以宋代疆域格局叙述岭南九州分野，则在沿袭唐人认识的基础上有所发展（见表 3）。

---

① 严耕望曾举"四至八到"的若干例子，参严耕望《中古时代几部重要地理书——水经注、元和郡县志与太平寰宇记》，初刊《汉学研究通讯》第 4 卷第 3、4 号，1985 年，后收入氏著《严耕望史学论文集》下册，上海古籍出版社，2009，第 1546 ~ 1547 页。

② 《太平寰宇记》卷 176《四夷五·南蛮一》"南蛮总述"条，第 3353 页。

表 3　宋代地理文献所见广南东、西路九州分野

文献	宋代建置	九州分野
《舆地广记》	广州	九州外①
《舆地纪胜》	广州、韶州、南雄州、英德府、肇庆府、新州、南恩州、潮州、梅州、循州②	扬州
	连州、桂州、昭州、梧州、贺州	荆州
	邕州、化州、钦州、琼州、昌化军、万安军、吉阳军	九州外
《山堂考索》	广南东西路	扬州南境
《方舆胜览》	广州、肇庆府、英德府、韶州、潮州、梅州、循州、南雄州、南恩州、新州	扬州
	连州、静江府、梧州、昭州、贺州	荆州
	邕州、化州、钦州、琼州、吉阳军、昌化军、万安军	九州外
《历代郡县地理沿革表》③	广州、韶州、肇庆府、潮州、梅州	扬州
	连州、桂州	荆州
《宋史》	广南东西路	荆扬二州

　　总体上看，上述四种认识在唐代皆已出现。《山堂考索》以岭南归属扬州，可上溯至《初学记》《唐六典》；《舆地广记》将岭南置于九州外，系受《通典》影响；《历代郡县地理沿革表》《宋史》以岭南分属荆、扬二州，与《十道志》倾向一致；渊源颇深的《舆地纪胜》和《方舆胜览》以岭南分属荆、扬及九州外，则可于《元和郡县图志》觅得渊源。④不过，如果细析诸书，不难发现较之唐代地理文献，宋人认识仍有推进。

　　其一，关于岭南分属荆、扬二州，如前所见，《十道志》《太平寰

---

① 《舆地广记》虽仅在"广州"条下云其"古蛮夷之地……在《禹贡》、《职方》州域之外"，不过在此前论述"禹贡九州"范围时，宋代广南东、西路所属，除潮州被视为"古扬州地外"，其余均未被提及。可见在《舆地广记》看来，岭南整体应不属九州。《舆地广记》卷1《禹贡九州》、卷35《广南东路》"广州"条，四川大学出版社，2003，第3、1084 页。

② 关于循州九州分野，《舆地纪胜》原缺，不过据多抄录《舆地纪胜》的《方舆胜览》，可知循州应属扬州。

③ 其书早已佚失，明人陈文燧重新编次、刊刻的《记纂渊海·郡县部》多有节录。关于明万历七年（1579）刊本及四库本《记纂渊海·郡县部》所引《沿革表》或《地理沿革表》系张洽《历代郡县地理沿革表》，李裕民、金菊园已有指摘。分见李裕民《〈舆地纪胜续编〉研究》，《陕西师范大学学报》2002 年第4 期；金菊园《万历刻本〈记纂渊海·郡县部〉初探》，《历史地理》第 30 辑，上海人民出版社，2014。

④ 关于《舆地纪胜》与《方舆胜览》的关系，学者已指出后者内容多抄录前者。参李勇先《〈舆地纪胜〉研究》，巴蜀书社，1998，第 112 ~ 122 页。

宇记》乃至《历代郡县地理沿革表》均只例举数州，这样的叙述方式，加上不少州被指原为古越地等，使得三书并不能充分传达整个岭南都属荆、扬二州的印象。《宋史》则明确宣称："广南东、西路，盖《禹贡》荆、扬二州之域。"① 尽管对于广南东、西路如何分属二州，《宋史》并未明言，但以岭南整体皆属荆、扬二州，却是确凿无疑的。

其二，以岭南三属的论述，《元和郡县图志》也是以例举若干州的方式进行，尤其是认为岭南或在九州外，明确言及者只有钦州一例。《舆地纪胜》和《方舆胜览》固然同样采取例举法，但举例更多，如《元和志》举出岭南分属扬州、荆州及九州外的州分别是 5 例、2 例和 1 例，《舆地纪胜》和《方舆胜览》即便剔除连州不论，也达到 10 例、4 例和 7 例。所举例子既多，论述显更充分。更重要的是，随着例子增多，《元和志》中呈点状分布的明确九州分野的州域，在《舆地纪胜》和《方舆胜览》中连缀成片了：岭南东南部，除惠州未见言及外，其余均属扬州；北部地区，韶州以西宜州以东，则皆属荆州；以海南岛为中心，加上岭南偏西的邕州、钦州、化州，则被划在九州之外。尽管在《舆地纪胜》和《方舆胜览》中，岭南仍有大片州域不明所属，但若与《元和志》相比，二书将岭南分属荆、扬及九州外的认识无疑更为明确。

要之，围绕唐宋时期岭南的九州分野，宋人观感与唐人认识可谓小异大同，即都存在四种认识：其一，岭南属扬州；其二，岭南分属荆、扬二州；其三，岭南在九州外；其四，岭南分属荆、扬及九州外。当然，四种认识的影响并不等同，不同时期或有大小，不过整体而论，四种认识在唐宋都有一定接受度，皆非冷门知识。那么，唐宋时期关于岭南九州分野为何会同时并存四种认识？解析四种认识的缘起，或许对回答这一问题会有启益。

二　属扬：岭南进入华夏版图的知识应对

杜佑在论证岭南不属古九州时曾称，"《晋书》、《隋书》并谓交广之地为《禹贡》扬州之域"，② 表明作为其言说对象的将岭南视为扬州

① 《宋史》卷 90《地理志六》，中华书局，1977，第 2248 页。
② 《通典》卷 184《州郡十四》"古南越"条，第 4910 页。

的认识至迟在李唐前期已经出现。不过，此说出现实际更早。南朝陈时顾野王撰《舆地志》，即云"东粤九郡，俱属《禹贡》扬州南境"，刘宋时曾被流放至广州的沈怀远撰《南越志》，也称"南越之地，牛女分野，扬州之末土"，① 可见南朝前期岭南业已进入《禹贡》扬州的范围。又东晋后成书的《太康地记》② 云："交州，本属杨（扬）州，取交阯以为名，虞之南极也。"③ 此处扬州是指"古扬州"还是"汉扬州"，《地记》语焉不详，不过汉代扬州并不包括岭南，岭南自汉武帝置州伊始即单设交阯或交州，④ 故此处"扬州"系指以《禹贡》扬州为代表的"古扬州"。这也再度确认，至迟在东晋南朝，岭南在九州分野中隶属扬州大约已是"常识"。⑤

再往前追。《史记·南越列传》记载："秦时已并天下，略定扬越，置桂林、南海、象郡，以谪徙民。"所谓"扬越"，三国时人张晏释云："扬州之南越也。"⑥ "扬越"是否即因"扬州之南越"得名或有疑义，⑦

---

① 《舆地志辑注》卷16《交州·合浦郡》，上海古籍出版社，2011，第362页；光绪《潮阳县志》卷1《星野》，《中国地方志集成·广东府县志辑》第28册，上海书店出版社，2003，第22页。

② 关于《太康地记》的成书时间，参顾江龙《〈太康地记〉考——兼论王隐〈晋书·地道记〉和〈元康地记〉》，《文史》2018年第4辑。

③ 《艺文类聚》卷6《州部》"交州"条，上海古籍出版社，1999，第116页。

④ 一般认为交阯在元封五年（前106）设刺史部后即与扬州并立，不过辛德勇认为交阯改名交州之前属扬州。按辛说建立在州与刺史部相区分的基础上，核以史料，其说不确，吴修安也指出此说不能成立。参辛德勇《两汉州制新考》，《秦汉政区与边界地理研究》，中华书局，2009，第137～138页；吴修安《先秦"九州"说及其对后世的影响——从两汉刺史部到唐代地理文献编纂》，《台湾师大历史学报》第55期，2016年，第9～12页。

⑤ 值得注意的是，南北朝时期还多以《禹贡》九州中的荆、扬二州指代南方政权（参吴修安《先秦"九州"说及其对后世的影响——从两汉刺史部到唐代地理文献编纂》，《台湾师大历史学报》第55期，2016年，第31～32页），虽然在这类表述中无法确认岭南是否即属扬州，但至少表明时人习惯于将岭南置于九州之内。

⑥ 《史记》卷113《南越列传》集解注引，中华书局，1959，第2968页。

⑦ 关于扬越之得名，顾颉刚提供了另一种解释，即"扬""越"双声，两字可以通用；于、越、扬同组，故"越"可称"扬"，"于越"亦可称"扬越"。吕思勉也认为扬、越系一语，"重言之，乃所以博异语，犹华、夏本一语而连言之耳"。解释虽有分歧，但都认为并非"扬州之南越"之意。参顾颉刚《州与岳的演变》，初刊《史学年报》第1卷第5期，1933年，此据《顾颉刚古史论文集》卷5，第60～61页；吕思勉《燕石札记·甲帙 先秦》"扬越"条，《吕思勉全集》第9册《读史札记上》，上海古籍出版社，2016，第343～345页。

但不难看出，至少在张晏看来，岭南之地系属扬州。又《汉书·地理志》："粤地，牵牛、婺女之分野也。今之苍梧、郁林、合浦、交阯、九真、南海、日南，皆粤分也。"① 即以岭南对应于星宿牵牛、婺女。而据《史记·天官书》，"牵牛、婺女，杨州"，② 扬州的天文分野正是牵牛、婺女，这表明在《汉书》成书的东汉前期，岭南在九州分野的场合已然被视为扬州之一部分。③

在先秦文献中，尚未见到将岭南归属扬州甚至华夏九州的记载，这无疑与彼时华夏王朝未能控制岭南或者岭南地方势力不被视为华夏统治密切相关。④ 而在秦汉尤其是汉武帝元鼎六年之后，随着华夏势力进入且稳定地控制岭南，岭南在知识层面成为华夏世界的一部分即变得可能且必需。固然，在《禹贡》九州学说经典化之前，调整九州构成或增设新州亦是建构新世界作为华夏世界之一部分的重要途径，前者如《周礼·职方》《尔雅·释地》《吕氏春秋·有始览》等出现幽州、并州，一般认为即与华夏开拓北方有关；⑤ 后者如汉武帝"攘却胡、越，开地斥境"，因而"南置交阯，北置朔方之州"。⑥ 不过在《禹贡》九州学说经典化之后，尽管在现实政区设计中岭南已以交阯或交州之名与《禹贡》诸州相提并论，但在知识层面，时人亦不放弃在《禹贡》九州的框架下理解全国各地，业已进入华夏势力范畴的岭南理所当然在九州中

---

① 《汉书》卷 28 下《地理志下》，中华书局，1962，第 1669 页。

② 《史记》卷 27《天官书》，第 1330 页。

③ 又辛德勇还提到稍早于张晏的东汉末高诱注《战国策》卷 5《秦策三》"蔡泽见逐于赵"条亦提到"越属扬州"，不过吴修安已据范祥雍在《战国策笺证》"代前言"中的梳理指出此非高诱注，而是北宋人鲍彪所注。吴修安：《先秦"九州"说及其对后世的影响——从两汉刺史部到唐代地理文献编纂》，《台湾师大历史学报》第 55 期，2016 年，第 29 页。

④ 与之相反的是楚和越，楚、越原本亦属蛮夷，但由于与华夏多有交流，且国力强大，遂被列入九州"中国"。参顾颉刚《秦汉统一的由来和战国人对于世界的想像》，初刊《孔德旬刊》第 34 期，1926 年，此据《顾颉刚古史论文集》卷 5，第 35~36 页；《扬州境界问题》，《尚书研究讲义》，《顾颉刚古史论文集》卷 8，第 221 页。

⑤ 顾颉刚：《州与岳的演变》，《顾颉刚古史论文集》卷 5，第 63 页；陈连庆：《〈禹贡〉研究》，《中国古代史研究——陈连庆教授学术论文集》，吉林文史出版社，1991，第 870 页；唐晓峰：《从混沌到秩序——中国上古地理思想史述论》，第 220 页；尹宏兵：《〈容成氏〉与九州》，丁四新主编《楚地简帛思想研究（三）——"新出楚简国际学术研讨会"论文集》，湖北教育出版社，2007，第 231~236 页。

⑥ 《汉书》卷 28 上《地理志上》，第 1543 页。

占据一席之地。①而自汉以降，不论实质抑或名义，岭南一直处于华夏王朝的稳定控制之下，这就使得在相当长的时间内，岭南属于九州都是作为九州分野的主流知识而存在的。②

此外，上古帝王统治岭南的传说或也推动了这一知识的传播。在先秦文献中，已经出现尧或禹治理"南交"或"交阯"的记载。《尚书·尧典》："（尧）申命羲叔，宅南交。"《墨子·节用篇》："昔者尧治天下，南抚交阯，北降幽都。"《韩非子·十过》："昔尧有天下……其地南至交阯，北至幽都。"《吕氏春秋·慎行·求人》云禹曾到达"交阯"。这样的传说在汉代仍在传布，如《淮南子》《史记》《大戴礼记》皆可见到描述尧、舜或颛顼治理交阯的文字。③此外，彼时还广泛流传舜南巡死于苍梧的传说。④尽管如学者所论，所谓"南交""交阯"，皆

---

① 这种倾向亦曾付诸实施，如王莽、曹操皆曾恢复《禹贡》九州制度。参《汉书》卷99《王莽传中》，第4128页；《三国志》卷1《魏书·武帝纪》，中华书局，1959，第37页；《续汉书·百官志五》注引《献帝起居注》，中华书局，1965，第3618页。

② 除岭南外，汉代在西北、西南的开疆拓土，亦引发汉人对《禹贡》雍州、梁州地望的扩张。参牛敬飞《论汉代西部边疆上的〈禹贡〉地名》，《学术月刊》2018年第3期。又与九州分野变化类似，天文分野、国家祭祀范围等，亦与疆域变化相关。关于天文分野，参邱靖嘉《"十三国"与"十二州"——释传统天文分野说之地理系统》，《文史》2014年第1辑；《天文分野说之终结——基于传统政治文化嬗变及西学东渐思潮的考察》，《历史研究》2016年第6期；《"普天之下"：传统天文分野说中的世界图景与政治涵义》，《中国史研究》2017年第3期。关于国家祭祀范围，参田天《秦汉国家祭祀史稿》，三联书店，2015，第12~89、258~327页。有趣的是，若疆域缩小，诸如天文分野等亦可能随之调整。《宋书》卷25《天文志三》："案江左来，南斗有灾，则吴越会稽、丹阳、豫章、庐江各随其星应之。淮南失土，殆不占耳。"（第730页）据此，随着东晋南朝失去对淮南的控制，天文分野中亦略去淮南。

③ 何宁：《淮南子集释》卷19《修务训》，中华书局，1998，第1312页；《史记》卷1《五帝本纪》，第10、43页；王聘珍：《大戴礼记解诂》卷7《五帝德》，中华书局，1983，第120、123页。

④ 袁珂：《山海经校注》卷13《海内经》"九嶷山"条，巴蜀书社，1992，第521页；何宁：《淮南子集释》卷19《修务训》，第1313页；《史记》卷1《五帝本纪》，第44页；王聘珍：《大戴礼记解诂》卷7《五帝德》，第124页；《礼记正义》卷7《檀弓上》，阮元校刻十三经注疏本，中华书局，1980，第1281页中栏；《汉书》卷36《楚元王传》，第1952页；等等。又长沙马王堆三号汉墓出土地形图，九嶷山处标注"帝舜"二字，并绘有九个柱状符号，考古发掘也发现九嶷山舜帝陵庙遗址下有汉代建筑遗迹，大约也是受此传说影响。参湖南省博物馆、湖南省文物考古研究所《长沙马王堆二、三号汉墓》第1卷《田野考古发掘报告》，文物出版社，2004，第94页；吴顺东《"舜葬九疑"考古系年》，《舜文化论文集》第1辑，湖南人民出版社，2008，第32~37页；《九疑山舜帝陵庙之发掘及沿革汇考》，《中国文物报》2007年8月1日，第4版。

泛指南方极远之地，并不特指岭南，[1] 而舜南巡死于苍梧也多半不可信，[2] 不过，由于交阯、苍梧在汉代岭南皆历历可举，这种古今地名的关联无疑也强化了时人将岭南视为自古即属华夏九州的意象。

至于扬州何以会成为辖领岭南的"幸运儿"，这恐怕与《禹贡》九州境域的设定不无关联。岭南地处南土，能够发生联系的只有荆州、扬州。关于荆州境域，《禹贡》描述为"荆及衡阳惟荆州"，大致以"衡阳"为南界。所谓"衡阳"，诸家皆释作衡山之阳。照此解释，荆州南界固可越过衡山，但大抵不会去之太远，岭南无由包括其中。[3] 而扬州境域，《禹贡》称"淮、海惟扬州"，较之荆州，描述更显模糊。这就导致对于扬州疆域尤其是其南界，迄今仍有争议。一种意见认为，所谓"海"指东海。郑玄"扬州界自淮而南，至海以东也"，[4] 既称"至海以东"，则应指东海。杜佑也赞成此说，为此甚至不惜改《尚书·禹贡》伪孔传"南至海"为"东南至海"。[5] 不过核以汉唐文献，当时更流行的看法毋宁说是以"海"为"南海"，扬州南界也常被描述为"南至海"。除《尚书》伪孔传外，《尔雅》孙炎注、郭璞注，《汉书》颜师古注，《初学记》等并作此。[6] 扬州南界既为南海，而岭南正在南海之北，然则岭南归属扬州也就不难理解了。[7]

又扬州之脱颖而出，当还得益于天文分野知识。现将迄今可见唐代中期以前文献所见天文分野知识整理如下（见表4）。

可以看到，至迟从《史记·天官书》开始，即已形成以"星纪—斗、牵牛、婺女（或只有斗、牛）"对应于"吴越—扬州"的认识。固然，在"吴越—扬州"分野最初的语境中，"越"系指以今浙东绍兴地

---

① 顾颉刚、刘起釪：《尚书校释译论》，中华书局，2005，第45~46页。

② 钱穆：《苍梧九疑零陵地望考》，《古史地理论丛》，东大图书有限公司，1982，第260~264页；顾颉刚、刘起釪：《尚书校释译论》，第350~351页。

③ 《尚书正义》卷6《禹贡》，第149页上栏。

④ 《春秋公羊传注疏》卷7"庄公十年"疏引，阮元校刻十三经注疏本，第2232页上栏。

⑤ 《通典》卷172《州郡二·序目下》，第4486页。

⑥ 《春秋公羊传注疏》卷7"庄公十年"，第2232页上栏；《汉书》卷28上《地理志上》颜师古注，第1528页；《初学记》卷8《州郡部》"岭南道"条，中华书局，1962，第192页；等等。《唐六典》作"东、南际海"，《唐六典》，中华书局，1992，第72页。

⑦ 力主岭南在九州外的杜佑特意将历代注家习用的"南至海"改为"东南至海"，也显示出扬州"南至海"的境域设定有助于时人将岭南归入扬州。

表4　唐中期之前的天文分野

文献	十二次	二十八宿		古代州国	
《淮南子·天文训》①		斗、牵牛		越	
		须女		吴	
		翼、轸		楚	
银雀山汉简《占书》②		牵牛、婺女			
		翼、轸		楚	
《越绝书·记军气》③		南斗		越	
		都牛、须女		吴	
		翼、轸		楚	
《史记·天官书》		斗		江湖	
		牵牛、婺女		扬州	
		翼、轸		荆州	
纬书《洛书》④	星纪	斗	南斗十二度至须女七度	吴	扬州
		牛、女		越	
	鹑尾	张十八度至轸十一度		楚	荆州
《春秋元命苞》⑤		牵牛		扬州，越国	
		轸		荆州，楚国	
《汉书·地理志》		斗		吴	
		牵牛、婺女		粤	
		翼、轸		楚	
《汉书·天文志》		斗		江湖	
		牵牛、婺女		扬州	
		翼、轸		荆州	

① 何宁：《淮南子集释》卷3《天文训》，第273～274页。
② 《银雀山汉墓竹简》（贰），文物出版社，2010，第242页，图版及摹本分别在第118、313页。关于银雀山汉墓竹简的书写年代，学者推测在文帝至武帝初期。参吴九龙《银雀山汉简释文》"叙论"，文物出版社，1985，第13页。
③ 李步嘉：《越绝书校释》卷12《越绝外传记军气》，中华书局，2013，第330～331页。又关于《越绝书》成书时代，尚无定论，本文暂取李步嘉成书于东汉末年说。李步嘉：《〈越绝书〉研究》，上海古籍出版社，2003，第226～310页。
④ 萨守真：《天地瑞祥志》卷1《明分野》引，高柯立选编《稀见唐代天文史料三种》下册，国家图书馆出版社，2011，第23～24页。关于《洛书》成书时间，陈槃认为秦始皇末年即有迹可寻，不过部帙则待光武以后。参陈槃《古谶纬研讨及其书录解题》，上海古籍出版社，2010，第478～483页。
⑤ 《艺文类聚》卷6《州部》"杨州""荆州"条引，第111、112页。另关于《春秋元命苞》的成书时间，邱靖嘉认为在东汉初年。参邱靖嘉《"十三国"与"十二州"——释传统天文分野说之地理系统》，《文史》2014年第1辑，第19～20页。

续表

文献	十二次	二十八宿	古代州国
《未央·分野》①	星纪	牛、斗 起斗十二度，自斗十度， 自斗六度	吴、越
	鹑尾	翼、轸 起张十八度，自张十三度， 自张十二度	楚
《周礼·保章氏》郑玄注②	星纪		吴、越
	鹑尾		楚
蔡邕《月令章句》③	星纪	自斗六度至须女二度	越
	鹑尾	自张十二度至轸六度	楚
《淮南子·天文训》高诱注④	星纪	斗	吴
		牵牛、婺女	越
	鹑尾	翼、轸	楚
《汉纪》⑤		斗、牛	吴
		牵牛、须女	越
		翼、轸	楚
皇甫谧《帝王世纪》⑥	星纪	自斗十一度至婺女七度	吴、越
	鹑尾	自张十八度至轸十一度	楚
《州郡躔次》⑦		斗、牵牛、须女	吴、越，扬州
		翼、轸	楚，荆州
《史记正义》引《星经》⑧		南斗、牵牛	吴、越，扬州
		翼、轸	楚，荆州

① 李淳风：《乙巳占》卷 3《分野》引，《丛书集成初编》本，商务印书馆，1936，第 55 页；《开元占经》卷 64《分野略例》引，岳麓书社，1994，第 645、650 页。

② 《周礼注疏》卷 26《春官宗伯·保章氏》，中华书局，1980，第 819 页中栏。

③ 《续汉书·律历志下》注引，第 3081 页。

④ 何宁：《淮南子集释》卷 3《天文训》，第 181、183 页。

⑤ 《汉纪》卷 6《高后纪》，中华书局，2002，第 85 页。

⑥ 《续汉书·郡国志一》注引，第 3385～3386 页。

⑦ 《晋书》卷 11《天文志上》，第 310、313 页。所谓"州郡躔次"，邱靖嘉认为即西晋（或谓魏、吴或东晋）太史令陈卓所厘定的分野体系。参邱靖嘉《"十三国"与"十二州"——释传统天文分野说之地理系统》，《文史》2014 年第 1 辑，第 21 页。

⑧ 《史记》卷 27《天官书》注引，第 1346 页。此《星经》或认为即《石氏星经》，邱靖嘉认为非，其书大约成书于晋隋之间。参邱靖嘉《"十三国"与"十二州"——释传统天文分野说之地理系统》，《文史》2014 年第 1 辑，第 22 页。

文献	十二次	二十八宿	古代州国
《北堂书钞》①		牛、女	扬州
		翼、轸	荆州
《晋书·天文志》	星纪	自南斗十二度至须女七度	吴、越，扬州
	鹑尾	自张十七度至轸十一度	楚，荆州
《隋书·地理志》	星纪	自斗十二度至须女七度	吴、越，扬州
	鹑首	自张十七度至轸十一度	楚，荆州
李淳风《乙巳占》②	星纪	斗、牛 自斗十二度至女七度	吴、越，扬州
	鹑尾	翼、轸 自张十七度至轸十一度	楚，荆州
《初学记》③	星纪	斗、牵牛、婺女	吴、越，扬州
	鹑尾	翼、轸	楚，荆州
《开元占经》④	星纪	南斗、牵牛 自南斗十二度至须女七度	吴、越，扬州
	鹑尾	翼、轸 自张十八度至轸十一度	楚，荆州

区为中心、曾与吴争霸的越国，⑤ 扬州也仅限汉代扬州，⑥ 均不包括岭南，不过最晚自《汉书·地理志》以降，分野理论中岭南渐被归于对

① 《北堂书钞》卷 150《天部二·星》，天津古籍出版社，1988，第 681 页上栏。
② 李淳风：《乙巳占》卷 3《分野》，第 45～46、50 页。
③ 《初学记》卷 1《天部上·星》，第 11 页。
④ 《开元占经》卷 64《分野略例》，第 645、650～651 页。
⑤ 《左传》"昭公三十二年"："夏，吴伐越，始用师于越也。史墨曰：'不及四十年，越其有吴乎！越得岁而吴伐之，必受其凶。'"杜预注云："此年岁在星纪。星纪，吴越之分也。岁星所在，其国有福，吴先用兵，故反受其殃。"（《春秋左传正义》卷 53 "昭公三十二年"，中华书局，1980，第 2127 页中栏）又贾公彦疏释"星纪，吴越也"，亦称："吴、越二国同次者，亦谓同年度受封，故同次也。"（《周礼注疏》卷 26《春官宗伯·保章氏》，第 819 页中栏至下栏）二处"越"均显指越国。事实上，考虑到以国为名的分野体系以东周列国为据，则其中"越"指越国无待赘言。
⑥ 《史记·天官书》中的十三州分野，尽管与汉武帝所置十三刺史部并不完全一致，但大体以后者为依据，当无疑义（冯时：《中国天文考古学》，中国社会科学出版社，2010，第 109～110 页；唐晓峰：《从混沌到秩序——中国上古地理思想史述论》，第 139 页）。而在十三州中，岭南属交阯，并不列于扬州，然则《天官书》中扬州亦不包括岭南。邱靖嘉据《史记·天官书》绘制汉代十二州分野系统示意图，以岭南属扬州，或有误。邱靖嘉：《"十三国"与"十二州"——释传统天文分野说之地理系统》，《文史》2014 年第 1 辑，第 18 页。

应于牛、女或南斗的越（粤）。① 《汉书·地理志》《隋书·地理志》《乙巳占》《开元占经》均明确以岭南为牛、女分野，② 前引《南越志》也说"南越之地，牛女分野，扬州之末土"，韩愈《送窦平从事序》亦称："逾瓯、闽而南，皆百越之地。于天文，其次星纪，其星牵牛。"③ 此外还有一些文献，如表4所列，虽未明确揭举岭南，但其所论对应于斗、牛、女三宿的"越"恐怕亦包括岭南在内。④ 事实上，即便不以岭南属九州的《通典》，也承认南越"在天文，牵牛、婺女则越之分野"，且明确称"汉之苍梧、郁林、合浦、交阯、九真、南海、日南，皆其分也"。⑤

可以补充的是，岭南在天文分野上对应于牛、女或南斗，并非停留在纯粹知识层面，在星占实践中也有体现。《汉书·天文志》载："元鼎中，荧惑守南斗。占曰：'荧惑所守，为乱贼丧兵；守之久，其国绝祀。'南斗，越分也。其后越相吕嘉杀其王及太后，汉兵诛之，灭其国。"⑥ 在此叙述中，南斗为荧惑所守被视为割据岭南的南越灭亡的征兆，其成立的背景即岭南对应于南斗。又《晋书·天文志下》载东晋安帝义熙六年（410）八月月掩斗、牛，地处岭南的始兴太守徐道覆反被视为事验之一，十年五月或八月月掩牵牛南星，翌年林邑寇交州被视为事验；《宋书·天文志四》载前废帝永光元年（465）正月丁酉太白掩牵牛，三月甲申月入南斗，会稽太守寻阳王子房、广州刺史袁昙远等藩镇起兵反被视为事验；《隋书·天文志下》载大同三年（537）三月乙丑岁星掩建星，五年十月辛丑彗出南斗，交州刺史李贲举兵反及称帝被视为事验。⑦ 无待赘言，上述星占得以成立，同样源自岭南天文分野

---

① 岭南之被对应于牛、女及归于越，大约与岭南被视为越地、岭南之人被视为越人有关，尽管事实上岭南之南越与越国之越并非一回事。关于"越"概念的演变，参鲁西奇《说"越"》，《清华元史》第3辑，商务印书馆，2015，第277~352页。

② 《汉书·地理志》的叙述略显混乱，其叙述分野，以"粤地"为岭南，不过其下行文中，又称越国封于会稽。这大约是《地理志》尝试将岭南纳入分野体系后的无奈之举。

③ 韩愈：《送窦平从事序》，韩愈撰，刘真伦、岳珍校注《韩愈文集汇校笺注》卷9，中华书局，2010，第1003页。

④ 这之中仅《州郡鳣次》明确未将岭南包括在天文或九州分野之内。

⑤ 《通典》卷184《州郡十四·古南越》，第4910~4911页。

⑥ 《汉书》卷26《天文志》，第1306页。

⑦ 分见《晋书》卷13《天文志下》，第384~385、386页；《宋书》卷26《天文志四》，第754页；《隋书》卷21《天文志下》，第595页。

与斗、牛相应。

及至唐宋尤其是宋代以降，随着天人相应思想的消退和转型，① 文献中对于星占事验的记载趋于减少，不过仍有一些星占文字显示岭南被与牛、女、斗建立关联。唐代宗大历二年（767），桂州山獠攻占州城。此事在两《唐书》及《资治通鉴》等的记载中，均未与星象发生联系，② 不过在北宋景祐年间杨惟德等撰《景祐乾象新书》中，则被视为6天前荧惑犯南斗之星象的事验。③ 又《旧五代史》载后周显德五年（958）据有岭南的南汉主刘晟"以六月望夜宴于甘泉宫，是夕月有蚀之，测在牛女之度，晟自览占书，既而投之于地，曰：'自古谁能不死乎！'纵长夜之饮，至是而卒"。④ 显然在刘晟看来，月蚀发生于牛女之度，正与岭南相对。岭南既与南斗及牵牛、婺女对应，而后者在天文分野中又常与"吴越—扬州"相配，岭南之被归属扬州，也就不足为奇了。⑤

要之，岭南在九州分野中归属扬州，某种意义上可以说是岭南进入华夏世界后具有一定必然性的选择。经典中的九州界定，天文分野的启示，都使得扬州成为岭南九州分野的不二之选，这也是促成唐代之前主流认识将岭南归属扬州的重要原因。不过到唐代，岭南九州分野论说出

<hr>

① 小岛毅：《宋代天谴论的政治理念》，龚颖译，沟口雄三、小岛毅主编《中国的思维世界》，江苏人民出版社，2006，第281～339页；陈侃理：《儒学、数术与政治：灾异的政治文化史》，北京大学出版社，2015，第259～304页。

② 《旧唐书》卷11《代宗纪》，第287页；《新唐书》卷6《代宗纪》，第173页；《资治通鉴》卷224，代宗大历二年，中华书局，1956，第7197页。

③ 杨惟德等：《景祐乾象新书》卷17《斗宿》，《续修四库全书》第1050册，上海古籍出版社，1996，第126页上栏。又"七月"，《旧唐书》《通鉴》皆作"九月"，《新唐书》作"是秋"，"七月"疑讹。

④ 《旧五代史》卷135《僭伪传·刘陟传附刘晟传》，中华书局，1976，第1809～1810页。

⑤ 岭南天文分野其次星纪，其宿牛、斗或女，这在许多文学性表述中也有体现。王勃《广州宝庄严寺舍利塔碑》有"国惟瓯骆，郡实番禺……上当星纪，下裂坤维"；杜甫《衡州送李大夫七丈勉赴广州》云"北风随爽气，南斗避文星"；《成王李千里墓志》隐晦地将李千里流放岭南描述为"年在总角，职委荒隅；亟环星纪，载康夷落"；杨万里《答广东唐宪》称唐弼任职广南东路提点刑狱，"出使而占二星，不离南斗之次"。诸如此类还有许多，兹不赘举。在这些文字中，岭南均与星纪或牛、斗、女宿相应。分见王勃撰，蒋清翊注《王子安集注》卷18《碑》，上海古籍出版社，1995，第529页；杜甫撰，仇兆鳌注《杜诗详注》卷22，中华书局，1979，第1942页；周绍良主编《唐代墓志汇编》景云005，上海古籍出版社，1992，第1119页；杨万里撰，辛更儒笺校《杨万里集笺校》卷56《启》，中华书局，2007，第2550页。

现变化，新的天文分野说的提出，以及时人对《禹贡》九州境域的重新检讨，使得依凭二者建立并长期占据主流的岭南属扬认识遭受巨大冲击，而岭南西部属荆及被排除在九州之外，正是在此冲击下酝酿出的关于岭南九州分野的新认识。

三　西部属荆：一行分野学说的产物

如前所见，唐宋地理文献所见以岭南归属荆州的论述大致有两种类型。其一，以岭南若干州尤其是北部诸州属荆州。如《舆地纪胜》和《方舆胜览》列入荆州的连州、桂州、贺州、昭州、梧州，均位于宋代广南东、西路毗邻荆湖南路的位置；《元和郡县图志》和《太平寰宇记》所举属荆之桂州、富州及贺州、桂州，也大抵位于岭南西部北侧；《十道志》虽不那么纯粹，但所举属荆四州中仍有桂州、环州位于岭南西部北侧。由此可见，以岭南西部北侧若干州归属荆州，在唐宋地理文献中具有一定共识。其二，以岭南西部归属荆州，允为代表者即《宋史·地理志》。尽管由于《宋史·地理志》仅云"广南东、西路，盖《禹贡》荆、扬二州之域"，其是否即以广南东、西路分属扬州、荆州，尚无法断言，不过至少宽泛的岭南西部被归属荆州，殆无疑问。

《宋史·地理志》的叙述多少有些语焉不详，不过在宋人其他文字中，不难见到将岭南西部归属荆州的论断。南宋前期蔡攸撰《分野论》，即明确以岭南西部属荆州。其文颇长，摘录如下：

> 凡迁、固以来，谓斗、牛、女为吴越之分野，并属扬州者，皆指越之东界，以累世立国之地言之。至于两汉《地理志》，遂并以郁林、苍梧所属之郡在越之西界者，尽为牛、女之分野，则差之毫厘，而谬以千里矣。……列宿在天，所主之分野，随方所向，皆当逾海际天而后止。《周礼》："东南为扬州，正南为荆州。"其接吴者为扬州，则星纪之分，并在东南方也。固不应礐折而西转，以抵正南之方、荆楚之界，而并为星纪之分野也。且翼、轸所向正南之方，亦不应至始安而终止，而始安以南遽属斗、牛之分也。
>
> 《通典》之说曰："按荆州南境至衡山之阳，若五岭之南在九

州封域，则以邻接，宜属荆州，岂有舍荆而属扬？斯不然矣。此则近史之误也。"其大概以为岭南之地分野所属，其西界当属荆州，翼、轸之次耳。《唐书·天文志》曰："后世之言星分者，据《汉书·地理》推之，是守甘、石之遗术，而不知变通之数。"东坡《指掌图》中，其《天象分野图》，亦援《唐志》之说以为证。而《唐书·地理志》则以韶、广、康、端、封、梧、藤、罗、雷、崖以东为星纪分，桂、郁林、富、昭、蒙、龚、绣、容、白、罗（应作"廉"）以西为鹑尾分。又一行禅师用李淳风之说为《分野图》，云："自韶、广、康、封、梧、藤、罗、雷州南及珠崖，自北以东为星纪，其西北属鹑尾之次。"以此参订，则越之东界，其北接吴者属星纪，实斗、牛、女之分野；而越之西界，其北抵楚者属鹑尾，实翼、轸之分野。前史之差谬，至是而后，较然明甚。①

蔡戡主要讨论天文分野，九州分野只是附及。不难看出，蔡戡引述虽不尽准确（如认为《通典》以岭南西部属荆州、一行与李淳风观点相同，皆不确，详下），但其观点还是较为明确的，即反对《汉书·地理志》以岭南全体属扬州的认识，而赞成《唐书·地理志》及一行分野理论，以岭南东部属星纪，西部属鹑尾，由此将岭南西部划归荆州。

和蔡戡一样，稍晚一些的李曾伯也以岭南西部归属鹑尾，其《桂阃谢赐历日表》云：

> 赐书北阙，君临用九之乾；授历南交，民遇登三志泰。……臣敢不祗服蕃宣，奉行宽大！仰占鹑尾，相安《禹贡》之山川；远暨龙编，同禀汉家之正朔。②

据《宋史》本传，李曾伯时任知静江府、广西经略安抚使，显然在表中，李曾伯是以鹑尾与广南西路相对。与此类似，北宋词人毛滂《代王运判到任谢执政启》云：

---

① 蔡戡：《分野论》，汪森编辑，黄盛陆等校点《粤西文载校点》第 4 册，广西人民出版社，1990，第 215～216 页；又见《全宋文》第 276 册，上海辞书出版社、安徽教育出版社，2006，第 309～310 页。标点有所调整。
② 李曾伯：《桂阃谢赐历日表》，《全宋文》第 339 册，第 36 页。

人言仅白，初假临民；突色未黔，巫趋度岭。谢鱼鸟相安之乐，涉山川甚远之勤；尽忠义之皦然，虽蛮貊其行矣。蚕丛绝壁，既摇叱驭之鞭；鹑尾寒芒，又照观风之节。①

运判即转运使判官，王运判其人不详，不过据启文可知，其所任职的地区应在岭南。而岭南两路，广南东路例属星纪，故这里"鹑尾寒芒"，描述的只能是广南西路情形。亦即在此文字中，广南西路也与鹑尾相对。广南西路既与鹑尾相对，其九州分野自然归属荆州。

又一些宋人绘制的地图，也将岭南二分，以西部属荆（见图1、图2）。

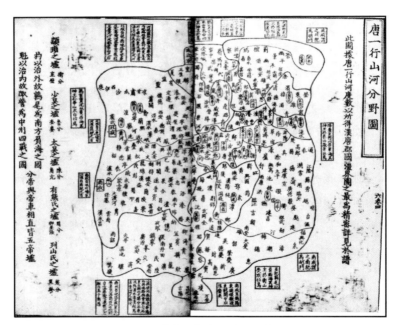

图1　《唐一行山河分野图》

资料来源：曹婉如等编《中国古代地图集（战国—元）》，文物出版社，1990，图121。此图出自宋嘉泰元年（1201）刻本《帝王经世图谱》，《四库全书》本《帝王经世图谱》亦收录此图，略有小异，图注文字亦较少。宋刻本见《帝王经世图谱》卷6，《北京图书馆古籍珍本丛刊》第76册，书目文献出版社，1998，第80页；四库本见《帝王经世图谱》卷7，《景印文渊阁四库全书》第922册，台北：台湾商务印书馆，1986，第510页上栏。

图1是《唐一行山河分野图》，出自南宋唐仲友（1136～1188）撰《帝王经世图谱》；图2为《分野图》，出自南宋时成书的《六经

① 毛滂：《代王运判到任谢执政启》，《毛滂集》卷7，浙江古籍出版社，1999，第167页。

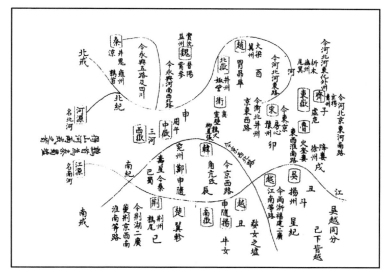

图 2 《分野图》

资料来源：《六经奥论》，《景印文渊阁四库全书》第 184 册，第 110 页。

奥论》。① 和蔡戡《分野论》一样，两图着重表现的也是天文分野，不过由于图中标出了地理位置，故亦具有地理分野的意义。在图 1 中，岭南很明显被划为两个部分，其中连、贺、藤、梧、高、窦、化、雷以下迄海南岛以东，与东南沿海相接，其宿斗、牛，其次星纪；昭、龚、容、白、廉诸州以西，与两湖相连，其宿翼、轸，其次鹑尾。尽管图中并未明确标示荆、扬二州，但如表 4 所列，至晚在汉代，即已形成"星纪—扬州""鹑尾—荆州"的对应关系，因此该图系以岭南西部属荆殆无疑问。图 2 岭南分界虽不十分清晰，不过图注却明确称"吴越，扬州，星纪，今两浙福建二广江南等路"，"楚，荆州，鹑尾，今荆湖二广夔荆京西南淮南等路"，亦即在此论述中，地处岭南的"二广"也分属荆、扬——尽管岭南具体何处属荆并未明言，但西部属荆的可能性无疑更大。

是什么促使部分宋人一反此前岭南属扬的主流认识而将岭南西部划归荆州？事实上，上述文献有的自身已经表明其理论来源，此即唐僧一行的天文分野学说。蔡戡《分野论》、《唐一行山河分野图》自不待言，

---

① 关于《六经奥论》作者，旧题郑樵撰，四库馆臣辨其非，余嘉锡疑或是郑樵与其从兄郑厚同撰。《四库提要辨证》卷 2《经部二·六经奥论》，中华书局，1980，第 66～71 页。

至于《分野图》，从图中标有"北戒""南戒""北纪""南纪"不难看出，其同样依据一行分野说。关于一行分野学说中对岭南的划分，两《唐书》均有叙述，兹引如下。

《旧唐书·天文志下》：

> 翼、轸，鹑尾之次。……其分野：自房陵、白帝而东，尽汉之南郡、江夏，东达庐江南郡，滨彭蠡之西，得汉长沙、武陵、桂阳、零陵郡。又逾南纪，尽郁林、合浦之地。郁林县今在贵州，定林县今在廉州，合浦县今为桂州。今自富、昭、蒙、龚、绣、容、白、罕八州以西，皆属鹑尾之墟也。
>
> 南斗、牵牛，星纪之次也。……其分野：自庐江、九江，负淮水之南，尽临淮、广陵，至于东海，又逾南河，得汉丹阳、会稽、豫章郡，西滨彭蠡，南涉越州，尽苍梧、南海。又逾岭表，自韶、广、封、梧、藤、罗、雷州，南及珠崖，自北以东为星纪，其西皆属鹑尾之次。①

《新唐书·天文志一》：

> 翼、轸，鹑尾也。……自房陵、白帝而东，尽汉之南郡、江夏，东达庐江南部，滨彭蠡之西，得长沙、武陵，又逾南纪，尽郁林、合浦之地。……自富、昭、象、龚、绣、容、白、廉州已西，亦鹑尾之墟。
>
> 南斗、牵牛，星纪也。……自庐江、九江，负淮水，南尽临淮、广陵，至于东海，又逾南河，得汉丹阳、会稽、豫章，西滨彭蠡，南涉越门，迄苍梧、南海，逾岭表，自韶、广以西，珠崖以东，为星纪之分也。②

不难看出，尽管二志表述略有差异，③ 且文意亦不乏难解处，④ 但大意

---

① 《旧唐书》卷36《天文志下》，第1314、1316页。
② 《新唐书》卷31《天文志一》，第823、825页。
③ 这种差异或为抄写讹误所致。如二志所列八州，富、昭、龚、绣、容、白六州同，《旧唐志》之"蒙"，《新唐志》作"象"，字形相近；又《旧唐志》之"罕"，《新唐志》作"廉"，校勘记引《十七史商榷》认为"罕"当作"牢"，而无论"罕""牢"，字形与"廉"亦有相近处，故不排除因形近而讹。
④ 曾广敏：《两〈唐书·天文志〉十二次分野考校》，《古典文献研究》第21辑下卷，2018年，第276～278页。

还是较为明晰的，即大致以北迄昭、富，南至白、廉一线为界，包括昭、富诸州在内的岭南西部属"翼、轸—鹑尾"，其线以东区域则属"南斗、牵牛"，即如图3所示。岭南既然在天文分野上被划分为鹑尾、星纪两个星次，其九州分野分属荆、扬二州也就顺理成章了。①

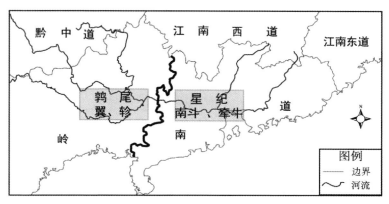

图3　两《唐书·天文志》岭南分野

资料来源：底图据《中国历史地图集》第5册《隋·唐·五代十国时期》"岭南道东部"图69～70，林昌丈绘制。

如前所述，在一行提出新的天文分野说的开元年间之前，一般认为岭南在天文分野上为一整体，其次星纪，其宿斗、牛，或包括婺女。一行何以要在主流认识外别出心裁，另将岭南一分为二？这与他发明的山河两戒理论密切相关。《新唐书·天文志》记载，一行将天下山河分为两戒、两河，其中两河系两条自然河流，北河黄河，南河长江，两戒则为一行主观构建的山系，北戒"自三危、积石，负终南地络之阴，东及

---

① 需要说明的是，《宋史·地理志》称广南东、西路分属荆、扬二州，却又称其天文分野"当牵牛、婺女之分"，显示出天文分野与九州分野的错位。这种错位在唐宋文献中并不罕见，如《通典》以岭南不属九州，但仍承认岭南"在天文，牵牛、婺女，则越之分野，兼得楚之交"；《舆地纪胜》载岭南诸州，天文分野与九州分野亦多有不合。如邕州、琼州，认为地处《禹贡》九州外，昭州、梧州，属《禹贡》荆州之域，但天文分野仍记作对应于星纪或牵牛、婺女（《舆地纪胜》卷106《广南西路·邕州》、卷124《广南西路·琼州》、卷107《广南西路·昭州》、卷108《广南西路·梧州》，中华书局，1992，第3237、3553、3259、3283页）。这种错位，盖系综合抄录之前不同文献时不审所致，并不妨碍一般认识中天文分野与九州分野的对应。《宋史·地理志》以岭南"当牵牛、婺女之分"，大约远溯《汉书·地理志》，而认为岭南分属荆、扬，则极有可能受到一行分野学说的影响。

太华，逾河，并雷首、底柱、王屋、太行，北抵常山之右，乃东循塞垣，至濊貊、朝鲜，是谓北纪，所以限戎狄也"；南戒"自岷山、嶓冢，负地络之阳，东及太华，连商山、熊耳、外方、桐柏，自上洛南逾江、汉，携武当、荆山，至于衡阳，乃东循岭徼，达东瓯、闽中，是谓南纪，所以限蛮夷也"。一行将两戒、两河视为具有标志性意义的地理界线，进而按照其走向，将全国划分为若干区域，其中"南纪之东，至南河之南，为荆楚"，"自南河下流，北距岱山为邹、鲁，南涉江、淮为吴、越"，"自江源循岭徼南，东及海，为蛮越"，荆楚、吴越、蛮越均以两戒、两河走向为坐标，获得相应的地理空间。

两戒、两河只是划定了地理分区，地理与天文的对应还有待于对云汉（银河）升降的观察。一行声称："观两河之象，与云汉之所始终，而分野可知矣。"而在云汉走向中，"星纪得云汉下流，百川归焉，析木为云汉末流，山河极焉。故其分野，自南河下流，穷南纪之曲，东南负海，为星纪"，"升阳进逾天关，得纯乾之位，故鹑尾直建巳之月，内列太微，为天廷。其分野，自南河以负海，亦纯阳地也"。亦即在一行看来，星纪对应于东南沿海，鹑尾对应于长江正南。这样，通过对星纪、鹑尾等星次位置的设定，一行将荆楚与鹑尾、吴越与星纪相连，并结合其他分野设定，由此形成迥异于之前天文分野模式的新分野学说。①

以山川划定分野，并不始于一行，《禹贡》九州分野即相当程度地依据了山川界线，但几乎完全以自然山川的脉络走势划定分野区域，则为一行首创。一行"但据山河以分"，② 使得其分野理论得以摆脱因疆域变动而造成的天文与地理不相对应的问题——这一点在主要依据十二（三）州、国进行分野的分野体系中极为常见。此外，随着云汉升降作为分野依据的加入，以往分野理论中常被批评的星次、星宿与地理不相配的问题也随之获得规避。③ 不过，云汉升降乃至《周易》等多种定界

---

① 《新唐书》卷31《天文志一》，第817～825页。关于一行山河两戒理论，清人徐文靖有详细注解。参徐文靖《天下山河两戒考》，清雍正元年（1723）当涂徐氏刊本，又见《四库全书存目丛书》史部第173册，齐鲁书社，1996，第646～828页。
② 《旧唐书》卷36《天文志下》，第1316页。
③ 陈藻：《分野》，《全宋文》第287册，第115～117页。

元素的加入，也使得一行分野理论复杂玄妙，并不易懂。而抛开深奥晦涩的分野原理不论，有一点可以明确，即一行根据星次与云汉的位置将十二星次分为两类——"在云汉之阴者八，为负海之国；在云汉之阳者四，为四战之国"。而星纪、鹑尾均为"负海之国"，其中星纪"东南负海"，鹑尾"自南河以负海"，另一处文字更明确指"星纪、鹑尾以负南海"。而若按传统分野模式以岭南全体属星纪，鹑尾无法"负海"。解决此困境的途径只有一个，即将临近鹑尾的岭南西部划归鹑尾，由此岭南天文分野之被二分及岭南西部归属荆州，也就不可避免了。①

一行分野学说在唐代似未掀起大的波澜。据《旧唐书·天文志》，一行提出分野说是在开元初，②开元六年（718）完成、由瞿昙悉达奉敕撰述的《开元占经》，仍基本沿用李淳风在《乙巳占》中的分野模式，更晚成书的《唐六典》《通典》《元和郡县图志》等，其分野体系也很难辨识出一行分野说的影子，其他唐代文献也很少见到依据一行学说进行天文或地理分野的文字。《旧唐书·天文志》是个例外，如果按照杜希德的意见，此篇系以柳芳等人于肃宗时期续修的唐国史《天文志》为基础，则是唐人文献中罕见地采纳了一行学说。③

不过到宋代，一行分野学说的影响逐渐显现，不仅获得学者如唐仲友、林希逸等的极高评价，④一些分野文字也采纳其说。如略晚于《新唐书》、由王安礼等删定的《灵台秘苑》，以及题南宋初李季撰《乾象

---

① 至于何以以昭、富以下一线为界，笔者仍不得其解。从地形上看，此地并不具备将岭南一分为二的山川形便；此前地方行政建置中，虽曾出现将岭南二分的例子［吴大帝黄武五年（226），分交州南海、苍梧、郁林、高凉四郡立广州，俄复旧，景帝永安七年（264）复分，晋平吴后沿袭不改，至刘宋明帝泰始七年（471）分设越州，岭南遂三分。参《晋书》卷15《地理志下》，第464～468页；《宋书》卷38《州郡志四》，第1189～1209页］，但分界线与此不合。或可推测的是，昭、富以下一线大抵处于岭南的中线，唐懿宗咸通三年（862）岭南分设岭南东道、西道节度使，宋代广南东路、西路，明清以迄今日广东、广西，其分界线虽略有出入，但大体亦位于该位置，然则一行将岭南天文分野的分界线置于此，或与岭南地理格局相关。

② 《旧唐书》卷36《天文志下》，第1311页。

③ 杜希德：《唐代官修史籍考》，黄宝华译，上海古籍出版社，2010，第199页。谢保成认为《旧唐书·天文志》主要采自唐宣宗初年以前成书的《会要》《续会要》，虽然年代略晚，但仍属唐人文字。《〈旧唐书〉的史料来源》，《唐研究》第1卷，北京大学出版社，1995，第362～363页。

④ 参邱靖嘉《山川定界：传统天文分野说地理系统之革新》，《中华文史论丛》2016年第3期。

通鉴》，虽然星次宿度大抵袭用《乙巳占》《开元占经》，但分野则基本同于一行说，岭南被分属星纪、鹑尾二次。① 在此背景下，九州分野中岭南被一分为二，也就不难理解了。及至明清，一行分野说影响更甚，多部官方主持编纂的全国性地理文献均袭用一行说，将岭南西部划归荆州，如《大明清类天文分野之书》、《大明一统志》、《大清一统志》（康熙、乾隆、嘉庆）、《清史稿·地理志》等，莫不如此，② 一些区域地理文献，如《广西通志》（嘉靖、康熙、雍正、嘉庆）等亦持此论。③ 固然，与一行设立的界线相较，上述文献的岭南东西分界并不完全吻合——最典型如韶、英二州，一行分野归于斗牛、星纪，《大明清类天文分野之书》等则或纳入翼轸、鹑尾，但将岭南一分为二，以岭南西部属荆，无疑应是受到一行分野的启示。④

一行分野说之所以在宋代以降影响较大，除了其用意甚佳、颇受好评外，大约还与岭南地方行政建置自唐懿宗咸通三年（862）开始多被分为两地相关——唐末设岭南东道、西道节度使，宋代设广南东、西路，明清以降设广东、广西两省。王象之曾说：

---

① 庾季才原撰，王安礼等删定《灵台秘苑》卷3《十二分野》，《景印文渊阁四库全书》第807册，第25~28页；李季：《乾象通鉴》卷12《十二次分野论》，《续修四库全书》第1050册，第323~327页。

② 《大明清类天文分野之书》卷1《吴分野》、卷18《楚分野》，《四库全书存目丛书》子部第60册，齐鲁书社，1995，第405、667页。《大明一统志》卷83《桂林府》等，《景印文渊阁四库全书》第473册，第741页上栏等。康熙《大清一统志》卷274《广东布政使司》，乾隆九年（1744）武英殿刊本，页一；卷290《广西布政使司》，页一。乾隆《大清一统志》卷338《广东统部》，《景印文渊阁四库全书》第481册，第789页上栏；卷354《广西统部》，《景印文渊阁四库全书》第482册，第312页下栏。《嘉庆重修一统志》卷440《广东统部》、卷460《广西统部》，中华书局，1986，第22211~22212、23425页。《清史稿》卷72《地理志十九》、卷73《地理志二十》，中华书局，1977，第2269、2293页。

③ 嘉靖《广西通志》卷4《分野》，《四库全书存目丛书》史部第187册，第54~60页；康熙《广西通志》卷4《分野》，康熙二十二年（1683）刻本，页一～五；雍正《广西通志》卷1《星野》，《景印文渊阁四库全书》第565册，第16~27页；嘉庆《广西通志》卷84《舆地略五·分野》，广西人民出版社，1988，第2699~2700页。

④ 唐晓峰、潘晟、邱靖嘉也注意到一行分野说在唐代以后影响较大，不过邱靖嘉认为唐代以后星占实例及地志撰述较少直接采用一行之说判定分野区域，或可商。参唐晓峰《从混沌到秩序——中国上古地理思想史述论》，第145页；潘晟《宋代地理学的观念、体系与知识兴趣》，商务印书馆，2014，第310~316页；邱靖嘉《山川定界：传统天文分野说地理系统之革新》，《中华文史论丛》2016年第3期。

《唐地理志》乃以南越分属翼、轸。翼、轸，楚分，属荆州，其星鹑尾，盖指韶、广以东为星纪，星纪，牛、女之分也。桂、柳以西及安南为鹑尾，鹑尾，翼、轸之分也。一越之地，而两隶星分，岂非以二广之东、西而分牛女、翼轸之异乎？不知班固分诸州分野之时，交广尚合为一郡，未分东西也，不应反因后之分路而使与班固之分野而强合乎？[①]

虽然王象之旨在质疑前人因岭南地方行政建置划分东西而将岭南天文分野一分为二，不过其议论却提示我们地方行政建置与分野之间可能存在关联。观岭南东西道、广南东西路、广东广西省的分界线，尽管与一行所设分界线未必尽皆吻合，但大体都位于岭南东西向的中线位置。或许正是以地方行政建置中的二分为前提，一行对岭南的分野在宋代以降渐居主流，岭南东部属扬、西部属荆也在关于岭南九州分野的诸学说中脱颖而出。在此意义上，则岭南西部属荆，从其源头来说，系知识世界导夫先路，但在宋代以降影响日甚，却是和汉代以降将岭南归属扬州一样，乃是知识世界对政治世界的一种应对和回响。

四　不属九州：杜佑的《禹贡》原典主义

岭南西部属荆，源自新的分野理论，时人对《禹贡》九州境域的重新检讨，则催生了岭南不属九州的认识，《通典》对岭南九州分野的设定即为其例。在《通典》文本中，杜佑不止一处将岭南排除在九州之外，除前引《州郡二》的文字外，专门记述岭南郡县设置的《州郡十四》亦称：

自岭而南，当唐、虞、三代为蛮夷之国，是百越之地，亦谓之南越，古谓之雕题，非《禹贡》九州之域，又非《周礼·职方》之限。[②]

---

① 《舆地纪胜》卷110《广南西路·浔州》，第3315页。
② 《通典》卷184《州郡十四·古南越》"古南越"条，第4910页。

《州郡门》从"序目"到最末一篇"古南越"，杜佑一再宣称岭南不属九州，可见其将岭南排除在九州外的态度是贯彻始终的。

需要说明的是，杜佑之前，分野知识中以岭南不属九州的认识已然存在。西晋陈卓《州郡躔次》列州郡分野，即不包括岭南；《续汉书·天文志上》刘昭注引《星经》，岭南亦不见于九州。[①] 不过，从杜佑的叙述看，似乎并不认为其所论与《州郡躔次》或《星经》存在关联。此外，唐代流行的分野体系如《乙巳占》《开元占经》等所列，虽然曾受《州郡躔次》影响，[②] 但岭南均在九州之列。以此而言，杜佑将岭南排除在九州之外，并不寻常。

那么，杜佑为何要一反"常识"地将岭南置于九州之外？前引《州郡二》文字已说得很明白，"《禹贡》物产贡赋，《职方》山薮川浸，皆不及五岭之外"，《州郡十四·古南越》也云"稽其封略，考其镇数，则《禹贡》、《职方》皆不及此"，亦即在杜佑看来，《禹贡》《周礼·职方》列举物产贡赋、名山大川均未涉及岭南，故岭南非九州之境。尽管从《州郡门》全篇来看，针对岭南的这一标准并非尽能执行，不少未见于《禹贡》《职方》的地方仍被留在九州之中，但这一标准无疑透露出如下倾向，即杜佑试图在《禹贡》《职方》的经典文本内确认唐代州郡的九州分野。

关于杜佑的这一倾向，我们还可从其说与唐代其他分野体系的比较中窥见端倪。唐代流行的几种分野体系，《乙巳占》《开元占经》系沿用汉代以来的十二（三）州国分野体系，一行分野学说虽建立在一行本人独特的分野理论之上，但同样以十二次划分，《隋书·地理志》则和《通典》一样，以《禹贡》九州设定分野。这也就意味着，在诸种分野体系中，隋志与《通典》最为接近。不过，与出现在先的隋志相比，《通典》对于一些具体地域的分野也有变动，其要者除将岭南排除于九州之外外，还有以下 11 处。

1. 江州（浔阳郡，隋九江郡），隋志属荆州，《通典》分属荆、扬二州。

---

① 《续汉书·天文志上》，第 3213～3214 页。
② 《乙巳占》《开元占经》纠正了《州郡躔次》许多州郡不对应的情形，但以魏国对应于益州，仍不难看出受后者影响的痕迹。

2. 兖州（鲁郡，隋鲁郡），隋志属徐州，《通典》分属徐、兖二州。

3. 随州（汉东郡，包括隋汉东、春陵二郡）、襄州（襄阳郡，隋襄阳郡），隋志属荆州，《通典》分属荆、豫二州。

4. 商州（上洛郡，隋上洛郡），隋志属豫州，《通典》属梁州。

5. 洮州（临洮郡，隋属临洮郡）、岷州（和政郡，隋属临洮郡），隋志属梁州，《通典》属雍州。

6. 贝州（清河郡，隋属清河郡），博州（博平郡）之清平、高唐、博平等（隋属清河郡），冀州（信都郡，隋信都郡），隋志属冀州，《通典》博州属兖州，贝州、冀州分属兖、冀二州。

7. 黔州（黔中郡）、播州（播川郡）、费州（涪川郡）、珍州（夜郎郡）、夷州（义泉郡）、业州（龙标郡）、溱州（溱溪郡）等地，大致相当于隋黔安、明阳、牂柯三郡，隋志属梁州，①《通典》属荆州。

8. 安东都护府，隋志不列于九州，《通典》属青州。

9. 伊州（伊吾郡）、西州（交河郡）、庭州（北庭郡）、安西都护府，隋志敦煌以西伊吾、鄯善、且末三郡入于雍州，②《通典》置于九州外。

10. 隋河源郡、西海郡，隋志列于雍州，《通典》未载。

11. 翼州（临翼郡）、当州（江源郡）、悉州（归诚郡）、静州（静川郡）、柘州（蓬山郡）、恭州（恭化郡）、维州（维川郡）、奉州（云山郡），隋多属汶山郡，隋志属梁州，《通典》置于九州外。

以上诸变动，按1、6，《通典》明确交代其依据，前者云："江州，《禹贡》荆、扬二州之境。《禹贡》扬州曰'彭蠡既潴'，荆州曰'九江孔殷'。今彭蠡湖在郡之东南，九江在郡之西北。则彭蠡以东为扬州，九江以西为荆州。"后者谓"贝州，兖、冀二州之域。河自大伾山北过绛水，至于大陆。按检地志云：'枯绛渠在经城县界，北入信都郡界。'又按：经城县在郡理西北五十四里，今郡理乃在绛水之东，古兖州之域。其在绛水之西诸县，是古冀州之域"，以及"《水经》云：'泽故渎又东北经辟阳亭北，又经信都城东，散入泽渚。'按：辟阳亭在今郡理东南三十五里，今县乃汉信都国城，则郡理东入兖州之域，郡理西入冀

---

① 隋志仅载黔安、牂柯二郡，因隋志以大业五年（609）为断，明阳郡置于大业七年，故不载，考其位置，当归于梁州。

② 伊吾郡因置于大业六年，隋志不载，考其地理，当列于雍州。

州之域焉"。① 很明显，杜佑是以《禹贡》对扬、荆二州水文地理的描述以及个人对《禹贡》黄河流向的认识为据，将江州、贝州、冀州一分为二，并将同在绛水东侧的博州归于兖州。变动 2 也与《通典》对济水流向的判断有关。《禹贡》"济河惟兖州"，杜佑也持时人通论，以兖州"东南据济水，西北距河也"。② 至于济水具体流向，据《通典·州郡二·序目下》：

> 《禹贡》云："导沈水东流为济，入于河，溢为荥，东出于陶丘北，又东至于菏，又东北会于汶，又北东入于海。"颜师古云："导沈流而为济，截河又为荥泽，陶丘在济阴定陶西南。菏即菏泽。过菏泽又与汶水会，北折而东入海也。"按：沈水出今河南府王屋县山，东流济源县而名济水。荥泽在今荥阳郡荥泽县也。定陶，今济阴郡也。菏泽在今鲁郡县。汶水，在鲁郡莱芜县。③

杜佑结合《禹贡》及伪孔传，极其简略地勾勒了济水的大致流向。这里值得注意的是，在变动 2 所在的兖州之地，杜佑划出了一条沿鲁郡县（瑕丘）至莱芜县的济水流向。尽管杜佑此说未必成立，④ 但这并不妨碍他据此划定兖州边界，唐代兖州境内位置偏西的任城、龚丘被划入《禹贡》兖州，应即基于此的结果。⑤

变动 3 也涉及一地两属，具体而言，隋志认为皆归荆州的随襄之地，《通典》以随州光化县、襄州南漳县为界，将光化、南漳以南属荆，余则属豫。⑥ 杜佑二分随州以光化县为界，原因尚不明，不过以南漳县为界划分襄州，则与《禹贡》"荆及衡阳惟荆州"的设定相关——包括杜佑在内，一般认为作为荆、豫二州分界的荆山即位于

---

① 《通典》卷182《州郡十二·古扬州下》"浔阳郡"条，第4840页；卷180《州郡十·古兖州》"清河郡"条，第4766页；卷178《州郡八·古冀州》"信都郡"条，第4700页。

② 《通典》卷180《州郡十·古兖州》"古兖州"条，第4755页。

③ 《通典》卷172《州郡二·序目下》，第4484~4485页。

④ 后人考订的《禹贡》济水流向与此不符，参胡渭《禹贡锥指》卷15，上海古籍出版社，2013，第587~609页；刘起釪《〈禹贡〉兖州地理丛考》，《文史》第30辑，中华书局，1988，第26~28页。

⑤ 《通典》卷180《州郡十·古徐州》"鲁郡"条，第4781页。

⑥ 《通典》卷177《州郡七·古荆河州》"襄阳郡""汉东郡"条，第4675、4677页。

南漳县境内。① 由此可见，杜佑以南漳为界将襄州两属，同样是以《禹贡》文本为依归。又 4，《通典》未言明依据，不过其《州郡二》称"梁州东据华山之阳，西距黑水"，注云"华山之南，即华阴之西南"，《州郡五》亦引伪孔传解释《禹贡》"华阳黑水惟梁州"，云"孔安国以为东据华山之南，西距黑水也"。② 按梁州以华山之南为东界，乃是经注通说，③ 杜佑显然接受了这一看法。而华山之南正是商州，以此而言，杜佑将地处华山之南的商州划归梁州，亦是回归《禹贡》原旨。至于 5，《通典》亦未道明调整缘由。不过值得注意的是，《元和郡县图志》论述岷州属雍时说道："《禹贡》'西倾、朱圉、鸟鼠'，按西倾山在洮州之西，今州处其东北，此则雍州之域明矣。"④《通典》将洮、岷二州划归雍州，大约基于同样考虑。若此说不误，则此一调整仍是向《禹贡》回归。

接下来 7，尚不能明了其与《禹贡》的关联，10 大约也与《禹贡》无关，⑤ 不过余下的 8、9、11 三条，极有可能都与《禹贡》本文或注释相关。关于 8，《通典·州郡十·古青州》记载：

> 《禹贡》曰："海岱惟青州，孔安国以为东北据海，西南距岱。此则青州之界，东跨海矣。其界盖从岱山东历密州，东北经海曲莱州，越海分辽东乐浪三韩之地，西抵辽水也。……"舜分青州为营州，皆置牧。郑玄云："舜以青州越海分置营州。"其辽东之地安东府，宜《禹贡》青州之域也。⑥

---

① 《通典》卷 177《州郡七·古荆河州》"古荆河州"条，第 4649 页；同卷"汉东郡"条，第 4677 页；卷 183《州郡十三·古荆州》"古荆州"条，第 4861 页。

② 《通典》卷 172《州郡二·序目下》，第 4486 页；卷 175《州郡五·古梁州上》"古梁州"条，第 4574 页。

③ 又见《汉书》卷 28 上《地理志上》颜师古注，第 1531 页。

④ 《元和郡县图志》卷 39《陇右道上》"岷州"条，第 995 页。

⑤ 7 所涉及诸州介于荆、梁二州之间，关于二州界线，《禹贡》没有明确说明。《通典》卷 183《州郡十三·古荆州》云："汉武置十三州，此为荆州。其五溪中地，归汉以后，历代开拓，今播川、涪川、夜郎、义泉、龙标、溱溪等郡地。"（第 4863 页）玩味文字，杜佑似以诸地为自荆州方向拓土而立，或许基于此，杜佑将诸州归于荆州。至于 10，应与二郡不在作为《通典·州郡门》地方行政建置年代断限的天宝元年（742）版图内相关。关于《通典·州郡门》所记郡县建置以天宝元年为准，参翁俊雄《〈通典·州郡门〉所载唐代州县建置与户口数字系年考》，《历史研究》1986 年第 4 期。

⑥ 《通典》卷 180《州郡十·古青州》"古青州"条，第 4768 页。

可见杜佑系以《禹贡》伪孔传及郑玄注为据，将地处辽东的安东都护府归于青州。

至于9，则与杜佑对《禹贡》雍州西界的判断相关。杜佑认为雍州西界有两个重要地理标识，其一，黑水。《通典·州郡三·古雍州上》引《禹贡》"黑水、西河惟雍州"，注云："西据黑水，东距西河，即龙门之河也，在冀州西，故曰西河。黑水出今张掖郡鸡山，南流至今燉煌郡，经三危山，过今南溪郡而入南海。"① 据此可知，杜佑判断黑水乃是确认雍州西界的标志之一。尽管事实上对于黑水的源出及流向，学界迄今也无定论，② 但杜佑倾向于认为黑水源出张掖（甘州），流经敦煌（沙州）后再南流入海。这也意味着，在以黑水为雍州西界的前提下，雍州最西端乃是黑水流经的甘、沙二州，位置更西的伊州等自然也就不被列入雍州。其二，流沙。《通典·州郡二·序目下》称："其雍州西境，流沙之西，荆州南境，五岭之南，所置郡县，并非九州封域之内也。" 又《州郡四·古雍州下》亦云："伊州，在燉煌北大碛之外，为戎狄之地，非九州之限。"③ 所谓"大碛"即指流沙，亦即在杜佑看来，流沙构成雍州西界的另一标志。杜佑之所以以流沙为雍州西界，无疑与《禹贡》论述五服时称九州"东渐于海，西被于流沙，朔南暨声教，讫于四海" 相关。雍州于九州位置最西，流沙遂成雍州西界，地处流沙之西的伊州等被排除在九州之外，也就势所必然。

在杜佑所理解的《禹贡》语境中，自北南流汇入南海的黑水不仅构成雍州西界，同时还充当了梁州西界的标识，11 中冀州等被排除在九州之外，恐怕即与此认知相关。关于黑水经三危山后南流的具体流向，杜佑也一头雾水，不过值得注意的是，在引伪孔传解释《禹贡》"华阳黑水惟梁州"后，杜佑又引郑玄注："按三危在鸟鼠之西，而南当岷山，又在积石之西，南当黑水祠，黑水出其南胁。"其中云及三危山的位置"南当岷山"。④ 尽管杜佑对于孔、郑之说不无疑惑，但郑玄

---

① 《通典》卷173《州郡三·古雍州上》"古雍州"条，第4505页。
② 关于黑水的争论，参顾颉刚、刘起釪《尚书校释译论》，第680~713页。
③ 《通典》卷172《州郡二·序目下》，第4487页；卷174《州郡四·古雍州下》"伊吾郡"条，第4557页。
④ 《通典》卷175《州郡五·古梁州上》"古梁州"条，第4574页。

所谓三危山之南为岷山的论述似乎影响到杜佑对黑水流经的判断，即黑水可能南经岷山。寻岷山位置，《通典》屡有明言，在通化郡（茂州）汶山县，[①]而翼州等正在茂州以西，大约基于此，杜佑遂将翼州等从梁州剔除。若此说不误，则变动11同样植根于杜佑对《禹贡》的认识。

要之，《通典》上述11则变动，除7、10两则或与《禹贡》无关外，其余9则都程度不等地与《禹贡》本文或注文存在关联。正是基于《禹贡》本文及以伪孔传、郑玄注为代表的诸家注释，杜佑构建起自己对《禹贡》的认识，进而据此划定大唐疆域分野。而这样的分野势必流露出显著的回归《禹贡》，准确地说是杜佑所接受和理解的《禹贡》的倾向。《通典》这一倾向不仅体现在上述有别隋志之处，在《州郡门》的其他文字中也多有体现。譬如《通典》将地跨黄河南北的陕郡分属豫、冀二州，显然即与《禹贡》将黄河设定为二州分界相关。[②]又《通典》在确认具体郡县九州分野时，也多或显或隐地援引《禹贡》为据。[③]凡此种种，均表明杜佑以《禹贡》九州为纲进行分野的态度是非常坚决的。

回过来看，隋志与《通典》虽然同以《禹贡》九州划分疆界，但二者旨趣可谓大相径庭。隋志中，凡王朝统治所及、设郡置县之地皆被纳入九州，不管该地事实上与《禹贡》九州是否存在关联，且隋志叙述九州疆界以当下郡县为准，罕见打破郡县境域。与之相对，《通典》则坚决回归《禹贡》九州，为此不惜将当朝疆土划归九州之外，内部州郡疆域也或被打破。因此，隋志虽以《禹贡》九州为纲，实际却是将九州嵌入当朝疆域，是在当朝疆域的框架下划分九州，其九州分野本质上仍属当朝疆界主义；而《通典》尽管也不能完全摆脱当朝疆域

---

① 《通典》卷175《州郡五·古梁州上》"古梁州"条，第4574页。

② 《通典》卷177《州郡七·古荆河州》"陕郡"条，第4658页。隋志虽然也将唐代陕州所辖区域分属豫、冀，但该区域在隋代分属河南、河东二郡，分属二州并不涉及打破郡域的问题。可供对比的是《十道志》和《元和郡县图志》，二者同样以唐代陕州为描述对象，但都仅将陕州归于豫州。见夏婧《唐梁载言〈十道志〉辑校》，《国学研究》第30卷，北京大学出版社，2012，第322页；《元和郡县图志》卷6《河南道二》"陕州"条，第155页。

③ 如在陇西郡、西平郡龙支县、张掖郡、敦煌郡等十余郡县下，都曾引《禹贡》以明其在九州中的位置，兹不赘述。

的影响，但其基本立场是以《禹贡》九州统括当朝疆域，九州"原始"疆界构成分野的基本准则，由此呈现出强烈的《禹贡》原典主义色彩。

两种立场的差异还影响到隋志和《通典》对天文分野中十二（三）州国的处理。

表5　隋志、《通典》九州分野

九州	隋志		《通典》	
	星宿	州国	星宿	州国
雍州	东井十〔六〕度至柳八度	秦	东井、舆鬼	秦，魏、赵之交
梁州	参		参	秦，楚之交
豫州	柳九度至张十六度	周	柳、七星、张	周
			房、心	宋
	氐五度至尾九度	宋	觜觿、参	魏
			角、亢、氐	韩，秦、楚之交
冀州	胃七度至毕十一度	冀州	昴、毕	赵
	尾十度至南斗十一度	幽州		
	危十六度至奎四度	并州	尾、箕	燕，秦、魏、卫之交
	柳九度至张十六度	三河		
兖州	轸十二度至氐四度	郑，邹、鲁、齐、卫之交	营室、东壁	卫，魏、宋、齐、赵之交
青州	须女八度至危十五度	齐	虚、危	齐
徐州	奎五度至胃六度	楚、宋、鲁之交	奎、娄	鲁，宋、齐、吴之交
荆州	张十七度至轸十一度	楚	翼、轸	楚，韩、秦之交
扬州	斗十二度至须女七度	吴、越	斗	吴，楚及南越之交
南越			牵牛、婺女	越，楚之交

不难发现，较之隋志，《通典》叙述中出现大量某国"之交"，亦即国与国之间的地域。这显示出，《通典》在将九州与传统州国对照时并未遵从后者的疆域划分，而是多有打破；① 与之相对，隋志除兖、徐二州出现"之交"、略有损益外，其余皆大体沿用州国疆域。因此，隋

①　《通典》的打破也与杜佑对传统州国分野不满相关，参《通典》卷172《州郡二·序目下》，第4490~4491页。

志九州分野只是在原有州国分野框架下，大致按照《禹贡》九州范围简单归并而成，① 而《通典》则力持《禹贡》原典主义，对州国疆域进行大刀阔斧的整合。在此旨趣下，物产贡赋和名山大川完全不见于《禹贡》的岭南被剔除在九州之外，也就不足为奇了。当然，或许岭南地广，且北近荆、扬，西邻梁州，与三州相接，因此《通典》无法像处理伊州以西或翼州等地那样"以邻接附入"某州，② 而是单独设置"古南越"，以此方式确认岭南在《禹贡》九州中的位置。③

对于《禹贡》描摹的九州地理体系，古人有一种观点认为九州止系中国，即九州之内均为华夏，非华夏族群不在其中。④ 唐人犹持此论。神功年间狄仁杰上疏请弃疏勒等四镇，云："臣闻天生四夷，皆在先王封疆之外，故东拒沧海，西隔流沙，北横大漠，南阻五岭，此天所以限夷狄而隔中外也。"德宗时宰相贾耽进《海内华夷图》及《古今郡国县道四夷述》表也称："中夏则五服、九州，殊俗则七戎、六狄。"⑤华夏、戎狄居地明确区分。杜佑将作为蛮夷之国、百越之地的岭南排除在九州之外，很容易令人将之与此一观点联系起来。不过如前所述，杜佑以岭南不属九州，却是旨在回归《禹贡》、坚持原典主义的产物。事实上，杜佑本人并不排斥《禹贡》九州存在蛮夷。《通典》称梁州"杂以夷獠"，扬州"古荒服之国"，荆州"州境之内，含带蛮蜑"，此外若干在九州之内的郡县也多谓其地本古蛮夷之地。⑥《通典》的类似表述，

① 邱靖嘉：《山川定界：传统天文分野说地理系统之革新》，《中华文史论丛》2016 年第 3 期。

② 《通典》卷 172《州郡二·序目下》，第 4495 页。

③ 当然，《通典》中也有一些文字将岭南包括在九州之内，如卷 171《州郡一·序目上》云："及永嘉南渡，境宇殊狭，九州之地有其二焉。"（第 4460 页）所谓"二"，即指荆、扬二州，而东晋南朝据有岭南，显然在此表述中，岭南即被视为九州之内。杜佑此处大约沿用南北朝时期的习惯表述。

④ 葛兆光：《何为"中国"？——疆域、民族、文化与历史》，第 37～38 页；《历史中国的内与外——有关"中国"与"周边"概念的再澄清》，第 7～10 页；唐晓峰：《从混沌到秩序——中国上古地理思想史述论》，第 208～237 页；邱靖嘉：《"普天之下"：传统天文分野说中的世界图景与政治涵义》，《中国史研究》2017 年第 3 期。

⑤ 《旧唐书》卷 89《狄仁杰传》，第 2889 页；卷 138《贾耽传》，第 3785 页。

⑥ 《通典》卷 179《州郡九·古冀州下》"风俗"条，第 4745 页；卷 181《州郡十一·古扬州上》"古扬州"条，第 4800 页；卷 183《州郡十三·古荆州》"古荆州"条，第 4863 页。具体郡县的例子，扬、荆、梁及古南越外，雍州、冀州下均有若干郡被界定为古蛮夷之地，兹不赘举。

均佐证了杜佑将岭南刊落在九州之外，应与岭南族群状况无关。曾在岭南任职的杜佑出于何种考虑在九州分野中回归《禹贡》，尤其是他所接受和理解的《禹贡》知识，尚不得而知，[①] 无论如何，杜佑将岭南排除在《禹贡》九州之外，乃是基于《禹贡》原典主义而非岭南的族群结构，这一点毋庸置疑。

杜佑以岭南不属九州，这一认识在唐代似未引起大的波澜，不过自宋代以降，却在一定范围内获得传播。如前列表2、表3所见，宋代地理文献如《舆地广记》《文献通考·舆地考》等均和《通典》一样，九州之内不列岭南，后者更明确赞赏《通典》做法"条理明备"，故包括岭南在内的九州分野，《通考》一从《通典》。[②] 又宋代地图中亦多见将岭南排除在九州之外的例子。前引唐仲友《帝王经世图谱》所收《舜肇十有二州之图》（见图4）、《禹迹九州之图》、《禹贡九州山川之图》、《周职方辨九州之图》、《职方九州山川之图》、《周保章九州分星之谱》等，岭南均不在九州或自九州而来的十二州之内。[③] 早于唐图的北宋税安礼编《历代地理指掌图》所收《帝喾九州之图》（见图5），及南宋杨甲撰《六经图》所收《禹贡九州疆界之图》，九州也都不包括岭南在内。[④] 尽管这些地图多未明确标识其将岭南排除在九州之外系本自《通典》，但《帝喾九州之图》附注"《晋书》、《隋书》并以交、广之地为《禹贡》扬州之域，稽其封略，考其镇薮，则《禹贡》、《职方》皆不及此，故列于九州外"，文字与《通典》基本相同，据此不难推知，上举地图中至少应有部分曾受《通典》影响。

杜佑对岭南九州分野的定位还影响到宋人对岭南天文分野的处理。

---

① 杜佑在九州分野中回归《禹贡》，或与他在边防政策上的保守主义相关，这一点在《通典·边防门》中多有体现。参张文俭《杜佑民族史学研究——以〈通典·边防门〉为中心》，硕士学位论文，兰州大学，2010，第13～18页。此点承清华大学人文学院历史系博士生张明提示，谨致谢忱。

② 《文献通考》卷315《舆地考一·总叙》，中华书局，2011，第8541～8542页。

③ 分见唐仲友《帝王经世图谱》卷5、卷6，《北京图书馆古籍珍本丛刊》第76册，第72页上栏、72页下栏、73页上栏、74页下栏、75页上栏、79页上栏。

④ 《宋本历代地理指掌图》，上海古籍出版社，1989，第12～13页；杨甲撰，毛邦翰补《六经图》卷2，《景印文渊阁四库全书》第183册，第209页下栏。关于二书成书时间，参成一农汇编《中国古代舆地图研究》，中国社会科学出版社，2018，第15、18页。

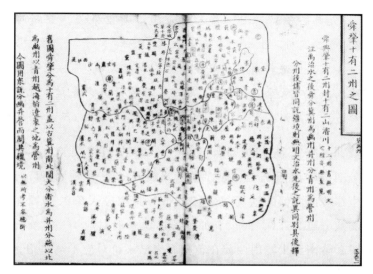

图4　《舜肇十有二州之图》

资料来源：曹婉如等编《中国古代地图集（战国—元）》，图119。

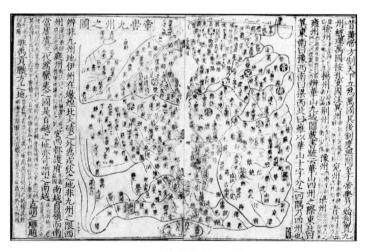

图5　《帝喾九州之图》

资料来源：曹婉如等编《中国古代地图集（战国—元）》，图96。

如表5所见，《通典》对天文分野中的州国疆域虽多有打破，但星宿、
星次基本遵从汉代以降旧说，岭南主体也仍被视为牵牛、婺女之分野。
不过在宋代部分文献中，如《周保章九州分星之谱》（见图6），岭南亦
失去其在天文分野中的位置。《九州分星之谱》的处理并非孤例，《续
资治通鉴长编》哲宗绍圣四年（1097）条记载：

（九月壬子）是日，彗入天市垣，辅臣早朝，上顾问"见彗否？"皆以实对。上曰："长丈余。"且曰："初起于氏，扫巴星，天变甚大，当避朝损膳，求言肆赦，以答天戒。"……曾布因言熙宁肆赦，自有故事。又言："熙宁乙卯岁十月，在翼、轸吴楚分野之外，寻有交州之变。……"①

所谓"交州之变"，是指神宗熙宁八年（1075）十一月至九年十二月宋朝与交阯围绕岭南西部钦、廉、邕等州展开的战争。② 值得注意的是，对于发生在岭南西部的这场战争，曾布对其相应天象的位置称作"在翼、轸吴楚分野之外"，而没有如传统旧说一般对应于牛、女分野。这似乎表明，岭南至少岭南西部在曾布看来已不再对应于某星宿，否则他不至于大费周章地将战争发生地定义为"翼、轸吴楚分野之外"。无待赘言，岭南在天文分野中失去位置，应非偶然，极有可能在岭南不属九州观念的推动下，宋人才酝酿出此一新认识。

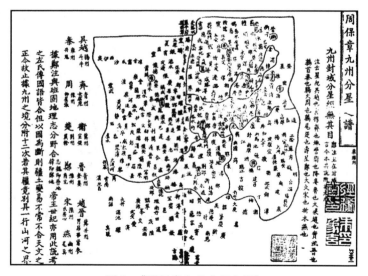

图 6 《周保章九州分星之谱》

资料来源：《帝王经世图谱》，《北京图书馆古籍珍本丛刊》第 76 册，第 79 页。

---

① 《续资治通鉴长编》卷 491，哲宗绍圣四年，中华书局，2004，第 11647 页。

② 关于此战的最新梳理，参陈朝阳《熙宁末年宋交战争考述》，《中国史研究》2012 年第 2 期。

基于《禹贡》原典主义诞生的《通典》对岭南的定位，在宋代以降获得传播，不难想见应与宋代《禹贡》学的兴盛存在关联。① 编纂《帝王经世图谱》的唐仲友本人即《禹贡》学名家，② 也颇能表明二者的联系。不过，宋代由《禹贡》文本及历代注释所建构的对岭南与九州关系的认识毋宁说是混乱的。一方面，宋人大体继承前人对"淮、海之间惟扬州"的解释，释"海"作"南海"，以南海为扬州南界，在此认识下，南海以北的岭南乃属九州之扬州，与《通典》定位不符。另一方面，同样为宋人较多沿袭的另一"常识"——九州止系中国，亦即九州只包括五服中的甸、侯、绥三服，蛮夷居住的要、荒二服不在九州之限，显然又构成将蛮夷之地岭南列入九州的障碍。正是这种障碍，促使一些学者将岭南剔除在九州之外。如南宋人傅寅（1148～1215）《禹贡说断》即论述道：

> 荆州南境，至衡山之阳，故杜氏以南越非九州之域，是也。南越非九州之域，则闽越亦当非，而杜氏犹以隶扬州，何也？考禹治水之迹，止及震泽，而史传称其巡狩止及会稽，则会稽而南，为要、荒之地可知矣。故言扬州之境者，当曰"东距海"，不当曰"南距海"。③

较之杜佑，傅寅更为激进，在他看来，不仅岭南非九州之域，向无争议的闽越也在九州之外。而构成傅氏依据的，除大禹行止未及会稽以南的闽越和岭南外——这一点与杜佑因岭南物产贡赋、名山大川不见于《禹贡》《职方》而将岭南排除在九州之外类似，另一依据即两地属要、荒之地，因此傅氏"理直气壮"地将两地排除在九州之外。事实上，前引《帝喾九州之图》附注在揭举伊州、西州、安西都护府及岭南等地非九州之限时，着意强调其地为戎狄之地、蛮夷之国或百越之地，毋宁说背后大约也以要、荒二服不属九州作为支撑。要之，尽管从整体上看，将要、荒二服不属九州与岭南不属九州进行关联的文字在现存宋人

---

① 关于宋代《禹贡》学，参潘晟《宋代的〈禹贡〉之学——从经学传注走向地理学》，初刊《历史研究》2009 年第 3 期，此据氏著《宋代地理学的观念、体系与知识兴趣》，第 364～403 页；王小红《宋代〈禹贡〉学研究》，吉林人民出版社，2011。

② 王小红：《宋代〈禹贡〉学研究》，第 272～284 页。

③ 傅寅：《禹贡说断》卷 2，商务印书馆，1936，第 46 页。

论述中并不丰富，多数论者仍循旧说以岭南归属扬州，① 不过也有一小部分"离经叛道"者②意识到二者之间不无矛盾，而正是后者的存在，使得杜佑基于《禹贡》原典主义、以岭南不属九州的新见得以在主流认识之外不绝如缕。

五 三分：零星九州分野知识的汇集

最后来看岭南九州分野中的三分说是如何出现的。如前表所见，现存文献中最早将岭南三分的文献是李吉甫撰《元和郡县图志》，在此之前，传统的岭南属扬州说、基于一行分野理论的岭南西部属荆州说以及杜佑倡言的岭南不属九州说均已问世，这不禁令人疑惑，以岭南三分是否就是将前面诸说简单折中？答案是否定的。这么说依据有二：其一，三分说中无论是将岭南属荆或是不属九州，迄未见到引一行分野理论及杜佑论说为据；其二，三分说并非将岭南完整地一分为三，而是以单州列举方式说明部分州之归属。这些被列举的州在岭南只占极小比重，即便列举稍多的《舆地纪胜》和《方舆胜览》，言及九州分野的州也仅占岭南全部州的57%（见表6），因此其所呈现的岭南三分只是点缀式的。

表6 岭南诸州分野分布

分野	《元和郡县图志》		《舆地纪胜》		《方舆胜览》	
扬州	5	15%	10	26%	10	26%
荆州	2	6%	5	13%	5	13%

---

① 林之奇、夏僎以岭南距离王畿遥远，疑惑岭南在五服中的位置，但对九州包括岭南并不质疑。参林之奇《尚书全解》卷8、卷11，《景印文渊阁四库全书》第55册，第156页下栏～157页上栏及第222页；夏僎《夏氏尚书详解》，《景印文渊阁四库全书》第56册，第541页上栏。又吕祖谦、蔡沈、黄度、熊禾等虽和杜佑一样释"淮海惟扬州"为扬州东南距海，不过却未必认同岭南不属九州，如黄度即认为岭南属扬州，熊禾则以岭南分属荆、扬。参吕祖谦《增修东莱书说·图说》，《景印文渊阁四库全书》第57册，第133页上栏；蔡沈《书经集传》卷2，《景印文渊阁四库全书》第58册，第30页上栏；黄度《尚书说》卷2，《景印文渊阁四库全书》第57册，第490页下栏～491；熊氏说见董鼎《书传辑录纂注》，《景印文渊阁四库全书》第61册，第626页上栏、627页下栏。

② 如傅寅《禹贡说断》，四库馆臣即称"具有特解，不肯蹈袭前人"，见《禹贡说断·禹贡说断提要》，第1页。

分野	《元和郡县图志》		《舆地纪胜》		《方舆胜览》	
九州外	1	3%	7	18%	7	18%
不明①	25	76%	17	43%	17	43%

持岭南三分说的文献在叙述岭南九州分野时为何仅列举部分州？是无意疏漏还是被迫无奈的选择？这里不妨暂跳出岭南分野，首先观察一下以单州列举方式叙述全国九州分野的文献之整体趋势。

表7 《元和郡县图志》《太平寰宇记》未记九州分野州郡统计

十道	《元和郡县图志》			《太平寰宇记》②		
	总计③	未记④	占比（%）	总计	未记	占比（%）
关内道	25	2	8	27	4	15
河南道	32	1	3	30	2	7
河东道	21	1	5	19	2	11
河北道	17	2	12	35	7	20
陇右道	21	4	19	11	1	9
淮南道	阙	阙	阙	14	4	26
山南道	16	5	31	31	8	26
江南道	57	36	63	55	23	42
剑南道	38	14	37	28	7	25
岭南道	33	25	76	67	57	85

《元和郡县图志》和《太平寰宇记》是唐及北宋时期现存仅见的两部相对完整的以单州列举方式叙述华夏全境九州分野的文献。⑤ 如表7所示，无论《元和郡县图志》还是《太平寰宇记》，叙述都呈现详北略南的倾向，北方州郡的九州分野少有遗漏，南方州郡则大量阙失，且地

① 《元和郡县图志》、《舆地纪胜》及《方舆胜览》中均有大量古越地、古南越地、古百越地、古瓯骆越地甚或古夜郎国之地等描述，乍看似属九州外，不过如前文所述，《元和郡县图志》《舆地纪胜》中又不乏"某地，《禹贡》某州之地，古四夷之地"这样的描述，故仅称古越地、古南越地者，本文概归入九州分野"不明"栏。
② 《太平寰宇记》原以宋初十三道为纲，今合为十道统计。
③ 文字阙失者及废州、羁縻州，不统计在内。又宋代与州同级的军、监，《太平寰宇记》例不记载其分野，亦不纳入统计。
④ 被视为记载九州分野者，除以"《禹贡》某州之域"标明者外，以"土地所属同某州"或"某星流为某州"等表述显示其九州分野者亦包括在内，其余则视为未记。
⑤ 《太平寰宇记》基本完帙，仅河南、江南西二道略有残缺，《元和郡县图志》除淮南道全佚外，河南、河北、山南、江南、岭南诸道亦有数目不等的阙文。

域越南失载越多。① 这一倾向并非偶然，稍早一些、以佚文存世的《十道志》，其中不记九州分野的州郡同样南方多于北方。诸书书写的这一倾向透露如下事实，即对置身京师的唐宋士人而言，北方地区的九州分野大抵熟悉，而南方尤其是岭南州郡的九州分野似乎相对陌生。②

及宋室南渡，情况颇有改观。文献表明，对于华夏境内岭南外地区的九州分野，时人已大多可以掌握。如以华夏全境为记述对象的张洽《历代郡县地理沿革表》，现存文字中，除京西南路之枣阳军，成都府路之威州、永康军，京西北路之颍昌府四地未云九州分野外，其余均一一言明。③ 固然，见于《记纂渊海·郡县部》的《地理沿革表》并非全帙，其中列举宋代府州军监略有阙失，④ 故不排除书中岭南外未及九州分野的地区或还有一些。不过，考虑到现存《地理沿革表》业已覆盖宋代绝大多数府州及军，毋宁认为其书岭南之外没有记载九州分野的地区应极有限。又同以东南十六路为记述对象的《舆地纪胜》和《方舆胜览》，⑤ 岭南

---

① 与《元和郡县图志》相比，《太平寰宇记》北方诸道未记九州分野的州郡略有增加，这与新设州郡相关，《太平寰宇记》对于唐末迄宋初新设郡的分野，例不记载。

② 时人对南方州郡九州分野相对陌生，除南方开发较晚、认识不足外，另一重要原因是《禹贡》自身对南方地理记载较为欠缺。参顾颉刚《扬州境界问题》，《尚书研究讲义》，《顾颉刚古史论文集》卷8，第221页。

③ 《记纂渊海》卷13《郡县部·京西南路》"枣阳军"条，卷16《郡县部·成都府路》"威州""永康军"条，卷17《郡县部·京东东路》"应天府"条，卷19《郡县部·京西北路》"颍昌府"条，《景印文渊阁四库全书》第930册，第319页下栏、396页上栏、397页下栏、415页上栏、433页上栏。又卷14《郡县部·荆湖北路》"靖州"条亦未言及九州分野，不过此系出自《舆地纪胜》，非《历代郡县地理沿革表》（《景印文渊阁四库全书》第930册，第342页上栏）。

④ 如潼川府路、利州路、夔州路即不见于《记纂渊海·郡县部》，其余诸路下也或有个别府州军失载。

⑤ 《舆地纪胜》是否包括北方地理信息，目前学界尚存争议。传世《舆地纪胜》只包括南宋"东南十六路"地理，不过《读史方舆纪要》《大清一统志》所引《舆地纪胜》或有北方地理信息，声称部分文字节录自《舆地纪胜》的四库本《记纂渊海·郡县部》，也包括北方诸路地理在内（卷9至卷16为南方，卷17至卷25为北方），故李勇先、李裕民推测《舆地纪胜》尚有续编，王象之全书应覆盖华夏全境。不过谭其骧则认为《读史方舆纪要》所引涉及北方地理的《舆地纪胜》或为后人冒名之作，金菊园也以万历本《记纂渊海》北宋故土部分未注明出自《舆地纪胜》，坚持《舆地纪胜》仅叙及南宋版图。分见李勇先《〈舆地纪胜〉研究》，第24、187页；《舆地纪胜》"校点前言"，四川大学出版社，2005，第37~39页；李裕民《〈舆地纪胜续编〉研究》，《陕西师范大学学报》2002年第4期；谭其骧《论〈方舆胜览〉的流传与评价问题》，初刊于1984年，后收入氏著《长水集续编》，人民出版社，1994，第321~344页；金菊园《万历刻本〈记纂渊海·郡县部〉初探》，《历史地理》第30辑。

外没有提及九州分野的地区更是仅余枣阳军和夔州路之万州两地。① 无待赘言，这些偶未提及九州分野的地区应只是疏漏所致，这也意味着，对于华夏境内岭南以外的九州分野，时人已颇为熟悉。而与此形成鲜明对比的是，对于岭南各地的九州分野，时人仍多陌生。如表 6 所示，《舆地纪胜》《方舆胜览》仍有多达 43% 的府州军监未云分野，而《历代郡县地理沿革表》所举岭南 39 地，云及九州分野者更是仅有 7 例，未云分野者占比超过 82%。

明乎此，以单州列举方式叙述岭南九州分野的文献仅提及部分州郡分野就不难理解了。概言之，这类文献之所以如此处理，并非由于漫不经心的记载疏漏，而是迫不得已的选择。在不认可岭南属扬或分属荆扬或不属九州等关于岭南九州分野的整体判断的前提下，由于对岭南各地九州分野的陌生，撰者只能通过搜检前史遗文，爬梳其中提及岭南某地属九州的只言片语来建构岭南九州分野。这样的建构必然是零散不全的，是点缀式的。

依据前人只言片语建构岭南九州分野，这一点在交代文字出处的《舆地纪胜》中体现得最为明显。兹将可以明确的诸州分野依据列表如下（见表 8）。

表 8 《舆地纪胜》岭南诸州九州分野出处

九州分野	州郡	依据	反证	取舍
扬州	广州	《晋书》《隋书》《新唐书·地理志》《元和郡县图志》	《通典》	两存
	韶州	《太平寰宇记》	图经	从《寰宇记》
	南雄州	《太平寰宇记》		
	英德府	旧经	新经	从旧经
	南恩州	《太平寰宇记》		
	潮州	《通典》		
	梅州	《通典》		

---

① 《舆地纪胜》卷 88《京西南路·枣阳军》、卷 177《夔州路·万州》，第 2807、4587 页。需要说明的是，本文所谓标明九州分野者，除常见的直云"《禹贡》某州之域（地）"外，还包括诸如某地"星土分野或沿革与（业已云及九州分野的）某地同"、"《春秋元命包》曰'轸星散为荆州'"（仅见于卷 71《荆湖北路·沅州》、卷 72《荆湖北路·靖州》、卷 75《荆湖北路·辰州》，第 2399、2415、2485 页）等。

续表

九州分野	州郡	依据	反证	取舍
荆州	连州	《皇朝郡县图志》		
	桂州	《元和郡县图志》		
	昭州	《元和郡县图志》		
	梧州	《元和郡县图志》		
	贺州	《太平寰宇记》、图经①		
九州外	邕州	《建武志》		
	化州	图经		
	钦州	《元和郡县图志》		
	琼州	《汉书·贾捐之传》引贾捐之谏伐珠崖疏		
	昌化军	《太平寰宇记》		
	万安军	图经		
	吉阳军	图经		

据表 8，《舆地纪胜》列出九州分野的岭南州郡，其分野文字绝大多数都能在前史遗文中觅得出处。其中，多数系直接援引某种或数种文献，有的则是基于某一文献的简单推衍（如南雄州、昭州、贺州），此外还有存在不同记载的情况下通过考辨确认九州分野（如广州、韶州、英德府）。无论如何，这些判定九州分野的文字皆属前史有据。事实上，即便没有列出分野文字出处的端州和新州（循州分野文字阙失，暂不论），王象之推断二地"分野星土与广州同"，毋宁说也是分别依据了《元和郡县图志》和《皇朝郡县图志》。

《舆地纪胜》的处理并非孤例，同样以岭南三分的《元和郡县图志》，其九州分野文字大约亦非李吉甫原创。按《元和志》明确以"《禹贡》某州之域"标注九州分野者仅广州、桂州、富州、钦州四地，其中"桂州，《禹贡》荆州之域"，在此之前的《十道志》已有同样表述。又《元和志》以钦州"非九州之域"，② 钦州位置偏远，视为九州外不为无据，不过值得注意的是，较之钦州更为偏远的地区，如和钦州同属邕管经略使下的瀼州、泷州，以及辖属安南都护府的诸州，《元和志》均未明

---

① 图经以为"荆扬之南境"，略有区别。

② 《元和郡县图志》卷 38《岭南道五》"钦州"条，第 952 页。

确斥于九州之外。据此不难推知，《元和志》称钦州"非九州之域"，极有可能并非来自李吉甫的判断，而是率尔抄录前人认识——遗憾的是，由于文献散佚，其更早出处今已不得而知。要之，尽管《元和志》岭南九州分野文字大多未标明来源，不过草蛇灰线，伏脉千里，若干蛛丝马迹仍显示这些文字应和《舆地纪胜》中的相关记载一样沿自前人。①

事实上，不仅持岭南三分说者，以单州列举方式将岭南二分的文献，其分野文字同样多为因袭，围绕贵州分野的一条表述颇能说明这一点。在《十道志》中，贵州被描述为"虞舜暨周并为荒裔"，与其他不云九州分野的地区仅称"古越地"等迥然不同。而在《太平寰宇记》及《舆地纪胜》、《方舆胜览》中，贵州也被独一无二地标注"虞舜暨周并为荒裔"，《历代郡县地理沿革表》虽略有差异，但云"古荒裔之地"，仍与《十道志》等一脉相承。② 贵州分野的独特表述在唐宋文献间的流动，表明分野知识具有较强的传承性，后世文献中出现的分野文字绝大多数应渊源有自。

遗憾的是，在对岭南九州分野较为陌生的大背景下，这类具体标注岭南各地九州分野的文字多是只言片语，即便到南宋，积累也不丰富，这就使得以单州列举方式描述岭南九州分野的文字必然只是点缀式的零星存在。固然，在一些文献中，我们也能看到试图将这些只言片语予以扩张的努力。譬如《元和郡县图志》"广州"条在叙述广州"《禹贡》〔梁〕（扬）州之域"后小字注云"下言南海郡地，即《禹贡》（扬州）之域"，由此"秦南海郡地"的循、端、封、韶四州也获得"《禹贡》扬州"的九州分野。③ 又《舆地纪胜》以韶州、南雄州属扬州，昭州、梧州属荆州，也是基于诸书记载广州属扬州以及《元和郡县图志》云

---

① 学者已指出《元和志》征引前人著作，大致有一百余种，此外还有许多文字未标注征引书名。《元和志》九州分野文字，盖即属此类。史念海、曹尔琴：《李吉甫与〈元和郡县图志〉》，史念海、曹尔琴：《方志刍议》，浙江人民出版社，1986，第172~174页。

② 《太平寰宇记》卷166《岭南道十·贵州》，第3177页；《舆地纪胜》卷111《广南西路·贵州》，第3333页；《方舆胜览》卷40《贵州》，第728页；《记纂渊海》卷15《郡县部·广南西路》"贵州"条，《景印文渊阁四库全书》第930册，第370页下栏。"舜"，《方舆胜览》作"商"，或为文字讹误。

③ 《元和郡县图志》卷34《岭南道一》"循州""端州""封州""韶州"条，第892、896、899、900页。

富州属荆州的推衍。① 不过整体上看，这类推广极为有限，以单州列举方式呈现的岭南九州分野知识仍无法覆及岭南全体。

这些出自不同时代、不同语境下的认识混杂在一起，不可避免会产生矛盾。《元和郡县图志》以钦州"非九州之域"与其他认识相悖已见前文，在积历代认识所成的《舆地纪胜》中，此类矛盾更是比比皆是。对于这些矛盾，王象之偶加辨析，如以广州、韶州、英德府属扬，象之均在斟酌不同记载的基础上确认三地属扬的合理性。不过在另一些场合，象之则采取姑且两存的态度。譬如邕州，《建武志》② 一云"《禹贡》九州之外"，一云"扬州之南境"，象之照抄原文；化州，象之在正文中引《图经》③ 云其"《禹贡》、《职方》之所载不及，五岭之外"，注文中又摘录《图经》另一说法，以化州为"《禹贡》扬州之南境"。④《纪胜》更大的矛盾则在象之一方面接受传统天文分野体系，以扬州对应于牛、女—星纪，荆州对应于翼、轸—鹑尾；⑤ 另一方面在将某些州归属荆州或九州之外时，又执着地依据《汉书·地理志》及韩愈《送南海从事窦平序》等，以当地天文分野属牛女之宿，星纪之次，⑥ 其间乖违显而易见。

---

① 《舆地纪胜》卷 90《广南东路·韶州》、卷 93《广南东路·南雄州》、卷 107《广南西路·昭州》、卷 108《广南西路·梧州》，第 2879、2959、3259、3283 页。

② 一般认为此即宋人乐公明、尹安中纂修之《建武志》。参张国淦《中国古方志考》，中华书局，2019，第 574 页；顾宏义《宋朝方志考》，上海古籍出版社，2010，第 449～450 页；刘纬毅等辑《宋辽金元方志辑佚》，上海古籍出版社，2011，第 885 页。

③ 一般认为此即宋人纂《化州图经》。参张国淦《中国古方志考》，第 550 页；顾宏义《宋朝方志考》，第 434 页；刘纬毅等辑《宋辽金元方志辑佚》，第 845 页。

④ 《舆地纪胜》卷 106《广南西路·邕州》、卷 116《广南西路·化州》，第 3237、3411 页。按《纪胜》引《建武志》两属，盖一据《建武志序》引唐庚诗"山川《禹贡》外，城郭汉兵余"，一据《建武志》本文。此尤可见不同性质的文本叙述九州分野可能存在差异。

⑤ 《舆地纪胜》卷 105《广南西路·象州》、卷 111《广南西路·贵州》，第 3215、3333 页。

⑥ 如昭州、梧州、邕州、化州、钦州、琼州均系如此，贺州则认为天文分野当星纪、鹑尾之间。《舆地纪胜》卷 106《广南西路·邕州》、卷 107《广南西路·昭州》、卷 108《广南西路·梧州》、卷 116《广南西路·化州》、卷 119《广南西路·钦州》、卷 123《广南西路·贺州》、卷 124《广南西路·琼州》，第 3237、3259、3283、3411～3412、3467、3531～3532、3553～3554 页。按九州分野与天文分野不合，其他地区亦间或可见，不过大抵在交界之地（如蕲州，九州分野属扬州，天文分野为翼轸；房州，九州分野属梁州，天文分野属翼轸。参《舆地纪胜》卷 47《淮南西路·蕲州》、卷 86《京西南路·房州》，第 1897、2771 页），与岭南诸州不同。

那么，这些混合历代岭南各地具体九州分野知识而成的岭南三分说是否即完全混乱无序呢？事实也非如此，揣摩《元和郡县图志》《舆地纪胜》《方舆胜览》中分属三处的诸州所在，不难发现其中隐约也有规律可循。在《元和志》中，如前所述，李吉甫将和广州同属秦南海郡的循、端、封、韶四州归属扬州，这似乎暗示，《元和志》在确认岭南诸州九州分野时，其地在秦时所属或是重要标准。核以属荆的桂州、富州及不属九州的钦州，尽管《元和志》未言其秦时所属，不过据《通典》《太平寰宇记》等，桂州、富州及钦州恰分别在秦岭南三郡另二郡之桂林和象郡境内。① 以此而言，推测《元和志》在整理岭南九州分野、将部分地区分属三处时，秦岭南三郡辖境构成若隐若现的背景，恐怕不算无稽。

《元和志》的例证过少，我们再以列举稍多的《舆地纪胜》加以验证。

表9 《舆地纪胜》诸州分野与秦郡关联

九州分野	州郡	秦郡
扬 州	广 州	南海郡
	韶 州	
	南雄州	
	英德府	
	肇庆府	
	新 州	
	南恩州	
	潮 州	
	梅 州	
	循 州②	

① 桂州见《通典》卷184《州郡十四·古南越》"始安郡"条，第4924页；《太平寰宇记》卷162《岭南道六·桂州》，第3097页；《舆地纪胜》卷103《广南西路·静江府》，第3148~3149页。富州见《通典》卷184《州郡十四·古南越》"开江郡"条，第4927页；《太平寰宇记》卷163《岭南道七·昭州》，第3121页；《舆地纪胜》卷107《广南西路·昭州》，第3259页。钦州见《通典》卷184《州郡十四·古南越》"宁越郡"条，第4944页；《太平寰宇记》卷167《岭南道十一·钦州》，第3200页；《舆地纪胜》卷119《广南西路·钦州》，第3467页。

② 《舆地纪胜》"循州"条相关文字原缺，此据《方舆胜览》卷37《循州》，第662页。

九州分野	州郡	秦郡
	连　州	长沙郡
荆　州	桂　州	桂林郡
	昭　州	
	梧　州	
	贺　州	南海郡
九州外	邕　州	桂林郡
	化　州	象　郡
	钦　州	
	琼　州	秦郡外
	昌化军	
	万安军	
	吉阳军	

　　如表 9 所示，《舆地纪胜》所列九州分野明确属扬的 10 处州府，无一例外均在秦南海郡境内，这表明王象之在判断诸州分野时"秦属南海郡"极有可能构成重要依据。尤其是《舆地纪胜》以端州、新州和广州一样属扬，前者称"《元和郡县志》以为本秦时南海郡地，则分野星土同广州"，后者云"《皇朝郡县志》云在秦属南海郡，则星土分野宜与广州同"，① 在此表述中，"秦属南海郡"确凿无疑地成为确认当地分野的凭据。不过需要注意的是，在判断属荆或不属九州时，诸州与秦郡的关联似乎不那么密切——秦桂林郡外，秦属长沙郡的连州及属南海郡的贺州也被归属荆州，秦属桂林郡的邕州及秦时尚未进入郡县的海南岛上所置州军，则被列入理应对应于象郡的九州外。当然，考虑到连州界于荆楚、岭南之间，地理之岭南属性尚存暧昧，② 而贺州、邕州之九州分野又存不同认识，或许可以推测王象之在判断岭南诸州九州分野时仍隐约以秦岭南三郡为背景，即属秦南海郡者归扬州，属秦桂林郡者归荆

---

① 《舆地纪胜》卷 96《广南东路·肇庆府》、卷 97《广南东路·新州》，第 3015、3041 页。又二处称"星土分野"或"分野星土"，某些场合似不包括九州分野（《舆地纪胜》卷 90《广南东路·韶州》、卷 191《利州路·大安军》，第 2879、4929 页），不过在多数场合应包括九州分野在内。

② 如连州在唐代长期不隶属岭南道。

州，属秦象郡及不属秦郡者不入九州。

以岭南附会秦郡，进而判断其九州分野，此意识在以只言片语形式单独论述岭南某地九州分野时是否存在，今已不得而知，不过在整合零星认识而成的《元和郡县图志》和《舆地纪胜》中，毋宁说已然存在。当然，对于《元和志》和《舆地纪胜》中的这一意识，也不宜高估。一方面，如《舆地纪胜》中的反例可见，这种附会并不严格，各地九州分野与秦郡的对应时有龃龉，而王象之推断梧州属荆，系以梧州与富州、昭州同属汉代苍梧郡而非秦桂林郡，也佐证秦郡并非确认分野的唯一依据。① 另一方面，这种附会又未彻底，基于与秦郡对应而明确九州分野的岭南州府仅占少数，多数州府均未因其与秦郡的历史关联获得九州分野，故仍不得不只以古越地、古南越地、古百越地等定位暧昧展示其在华夏历史中的位置。

要之，与前述几种分野说相比，汇集此前零星九州分野认识而成的岭南三分说既缺乏理论支撑，也不成体系，其瑕疵显而易见。然而即便如此，三分说在此后的明清时期并未完全消失。前已提及，明清文献多循一行分野理论，将岭南东西两分。不过这种两分大抵存在于整体性描述中，在以单州列举方式具体论述各地九州分野的文字中，岭南三分说仍间或可见。譬如《大明清类天文分野之书》，整体描述系以岭南分属荆、扬，不过在具体列叙时，属荆、属扬者外，广西思明府以下 8 处府州却被归入"荆州獥外之地"——所谓"獥外"即"徼外"，亦即这些府州不属九州。② 又同样持两分说的《大清一统志》，其中岭南绝大多数府州均被归入荆、扬，但仍有琼州、梧州二府被列于九州之外。③ 又《明史·地理志》云广东"《禹贡》扬州之域及扬州徼外"，广西"《禹贡》荆州之域及荆、扬二州之徼外"，虽未具体列出岭南各地九州分野，但既称分属荆、扬及徼外，显然也属一脉相承。④ 值得注意的是，即便进入对岭南开发和认识均有显著提升的明清时期，三分说仍未覆及

① 《舆地纪胜》卷 108《广南西路·梧州》，第 3283 页。
② 《大明清类天文分野之书》卷 20，第 710～712 页。
③ 康熙《大清一统志》，卷 206《琼州府》、卷 298《梧州府》，页一、页一；乾隆《大清一统志》卷 350《琼州府》、卷 362《梧州府》，第 244 页下栏、440 页下栏；《嘉庆重修一统志》卷 442《琼州府》、卷 469《广西统部》，第 23131、23911 页。
④ 《明史》卷 45《地理志六》，中华书局，1974，第 1132、1148 页。

岭南全体，九州分野仅称古越地、古粤地、古百越地、古南越地等仍在《大明清类天文分野之书》《大明一统志》《大清一统志》等具体列叙各地九州分野的文字中或多或少的存在，这显示出，作为唐宋岭南三分说余绪的明清岭南三分认识，仍处于不完备的状态。

余 论

如前所述，其他视角所描摹的岭南，大体是一片原始蛮荒而又蕴藏奇珍异宝的"异域"，景象相对单一，而唐宋以降的九州分野知识，却演绎出复杂多元的诸种认识。其中，既有沿自汉代以来将岭南归于扬州的传统认识，又有在唐宋始见或正式确立的以岭南分属荆扬、岭南不属九州的新思考，此外，混合零星旧说但又缺乏董理的岭南三分说亦在其中占据一席之地。

不同认识背后乃是不同的理论依据。岭南属扬，源自经典的九州界定及天文分野的启示——《禹贡》扬州南至海的疆域设定和岭南天文分野对应于牛、女或南斗，使得扬州成为岭南九州分野的不二之选。岭南东部属扬、西部属荆，则与唐僧一行的分野理论密切相关——岭南既在新分野说中被划分为鹑尾、星纪两个星次，其九州分野分属荆、扬也顺理成章。又岭南不属九州，乃是杜佑旨在回归经典、坚持《禹贡》原典主义的产物——《禹贡》九州既未提及岭南，岭南被剔除在九州之外也就不足为奇。至于岭南三分说，理据相对欠缺，不过附会秦岭南三郡或也在其中发挥一定作用。要之，尽管在上述九州分野的论述中，这些理据并未都被明白无误地表达出来，但其存在毋庸置疑。可以断言，正是这些或隐或显的理据的支撑，才使得歧互纷纭甚至截然对立的分野言说能够在唐宋以降长期共存。

进言之，上述理据能发挥作用，归根结底，恐怕还缘于岭南地理和文化的双重独特环境。在地理环境上，岭南地处九州南裔，且境接荆、扬，故无论归属荆州、扬州抑或不属九州，都能在地理空间上获得解释。在文化环境上，岭南进入华夏世界较晚，且地方非汉族群始终构成人群主体，故长期被视为华夏边缘，游离在华夏文化内外，由此岭南无论出入九州，均有理可据。此外，分野知识在古代知识结构中的位置也是促成多种分野言说得以并存的重要因素。尽管分野具有显著的政治文化内涵，但王朝似乎并不视之为维护统治的必备知识，寻求将对地方的控制诉诸分野，故在王朝层面，始终未见整齐诸说、定于一尊的尝试。① 这种宽松的语境无疑也为岭南多种分野言说并存提供了土壤。

回到本文开头设定的写作初衷，即唐宋岭南九州分野知识究竟构建了怎样的基于其他视角无法观察到的岭南？显然，九州分野知识所呈现的岭南，不仅整体复杂多元，各地域间亦存在差异；更重要的是，九州分野中的岭南，毋宁说与华夏世界有着更多的共同点，或者至少是积极向华夏世界靠拢的。② 这样的岭南势必不能简单归于"异域"。当然，作为岭南主流认识的"异域"论，不可避免会在九州分野论述中留下痕迹。无论是明确将岭南部分地区归于徼外，抑或仅以"古越地""古百越地""古闽越地"等叙述某地分野，其背后都不难窥见岭南"异域"的影子。事实上，即便旨在严守《禹贡》樊篱的杜佑以岭南不属九州论，仔细玩味，或许也不无视岭南为"异域"的考虑在内。可资对照的是，山川、贡赋同样不为《禹贡》所及的北境诸州，《通典》毫不犹豫地将其纳入九州之冀州，不难想见，这应与该地很早即被视为华夏"旧域"密切相关。③

岭南九州分野知识在知识流动中是否就是单纯被动的接受者呢？事

---

① 至迟在唐代地理文献中，明确记载《禹贡》九州分野的文字业已出现。地理总志如《十道志》《通典》《元和郡县图志》等已如前见，贾耽撰《古今郡国县道四夷述》，据其上书表有"中国以《禹贡》为首"（《旧唐书》卷138《贾耽传》，第3786页），大约也包含九州分野内容。地方志如《太平御览》引《（蓟州）图经》《（辽州）图经》，亦出现附会《禹贡》九州的文字（《太平御览》卷162《州郡部八·河北道中》"蓟州"条、卷163《州郡部九·河东道下》"辽州"条，中华书局，1960，第788页上栏、729页下栏。二书成书时间，刘纬毅判断均约唐代，华林甫亦视之为隋唐五代图经。参刘纬毅辑《汉唐方志辑佚》，北京图书馆出版社，1997，第371、375页；华林甫主编，华林甫撰《清儒地理考据研究》第4册《隋唐五代卷》，齐鲁书社，2015，第314、317页）。及至宋代，九州分野记载更为常见，地理总志前已叙及，地方志中分野也成为不可或缺的条目（青山定雄「唐宋時代の総誌及び地方誌」『唐宋時代の交通と地誌地図の研究』吉川弘文館、1969、496～501頁）。不过尽管如此，唐宋均未见王朝试图统一各地分野的努力。

② 这一点不难理解。将岭南附会《禹贡》九州，本身就意味着试图界定岭南在华夏世界中的位置，基于此的岭南必然与华夏世界多有共通。

③ 关于《禹贡》冀州境界的历代言说，参顾颉刚《冀州境界问题》，《尚书研究讲义》，《顾颉刚古史论文集》卷8，第196～203页。

实也非如此，在一些场合，岭南九州分野知识也在输出，影响着其他视角对于岭南的认识。譬如岭南东西分为广东、广西，究其根源，不排除即是受到分野知识中岭南分属荆扬的影响。又薛爱华提到唐代诗人或以传统上与古越地（今浙江）相联系的意象——最典型如"越女"描述岭南，① 不禁令人想到这是否与岭南划入扬州从而与古越地同一分野存在关联。要之，尽管从整体上看，自成体系的岭南九州分野知识与岭南其他知识间关联并不十分密切，但二者也非绝不相交的平行线，前者的发生及演变均与后者存在或多或少、或隐或显的互动。正是这种互动，使得九州分野知识不仅自身构成认识岭南不可或缺的独立维度，对于认识岭南其他知识也不无裨益。

① 薛爱华：《朱雀：唐代的南方意象》，第 165～171 页。

北境族群与政治关系

唐前期的府州体制与北方游牧部落 *

李丹婕 **

摘 要

本文基于前贤的研究成果，结合近年相关新见出土文献，重新探讨了唐朝北边府州支配体制的具体形式、动力和实际运作，对前人认识不一或不足的一些问题做了再分析。具体而言，本文围绕三个相互关联的问题展开：其一，贞观初年针对朔方地区突厥降户的统治方式，尤其强调唐朝对于不同地区突厥部落的差异化对待；其二，定襄、云中二都督府的初设及其嬗变，特别是重新讨论了两都督府的空间流变及其辖下羁縻州的分合；其三，唐朝府州体制下部落基层社会的实情及其与唐朝的信息沟通，从中可见进入府州体制的游牧部落与中原政权维系着基于意愿和协商的政治隶属关系，这些部落凭借游牧的生活方式机动性地辗转于南北政权之间。借此我们将展现，在与北方游牧部落的互动中，唐朝的统治策略是相当灵活多元的，河南与河北的处置方式不同，漠南与漠北也尽可能分而治之，而且具体手段也不乏对突厥统治因素的借鉴与吸收，贞观年间针对突厥部众的成功统治便与此有关。同时，游牧部落也具有相当的能动性，是影响南北政权势力对比和双边关系的潜在力量。

关键词 唐代 北方地区 游牧部落 府州体制

王国维《高昌宁朔将军麴斌造寺碑跋》一文指出，"突厥于其所属之国，皆授其王或首领以己国官职，故唐灭东、西突厥，即于其故地及属

---

* 本文系国家社科基金项目"出土文献与唐代北方羁縻体制新证"（18BZS046）的阶段性成果。部分内容曾发表于 2020 年秋北京大学人文社会科学研究院第 9 期邀访学者内部学术交流会，受到邓小南、韩琦、陈志平、吴敏超、姚泽麟、李鸣飞、丁得天、孟庆延、邱靖嘉、陆蓓容等师友的批评赐教，特此鸣谢。
** 李丹婕，中山大学历史学系副教授。

国置羁縻州，并命其王为都督、刺史，盖即用突厥旧制也"。① 蔡鸿生将这一论断延伸至粟特地区，认为"在九姓胡的政治史上，突厥模式并没有随着突厥汗国的瓦解而消失，它以变异的形式，被吸纳到唐朝的羁縻系统之中"。② 两位先生都强调在突厥汗国统治的延长线上认识中原政权对其旧部的统治，但均未就此详论。关于唐朝的羁縻体制，既有研究多从《新唐书》卷43《地理志七》"羁縻州"条的序文出发，将"以其首领为都督、刺史，皆得世袭；虽贡赋版籍，多不上户部"视为基本原则。③ 然而，这篇宋人归纳与编撰的文本，意在"录招降开置之目，以见其盛"，辑录唐朝两百余年间出现过的羁縻州，实为资料汇总，其时间线索不清，空间分布也颇混乱，模糊了针对外族所置府州之间的差异。事实上，传世唐代文献鲜有关于羁縻体制的系统规定，这提示我们，羁縻府州虽与经制府州有别，但不像经制府州制度那般整齐划一，针对边地外族的统治很大程度上需采取"因地制宜"的灵活策略，对于具有独特政治传统且以迁徙为业的游牧部落而言更是如此。同时，王国维和蔡鸿生提示的唐朝统治草原游牧部落时对突厥体制的吸收与改造，需要继续探讨。

唐朝贞观年间，北疆持续外扩，一度将漠北地区纳入辖境，然而中原政权一统大漠南北的空前局面，仅持续三十余年，其成败原因值得仔细分析。既有关于初唐针对北方游牧部落支配方式的研究，多基于上述羁縻州的框架，对一些基本问题仍存争议，比如贞观初年唐朝安置突厥降户的府州及其变迁④、安北与单于二都护府建置的成立⑤等。这些问

① 王国维：《观堂集林》，中华书局，1961，第987页。初版出版于1923年。
② 蔡鸿生：《唐代九姓胡与突厥文化》，中华书局，1998，第6页。
③ 关于唐朝羁縻府州的系统研究，参刘统《唐代羁縻府州研究》，西北大学出版社，1998。
④ 具体不同看法，将在下文引述。最新研究参张莉《唐贞观时置突厥府州新考》，《中国历史地理论丛》2018年第3辑，第68~74页。
⑤ 相关讨论参岑仲勉《突厥集史》，中华书局，1958，第270~271、285~286页；严耕望《唐代安北单于两都护府考》（初刊于1972年），《唐代交通图考》第1卷，上海古籍出版社，2007，第323~340页；谭其骧《唐北陲二都护府建置沿革与治所迁徙》（初刊1975年），《长水集》下册，人民出版社，1987，第263~277页；樊文礼《唐代单于都护府考论》，《民族研究》1993年第3期；艾冲《唐代安北都护府迁徙考论》，《陕西师范大学学报》2001年第4期；王世丽《安北与单于都护府》，云南人民出版社，2006，初以博士学位论文发表于2002年；李大龙《都护制度研究》，黑龙江教育出版社，2003，第174~218页；李宗俊《唐代安北单于二都护府再考》，《中国史研究》2009年第2期。

题与唐朝针对草原游牧部落的统治策略密切相关，需结合特定时代情境进行具体考察。基于前贤相关研究，本文将对唐朝北边府州支配体制的具体方式、动力和效果再做讨论。近年出土的墓志和文书等材料，为这一研究提供了启示和条件，借此可以重新探讨前人认识不一或不足的具体问题。本文将围绕三个相互关联的问题展开：其一，贞观初年针对朔方地区突厥降户的统治方式；其二，定襄、云中二都督府的初设及其嬗变；其三，府州体制下的内部形态和政令执行。

一 突厥贵族与府州都督

贞观四年（630）突厥汗国崩溃后中原政权针对大批降众的安置，是初唐北方边境的一件大事。然而，关于安置措施的具体记载却非常简略，相关文本之间既有承袭，也不乏改动，存在难解的矛盾。谨先按文献编撰时间将相关史料列表于下（见表1）。

表1 关于安置突厥降户的相关记载

序号	文献记载	出处
1	太宗竟从其议，自幽州至灵州，置顺、祐、化、长四州都督府以处之，其人居长安者近且万家	吴兢撰，谢保成集校《贞观政要集校》卷9，中华书局，2009，第499页；《旧唐书》卷61《温彦博传》略同，中华书局，1975，第2361页
2	太宗竟用其计，于朔方之地，幽州至灵州置顺、祐、化、长四州都督府，又分颉利之地六州，左置定襄都督府，右置云中都督府，以统其众	《通典》卷197《边防典》，中华书局，1988，第5415页
3	太宗遂用其计，于朔方之地，自幽州至灵州置顺、祐、化、长四州都督府，又分颉利之地六州，左置定襄都督府，右置云中都督府，以统其部众	《旧唐书》卷194上《突厥传上》，第5163页；此条录于《册府元龟》卷991《外臣部·备御四》，中华书局，1960，第11638页
4	贞观四年三月三日，分颉利之地为六州，左置定襄都督，右置云中都督，以统降虏	《唐会要》卷73"安北都护府"条，上海古籍出版社，2006，第1554页
5	帝主彦博语，卒度朔方地，自幽州属灵州，建顺、祐、化、长四州为都督府，剖颉利故地，左置定襄都督、右置云中都督二府统之	《新唐书》卷215上《突厥传上》，中华书局，1975，第6038页

续表

序号	文献记载	出处
6	上卒用彦博策，处突厥降众，东自幽州，西至灵州；分突利故所统之地，置顺、祐、化、长四州都督府；又分颉利之地为六州，左置定襄都督府，右置云中都督府，以统其众	《资治通鉴》卷193，太宗贞观四年，中华书局，1956，第6077页

另有一则与上述史事密切相关的记载，见于《新唐书·地理志》"顺州·顺义郡"条：

> 贞观四年平突厥，以其部落置顺、祐、化、长四州都督府于幽、灵之境；又置北开、北宁、北抚、北安等四州都督府。六年，顺州侨治营州南之五柳戍；又分思（苏）农部置燕然县，侨治阳曲；分思结部置怀化县，侨治秀容，隶顺州；后皆省。祐、化、长及北开等四州亦废，而顺州侨治幽州城中。[①]

贞观四年安置突厥降户的"顺州"并非河北道顺州，[②] 此条材料是误系，内容却与突厥顺州相关，且较重要的是，"北开、北宁、北抚、北安"四州并提，仅见于此。

关于上述材料中府州之间的关系，学者看法不一。吴玉贵认为，唐朝对突厥降众的安排分两个阶段，贞观四年之前在以夏州为中心的地区设置了顺、祐、化、长四州，俘虏颉利可汗之后，在安置颉利可汗旧部的地区分设二府六州，二府即定襄和云中都督府、位于夏州宁朔县和朔方县，北开、北宁、北抚、北安为其中四州。[③] 石见清裕认为，定襄、云中二都督府非设于贞观四年，而是在贞观七年前后。[④] 艾冲认为，贞观四年唐朝针对突厥降众设置定襄、云中、顺、祐、化、长六都督府，而北开、北宁、北抚和北安分别是顺、祐、化、长四府的前身。[⑤] 郭声

① 《新唐书》卷43下《地理志七》，第1125页。
② 吴玉贵：《突厥汗国与隋唐关系史研究》，中国社会科学出版社，1998，第252页。
③ 吴玉贵：《突厥汗国与隋唐关系史研究》，第252页。
④ 石见清裕『唐の北方问题と国际秩序』汲古书院、1998、110～123页；中译本参《唐代北方问题与国际秩序》，胡鸿译，复旦大学出版社，2019，第85～93页。
⑤ 艾冲：《唐前期东突厥羁縻都督府的置废与因革》，《中国历史地理论丛》2003年第2辑，第135～141页。

波则认为，唐朝置云中都督府及北开、北宁、北抚、北安四州，定襄都督府及顺、祐两州，寻以各州为府，云中、定襄也置同名州。① 张莉指出，贞观四年最早设顺州，北开、北宁、北抚等皆属顺州，贞观五年突利去世后，由顺州分置四州，而北开等州也陆续更名。② 诸说都致力于弥合文献之间的矛盾，但皆因缺乏直接证据难成定谳。传世文献显示，北开州和化州之间存在前后相继的关系，③ 但其他几州是否也有类似的对应关系，无法落实。不过，对于上述诸说，有两个问题亟待辨明：其一，北抚等州是都督府，与定襄、云中、顺州等级别相当，不存在隶属关系；其二，虽然北抚等四州和顺、祐等州之间的关系无法确定，但这些府州与定襄、云中二府无关，不能混为一谈。

不妨先就上述材料之间的文本关系做一简单梳理。《贞观政要》和《旧唐书·温彦博传》史出同源，当系《实录》类文本中温彦博的传记。《通典》多出"又分颉利之地六州，左置定襄都督府，右置云中都督府，以统其众"一句，别有他源；这条信息为《唐会要》收录，明确系于贞观四年三月三日，或据诏敕类公文。《旧唐书》《新唐书》《资治通鉴》大体基于《通典》，《册府元龟》抄自《旧唐书》。就文本系统而言，于朔方之地安置突厥降众和分颉利旧地置定襄、云中二府本是史源有别的两条记载。前者与温彦博有关，回顾贞观初年温氏相关言论也能看出，他主张将突厥降众安置于河南（即朔方）之地，提倡"全其部落，不离本俗"，④ 实未涉及"颉利故地"的措置问题。

种种零散信息表明，唐朝初年针对突厥降户进行了划分土地、离散部落、重新组织的工作。这一点能从当时多位朝臣的奏疏中看出。比如李百药称，"窃闻圣算，亦欲因其离散，随其本部，署其酋长，不相臣属，阿史那种纵应树立，惟臣其一族而已"。⑤ 其主张有二，一是对突

---

① 郭声波：《中国行政区划通史·唐代卷》，复旦大学出版社，2012，第 1111～1113、1150～1151 页。
② 参张莉《唐贞观时置突厥府州新考》，《中国历史地理论丛》2018 年第 3 辑，第 68～74 页。
③ 《旧唐书》卷 38《地理志一》，第 1414 页。
④ 《旧唐书》卷 61《温彦博传》，第 2361 页。
⑤ 《唐会要》卷 73，"安北都护府"条，第 1556 页。

厥部落分而治之，二是将突厥统治氏族阿史那氏降级为诸部之一。这两点后来都得到贯彻。

先来看唐朝对突利可汗及其部众的措置。贞观四年三月，太宗任命突利为右卫大将军，封他为北平郡王。[①] 五月，以突利所率兵马设置顺州都督府。太宗吸取隋朝扶植突厥可汗最终尾大不掉的教训，"改变前法"，以突利为都督，命其"整齐所部"，遵守唐朝法度。[②] 太宗任命突利为顺州都督后，令其率部众还蕃。关于突利"还蕃"的目的地，也就是顺州所在，史无明文。梳理相关记载可推知，顺州当位于唐初河东道北部。突利可汗早年受颉利可汗之命，统治契丹、奚、靺鞨、霫等东北诸部，建牙于幽州附近，但由于他"征税无度"，契丹诸部于贞观初年纷纷附唐。之后，颉利又遣突利率部北征延陀部，亦不利。也就是说，贞观四年归唐之前，突利牙帐已不在幽州，受颉利责难后，突利向唐朝求和，太宗没有立即回应，而是先"令将军周范屯太原以图进取"，[③] 最终迫使突利入唐。由唐军屯据太原的行动可知，突利旧部所在的位置在太原北边、代州附近，这一点还能得到其他记载的佐证。首先，贞观五年，突利被征入朝，结果"至并州，道病卒"，[④] 表明并州位于顺州与长安之间的交通线上；其次，贞观五年唐朝于忻州秀容县以思结部置怀化县，贞观六年在太原府阳曲县以苏农部置燕然县，皆隶于顺州，其中怀化县至贞观十二年改隶代州，燕然县贞观十七年废；[⑤] 最后，贞观六年，代州都督府"又督顺州"。[⑥] 这些记载表明，贞观四年唐朝以突利可汗部众安置的顺州都督府，位于代州附近；转年突利去世后，顺州都督府或被降格为州，归于代州都督府管辖，顺州又下辖以苏农部、思结部等突厥属部设置的县。顺州的例子表明，针对突厥降众，唐朝有意识地进行了重新安置和组织。若以同年设置的西伊州为参照，这一点就看得更为清楚。贞观四年，伊吾城主石万年由东突厥归附唐

---

① 《册府元龟》卷 964《外臣部·封册二》，第 11337 页。

② 《旧唐书》卷 194 上《突厥传上》，第 5161 页。

③ 《旧唐书》卷 194 上《突厥传上》，第 5161 页。

④ 《旧唐书》卷 194 上《突厥传上》，第 5161 页。

⑤ 《新唐书》卷 43 下《地理志七》，第 1125 页。

⑥ 《旧唐书》卷 39《地理志二》，第 1483 页。

朝，唐朝以其地立为西伊州，领伊吾、纳职、柔远三县，[1] 其中纳职县百姓由鄙伏陀所领部落构成，并非石万年旧部，换句话说，西伊州下辖县由其他游牧部落所置，不同部落借由唐朝州县体制建立起新的隶属关系。同年设置的顺州和西伊州，一个徙入中原腹地，一个位于边疆旧域，但两者建置模式有类似之处。

贞观初年，唐朝在河东道、关内道还设有其他统领突厥降户的都督府，其中至少有北开、北宁、北抚、北安四府。《资治通鉴》保留了四府初设时的长官信息，分别是北开州都督阿史那思摩、北宁州都督阿史那苏尼失、北抚州都督史善应、北安州都督康苏密。[2] 这份名单也得到了出土文献的印证。《史善应墓志》记载："贞观四年，除都督北抚州诸军事、北抚州刺史。"[3] 太宗子李泰的墓志则称："贞观六年，授使持节大都督夏、胜、北抚、北宁、北开五都督，鄜、坊、延、丹四州诸军事、鄜州刺史。"[4] 不仅确证了北抚等州的设置时间，而且清楚显示北抚等州并非以部落为单位、部落酋长为长官设立的羁縻府州，而是中央直辖、监管突厥降户的都督府。夏州、胜州与北抚等府州地理切近，也有大量突厥降户，[5] 如咸亨二年（671）去世的颉利可汗之孙阿史那伽那，墓志记为"夏州宁塞县人"。[6] 宁塞县当是夏州境内安置突厥降户的县，先后隶属于北开州和化州，所领多是归阿史那思摩统领的"颉利旧众"，[7] 因此，调露初年突厥复国部众所立颉利从兄子阿史那伏念就来自夏州。总之，前人多将北抚等州视为羁縻州的看法是需要修正的，尤其值得注意的是，诸州都督的身份并非本部"部落酋长"，而是突厥

---

① S. 367 光启元年（885）《沙、伊等州地志》，郝春文主编《英藏敦煌社会历史文献释录》第 2 卷，社会科学文献出版社，2003，第 174～180 页。
② 《资治通鉴》卷 193，太宗贞观四年，第 6189～6190 页。
③ 汤燕：《新出唐史善应、史崇礼父子墓志及突厥早期世系》，荣新江主编《唐研究》第 19 卷，北京大学出版社，2013，第 569～587 页。
④ 《大唐赠太尉雍州牧故濮恭王墓志铭》，湖北省郧县地方志编纂委员会编《郧县志》，湖北人民出版社，2001，第 968 页。
⑤ 夏、胜二州多畜牧草场区，隋朝曾在此安置启民部众，《隋书》卷 84《突厥传》，第 1873 页；贞观九年之前，夏州都督窦静兼"宁朔大使"，管理突厥降户，《旧唐书》卷 61《窦静传》，第 2369 页；贞观十九年太宗征辽，"令执失思力发灵、胜二州突厥兵马"，《册府元龟》卷 991《外臣部·备御四》，第 11640 页。
⑥ 《长安新出墓志》，文物出版社，2011，第 98～99 页。
⑦ 《资治通鉴》卷 193，太宗贞观四年，第 6077 页。

汗国崩溃之前就与太宗建立了私人联系的突厥贵族。

顺州都督突利可汗，自武德年间，便与太宗结盟，约为兄弟，私人关系深厚，贞观五年去世后，太宗特为之举哀厚葬。① 史善应是突厥沙钵略可汗之孙，开皇年间其父褥檀特勤阿史那职御出使隋朝后定居中原，史善应即生于隋朝。仁寿初年，史善应进入隋朝宫廷禁军任职，曾追随隋炀帝东征高丽和南下江都，武德元年归唐，追随秦王，颇具将才，深受李世民信任和器重。换句话说，北抚州都督史善应不是贞观初年归顺唐朝的东突厥汗国部落酋长，而是生于中原、宦于唐朝的突厥贵族后裔，贞观初年已落籍"河南洛阳"。北开州都督阿史那思摩的经历也值得注意。传世文献记载，阿史那思摩是颉利可汗的心腹，贞观四年三月与颉利一同被唐军俘虏。② 不过，阿史那思摩及其妻延陀氏墓志则讲述了不同的故事：思摩夫妇其实早在贞观三年就已归唐。《思摩妻延陀氏墓志》载："逮贞观三年，匈奴中乱，思摩率众，因而归朝。预识去就之机，抑亦夫人之助。"③ 明确表示，贞观三年，思摩率众归唐，延陀氏还曾出谋划策。《思摩墓志》所记与此一致，称："贞观三年，匈奴尽灭，公因而入朝。主上嘉其乃诚，赐姓李氏，封怀化郡王、右武卫大将军。"接着还征引典故说明思摩被太宗重用的原因，谓"娄敬献都秦之策，蒙刘氏之荣；陆支有归汉之功，享因淳之封"，④ 言外之意，思摩不仅主动归唐，还有向李唐皇室献策之功。武德七年，颉利可汗曾遣阿史那思摩使唐，思摩受到唐朝极大礼遇，被封和顺王，他还表示，"今见秦王，即为要契"，⑤ 即与李世民结成联盟。从思摩入唐后的种种遭际来看，他确实深受太宗信任，去世后被赐谥为"顺"，也间接说明墓志所叙史事或更接近事实，即思摩在被擒之前已归心于唐。北宁州都督阿史那苏尼失是阿史那忠之父，很早便"结款太宗"，⑥ 而阿史那忠

---

① 《旧唐书》卷 194 上《突厥传上》，第 5161 页。
② 《通典》卷 197《边防典》，第 5416 页。
③ 吴钢主编《全唐文补遗》第 3 辑，三秦出版社，1996，第 340 页。
④ 吴钢主编《全唐文补遗》第 3 辑，第 338～339 页。
⑤ 《册府元龟》卷 980《外臣部·通好》，第 11510 页。
⑥ 吴钢主编《全唐文补遗》第 1 辑，三秦出版社，1994，第 50 页；《旧唐书》卷 109《阿史那苏尼失传》，第 3290 页；《旧唐书》卷 105《杨慎矜传》，第 3225 页；《旧唐书》卷 194 上《突厥传上》，第 5159 页。

则以擒颉利之功被拜左屯卫将军，赐名为忠，得娶唐定襄县主。① 史籍中关于北安州都督康苏密经历的记载相对欠缺，但可知的是，他曾为颉利可汗心腹，贞观三年被唐朝将领李靖成功策反降唐，直到贞观末年还在唐朝宫廷任职，应当也是太宗的亲信。②

吴玉贵已注意到，唐朝击溃突厥汗国、俘虏颉利可汗后，多位唐朝行军将领既未被大力拔擢，也没有得到格外奖励，与此相对照，在战役过程中投降的突厥首领则受到极高礼遇，他认为原因在于突厥汗国灭亡是由内部分裂造成的，唐朝军队的打击并没有起到关键作用。③ 这一解释很有道理，但还可以继续深入。仔细分析突利可汗、阿史那苏尼失、阿史那思摩等人的背景就会发现，他们很早便"深结于太宗"，甚至有可能在唐朝击败突厥汗国的过程中充当了内应。贞观四年颉利被擒之后，北方游牧诸部随即推举太宗为"天可汗"，显示了太宗在突厥贵族心中的形象，而这一形象并不是俘虏颉利之后突然出现的。④ 因此，与其说这些部落贵族背弃突厥转投唐朝，毋宁说他们只是选择了新的"可汗"。太宗还通过结盟、联姻等手段强化与这些突厥贵族的联系，任命他们为诸府都督，掌管军政大权，究其实质，类似于突厥可汗"兄弟会"的统治方式，⑤ 因此，北抚州等府不是简单的以部落设置的羁縻州，而是太宗直辖、以突厥贵族为长官、级别较高的都督府。

这些都督府多出现于贞观四年之后，位于关内道北部所谓"河南"地区，但当地的游牧部众不是突厥汗国崩溃后才出现的，很多自隋末以降就生活于此。隋朝末年，这片区域主要由追随颉利可汗的大度毗伽可汗梁师都（都夏州）、割利特勤张长逊（都五原）和屋里设郭子和（都

---

① 《阿史那忠碑》，张沛编《昭陵碑石》，三秦出版社，1993，图第 65 页，文第 190～192 页。

② 《旧唐书》卷 67 《李靖传》，第 2479 页；《旧唐书》卷 194 上《突厥传上》，第 5159 页。

③ 吴玉贵：《突厥汗国与隋唐关系史研究》，第 212～214 页。

④ 太宗即位之初，颉利率大军南下，与唐军对峙于渭水，最终颉利与太宗盟于便桥，此事之后，太宗曾言"可汗独在水西，酋帅皆来谒我"，表明太宗此前就与不少突厥贵族之间有直接互动。见《通典》卷 197 《边防典》，第 5410～5411 页。

⑤ 史载颉利可汗主政之初，曾以"次弟为延陀设，主延陀部，步利设主霫部，统特勒主胡部，斛特勒主斛薛部，以突利可汗主契丹、靺鞨部"。《新唐书》卷 215 上《突厥传上》，第 6038 页。

榆林）等突厥附属势力占据。武德元年（618），突厥郁射设率部落万余人入居河南五原诸地，朔方于是成为郁射设控制的地盘。始毕可汗、处罗可汗在位期间，漠北至夏州一直是突厥南下的主力通道，然而，620 年颉利可汗即位之后，这条通道就不再活跃，表明郁射设并没有积极配合颉利的南下战略。① 贞观二年（628），唐朝平定梁师都之后，在关内道北部毛乌素沙漠南缘，设绥州、银州、夏州、盐州，北缘有胜州和丰州，② 加上此前设立的灵州，组成接纳突厥降众的主要地域。贞观三年九月，郁射设属下郁孤尼等九俟斤向夏州都督窦静投降，③ 同年十二月郁射设率部归唐。当年末，唐朝户部奏："中国人自塞外归及四夷前后降附者，男女一百二十余万口。"④ 其中进入河朔地区的突厥部众当不在少数。除北抚等府，丰州都督府也为统降户而设，史载："贞观四年，突厥降附，又权于此置丰州都督府，不领县，唯领蕃户，以史大奈为都督。"⑤ 史大奈也不是降户部落首领，而是隋朝末年入华的突厥贵族后裔，早年率众追随高祖左右，⑥ 武德初年随太宗先后击败薛举、王世充、窦建德、刘黑闼等割据势力，⑦ 至贞观初年已身处唐朝建国功臣之列。正是凭借这种李唐功臣兼突厥贵族的双重身份，史大奈被委任为丰州都督，而丰州府在贞观十一年史大奈去世后被撤，州归灵州都督府，不过，当地仍有众多游牧部落。贞观十八年，常何就曾奉诏"领兵于丰、灵等州，怀集延陀等众"。⑧ 丰州和顺州一样，是唐朝突厥裔贵族官僚直辖、管理降户的都督府，与顺州不同之处在于丰州不领县。两府都在突厥都督去世后被撤，州就近隶于他府。

---

① 吴玉贵：《突厥汗国与隋唐关系史研究》，第 202 页。
② 吴玉贵：《突厥汗国与隋唐关系史研究》，第 202 页。
③ 《旧唐书》卷 61《窦静传》，第 2369 页。
④ 《资治通鉴》卷 193，太宗贞观三年，第 6069 页。
⑤ 李吉甫：《元和郡县图志》卷 4《关内道·丰州》，贺次君点校，中华书局，1983，第 112 页。
⑥ 《资治通鉴》卷 184，恭皇帝义宁元年，第 5741 页。
⑦ 《旧唐书》卷 194 下《突厥传下》，第 5180～5181 页；《新唐书》卷 110《史大奈传》，第 4111～4112 页；另有敦煌写本史大奈碑，参游自勇《敦煌写本 S. 2078 V 史大奈碑习字之研究》，《魏晋南北朝隋唐史资料》第 30 辑，上海古籍出版社，2014，第 165～181 页；朱振宏《史大奈生平研究》，《台湾师大历史学报》第 54 期，2015，第 1～44 页。
⑧ 李义府：《常何碑》，吴钢主编《全唐文补遗》第 7 辑，三秦出版社，2000，第 4～5 页。

其他突厥降户诸府的内部情况，史无明文，但当与顺州、丰州的情形相仿，所辖或是改编为州县的部落，或是未经改编的部落。前者除怀化县、燕然县、宁塞县之外，还有如平高县界所置统辖突厥降户的缘州①、以左屯卫将军苏农泥孰为刺史的毂州②，其性质类似于以突厥首领安胐汗所率部落设置的维州。据李至远撰《唐维州刺史安侯神道碑》③，安侯名安附国，家族源自安西，当是粟特人，祖父安乌唤曾任突厥汗国颉利吐发。贞观四年，安附国随父亲安胐汗率"所部五千余人入朝"，太宗"诏置维州"，安胐汗出任刺史。当时十八岁的安附国为太宗所看重，被任命为左领军府左郎将，留任禁军，还代表唐朝出使过吐谷浑。安胐汗去世后，安附国被拜为"使持节维州诸军事、维州刺史"，表明维州刺史由安氏家族世袭。④ 安附国于"调露二年二月，终于神都"，"永隆二年二月，葬于雍州长安县孝悌乡之原"，长子安思祗任"右玉钤卫将军"，次子安思恭则为"鲁州刺史"，说明维州仅存续两代，至晚到调露初年已被撤，其部众或被整合进六胡州。安思恭任刺史的鲁州，即位于灵州和夏州南边的六胡州之一。未经设置州县的降户部落情形，可透过《何弘敬墓志》略知一二。何弘敬六代祖何令恩原为隶属于突厥汗国的部落酋长，贞观初年率众入唐，⑤曾以中郎将率领骑兵征薛延陀，后因与同僚政争，率部离开河南地区，迁至河北道魏州一带，何令恩所领部落，当同于丰州所辖的蕃户。

贞观初年，大量突厥酋长率众降唐，"其酋首至者皆拜为将军、中郎将等官，布列朝廷，五品以上百余人，因而入居长安者数千家"。⑥ 据《安菩墓志》所记，突厥汗国败亡后，部落酋长多"同京官五品，首领如故"，⑦ 安胐汗、何令恩等人的经历都是如此。"五品以上百余人"的信息则表明，安、何这一级别的首领及其部落的数量在当时颇为可观。

① 《旧唐书》卷 38《地理志一》，第 1407 页。
② 《通志》卷 2《氏族略五》，浙江古籍出版社，1988 年影印本。
③ 《全唐文》卷 435 李至远《唐维州刺史安侯神道碑》，中华书局，1983，第 4434 页。
④ 唐初刺史世袭并不一定就是羁縻州，《段志玄碑》载，他曾被"授使持节金州诸军事、金州刺史，子孙承袭"。见《昭陵碑石》，第 107 页。
⑤ 吴钢主编《全唐文补遗》第 5 辑，三秦出版社，1998，第 39 页。
⑥ 《旧唐书》卷 194 上《突厥传上》，第 5163 页。
⑦ 《安菩墓志》，吴钢主编《全唐文补遗》第 4 辑，三秦出版社，1997，第 402~403 页。

二　定襄与云中二府的初设与嬗变

上节大致梳理了河南地区突厥降户的情况，重新评估了唐初当地所设府州的性质，指出这些是太宗任命与自己关系密切的突厥裔贵族官僚充当都督、经过重新组织编制的行政区划。这些府州之下，或是以降户设置的州县，或是未经州县化的降户部落。就维州和怀化县的例子可以看出，朔方地区的突厥州县命名并非源于部落名，定襄、云中二府的情况则与此不同。

《唐会要》卷73"安北都护府"条载："贞观四年三月三日，分颉利之地为六州，左置定襄都督，右置云中都督，以统降虏。"① 贞观四年三月中旬颉利被俘，四月初被押解至长安，"三月三日分颉利之地"乍看起来不合情理。② 然而，揆诸历史情势，这一时间安排是完全有可能的。

贞观四年二月，颉利"遣使谢罪，请举国内附，身自入朝"，当时唐军已迫使颉利逃亡阴山，突厥主力十余万悉数降唐。也就是说，当年二月，唐军已占领"颉利故地"，当月甲寅，太宗便下诏"克突厥赦天下"，③ 由此，三月设置定襄和云中二府是完全有可能的。那么，所谓"颉利之地"在哪里？《旧唐书·地理志》记，定襄都督府"寄治宁朔县界"（今陕西靖边县东北），云中都督府"寄治朔方县"（今内蒙古白城子），后人因此认为贞观初年设置的定襄和云中二府也位于河南。④ 但是，"寄治"与"颉利之地"之间显然存在矛盾。据《唐俭墓志》可知，唐俭曾随李靖出征颉利，先是前往榆林塞附近招降突厥酋长，颉利北逃后，唐俭又"张旃出境，约使入朝"，"遂便远袭，因破其庭"，受太宗之命追捕颉利，同时"分裂其界，皆为郡国"。从中可以看出，分裂颉利之地与追击颉利之人是同时进行的，而"颉利之地"无疑位于榆林塞外。

①　《唐会要》卷73，"安北都护府"条，第1554页。
②　吴玉贵：《突厥汗国与隋唐关系史研究》，第228页。
③　《资治通鉴》卷193，太宗贞观四年，第6185页。
④　《资治通鉴》卷193，太宗贞观四年胡注，第6185页。

《旧唐书·地理志》关于定襄、云中二府的记载，虽没有系年，但绝非贞观四年，将相关记载还原至其上下文就能得出这一判断。首先，云中、定襄二府与呼延（州）、桑干、达浑、安化州、宁朔州、仆固州等并隶于夏州都督府，皆有户口数，形式一致，当源自某个具体时期的信息，[①] 且这些府州的规模并不大。其次，桑干府是龙朔三年从定襄府分立的；呼延府下辖的贺鲁州，设置于贞观二十三年，原隶云中府。从名称可知，桑干和呼延与定襄、云中二府一样，源自地名。隋唐朔州善阳县即北魏桑干郡所在，属于汉定襄郡辖境，[②] 又《太平寰宇记》记云州"东至桑干都督帐一百五十里"，[③] 表明桑干都督治所曾位于河东道北部。[④] 呼延府当析自云中府，位于定襄、桑干之西，结合云中府所在，呼延府得名或与关内道北边的呼延谷有关。永隆元年（680），裴行俭在此大败突厥叛军，贾耽《古今郡国县道》记："中受降城正北如东八十里，有呼延谷，谷南口有呼延栅，谷北口有归唐栅，车道也，入回鹘使所经。"[⑤] 如此看来，呼延、桑干分别由云中、定襄二府分出，其初设位置显然不在夏州。最后，达浑府所领为延陀部，当是史籍所载贞观二十一年薛延陀汗国崩溃后的部众，"嵊弹州"则是永徽元年高宗针对延陀降众设置的"溪弹州"，[⑥] 后归于达浑府。达浑府的初置时间不详，但肯定在贞观二十一年（647）后、开耀元年（681）前。史载开耀元年，"薛延陀达浑等五州四万余帐来降"，这些降户当是唐军在打击后突厥汗国复国势力过程中南下的漠北部众。基于以上三点，《旧唐书》中的定襄和云中二府，必非贞观四年所置。进一步说，定襄、云中二府最初不在朔方，其位置需结合其他记载加以确定。

贞观二年（628），漠北铁勒诸部在薛延陀首领夷男领导下形成反

---

① 此卷序文称，其户口计帐为开元二十八年的数据，《旧唐书》卷38《地理志一》，第1393页。
② 《旧唐书》卷39《地理志二》，第1487页。
③ 《太平寰宇记》卷49《河东道·云州》，第1032页。
④ 对此另一证据是《旧唐书》卷93《唐休璟传》载："调露中……奚、羯胡又与桑干突厥同反。"（第2978页）幽州都督周道务遣唐休璟领兵出击，说明此役距离河北道不远。
⑤ 《新唐书》卷43《地理志七》引贾耽《古今郡国县道》，第1148页。
⑥ 《旧唐书》卷199下《铁勒传》，第5349页。

突厥联盟，占据"东至靺鞨，西至叶护，南接沙碛，北至俱伦水"的广袤地区，① 颉利只能处于漠南。② 与此同时，突厥贵族郁射设据有朔方，阿史那苏尼失"牙直灵州"，③ 河北幽州一带为突利旧地，当地契丹、奚等部已陆续归附唐朝，由此，颉利所据之地，只能在关内道东北方和河东道西北方的河北、漠南一带。事实上，贞观三年十二月，唐军出兵正是集中于这一方向。当时唐军兵分六路：兵部尚书李靖为定襄道行军大总管，营州都督薛万彻为畅武道行军总管，幽州都督卫孝节为恒安道行军总管，并州都督李勣为通汉道行军总管，华州刺史柴绍为金河道行军总管，灵州都督李道宗为大同道行军总管。④ 其中定襄指定襄故城；通汉指位于代州雁门以北的隋通汉镇；金河又名宝贝河，流经定襄故城南边，唐朝后来在当地设金河县；恒安是马邑郡恒安镇，后为云州云中县，其内有"阴山道、青坡道，皆出兵路"。⑤ 总之，行军所向皆位于河东道北部。当年五月，李靖因破颉利牙帐后的掳掠行为而遭到弹劾，⑥ 可见这次行军的打击目标就是"颉利之地"。唐军凯旋后太宗曾对行军主帅李靖言："卿以三千轻骑深入房庭，克复定襄，威振北狄，古今所未有。"⑦ 这次行军的确实现了"复定襄、恒安地，斥境至大漠"的目标，⑧ 李百药则建议"于定襄城中，置都护府，为其（突厥）节度"。⑨ 这些记载表明，唐军所得"颉利之地"，是位于河东道北边的河北、漠南地区的一片广大区域。刘统先生认为，云中和定襄都督府或分别位于今内蒙古自治区呼和浩特东南45公里的美岱古城和和林格尔县城北10公里、呼和浩特南40公里的土城子，⑩ 但这一判断使定襄居

① 《旧唐书》卷199下《铁勒传》，第5344页。

② 颉利牙帐一直位于漠南，芮传明：《古突厥碑铭研究（增订本）》，商务印书馆，2017，第5~7页；其实自沙钵略可汗起，东突厥汗国的牙帐就位于漠南，参张文生《东突厥建牙漠南小考》，《中国边疆史地研究》2007年第3期，第69~72页。

③ 《旧唐书》卷109《阿史那苏尼失传》，第3290页。

④ 参《新唐书》卷2《太宗本纪》，第30页。

⑤ 《新唐书》卷39《地理志三》，第1007页。

⑥ 《旧唐书》卷67《李靖传》，第2480页。

⑦ 《旧唐书》卷67《李靖传》，第2479页。

⑧ 《通典》卷197《边防典》，第5411页；《贞观政要集校》卷2《任贤·李靖》，第69~70页。

⑨ 《唐会要》卷73，"安北都护府"条，第1556页。

⑩ 刘统：《唐代羁縻府州研究》，第13~14页。

西、云中居东，与唐朝分左、右置定襄和云中二府的方位不合。我们认为，如果唐朝确以旧城为基地设立二府，那么最可能是隋朝安置启民部众所置定襄、金河二城，[①] 前者位于呼和浩特和林格尔土城子遗址，[②] 即汉代定襄郡成乐县所在；后者则是托克托县城关镇东北约35公里的古城村古城遗址，即战国时期赵武灵王所筑云中城，秦汉时设云中郡，北魏时为云中镇。[③] 这样云中府在西，定襄府在东，两地相距近40公里。无论如何，以"颉利之地"设置的定襄府和云中府，位于今内蒙古自治区呼和浩特附近，二府所辖为贞观四年归降唐军的突厥部落。

执失部是其中之一。据《执失奉节墓志》，奉节父亲执失思力当过定襄都督；[④] 又据《执失善光墓志》，执失思力弟执失莫诃友（支）曾"持节执失等四州诸军事、执失州刺史"，[⑤] 表明执失州隶于定襄都督府，以执失部设置。应当注意的是，出任定襄都督的执失思力并非普通的新降突厥酋长，而是贞观年间唐朝和突厥交往过程中的关键人物之一。执失思力祖、父两代都是执失部颉利发，祖父执失淹曾率突厥骑兵援唐建国，贞观初年执失思力奉父之命入唐向太宗献策，为唐朝打击突厥、俘虏颉利出过力，太宗因此与执失思力歃血结盟，并将九江公主嫁与他。[⑥] 麟德元年（664），执失思力被追赠为胜州都督，[⑦] 间接说明定襄都督府的位置距胜州不远。贞观四年初置的定襄、云中二府下辖诸州中，除了执失州，至少还有阿史那州，永徽二年（651）颉利子阿史那婆罗门去世后被赠"使持节那州诸军事，那州刺史"，[⑧] 那州当是阿史那州的简称。此外其他诸州难以一一落实，但当与执失州、阿史那州

① 《隋书》卷74《赵仲卿传》，中华书局，1973，第1697页。
② 内蒙古自治区文物工作队：《和林格尔土城子试掘纪要》，《文物》1961年第9期，第26~29页；内蒙古文物考古研究所：《和林格尔县土城子古城考古发掘主要收获》，《内蒙古文物考古》2006年第1期，第9~19页。
③ 松下宪一：《拓跋鲜卑的都城与陵墓——以呼和浩特地区为中心》，《草原文物》2011年第1期，第111~120页。
④ 吴钢主编《全唐文补遗》第3辑，第362页。
⑤ 吴钢主编《全唐文补遗》第2辑，三秦出版社，1995，第452页。
⑥ 吴钢主编《全唐文补遗》第2辑，第452页。
⑦ 《新唐书》卷110《执失思力传》，第4117页。
⑧ 赵力光主编《西安碑林博物馆新藏墓志汇编》（上），线装书局，2007，第75~77页。

一样，是以部落为单位建立并命名的，安置办法与同时期河南地区的突厥降户州县有所不同。

贞观中后期，随着唐朝北方边境局势的变化，安置突厥降户的府州又历经多次调整。相关记载很少，只能透过只言片语勾勒其大概。贞观十三年，由于阿史那结社叛乱事件的爆发，加上漠北薛延陀汗国势力日益强大，太宗将阿史那思摩册封为可汗，领"突厥及胡在诸州安置者，并令渡河，还其旧部"，① 重建突厥汗国。受到薛延陀的威胁和滋扰，阿史那思摩率众北返的计划延宕两年才成行，而北返后不久，诸部降户却因留恋河南故地而于贞观十八年大批南返，回归胜州、夏州一带，阿史那思摩单骑入朝，唐朝扶植突厥复国的计划随之宣告失败。在此之后唐朝针对南返突厥部众的安置，史无明文，不过贞观二十一年阿史那思摩去世后，太宗下诏"立碑于化州"，② 说明贞观十三年一度废除的化州，③ 在贞观十八年降户南返后或曾恢复。关于思摩立国事件之后的定襄、云中二府，唯见《唐会要》所录一则文献：

> （贞观）二十三年十月三日，诸突厥归化。以舍利吐利部置舍利州，阿史那部置阿史那州，绰部置绰州，贺鲁部置贺鲁州，葛逻禄、恳怛二部置葛逻州，并隶云中都督府。以苏农部落置苏农州，阿史德部置阿史德州，执失部置执失州，卑失部置卑失州，郁射部置郁射州，多地艺失部置艺失州，并隶定襄都督府。④

其中"贞观二十三年……诸突厥归化"一句尤其重要，理解这句话，需对贞观十八年至二十三年间漠北地区的政治态势演变稍做梳理。

贞观二十年，薛延陀汗国解体，太宗前往灵州招慰铁勒诸部，次年"各因其地土，择其部落"，置六府七州。⑤ 回纥等部又请于"回纥以南，突厥以北"开辟"参天可汗道"，此道南边的起点为"碛南鹈鹕泉

---

① 《册府元龟》卷 964《外臣部·册封》，第 11339 页。
② 《旧唐书》卷 194 上《突厥传上》，第 5164~5165 页。
③ 《旧唐书》卷 38《地理志一》，第 1414 页。
④ 《唐会要》卷 73，"安北都护府"条，第 1558 页。
⑤ 《唐会要》卷 73，"安北都护府"条，第 1557 页；《旧唐书》卷 195《回纥传》，第 5196 页；《旧唐书》卷 199 下《铁勒传》，第 5348~5349 页。

之阳"，① 唐朝鹈鹕泉之南择地置燕然都护府以统铁勒诸部。② 当时除归唐铁勒十三部外，大量薛延陀余众四散奔逃，其中不少人投身东突厥王系后裔车鼻可汗麾下。③ 贞观二十三年，唐军联合回纥、仆固等铁勒诸部北征，车鼻下属"歌逻禄泥孰阙俟利发及拔塞匐、处木昆莫贺咄俟斤等率部"降唐，车鼻可汗被俘。④ 同年二月，西突厥叶护阿史那贺鲁率数千帐内属，被太宗授予"左骁卫将军、瑶池都督"。⑤

"贞观二十三年……诸突厥归化"，就是上述三次变局的结果。当时定襄、云中二府所辖部落与贞观初年相比已有所不同。其中明显变化之一是云中府下的葛逻州，其变化当与贞观末年葛逻禄部众东迁内附有关，而应对"诸突厥归化"的情势，贞观十一年被废的丰州都督府又得复置。⑥

那么，此时定襄、云中二府的位置又在何处呢？我们认为依旧在河北、漠南旧地。对此最值得重视的证据来自《唐会要》卷72"诸蕃马印"条。这篇文献抄录若干9世纪之前的马印档案材料，但没有明确的时间信息，⑦ 只能借助于内容分析，推定一些具体记载所系的时代。首先，这篇文献出现"幽〔陵〕州""鸡田州""榆溪州""蹛林州""卢山都督〔府〕""鸡禄（鹿）州"等贞观二十一年唐朝控制漠北后的铁勒府州之名，还提到"皋兰都督"。贞观二十一年浑部初为皋兰州，永徽元年改州为府，⑧ 由此相关记载可将时间推至高宗朝初年。其次，此文开篇记骨利干马和结骨马，贞观二十一年骨利干部始遣使入唐献马，次年与结骨部先后被唐朝立为州府，因此，相关信息当不早于贞观二十一年。最后，文中提到契丹马和奚马，分别注"今松漠都督印"和"今

---

① 《新唐书》卷217上《回鹘传》，第6113页。
② 关于燕然都护府的位置，参严耕望《唐代交通图考》第1卷"京都关内区"，中研院历史语言研究所专刊之八十三，1985，第325页；李宗俊《唐代安北单于二都护府再考》，《中国史研究》2009年第2期，第62~63页。
③ 《新唐书》卷215上《突厥传上》，第6041页。
④ 《旧唐书》卷194上《突厥传上》第5165~5166页。
⑤ 《旧唐书》卷3《太宗本纪》，第62页。
⑥ 《旧唐书》卷3《太宗本纪》，第62页。
⑦ 相关分析，参罗丰《规矩或率意而为？——唐帝国的马印》，荣新江主编《唐研究》第16卷，北京大学出版社，2010，第135~147页。
⑧ 《唐会要》卷73，"安北都护府"条，第1558页。

饶乐都督印"，松漠和饶乐二府初设于贞观二十二年。① 另值得注意的是，贞观二十二年四月，碛外诸部发生部落争地事件，太宗曾"亲临断决"。② "诸蕃马印"文相关记载对诸部马匹一一记录，有些还注明活动地域，实有明确"分地"的功能，很可能与太宗决断牧场争议事件有关。总之，"诸蕃马印"所录文献主体应形成于太宗朝末年或高宗朝前期唐朝对原突厥诸属部建立正式支配权后不久。

文献中也提到定襄、云中二府管内马种，③ 其数量和名称与贞观二十三年设置的二府所辖诸州高度呼应，现列表如下（见表2）。

表 2　定襄、云中二府管内马种

府名	州名	马名
云中府	舍利州、阿史那州、绰州、贺鲁州、葛逻州	叱利马、阿史那马、葛罗枝牙马、绰马、贺鲁马
定襄府	苏农州、阿史德州、执失州、卑失州、郁射州、艺失州	斛薛马、奴剌马、苏农马、阂阿史德马、拔延阿史德马、热马

其中不无文献传抄过程中字形的讹变，比如"热"或为"藝失"之讹。但无论如何，就目前可见文本来看，云中府诸部和马种的命名可相互呼应。定襄府所管马种虽与部落名存在差异，数量却同为六，表明两者之间的某种对应联系。诸蕃马印关于定襄、云中二府所辖马匹，唯"斛薛马"条下提及牧地，称"斛薛马与碛南突厥同类，今在故金门城北，阴山安置，今皋兰门"，显然，定襄都督府管内斛薛马不在碛南。金门城所在不详，不过高祖李渊先人李熙曾任"金门镇将，戍于武川"，④ 结合阴山所在，可知斛薛马活动于碛北白道川附近，即北魏武川镇，今内蒙古自治区武川县周边。此外，文中还提到"阿史德马与苏农、执失同类，在阴山北，库延谷北"，⑤ 说明苏农马活动于阴山北。由此可见，贞观二十三年复置的定襄、云中二府当还在漠南地区，辖境还包括阴山北麓。

---

① 《旧唐书》卷3《太宗传下》，第61页。

② 《册府元龟》卷37《帝王部·颂德》，第412页。

③ 《唐会要》卷72，"诸蕃马印"条，第1548～1549页。

④ 《新唐书》卷1《高祖本纪》，第1页。

⑤ 《唐会要》卷72，"诸蕃马印"条，第1548页。

这一点又能得到中唐河东人李筌撰《太白阴经》中相关记载的佐证。《太白阴经》全称《神机制敌太白阴经》，其卷3《杂仪·关塞四夷篇》记载了京城往周边诸蕃的交通路线，提到大量山川、镇塞和部落的名称。[①] 据学者考证，《太白阴经》成书于安史之乱后，上限不超过代宗宝应二年（763）三月，下限可能在大历十三年（778），[②] 但所记内容不少反映了唐前期的情形。虽然具体记载缺乏系年，但若干线索暗示了史源的时代，如黄河北道所列铁勒诸府州就与贞观二十一年措置铁勒诸府州相关。书中提到定襄、云中二府，列在河东道胜州之后，文曰：

> 关榆林，塞北以颉利左渠地置定襄都督府，管□□等六州，以右渠地置云中都督府，管阿史那等五州。[③]

州数与贞观二十三年设置的定襄、云中二府所辖州数相合，所据材料当是贞观末年之后二府的情况。榆林塞位于五原郡，即胜州榆林县西北40里，今内蒙古自治区托克托县附近。这里明确将定襄和云中二府置于榆林塞北，也为我们落实贞观末年二府所在提供了旁证。

显庆元年（656）前后，崔余庆曾出任定襄都督府司马，[④] 五年，崔余庆升任尚书右丞，同年五月唐朝出兵征辽，征发定襄都督阿史德枢宾、左武侯将军延陀梯真和居延州都督李合珠率部落出战，由崔余庆总领"三部兵"，[⑤] 三部当即定襄都督府所辖部落。据《元基墓志》，元基任云州司户参军期间曾奉诏"押领延陀等军，殄除平壤"，或与延陀梯真所领部落有关。另外，元基还当过夏州宁塞县令，其间"抚道猷远，化洽蕃氓"。[⑥] 宁塞县即阿史那伽那系籍所在，当是以降户设立的县，县令却已是汉人流官。又据天宝六载（747）去世的李臣墓志可知，其

① 汤开建：《〈太白阴经·关塞四夷篇〉关内道、黄河北道、河东道部族地理考证》，《青海社会科学》1986年第1期，第47~57页。
② 孙继民：《李筌〈太白阴经〉琐见》，《魏晋南北朝隋唐史资料》第7辑，1985，第56页。
③ 转引自汤开建《〈太白阴经·关塞四夷篇〉关内道、黄河北道、河东道部族地理考证》，《青海社会科学》1986年第1期，第56~57页。
④ 《旧唐书》卷81《崔敦礼传》，第2748页。
⑤ 《资治通鉴》卷200，高宗显庆五年，第6320页。延陀梯真当为贞观二十年薛延陀汗国崩溃后南附唐朝的"大首领梯真达官"。《旧唐书》卷67《李勣传》，第2487页。
⑥ 吴钢主编《全唐文补遗》千唐志斋新藏专辑，三秦出版社，2006，第58~59页。

祖父李礼曾出任过定襄府司户参军，[①] 时间大致与崔余庆相当或稍晚。贞观末年直至显庆五年，定襄、云中二府所辖部落或有变化，但唐朝尚可有效征召其兵力，虽然定襄府都督多由突厥酋长出任，但都督之下的佐官则为朝廷派出。上文言及定襄都督阿史德枢宾，应即颉利曾孙阿史那感德妻阿史德氏之父，据《阿史那感德墓志》可知，其头衔全称为"镇军大将军、行右武卫大将军兼定襄都督、五州诸军事、右羽林军上下、五原郡开国公"，[②] 说明定襄都督府所辖曾为五州。

贞观末年，定襄和云中二府旧地重建之后，除下辖诸州有所变化外，和贞观初年相比的另一变化在于二府之上都护府的设置。《旧唐书》卷194上《突厥传上》记：

> 车鼻既破之后，突厥尽为封疆之臣，于是分置单于、瀚海二都护府。单于都护领狼山、云中、桑干三都督，苏农等一十四州，瀚海都护领瀚海、金微、新黎等七都督，仙萼、贺兰等八州，各以其首领为都督、刺史。[③]

岑仲勉、谭其骧指出，"单于、瀚海"为"瀚海、燕然"，所谓"单于、瀚海"是龙朔、麟德改后名称的误植。[④] 谭其骧还提出，上文中"桑干"为"定襄"之讹，[⑤] 当也是正确的判断。这里仅就前人措意不足的方面略加申说。[⑥]

唐朝俘虏车鼻后，漠北之地尽入唐境，此时唐朝有意对突厥和铁勒分而治之。燕然都护府仍统铁勒诸部，上文提到的金微府为仆固部、新黎府为拔悉密部、仙萼州为回纥别部、贺兰州当为契苾部；瀚海都护府所领狼山、云中、定襄则是突厥部落，其中苏农州隶于定襄府。事实上，就命名来看，唐朝针对漠北铁勒和漠南突厥的措置判然有别，漠北

---

① 吴钢主编《全唐文补遗》第8辑，三秦出版社，2005，第396页。
② 赵振华：《唐阿史那感德墓志考释》，《史林》2004年第5期，第82～89页。
③ 《旧唐书》卷194上《突厥传上》，第5166页。
④ 岑仲勉：《突厥集史》，第270、286页；谭其骧：《唐北陲二都护府建置沿革与治所迁移》，《长水集》下册，第264～265页。
⑤ 谭其骧：《唐北陲二都护府建置沿革与治所迁移》，《长水集》下册，第265页。
⑥ 关于瀚海都护府设置原委与沿革的辨析，可参李丹婕《瀚海都护府与瀚海都督府之辨》，《民族研究》2019年第6期，第86～95页。

十三府州多取自地名，而定襄、云中二府下辖诸州则多以部落命名。关于瀚海都护府，《通典》卷73"安北都护府"条记"大唐分丰、胜二州界置瀚海都护府"，[①] 未系时间。这条记载亦见于《旧唐书》卷38《地理志·关内道》："开元十年，分丰、胜二州界置瀚海都护府。"[②] 但紧随其后则是"总章中，改为安北大都护府"。岑仲勉先生认为，总章之前"十年"唯贞观，因此这里的开元似为贞观之误。[③] 但是，这一记载又见于《太平寰宇记》卷38《关西道·麟州》"废安北大都护府"条："唐龙朔三年，分丰、胜二州界置瀚海都护府。"[④] 瀚海都护府不是贞观十年所置，因为唐朝在边境地区设立都护府始于贞观十四年克高昌国后所设安西都护府。[⑤] "龙朔三年"也不确，当年唐朝平息漠北铁勒动乱后，为强化北边控制，将燕然都护府迁往回纥牙帐，更名瀚海都护府，将原瀚海都护府迁至云中故城，更名为云中都护府，两府以阴山为界，分治南北。那么，瀚海都护府究竟是何时所置？笔者认为是在俘虏车鼻后的贞观末或永徽初。永徽初年王方翼曾出任瀚海都护府司马，[⑥]说明当时已设府，再结合前引《旧唐书》的记载，瀚海都护府的设置不会晚于永徽元年，其职责在于统领突厥诸部府州。与此同时，贞观二十一年设立的燕然都护府仍统管铁勒诸部。瀚海都护府位于丰州与胜州之间，狼山、云中和定襄等府当位于其北边，这又说明，当时云中、定襄二府在阴山一带。

永徽元年，定襄、云中二府先隶于瀚海都护府，后改隶云中都护府。麟德元年，云中都护府更名单于大都护府，[⑦] 此时桑干和呼延二府或已析出，同隶属单于大都护府。永淳元年（682）率领突厥部众返归漠北立国的骨咄禄，其祖父即单于都护府右厢云中都督舍利元英麾下首

---

① 《通典》卷173《州郡典》，第4532~4533页。
② 《旧唐书》卷38《地理志一》，第1420页。
③ 岑仲勉：《突厥集史》，第255页。
④ 《太平寰宇记》卷38《关西道·麟州》，第809页。
⑤ 孟彦弘：《唐前期的兵制与边防》，荣新江主编《唐研究》第1卷，北京大学出版社，1995，第249页。
⑥ 张说撰，熊飞校注《张说集校注》卷16《唐故夏州都督太原王公神道碑（铭并序）》，中华书局，2013，第774页。
⑦ 《新唐书》卷215上《突厥传上》，第6042页。

领，① 表明云中都督出自舍利部。另据出身阿跌部的李良臣墓碑所记，阿跌氏"出于南单于左厢十二姓"，② 说明阿跌部曾隶于单于都护府左厢定襄或桑干府。换句话说，高宗朝定襄、云中府所领部落又有变化，形成左右两厢各领十二州的格局。

朔方地区的定襄和云中二府出现于何时，史无明文，但必在调露元年（679）单于大都护府下辖突厥诸州起事之后。张说《王方翼碑》记，王方翼率兵平定突厥叛军过程中曾有"桑干、舍利二部来降"，③ 桑干部即桑干州，舍利部即舍利州，最初都隶于云中府。调露元年单于大都护府突厥部众起事之初，有"众数十万"，④ 永淳元年阿史那骨咄禄返归漠北时，却仅有七百人。⑤ 除战争期间阵亡或逃亡他处者，应该有不少人重新回归唐朝，突厥碑铭对此也有反映。《阙特勤碑》写道："他们未能将自己很好地组织起来，因此再度屈服。"⑥ 《暾欲谷碑》也有类似记载，称："突厥大众离开了汉人，拥戴了一位可汗。（然而，）他们（旋即）遗弃其汗，再度归降汉人。"⑦ 如此看来，寄于朔方县周边的云中、定襄、桑干、呼延等府州当是调露元年单于大都护府叛乱之后复归唐朝的部众。当时单于都护府所在成为双方激烈争夺对抗之地，⑧ 唐朝遂将这些降户迁至河南，为强化管理，或还进行了编户计口。此时四府总计十六州，表明有些部落已全部北返，比如贞观末年设立的葛逻州，说明此时"葛逻禄、悒怛二部"尽去。⑨ 至开元三年正

① 《旧唐书》卷194上《突厥传》上，第5167页。

② 《全唐文》卷714李宗闵《御史中丞赠太保李良臣墓碑》，第7339页；《三晋石刻大全·晋中市榆次区卷》上编《唐故朔方灵盐等州节度副大使知节度事左仆射李公碑铭》，三晋出版社，2012，第13页。

③ 张说撰，熊飞校注《张说集校注》卷16《唐故夏州都督太原王公神道碑（铭并序）》，第775页。

④ 《旧唐书》卷84《裴行俭传》，第2803页。

⑤ 芮传明：《古突厥碑铭研究（增订本）》，第180、241页。

⑥ 芮传明：《古突厥碑铭研究（增订本）》，第180页。

⑦ 芮传明：《古突厥碑铭研究（增订本）》，第241页。

⑧ 芮传明：《古突厥碑铭研究（增订本）》，第24页；《旧唐书》卷194上《突厥传上》，第5167页。

⑨ 据敦煌文书Pt.1283，突厥第二汗国十二部中有"悒怛部和葛逻歌布逻部"，应当即葛逻州下辖两部，参森安孝夫《丝路、游牧民与唐帝国》，张雅婷译，台北：八旗文化、远足文化事业股份有限公司，2018，第355页。

月，葛逻禄首领裴罗达干降唐后，被玄宗授予"葛（逻）州长史"，①其所辖已是一新州，并不在夏州境内。② 另外，各州归唐者也并非全体部落，开元三年十月的一批降唐突厥酋长中，有位奴赖（又曰奴刺）大首领奴赖孝，为"前白登州刺史"，③ 所指当是原单于都护府辖云中都督府内的白登州，亦侨治夏州，说明奴赖孝之前率众去唐，而仍有一部分奴刺部众留在了唐朝。开元四年（716）四月，突厥俾失州大首领伊罗友阙颉斤十囊来降，④ 俾失十囊是原桑干府俾失州刺史，突厥第二汗国建国初期率领部众返回漠北，也有余众留在唐朝，所居即当时关内道桑干都督府下毕（俾）失州。

关于唐朝对河南地区单于都护府降户的管理，敦煌文书留有片段记录，S.1344《唐开元户部格残卷》存录景云二年（711）六月九日敕文一则，曰："左厢桑干、定襄两都督府管内八州降户及党项等，至春听向夏州南界营田，秋收后勒还。"⑤ 其中桑干与定襄管内八州与《旧唐书·地理志》所记二府辖小州数目完全一致，营田目的地为夏州南界，证明敕文就是指寄治于朔方县的突厥府州。就身份而言，这些突厥部众仍被称为降户，但他们在地方政府组织下从事营田，已承担相当赋役义务。然而，这些降户原本的部落组织依然保留，这大约是因为，唐朝试图将这些"侨治"府州作为拉拢、收编突厥部众的基地，⑥ 延续诸部府州的建置。

开元四年突厥默啜可汗被杀后，大量突厥降户及其属部降唐，其中有不少被安置在河南地区。开元三年入华的突厥贵族阿史那毗伽特勤被玄宗封为左贤王，负责检校"新旧降户"，⑦ "新旧"并提，就是为了区分突厥第二汗国立国之初入居河南者和默啜死后新附的部众。⑧

① 《册府元龟》卷 974《外臣部·褒异》，第 11444 页。
② 隶于北庭都护府，《新唐书》卷 43《地理志七》，第 1130 页。
③ 《册府元龟》卷 170《帝王部·来远》，第 2053 页。
④ 《册府元龟》卷 974《外臣部·褒异》，第 11445 页；墓志见吴钢主编《全唐文补遗》第 5 辑，第 368～369 页。
⑤ 唐长孺：《敦煌所出唐代法律文书两种跋》，《山居存稿三编》，中华书局，2011，第 28～29 页。
⑥ 开元初年陆续来降的突厥部众，就被安置于所谓河南旧地，《旧唐书》卷 194 上《突厥传上》，第 5172 页。
⑦ 吴钢主编《全唐文补遗》第 3 辑，第 59 页。
⑧ 同时期唐朝诏书中还以"旧户"（又称熟户）、"新降"相区分，《册府元龟》卷 992《外臣部·备御五》，第 11652 页。

这般杂居，引起唐朝官员王晙的警惕，他指出："今有降者部落，不受军州进止，辄动兵马，屡有伤杀。询问胜州左侧，被损五百余人。……北虏如或南牧，降户必与连衡"，他建议将降户南迁，将之化为农民。① 王晙并非杞人忧天，就在默啜继任者毗伽可汗即位后，"突厥降户处河曲者，多复叛归之"。② 不过，夏州当地的降户并没有悉数北返，唐朝也没有将他们迁往南方，开元九年，康待宾发动六胡州叛乱时曾"诱诸降户同反"，甚至达到"有众七万"的规模，引起关内道北部严重的政治动荡，所谓"降户"就是指定襄等府的突厥部众。叛乱被平定后，当地各族部众又陆续降唐，其中包括"左右厢降户"，在《安置诸蕃诏》中，玄宗称这些人"自服王化，列为编氓，安其耕凿，积有年序"，强调他们已是唐朝的著籍编户。

三 府州体制下的内部形态与政令执行

贞观初年建立对游牧部众的统治，是唐朝君臣谨慎对待的大事，由上文可知，具体实施办法既有阶段性的调整，也有差异化的策略。当时中原决策者对游牧社会并不陌生，《隋书》关于突厥、铁勒的记载就很好地说明了这一点，贞观三年张公谨"突厥六可取"的奏疏，③ 更显示出唐朝君臣对突厥汗国政治动向及时准确的把握。近年新见碑志材料中，我们也看到，太宗登基之初就向北方、西域等地频繁派遣使者，比如贞观元年领兵宿卫玄武门并奉敕出使北藩的周孝范④，贞观初年出使西域的张弼⑤，贞观四年奉使招访吐设部落的刘孝节⑥，同年奉敕招慰

① 《旧唐书》卷93《王晙传》，第2987页。王晙提到胜州地区的情形，可与《杨执一墓志》（吴钢主编《全唐文补遗》第1辑，第114页）相呼应，"属单于犯关，上急边任，复授右卫将军，检校胜州都督，处置降户等使"。
② 《资治通鉴》211，玄宗开元四年，第6720页。
③ 《旧唐书》卷68《张公谨传》，第2507页。
④ 褚亮：《左屯卫大将军周孝范碑铭一首并序》，罗国威整理《日藏弘仁本文馆词林校证》，中华书局，2011，第164页。
⑤ 胡戟、荣新江主编《大唐西市博物馆藏墓志》（上），北京大学出版社，2012，第224~226页，102号。
⑥ 吐设或指拓设。《刘孝节墓志》，吴钢主编《全唐文补遗》第3辑，第396~397页；《隋唐五代墓志汇编·陕西卷》第3册，第72页。

延陀、拔曳等铁勒诸部的孙则①，等等。这些动作显示出，太宗对统治突厥及其众多属部，不仅深谋远虑，而且志在必得。

传世文献关于初唐措置突厥降户的记载，多源于温彦博的传记资料，因此，今人多认为当时的处置办法主要取自温彦博的建议，其实并非如此，颜师古、李百药等人的建议也被采纳，而真正做决定的，是太宗本人，唐朝初年统领突厥部众的长官皆由他精心挑选。② 与此同时，我们还需要注意，唐朝将突厥部众编配为府州的做法遵循了两个潜在原则。第一，着力瓦解突厥王系家族，特别是颉利可汗及其子嗣的权力。颉利及其家口被俘至长安后不久便郁郁而终，其子嗣多籍籍无名，③ 这显然是唐朝着力打压的结果。又如阿史那部成为云中府下一小州，云中都督则出自舍利等部。第二，在河南地区出任降户府州都督者，多出身阿史那氏，如突利可汗、阿史那思摩、阿史那苏尼失、阿史那忠、史善应、史大奈等，这么做显然是为了利用阿史那氏的身份和声望，同时，这些人又多是太宗心腹，已进入唐朝统治集团，政治上是可靠的。上述两点都是有意为之。突厥第二汗国创立初期反复扶立阿史那氏为可汗，多是"颉利疏族"，说明阿史那氏在突厥部众心目中的正统地位。④ 太宗深知这一点，⑤ 压制王族阿史那氏与重用贵族阿史那氏并举，一体两面地实现统治效果最优化。

就形式来看，初唐针对河南地区的降户似有重新组织的意图，而漠南颉利故地的定襄与云中二府之下是全部落而置的羁縻州，漠北铁勒府州则是择部而设，府州之内有时包含多个部落，比如从回

---

① 《朝阳唐孙则墓发掘简报》，辽宁省文物考古研究所、日本奈良文化财研究所编著《朝阳隋唐墓葬发现与研究》，科学出版社，2012，第15页。

② 贞观初年唐朝介入西突厥事务，太宗册封泥孰为可汗，也是因为早年两人曾"结盟为兄弟"，这与太宗支配东突厥的方式存在类似之处，《旧唐书》卷194下《突厥传下》，第5183页。

③ 唯颉利曾孙阿史那感德曾被武则天封为可汗，参赵振华《唐阿史那感德墓志考释》，《史林》2004年第5期，第82~89页。但此事有特殊的历史背景，且感德无甚作为。

④ 鈴木宏節「突厥可汗國の建國と王統觀」『東方學』（115）、2008，157~141頁。

⑤ 贞观三年，太宗册立薛延陀夷男为真珠毗伽可汗，就是为了远交近攻打击颉利可汗，夷男"铁勒小帅"的身份虽然对他本人而言是一大弱点，但对太宗来说正是傀儡可汗的绝好人选，如太宗所言，"延陀本一部落，俟斤本我所立"（《册府元龟》卷109《帝王部·宴享》，第1303页），对内缺乏身份合法性的夷男，无疑更需要来自太宗的扶持。

纥瀚海都督府先后分骨利干部置玄阙州、俱罗勃部置烛龙州，^① 从皋兰都督府内分置浚稽州。^② 贞观二十二年，唐朝在天山以北设置的瑶池都督府，规模更为庞大，统"五啜、五俟斤二十余部"，^③ 可见草原地区所立、择地名而称的府州，规模不一，内部往往是多部联盟的结构。

贞观年间府州体制有效实现了唐朝对北方游牧部落的统治，其间唐朝历次拓边征战中，内附游牧部落兵发挥了不容忽视的作用。^④ 不过，当时唐朝之所以能够有效地支配北方游牧部落，一个常被忽视却极其重要的因素在于太宗的权威，最具象征性的事件是贞观四年太宗被北方诸蕃推举为"天可汗"，换句话说，李世民是以可汗而非皇帝的身份与诸突厥首领互动的。对此有两个生动例证：其一，贞观二十三年（649）太宗去世后，契苾何力和阿史那社尔请求自杀殉葬，^⑤ 亲密的臣属为主人殉葬，乃出于突厥的风俗；其二，贞观二十二年阿史那贺鲁率部降唐，被太宗命为瑶池都督，贺鲁得知太宗去世后即起兵叛唐，显庆三年（658）被擒后，贺鲁恳请在昭陵前接受惩罚，他说："我本亡虏，为先帝所存，先帝遇我厚而我负之，今日之败，天所怒也。吾闻中国刑人必于市，愿刑我于昭陵之前以谢先帝。"^⑥ 显然，贺鲁将太宗视为自己忠于和背叛的对象。贞观二十年，太宗亲自前往灵州接见铁勒诸部酋长，后来又在长安盛情款待他们，并且授官、分地，重组漠北政治秩序，某种意义上这一系列漫长、隆重的活动是太宗针对铁勒诸部酋长的即位仪式。^⑦ 反观唐朝针对漠北游牧部落的府州体制中，以部落酋长世袭为都督和刺史的做法，名称上借用了中原地方行政制度，但在草原部落酋长看来，实类似于依照部落规模大小任命属部酋长为颉利发和俟斤、并

---

① 《唐会要》卷73，"安北都护府"条，第1558页。
② 郭声波：《中国行政区划通史·唐代卷》，第1132页注3。
③ 《旧唐书》卷195《回纥传》，第5197页。
④ 孙靖国：《论羁縻府州制度与唐初边疆形势的关系》，《吉林师范大学学报》2008年第3期，第87~89页。
⑤ 《旧唐书》卷109《契苾何力传》，第3293页；《旧唐书》卷109《阿史那社尔传》，第3290页。
⑥ 《资治通鉴》卷200，高宗显庆三年，第6310页。
⑦ Jonathan Karam Skaff, *Sui – Tang China and Its Turko – Mongol Neighbors*, Oxford University Press, 2012, pp. 120 – 122.

"代袭其位"的突厥式统治。① 贞观二十年九月,铁勒诸部俟斤、颉利发等至灵州朝见"天可汗",并"乞置汉官",② 这一举动也与诸部接受突厥可汗统治并无差别,所乞"汉官"相当于突厥的"吐屯"。开元十四年(726),黑水靺鞨归唐,被立为黑水州,渤海王武艺颇不安,曾言:"黑水途经我境,始与唐家相通。旧请突厥吐屯,皆先告我同去。今不计会,即请汉官,必是与唐家通谋。"③ 显然,在渤海或靺鞨等部落看来,唐朝和突厥的统治名目有别,但实无不同。

除了委任都督,根据情势需要,太宗还会以可汗身份授予下属以突厥官衔,比如贞观十九年,为安抚处月、处蜜部落,太宗委任阿史那忠为安抚使,同时以苏农泥孰兼为吐屯,负责部落事宜。④ 贞观二十二年,以西突厥咄陆系酋长阿史那贺鲁为昆丘道行军总管,同时将之任命为泥伏沙钵罗叶护,委其招抚西突厥余众。⑤ 同年,瀚海都督、回纥部酋长吐迷度被其侄乌纥杀害,出于笼络与安抚的目的,太宗遣使任命吐迷度子婆闰为"左骁卫大将军、大俟利发、使持节回纥部落诸军事,瀚海都督"。⑥ 将"大俟利发"置于"瀚海都督"前并非随意而为。婆闰父亲吐迷度就是俟利发,回纥部落组织仍沿袭"突厥故事",⑦ 太宗对婆闰的任命,应该是考虑到了这一点。

针对漠南颉利故地部众的统治,唐朝也借鉴了草原部落的支配模式。分左右置都督府与突厥汗国左右厢制度有关。贞观十三年,太宗任命阿史那思摩为可汗重建突厥汗国时,还同时任命了左右贤王,与此也是同一模式。⑧ 突厥第一汗国时代就实行以小可汗左右分治的体制。⑨

---

① 关于颉利发和俟斤,参《旧唐书》卷194下《突厥传下》,第5179页;马长寿《突厥人与突厥汗国》,广西师范大学出版社,2007,第39~40页;罗新《柔然官号续考》,《中古北族名号研究》,北京大学出版社,2009,第136~150页。
② 《旧唐书》卷3《太宗本纪下》,第59页。
③ 《旧唐书》卷199《渤海靺鞨传》,第5361页。
④ 《贞观年中抚慰处月处蜜诏一首》,《日藏弘仁本文馆词林校证》,第250页。
⑤ 《资治通鉴》卷199,太宗贞观二十二年,第6265页。
⑥ 《旧唐书》卷195《回纥传》,第5197页。
⑦ 《旧唐书》卷195《回纥传》,第5196页。
⑧ 《册府元龟》卷125《帝王部·料敌》载:"(贞观)十五年十一月,薛延陀攻李思摩十部。"(第1501页)"十部"记载虽仅见于此,但或许透露了唐朝扶植思摩立国后对突厥部众进行了重新组织。
⑨ 《隋书》卷84《突厥传》,第1864页。

薛延陀真珠毗伽可汗以庶长子居东方统诸属部，以嫡子居西方统延陀部。① 突厥第二汗国默啜可汗在位期间，设置了左厢察和右厢察。② 同时期回纥部瀚海都督府也采用"左杀右杀分管诸部"的组织结构。③ 唐朝定襄、云中二府，贞观初年分左右而置，据阿史那骨咄禄父亲为"单于右厢云中都督舍利元英下首领"可知，贞观二十三年重置二府，其左右分置格局未变，直到开元十年平定六胡州叛乱后，侨治夏州的突厥部众仍被称为"左右厢降户"，其人群组织结构仍得以延续。

可以说，唐朝针对北方游牧部落的府州体制，大量延续突厥汗国支配模式的因素，而贞观年间这一体制的成功运作与太宗的强人政治密切相关，④ 因此，太宗去世后，这一支配体制的重要支柱也随之消失，其内在矛盾日益显露，最终成为这一体制难以为继的深层原因之一。理解这一内在矛盾，我们需对府州体制中信息沟通和政令执行的情况有所了解，对此出土文书提示了若干信息。2004～2006年吐鲁番地区征集到一组文书残片，事关龙朔年间庭州北部葛逻禄部落破散与遣返，⑤ 展现了燕然都护府辖部落府州的行政运行和府州体制下部落多层次的基层样态。

这组文书涉及的核心事件比较清晰：龙朔元年（661），天山北麓大漠都督府内的葛逻禄步失达官部落一千帐因受外敌打击向南避难，逃散到金满州的地界，燕然都护府奉尚书省之命，沟通、协调西州都督府、金满州遣返破散部落，但进展并不顺利。其中一份龙朔二年发自燕然都护府、钤有"燕然都护府之印"的文书，对此过程略有说明：

① 《册府元龟》卷964《外臣部·封册二》，第11344页。
② 《旧唐书》卷194上《突厥传上》，第5169～5170页。
③ 《旧唐书》卷195《回纥传》，第5197～5198页。
④ 李世民早在秦王时代便威名远扬，对此最生动的事例是武德七年，曹国使者入唐，称："臣本国以臣为健儿，闻秦王神武，愿在麾下。"《册府元龟》卷170《帝王部·来远》，第2050页。秦王破阵乐则是宣扬太宗威名的重要作品，在贞观年间的国力扩张中发挥了重要作用，参李丹婕《〈秦王破阵乐〉的诞生及其历史语境》，《中华文史论丛》2016年第3期。神武善战是草原统治者服众的重要品质，比如"沙钵略勇而得众，北夷皆归附之"（《隋书》卷84《突厥传》，第1865页）；"统叶护可汗，勇而有谋，善攻战，遂北并铁勒，西拒波斯，南接罽宾，悉归之"（《旧唐书》卷194下《突厥传下》，第5181页）。
⑤ 荣新江：《新出吐鲁番文书所见唐龙朔年间葛逻禄部落破散问题》，《西域历史语言研究集刊》第1辑，科学出版社，2007，第12～44页。

14 燕然都护府 ［　　　　　　葛逻禄步失达］官部落一千帐

15 ［西州］都督［府　　得□□月□□牒］称：今年三月

16 ［□日□］府［得东都尚书省□□］月十八日牒称：

17 ［□得金满州刺史沙陁□□］□称：前件部落

18 ［□□人□破，从金山散出□］部落等，［　　　　　］

19 ［既奉　　　敕　　　　　］□于□［　　　　　　］

20 ［　百姓］望请发遣　　　处。奉］元年十一月□

21 ［日　敕，］宜令燕［然与西州相知，］发遣还大漠□①

从中可见各级部门围绕葛逻禄步失达官部落破散事的沟通细节。先是龙
朔元年十一月东都尚书省颁下敕书，命燕然都护府与西州都督府配合，
遣送葛逻禄破散部落返回大漠都督府。大漠都督府建于显庆二年（657），
辖三姓葛逻禄之炽俟部，② 步失达官部落便是大漠都督府炽俟部的一部
分。朝廷遣返之命难以落实，金满州又颇受其扰，便再次向东都尚书省
上报，请求唐廷处置。从中可见，沙陀部所在金满州也娴熟地参与到了
唐朝文书行政运作之中，③ 但此事直至龙朔三年仍未解决。

朝廷命令贯彻不利与葛逻禄部落的实情有关。在收到唐廷敕书之
前，葛逻禄破散部落因马弱草乏而在新居地播下麦种，请求唐朝批准他
们暂时前往甘州居住。这一情况经过部落首领乌骑支、柳中县丞再到西
州都督、燕然都护的层层上报。文书中提到乌骑支的头衔是咄俟斤，意
味着唐朝大漠都督府内还是部落联盟的权力结构。同批出土另有一份钤
有"西州都督府之印"的文书，应是西州都督府发向金满州的牒文。
文书大幅转抄了上述燕然都护府牒文的内容，并差"官典慈训"继续

① 图版及录文参荣新江、李肖、孟宪实主编《新获吐鲁番出土文献》，中华书局，
2008，第312页；今据荣新江先生缀合、补充后的文字，参《新出吐鲁番文书所见唐
龙朔年间葛逻禄部落破散问题》，《西域历史语言研究集刊》第1辑，第13～14页。
② 《新唐书》卷43下《地理志》，第1130～1131页；《新唐书》卷217《葛逻禄传》，
第6143页。
③ 沙陀部中还有从事文书事务的粟特人，与上述葛逻禄文书同批还出土一件钤有"金
满都督府之印"的粟特语文书，也与安稽葛逻禄破散部落有关，参 Yutaka Yoshida,
"Sogdian Fragments Discovered from the Graveyard of Badamu"，《西域历史语言研究集
刊》第1辑，第45～53页。

落实敕令。西州都督府根据慈训的调查，对最新情况做了梳理，并向燕然都护府发送牒文，其中写道：

```
4                    但前件部 [        ]
5    [    ] 后打投此部落居住，去年 [        ]
6    [    ] 种麦田，收麦之后，首领六人□ [      ]
7    [    ] 移向金山，唯有五十帐去，此 [      ]
8    [    ] 使人到来，首领并已入京去住，[      ]
9    [    ] 须待首领□将，牒 [        ]
10   [    ] 牒
11       龙朔三年正月 [              ]
```

　　文书提及，步失达官部落此前因种麦迁延，收麦后，六位首领携五十帐部众北归。但是，破散部落共一千帐，五十帐只是其中很小的部分，不愿北返的部众以首领前往唐朝京师未归为由，要求继续原地停留。这个片段的信息量非常丰富，值得分析。

　　首先，龙朔元年至三年，从中央到地方围绕葛逻禄步失达官部落遣返事，在尚书省、燕然都护府、西州都督府和金满都督府之间进行了反复沟通，表明唐朝中央通过都护府、以文书形式向所辖部落府州下达命令。其次，在实际操作中，朝廷之命难以及时落实，葛逻禄部众的意愿占据主导。再次，羁縻府州内部相当复杂，大漠都督府下辖炽俟部，其中又包含步失达官部落，下又分众多小部而各有首领，且这一层级的首领，对于普通部众而言具有切实的权威性和调遣权。五十帐部众有六位首领，[①] 那么一千帐的首领数量是相当可观的。葛逻禄部落破散当与龙朔初年漠北九姓诸部动乱有关，为了平息战乱，龙朔二年太宗委任契苾何力为铁勒道安抚大使前往九姓部落，契苾何力以"罪在酋渠"为说

---

① 据《后汉书·车师传》，"帐者，犹中国之户数也"（中华书局，1965，第2931页）。今天的游牧社会中，还维持着约十帐为一单位的组织状态，柯尔克孜社会一般由以父系血缘关系为纽带的若干部落和氏族组成，部落基层组织一般由 5～10 帐组成，其成员在生产活动中彼此协作、互相帮助，参新疆维吾尔自治区丛刊编辑组《柯尔克孜族社会历史调查》，新疆人民出版社，1987，第16页。

辞劝诱铁勒部众，最终俘虏"叶护及设、特勤等同恶二百余人"，① 这些不同级别的部落首领表明府州体制下漠北部落仍延续着自身的权力结构，而其数量则说明基层部落与首领规模相当庞大。大业三年（607），隋炀帝巡狩榆林郡，在当地宴请"启民及其部落酋长三千五百人"；② 贞观二十年（646）八月，唐朝击溃薛延陀后，太宗亲临灵州安抚铁勒诸部，史载"敕（铁）勒诸部俟斤遣使相继诣灵州者数千人"；③ 开元二年（714）九月，胡禄屋阙及首领胡禄一千零三十一人来降。④ 这些记载都明确写作"人"而非"帐"，当指首领数目，可见府州内部基层部落数量极其庞大。换言之，唐朝府州体制的都督、刺史之下，尚存在多个层级，而在基层，则是众多可灵活迁移、关系松散的小型部落。

府州体制下唐朝支配可达都督、刺史层，这些长官多兼领长安诸卫将军的头衔，往来于京城与部落之间，长久如此，其实容易造成酋长和部众之间的分化，酋长日益官僚化，最终或自愿或被迫地与部落相脱离。⑤ 世袭是理想状态，实现并不容易。大漠都督府的例子就是一个典型。据西安出土的《炽俟弘福墓志》⑥，大漠都督府首任都督为娑匐颉利发，即当时归附唐的葛逻禄炽俟部酋长，大漠都督头衔此后在娑匐家族内世袭传递，其子步失除袭任大漠都督，还被唐朝任命为右骁卫大将军，这位步失很可能就是龙朔初年葛逻禄部落破散期间的大漠都督。之后炽俟氏不再领都督，乾陵蕃臣像中大漠都督为"三姓咽面叶护昆职"，⑦ 表明部落权力发生了更迭，身为炽俟家族第四代的炽俟弘福，

---

① 《旧唐书》卷109《契苾何力传》，第3293页。

② 《隋书》卷84《突厥传》，第1875页。

③ 《旧唐书》卷199下《铁勒传》，第5347页；《资治通鉴》卷198，太宗贞观二十年，第6353页。

④ 《册府元龟》卷977《外臣部·降附》，第11481页。

⑤ 如郭元振论以西突厥王系后裔为可汗政策的弊端，称其人"非有惠下之才，恩义素绝，故人心不归"，《旧唐书》卷97《郭元振传》，第3046~3047页。突厥碑铭也提到了这一问题，如《阙特勤碑》："汉人的诡谲奸诈……导致了伯克和大众之间的互相纷争。"芮传明：《古突厥碑铭研究（增订本）》，第179页。

⑥ 吴钢主编《全唐文补遗》第2辑，第22页；葛承雍：《西安出土西突厥三姓葛逻禄炽俟弘福墓志释证》，荣新江、李孝聪主编《中外关系史：新史料与新问题》，科学出版社，2004，第449~456页。

⑦ 陈国灿：《唐乾陵石人像及其衔名的研究》，《陈国灿吐鲁番敦煌出土文献史事论集》，上海古籍出版社，2012，第168~169页。

则离开葛逻禄部，定居长安。

《炽俟弘福墓志》撰写于开元二十四年（736），据其记载，炽俟弘福归唐的契机在于，"十姓背恩，三军走讨，杂类多诈，潜图暗袭，公察其目动，识其言甘，驰轻骑而来奔，戒王师而设备，为覆以待，夹攻于衷，因执馘而献俘，乃议功而行赏"，当指高宗永淳元年（682）阿史那车薄率西突厥十姓、联合三姓咽面叛唐，最终被唐将王方翼平定一事。这时炽俟弘福已离开葛逻禄部，不再是大漠都督府都督。据《炽俟迦墓志》可知，① 炽俟迦为弘福长子，生于683年，为弘福入唐后所生。万岁通天元年（696），十余岁的炽俟迦被唐朝授予游击将军、左威卫翊府右郎将的头衔，到圣历年间（698~700），炽俟迦还进入国子监就读，有太学博士"就宅教示"，可见唐朝对炽俟迦非常礼遇。炽俟弘福，字延庆，其名与字显示出浓厚的汉化特色，很可能系归顺唐朝后所改。无论如何，这一原本以部落都督身份进入唐朝的游牧家族，最终丧失了对本部的统治权，其子嗣成为中原体制下的依附官僚和普通百姓，这一变化也反映了唐朝府州体制中的内在矛盾。

余　论

本文重新探讨了唐前期针对北方游牧部落的统治，廓清了两个长期以来的误解。其一，初唐河南地区针对突厥降户设立的府州并非以部落为单位、以首领为长官的羁縻州，而是由突厥裔官员领辖的都督府，府下辖州县等建置，如顺州怀化县、顺州燕然县以及灵夏南部六胡州之鲁州如鲁县②、含州河曲县③等，州县名称和层级结构显示出唐朝对于这部分人似有州县化的意图。其二，初唐在"颉利之地"设置的定襄、云中二府，位于河北、漠南地区，跨越阴山南北，《旧唐书・地理志》中关于二府的记载，并非初设时的情形。定襄、云中二府所辖为保持部

---

① 志文刊布于荣新江《新出吐鲁番文书所见唐龙朔年间葛逻禄部落破散问题》，《西域历史语言研究集刊》第 1 辑，第 12~44 页。

② 宁夏回族自治区博物馆：《宁夏盐池唐墓发掘简报》，《文物》1988 年第 9 期，第 43~56 页；墓志录文又见吴钢主编《全唐文补遗》第 6 辑，三秦出版社，1999，第 349 页。

③ 《曹闰国墓志》，周绍良主编《唐代墓志汇编》大历 043，上海古籍出版社，1992，第 1787 页。

落体制的羁縻州，执失州、阿史那州等命名直观体现了这一点。此后，唐朝势力继续向漠北扩张，也采取了灵活的府州化措施。从中可以看出，唐朝针对游牧部落的统治方式是有所区别的，河南与河北的处置方式不同，漠南与漠北也尽可能分而治之，换句话说，唐前期在处置北方游牧部众时，顾及地域差异，也考虑到了突厥内部不同力量之间的亲疏、敌友关系，并试图加以利用，以巩固自身统治。

游牧部落移动性强，"并无君长、居无恒所"是基本组织形态，[①]遭遇共同外敌时可以迅速结成联盟，平时则处于部落分散自治的状态，偶然因素会导致部落分裂，但重组也是常事，人群组织具有较大弹性。因此，同名部落此时出现在唐朝，彼时又进入漠北，这或是移动的结果，或是同名部落分裂所致。敦煌文书 Pt. 1283 显示，突厥第二汗国十二部中，[②] 九部与贞观二十三年所置定襄、云中二府下辖部落重合，又有十部见于《旧唐书·地理志·关内道》所载云中、呼延、桑干和定襄四府下辖小州（见表3）。对照可知，突厥第二汗国的核心部落出自单于大都护府下辖突厥诸部，而这些部落在单于府起兵之初发生了分裂，一部分返回漠北，另一部分则继续留在唐朝，迁入夏州境内。

表 3

出处	部落名																	
Pt. 1283 突厥十二部	阿史那部	贺鲁部	阿史德部	舍利吐利部	奴剌部	卑失部	绰部	苏农部	叱利部	碛跌部	悒怛部	葛逻歌布逻部						
贞观二十三年漠南诸部	阿史那部	贺鲁部	阿史德部	舍利吐利部		卑失部	绰部	苏农部			悒怛部	葛逻禄部	执失部	郁射部	多地艺失部			
寄治关内道诸部降户	阿史那州	贺鲁州	阿德州	舍利州	白登州	毕失州	绰部州	苏农州	叱略州	妌跌州			执失州	郁射州	艺失州	那吉州	思璧州	拔延州

① 《隋书》卷 84 《铁勒传》，第 1880 页。

② 《丝路、游牧民与唐帝国》，第 355 页；对这一文书的相关分析可另参陈恩《突厥铁勒史探微》，新北：花木兰文化出版社，2017，第 156 ~ 157 页。

纵观唐前期针对游牧部落的府州统治，太宗朝时期是比较松散却又相当有效的，究其原因，太宗被诸部共推为天可汗这一背景或许是值得重视的。至高宗朝，针对北方游牧部落的府州体制还在延续，然而，支配这一体制运作的动力其实已大为减弱。诸部共推的天可汗去世后，草原部落和中原政权之间的纽带消失了。麟德元年，云中府突厥部落酋长恳请高宗为当地部众册封"可汗"，①得到的回应却是将云中都护府改为单于大都护府，由皇子殷王出任都护，突厥部众对此并不满意，后来《暾欲谷碑》写到："突厥人臣属于汉人，由于未能获得自己的汗，突厥大众离开了汉人，拥戴了一位汗。"②单于都护府辖下突厥诸部起兵的具体原因很难说清，但这次行动无疑经过了长久酝酿与精心设计。中古文献谈及游牧部落的反叛，多与反抗"厚征重敛"有关，如"大业元年，突厥处罗可汗击铁勒诸部，厚税敛其物……由是一时反叛"，③贞观初年，"颉利用度不给，复重敛诸部，由是下不堪命，内外多叛之"，④"突利征税无度，诸部多怨之……并来归附（唐）"，⑤"唐初有土人郜伏陀，属东突厥，以征税繁重，率城人入碛"，⑥诸如此类，不胜枚举。开元年间玄宗安抚契丹酋长的敕书中也提到"依附突厥，而课税又多，部落吁嗟，卿所见也"。⑦相应地，游牧社会那些"无所课敛"的领袖，多能得到将士和部众的拥戴和追随。⑧突骑施苏禄非常清俭，"每战伐，有所克获，尽分与将士及诸部落"，⑨其部竟在突骑施被击溃后很快又聚集起二十万兵力。唐朝府州体制下突厥诸部的赋税情况难以确知，但突厥人显然对此有所不满，《阙特勤碑》写道，突厥人"为了汉人的利益，他们向东，一直征战到莫离可汗之地，向西则远抵铁门，为了汉人可汗的利益，征服了许多国家……汉人根本没有考虑突厥人曾

① 《唐会要》卷73，"单于都护府"条，第1551页。
② 芮传明：《古突厥碑铭研究（增订本）》，第241页。
③ 《隋书》卷84《铁勒传》，第1879页
④ 《旧唐书》卷194上《突厥传上》，第5159页。
⑤ 《旧唐书》卷194上《突厥传上》，5160页。
⑥ 郝春文主编《英藏敦煌社会历史文献释录》第2卷，第174～180页。
⑦ 张九龄撰，熊飞校注《张九龄集校注》卷9，中华书局，2008，第557页。
⑧ 如阿史那社尔，《旧唐书》卷109《阿史那社尔传》，第3288页。
⑨ 《旧唐书》卷194下《突厥传下》第5192页。

经为之效力甚多"。①

针对单于府的动乱，唐朝强化了对河南降众的管理，这就是六胡州设立的背景。唐朝将刺史换成汉人，② 修筑城防，③ 但这些中原式而非草原式的管理方式，④ 并未实现稳定秩序的目标，至开元九年，便爆发了规模不小的六胡州之乱。值得注意的是，六胡州部众反叛劫掠关内道牧场马匹返归漠北，也与"苦于赋役"有关。⑤ 由此可见，进入府州体制的游牧部落与中原政权维系着基于意愿和协商的政治隶属关系，他们凭借游牧的生活方式更机动地辗转于南北政权之间，也成为影响南北政权势力消长和双边关系的潜在力量。

随着唐朝周边形势和军政体制的变迁，加上游牧部落迁徙不定的特性，唐朝初年针对游牧部落设置的府州多被废或有所变化，但不少府州之名作为历史遗产被长久延续下来，成为入唐北族政治精英建构家族历史和身份的重要资源。比如浑公夫人契苾氏墓志中，称其曾祖自隋朝便任贺兰州都督，而祖契苾何力、父契苾明皆世袭此衔。⑥ 契苾何力并未任过贺兰州都督，该职更无可能出现在隋朝，但如此书写显然表明"贺兰州都督"已变成一种身份标签，而世袭都督则是地位的象征。对此更典型的例子则是仆固怀恩，《旧唐书·仆固怀恩传》云："铁勒部落仆骨歌滥拔延之曾孙……贞观二十年，铁勒九姓大首领率其部落来降，分置瀚海、燕然、金微、幽陵等九都督府于夏州，别为蕃州以御边，授歌滥拔延为右武卫大将军、金微都督。拔延生乙李啜拔，乙李啜拔生怀恩，世袭都督。"⑦这里特别强调仆固怀恩金微都督世家的出身，而这一身世却是杜撰的，⑧ 其

---

① 芮传明：《古突厥碑铭研究（增订本）》，第 180 页。

② 《新唐书》卷 37《地理志》，第 974 ~ 975 页。

③ 朴汉济：《唐代"六胡州"州城的建置及其运用——"降户"的安置和役使的一个类型》，李椿浩译，《中国历史地理论丛》2010 年第 2 辑，第 34 ~ 37 页；原刊妹尾达彦编《都市与环境的历史学》（4），东京：中央大学文学部东洋史学研究室，2009。

④ 暾欲谷曾言："突厥人户寡少，不敌唐家百分之一，所以常能抗拒者，正以随逐水草，居处无常，射猎为业，又皆习武。……若筑城而居，改变旧俗，一朝失利，必将为唐所并。"《旧唐书》卷 194 上《突厥传上》，第 5174 页。

⑤ 《旧唐书》卷 93《王晙传》，第 2988 页。

⑥ 哈彦成：《唐契苾部浑公夫人墓志考析》，《中国历史文物》2005 年第 6 期，第 50 页。

⑦ 《旧唐书》卷 121《仆固怀恩传》，第 3477 页。

⑧ 罗新：《蒙古国出土的唐代仆固乙突墓志》，《中原与域外》，台北：台湾政治大学历史学系，2011，第 59 ~ 61 页。

中贞观二十年于夏州设置铁勒九府的说法也存在明显错误，但这些是中唐人的历史记忆和认知。仆固怀恩借此编织出来的出身，生动反映了初唐针对游牧部落的府州体制崩解之后，其作为历史资源成为中晚唐在华突厥或铁勒裔政治精英打造自己身世、与唐朝政府互动的文化符号。

庆历增币与宋夏和议[*]

庆历增币与宋夏和议 [*]

林　鹄 [**]

摘　要

　　宋仁宗时，西夏反叛，屡败宋军。借此良机，辽朝与西夏合谋侵宋。北宋以增币向契丹妥协，并主动求助，希望辽朝向西夏施压。宋朝这一与虎谋皮的败招，让其在处理宋辽夏关系时进退失据，辽朝一度有望重构平等的澶渊体制，压倒宋朝。所幸辽兴宗因为自大和贪婪，与西夏发生了冲突，终至战败，优势尽失。经历了一番险象环生的激烈震荡，宋辽关系大致回归平等。不过，庆历增币及由此引发的辽朝对宋夏和议的介入，打碎了澶渊之盟后宋人三十余年的太平幻梦。就外患而言，支配了北宋中后期政治大变革的危机感的源头，正是庆历增币。在这一意义上，庆历增币可谓北宋政治史的分水岭。

关键词　庆历增币　宋夏和议　辽兴宗　吕夷简　富弼　余靖

　　唐代中期以来，原居青海、甘南和四川西北部的党项人（羌人之一支）逐渐控制了陕北和宁夏的部分地区，接受唐王朝的羁縻管辖。[①] 在唐末平定黄巢之乱的过程中，党项拓跋部以夏州（即赫赫有名的朔方郡，位于今陕北榆林）为根据地，得以崛起，因立功获赐李姓。五代时

---

* 本文系国家社会科学基金重大项目"《宋会要》的复原、校勘与研究"（14ZDB033）、国家社会科学基金一般项目"11～12 世纪初宋辽夏关系与宋辽政治研究"（17BZS134）阶段性成果。初稿曾得姚念慈师、杨浣兄、周永杰兄、吕博兄赐正，并承方诚峰兄邀请，在清华大学史学沙龙上宣读，受拨冗与会诸师友教益匪浅，谨并致谢忱！文责自负。

** 林鹄，中国社会科学院古代史研究所副研究员。

① 唐代在边疆少数民族地区，以原有部落为基础设立羁縻府州，任命少数民族部落首领担任都督、刺史，允许世袭。

期，拓跋党项始终保有夏州（其统治区域大体相当于今陕西省榆林市去掉北部的神木、府谷和西部的定边三县后的辖区），先后接受后梁、后唐、后晋、后汉、后周这五个中央政权的封号，朝贡不绝。

宋朝建立后，至宋太宗时，夏州割据势力因继承问题发生内讧，首领李继捧被迫迁居京师汴梁，中央恢复了对夏州等地的直接控制。但留居夏州的李继迁（李继捧的族弟）很快发动叛乱，历经十五年，重新占领了夏州，请求刚即位的宋真宗册封，如愿以偿获得了宋朝的承认。因为在宋朝的广袤国土上，夏州只是再小不过的一隅，李继迁为了抵抗中央政府，不得不借助外力，所以他同时又投靠辽朝，接受契丹的册封。

雄心勃勃的李继迁并没有就此满足，很快再度反叛，攻下了宋朝的西北重镇灵州（即唐代鼎鼎大名的灵武郡，今宁夏银川下辖县级市。安史叛军攻破长安后，唐玄宗的儿子李亨逃到了灵武，在此即位，开启了平叛之路），并一度挺进河西走廊，但遭吐蕃人伏击，受伤而死。

李继迁死后不久，宋辽之间于景德元年（1004）缔结了澶渊盟约。李继迁的儿子李德明派遣使者到宋朝进贡，再度请求册封。经过一番讨价还价，拓跋李氏重新臣属宋朝，被任命为定难军节度使（以夏州为驻地），加封西平王，控制了陕北榆林到宁夏北部的一片土地，其中相当一部分属于沙漠戈壁。与此同时，对辽朝的臣属关系也被继续保留。

此后宋朝君臣沉迷于长达三十年之久的太平幻梦，而李德明则奋发图强，全力西向扩张，最终占领了河西走廊东部的甘州（张掖）和凉州（武威）。此时李德明去世，其子李元昊——攻打甘、凉二州的主将——继位。

李元昊志向远大，不甘臣服于宋、辽。宋仁宗宝元元年（1038），元昊称帝建国，国号大夏，史称西夏。但仅控制了陕西北部一部分地区、宁夏北部和甘肃东北部的这样一个蕞尔小国，就实力而言，在宋、辽这两个大国面前，显然不是与其同一个量级的对手。李元昊对此十分清楚，所以精心策略，只要求宋方承认他的皇帝称号，对辽朝仍然维持原有的臣属关系。这当然遭到了宋朝的拒绝。

于是从宝元三年至庆历二年（1040～1042），李元昊向宋朝发动了多次进攻，其中三次较大规模的战争（分别发生在陕西延安和宁夏固原），西夏均大获全胜，一时宋廷震动、惊慌失措。直至庆历四年（1044）末，宋夏再度达成和议，元昊重新臣服宋朝。

宋夏和议的重新达成，辽朝是一个至关重要的因素。宋夏开战，让契丹看到了机会。庆历二年，辽朝遣使南下，强硬地向宋朝要求归还澶渊之盟已经解决了归属问题的关南之地，[①] 最终迫使宋方每年再额外输送绢十万匹、银十万两。此后辽朝强势介入宋夏间的和谈，并与西夏反目成仇，爆发战争。战争结果出乎所有人的意料，契丹大败。

尽管李元昊在对宋、对辽的战场上都取得了暂时的胜利，但他深知，西夏无力对这两个大国中的任何一个构成致命威胁，而同时面对两个比自己强大得多的敌人，会给西夏带来灭顶之灾。在这种情况下，李元昊见好就收，迅速与宋方达成了和议。

庆历增币、宋夏议和及辽夏战争等事件为学界所熟知，陶晋生先生的名著《宋辽关系史研究》辟有专章处理这一系列问题，[②] 其研究成果为学界广泛接受。但笔者以为，陶著对诸事件过程的分析及其结论，尚有可商榷之处。本文将对这一系列事件重加检讨，并对其意义做重新评估。

一　契丹使者来了

澶渊之盟后、庆历增币前，宋辽间保持了近四十年的友好关系。和平的缔造者宋真宗死于乾兴元年（1022），儿子宋仁宗继位，父子俩大致平均"分享"了这段宋史上仅见的"太平"时光。[③] 仁宗前

---

① 关南指儿皇帝石敬瑭割让的燕云十六州中被五代后周世宗柴荣北伐夺回的雄州（今河北雄县）等地。在澶渊之盟的谈判中，辽朝要求宋方归还关南，但最终获得了每年绢二十万匹、银十万两的补偿，放弃了领土要求。

② 陶晋生：《宋辽关系史研究》，中华书局，2008，第57~82页。

③ 澶渊之盟缔结后，北宋举国欢腾，认为唐中期安史之乱引发的混乱局面，经历了二百五十多年，至此真正完结，可与开元之治媲美的盛世终于到来了。详参拙作《天书封祀补正——兼论仁宗以降对真宗朝历史的改写》，《隋唐辽宋金元史论丛》第8辑，上海古籍出版社，2018，第290~302页；张维玲《经典诠释与权力竞逐——北宋前期"太平"的形塑与解构（960~1063）》，博士学位论文，台湾大学，2015，第22~173页。

期，朝廷仍沉浸在真宗以来的盛世幻梦中。虽然有识之士不乏居安思危的警告，① 但并没有得到应有的重视。西夏叛宋后，一石激起千层浪，颇有宋人开始反思与契丹的关系。中央高参富弼②、对夏前线重要将领刘平③、河北地方官高志宁等人先后提出，朝廷应切实采取措施，防备辽夏合谋侵宋。高志宁的建议一度被朝廷采纳，但旋即又被否定。④

与此相反，坐镇延安的范雍则认为，几十年来，朝廷每年都遵照澶渊之盟，按时付给契丹绢匹、银两，和辽朝的关系很融洽，可以请求契丹出兵夹击西夏，如果能够夺回夏州一带，再增加十万岁币。⑤ 甚至有一位民间人士也上书朝廷，持相同看法，为宰相吕夷简所激赏。⑥ 虽然以金帛换取契丹攻夏的提议当时没有得到回应，但在日后的增币谈判时被宋廷采用。

此外，当时还只是一个地方小官的张方平，⑦ 建议朝廷派遣使者，携带国书，用书面形式向辽朝说明，宋夏冲突的缘起是李氏叛乱，宋朝准备出动大军平叛，但考虑到李元昊娶了契丹公主，看在辽朝的面子上，还没有出手。如果元昊悔过，宋朝既往不咎；如果执迷不悟，那就只能采取坚决行动了。张方平天真地认为，如此推心置腹，尊重契丹，西夏叛乱反而成了彰显宋朝对辽友好姿态的一个好机会。尽管李元昊是辽朝的女婿，辽方也无法借机生事。⑧ 大概是张氏的建议起了作用，康定元年（1040）七月，⑨

---

① 如景祐三年（1036），韩琦就曾提醒皇帝和宰相们，对于北边的契丹、西北的拓跋李氏，国家多年来疏于战备，当务之急是尽快改变这种状况，有备无患。见《续资治通鉴长编》（以下简称《长编》）卷119，景祐三年八月甲戌，中华书局，2004，第2801～2802页。

② 《长编》卷124，宝元二年九月，第2927页。富弼时任直集贤院，属于馆职，在中央从事文字工作，馆职在北宋前期相当于高级干部储备库。

③ 《长编》卷125，宝元二年闰十二月，第2956～2957页。

④ 《长编》卷126，康定元年三月壬申，第2985页；卷127，康定元年四月，第3007页；卷128，康定元年七月丙子，第3031页。

⑤ 《长编》卷126，康定元年二月己酉，第2980页。

⑥ 《长编》卷133，庆历元年九月，第3178页。

⑦ 张氏在神宗初年出任参知政事，即副宰相。

⑧ 张方平：《上平戎十策·伐交》，《历代名臣奏议》卷323，上海古籍出版社，1989，第4189页上。

⑨ 这年原本是宝元三年，二月改元。

仁宗派遣郭稹出使契丹，通告用兵西夏。①

就在宋廷自以为因辽夏联姻而可能引发的宋辽冲突已得到妥善处理之时，契丹使者来到了繁华的东京汴梁，不仅向宋朝索取关南旧地，甚至还要求割让山西北部北汉的故土。② 北汉是宋朝统一进程中最后一个割据政权，与辽朝关系非常紧密，于太平兴国四年（979）被收归大宋版图。③ 这一消息恍如晴天霹雳，正被小小的西夏弄得焦头烂额的宋廷极为震惊，上下人心惶惶，能想到的对策只是派遣使者再赴辽国，希望通过谈判改变命运。

宋朝不可能答应割地。面对蛮横的契丹，使者难免有性命之忧。最后，还是富弼临危受命，虽有老母在堂，仍抱着以死报国的信念出发了。④ 富弼在辽廷承受了巨大压力，始终大义凛然，宁死不屈，赢得了辽朝君臣的一致尊重。⑤ 谈判的最终结果，契丹放弃领土要求，作为补偿，宋人将岁币从三十万增加到五十万，同时，在官方文书中，宋人向辽方提供岁币的这一行为，由澶渊盟约中的"助"（资助）改为明显含有下对上意味的"纳"。⑥ 不过，所增加二十万岁币中的一半，是契丹说服李元昊重新臣服宋朝的酬劳——自作聪明的宰相吕夷简以为，这是一招"以夷制夷"的妙计。⑦

---

① 《长编》卷128，康定元年七月乙丑，第3028～3029页。按《辽史》卷18《兴宗纪一》，重熙九年（即宋康定元年）七月癸酉，"宋遣郭稹以伐夏来报，遣枢密使杜防报聘"（中华书局，1974，第222页）。而卷86《杜防传》云："重熙九年，夏人侵宋。宋遣郭稹来告，请与夏和，上命防使夏解之。如约罢兵，各归侵地。"（第1325页）此时宋人并未请求辽朝出面，促成宋夏和谈，"如约罢兵"亦非事实，《杜防传》显误。

② 《长编》卷135，庆历二年三月己巳，第3230页。此承周永杰兄赐告，谨致谢忱！

③ 详参拙著《南望——辽前期政治史》，三联书店，2018，第127～130、192～196、201～204、214～216、226～234页。

④ 《长编》卷135，庆历二年三月己巳，第3230页。苏轼还提到有一位名叫彭任的豪杰，正在酒馆里和朋友喝得痛快，听到契丹诡诈、富弼要出使的消息，气得直拍桌子，手都拍破了。他主动找到富弼，充当私人保镖，一起去了辽国，做好了以死相护的准备。见苏轼《跋送石昌言引》，《苏轼文集》卷66，孔凡礼点校，中华书局，1986，第2068页。

⑤ 《长编》卷155，庆历五年三月己未韩琦所上疏，第3758页。

⑥ 需要说明的是，在谈判现场，富弼坚决拒绝称"纳"。富弼回到宋朝汇报情况时，专门强调，只要朝廷坚持住，辽方会放弃这一要求。但宰相晏殊认为应当妥协，在他的影响下，最终宋廷认可了这一耻辱表述。

⑦ 《长编》卷137，庆历二年七月癸亥，第3286页。

虽然这场风波得以和平收场，但辽朝绝非虚言恫吓。在派出使者之前，辽兴宗曾召集大臣，商讨对宋策略。兴宗本人有意南伐，得到了多数大臣的支持，但也有重臣反对，强调"胜败未可逆料"。为谨慎起见，兴宗决定先提领土要求，同时在宋辽边境集结大军，做好战争准备，① 并联络西夏，约定同时出兵，夹击宋朝。② 宋人若不妥协，富弼等人曾担忧的辽夏合谋侵宋，极有可能变成现实。

与澶渊之盟不同，庆历增币不仅让宋人对盟约产生怀疑，且真正感到了屈辱。范仲淹上疏，对宋人迷信盟誓，忽视国防建设进行了深刻反思。他强调说，宋朝四十年来对辽友好，岁币从来都是足量按时送达，即便如此，契丹还是翻脸不认人。这次修订盟约，增加岁币，算是对付过去了，可谁又能保证，将来辽朝不会提出新的要求呢?③

而感受最为深刻的，就是抱着必死的信念，在辽廷舌战契丹君臣的富弼。富弼在危急关头挺身而出，不辱使命，盟约复定后，朝廷论功行赏，要升他的官，富弼坚决拒绝。他跟仁宗说，以增加岁币的方式妥协，并不是我的本意——本意是绝不退让，抗争到底。但现在国家需要集中精力对付西夏，不能两面树敌，只能让步。这样的结果能算什么功劳? 哪有脸面为此接受提拔? 最后他说，希望陛下整军备战，"无忘国耻!"④

---

① 《辽史》卷93《萧惠传》（第1374页）载："帝欲一天下，谋取三关，集群臣议。惠曰：'两国强弱，圣虑所悉。宋人西征有年，师老民疲，陛下亲率六军临之，其胜必矣。'萧孝穆曰：'我先朝与宋和好，无罪伐之，其曲在我，况胜败未可逆料。愿陛下熟察。'帝从惠言，乃遣使索宋十城，会诸军师于燕。惠与太弟师师压宋境。"又，卷87《萧孝穆传》（第1332页）云："时天下无事，户口蕃息，上富于春秋，每言及周取十县，慨然有南伐之志。群臣多顺旨。孝穆谏曰：'……宋人无罪，陛下不宜弃先帝盟约。'时上意已决，书奏不报。"另据卷19《兴宗纪二》，重熙十年十二月丁酉（第227页），就在决定遣使求地后，辽廷"议伐宋，诏谕诸道"；重熙十一年四月甲戌（第227页），使节赴宋后，辽廷又"颁南征赏罚令"；十二月辛亥（第228页），宋人以增币妥协后，辽廷"诏蠲预备伐宋诸部租税一年"。宋方也注意到，"契丹虽通使，而所征兵始大集于幽州"（《长编》卷136，庆历二年五月庚申，第3265页）。主动保护富弼出使的奇人彭任，后来告诉苏轼的父亲苏洵："既出境，宿驿亭，闻介马数万骑弛过，剑槊相摩，终夜有声，从者怛然失色。及明，视道上足迹，尚心掉不自禁。"（苏洵：《送石昌言使北引》，曾枣庄、金成礼笺注《嘉祐集笺注》，上海古籍出版社，1993，第420页）

② 《辽史》卷85《萧塔列葛传》，第1318页。

③ 《长编》卷136，庆历二年五月戊午，第3263页。

④ 《长编》卷138，庆历二年十月丙午，第3309页。

第二年，仁宗又任命富弼为主管军事的枢密院的副长官枢密副使，这意味着富弼进入了中央最高决策圈。① 结果富弼拿着任命书，当面还给了仁宗，并说；"愿陛下坐薪尝胆！"②

富弼所谓"国耻"，首先是增币、称"纳"。其次，西夏蕞尔一隅，堂堂大宋竟然束手无策，只能靦颜求助于契丹，这在富弼看来，也是奇耻大辱。③ 而更让宋人焦虑的是，如此代价也换不回真正的和平，辽朝给宋朝带来的祸患，"譬若疽疮，但未溃尔"——好比大脓包，只不过还没破罢了。④

二　元昊的使者也来了

盟约复定后，当年十月，宋廷就派遣使者，催促辽朝向西夏施压。⑤ 在契丹斡旋下，元昊做出了让步，表示可以不再仿效中原称帝，只使用本民族的称谓"兀卒"，⑥ 甚至可以在宋仁宗面前称"男"（即尊仁宗为父），但拒绝称"臣"。⑦ 同时，作为补偿，索要金钱财物，并在经济上提出了诸多实质性要求。

仁宗的期望值很低：只要称臣，即便保留皇帝称号也能接受。⑧ 现在元昊虽拒不称臣，但撤销帝号，且称男，对仁宗而言似可谓失之东隅、收之桑榆。至于经济方面，仁宗认为这只是制约西夏的工具，不是宋廷的核心利益。

---

① 宋代的中央最高决策圈由皇帝、宰相和执政构成。所谓执政，是指副宰相和枢密院正副长官。

② 《长编》卷142，庆历三年七月丁丑，第3399页。庆历四年，富弼谈到此事，犹悲愤不已："主忧则臣辱，主辱则臣死，故陈主答书勃戾而杨素下殿请死，蔡贼跋扈难制而裴度誓不两生。……昨契丹背约，呼索无厌，朝廷以中国之尊，敌人敢尔，陛下有文王、勾践雪耻复仇之心，臣下亦未见有杨素、裴度死难平贼之志。"（《长编》卷150，庆历四年六月戊午，第3655页）

③ 《长编》卷140，庆历三年四月己亥，第3362页。

④ 《长编》卷140，庆历三年四月壬戌蔡襄语，第3368页。

⑤ 《长编》卷138，庆历二年十月丙辰，第3315页；卷151，庆历四年八月戊戌，第3680～3681页。

⑥ "兀卒"是党项语音译，可能是"天子"之意。尽管如此，毕竟西夏放弃了汉式帝号，不论"兀卒"本意如何，都可以理解为"单于""可汗"之类不构成对宋朝权威挑战的称号。

⑦ 《长编》卷139，庆历三年正月癸巳，第3343页。

⑧ 《长编》卷138，庆历二年末，第3332页。

不过，宋朝臣僚对契丹居间斡旋，议论纷纷。时任高参的余靖，① 深不以朝廷求助辽国为然。他说，西夏和宋朝打了好几年仗，宋朝还老吃败仗，现在契丹只派了一个使者，李元昊就妥协了，等于说宋朝几年来无法解决的难题，辽方一句话就搞定了。可想而知，契丹会如何看待自己，如何看待宋朝。如果辽朝也派一个使者来宋朝，额外要求报酬，我们有什么理由拒绝？如果不答应，一定会借口宋朝负恩，兴兵南下，会变成两面受敌。

余靖建议，不能在经济上对西夏过多让步，同时坚持君臣名分。这样谈判虽然破裂，但契丹就不敢再要挟中国。为什么呢？余靖指出，辽兴宗在宋朝使者面前，趾高气扬，夸下海口：只要一句话，元昊就会乖乖对宋朝称臣。现在元昊并不买契丹的账，拒不称臣，兴宗丢了脸，自信心受了打击，哪还敢来找宋朝的麻烦？

总而言之，余靖认为，如果接受辽朝的帮助，与西夏和好，会让宋朝颜面尽失，等于将外交的自主权拱手交给了契丹。这会极大刺激辽方的胃口，一旦有什么非分要求得不到满足，就会转而联合元昊对付宋朝，对宋朝极为不利。②

和余靖有同样担心的，还有欧阳修。他了解到，宋使回国后，宋辽边境的官员频频接到辽方书面询问：对夏和议谈成了没有？③契丹为什么这么热心？难道是因为收了宋朝的钱，不好意思，真心想为宋朝出力？欧阳修对此高度警惕。在他看来，辽朝而非西夏，才是宋朝的真正威胁。澶渊之盟后四十年的交情，宋朝没有一丝一毫亏欠对方，结果背后被狠狠捅了一刀。他认为契丹是欺软怕硬之辈，觉得宋朝软弱可欺，所以增加岁币还不满足，一定要称"纳"才罢休。平白无故就如此蛮横，如果在辽朝斡旋下宋夏达成和议，还不定提出什么过分要求呢！到时候，怎么办？④

---

① 余靖时任集贤校理，也是馆职。

② 《长编》卷 139，庆历三年二月，第 3354 页。

③ 宋辽两国之间的官方联络，主要依靠边境官员传递。

④ 《长编》卷 141，庆历三年五月，第 3382～3383 页。早在富弼回国后，高层决定乞求辽国向西夏施压时，重臣贾昌朝就表示反对："契丹许我而有功，则必骄以弱我，而责报无穷已，不且以我市于元昊矣。"见王安石《赠司空兼侍中文元贾魏公神道碑》，《王文公文集》卷 83，上海人民出版社，1974，第 888～889 页。《长编》卷 138 庆历二年十月戊辰条（第 3320 页）、《皇朝编年纲目备要》卷 11（中华书局，2006，第 255 页）、《宋史全文》卷 8 上（中华书局，2016，第 405 页）"且以我"上均脱"不"字，似出一源。《名臣碑传琬琰集》上集卷 6 所载是碑，则如《文集》，亦有"不"字。

庆历三年（1043）七月，西夏使者第二次来到宋廷，元昊没有退让，依旧坚持称男不称臣。① 以宰相晏殊为首的最高决策层有意妥协，但此时担任枢密副使的韩琦坚决反对。他认为，原本宋辽被平等相待，西夏则同时臣服于两方，如果现在西夏不再向宋称臣，却不改变对契丹的臣属关系，那辽朝一定会以此为契机，寻求凌驾于宋朝之上的机会。②

在回到东京出任枢密副使之前，韩琦和范仲淹在西北整军备战，初见成效。毕竟宋朝国力与西夏有天壤之别，两人对于应对西夏挑战，很有信心。③ 所以，在韩琦看来，原本就要有耐心、最终可以得到妥善解决的西夏问题，正是因为求助契丹，反而使宋廷陷入了进退失据的困境。此时辽朝的可能态度及行动，成了宋夏关系中最需要考虑的核心因素。

蹊跷的是，这次李元昊还提出了一个诡异的要求，要将"兀卒"这一称号改为"吾祖"。这意味着，以后宋朝以皇帝名义颁发给西夏国主的诏书中，要称对方为"吾祖"。那么，元昊提出更改的理由是什么呢？虽然文献中没有直接记载，但从欧阳修的回应中可以窥见端倪："今自元昊以下，名称、官号皆用本国。若蕃语'兀卒'，华言'吾祖'，则今贼中每事自用蕃礼，安得惟于此号，独用华言，而不称'兀卒'？"④ 所谓"蕃语'兀卒'，华言'吾祖'"，是说党项语"兀卒"，翻译为汉语即"吾祖"。欧阳修当然不懂党项语，此说从何而来呢？笔者以为，这应当就是西夏提出更改的官方理由。欧阳修对这一解释并不满意，对其动机深表怀疑，因为西夏政权所用种种名号、官称，全都来自本民族语言，为何独独于国主尊称，一定要用汉语意译？

元昊是有意侮辱宋廷，这可以得到当代西夏学的证实。党项语"兀

---

① 《长编》卷142，庆历三年七月乙酉，第3403页。

② 《长编》卷142，庆历三年七月癸巳，第3409页。关于这点，富弼之前也曾深表忧虑："若契丹谓元昊本称臣于两朝，今既于南朝不称臣，渐为敌国，则以为独尊矣，异日稍缘边隙，复有所求，未知以何术拒之？"（《长编》卷140，庆历三年四月己亥，第3362页）

③ 《长编》卷139，庆历三年二月乙卯，第3348～3353页。

④ 《长编》卷142，庆历三年七月癸巳，第3410页。

卒"，应为"天子"或"皇帝"之意，① 与"吾祖"无关。那么，西夏在和谈中，刻意冒犯宋朝君主，用心何在呢？

西夏使者在谈判中非常傲慢，② 而边境又传来西夏集结军队的情报，知谏院蔡襄怀疑元昊借和议施放烟幕弹，③ 准备再度进攻宋朝。④ 事实上，元昊的心机确实被蔡襄猜中了。就在议和使者到达宋廷的同时，夏人亦抵达辽廷，请求与契丹联兵伐宋。⑤ 那么，在辽朝明白"指示"西夏与宋议和的情况下，元昊此举，到底意欲何为？

辽夏本合谋侵宋，宋朝如此乖顺地增加岁币，卑辞称纳，可能出乎兴宗意料之外。契丹不费吹灰之力，在取得了巨大利益的情况下与宋媾和，反过来背叛盟友，向西夏施加压力，李元昊无疑会非常不满。但此人凶狡异常，颇为坚忍，对辽朝尚有期望，所以表面上仍服从契丹，遣使议和。

韩琦一针见血地指出，元昊野心勃勃，目标是与宋、辽鼎足而立，三分天下。⑥ 但生存在宋、辽两大国的夹缝中，欲求鼎峙，谈何容易。如果宋辽不发生严重冲突，偏处一隅、国小民贫的西夏根本不可能获得机会。所以，联辽侵宋恐怕是元昊实现野心唯一的可能途径。所以，一方面，西夏向宋朝抱怨，"朝廷议和，何必往问契丹"，⑦ 试图离间宋、辽；另一方面，虽然在辽朝施压下不得不与宋议和，但西夏故意不遵从契丹指示，拒不称臣，并恶意地改"兀卒"为"吾祖"，人为地给和谈设置障碍。而在遣使赴宋的同时，西夏又上表契丹，再次建议合兵侵宋。总而言之，李元昊使出浑身解数，试图破坏刚刚达成的宋辽和局，鼓吹两家联合、对宋兴兵。

对于辽夏可能连兵侵宋的这一可怕前景，韩琦深为担忧。不过，与元昊视角不同，他担心的，反而是如果宋方以过多的让步换取和

---

① 彭向前：《党项西夏名物汇考》，甘肃文化出版社，2017，第 117 页。
② 《长编》卷 142，庆历三年八月癸丑，第 3421 页。
③ 知谏院是北宋前期负责向皇上进谏的官员。
④ 《长编》卷 142，庆历三年八月辛亥，第 3421 页。
⑤ 《辽史》卷 19《兴宗纪二》，重熙十二年七月庚寅，第 229 页。
⑥ 《长编》卷 142，庆历三年七月甲午，第 3413 页。
⑦ 《安阳集》附《忠献韩魏王家传》卷 3，《北京图书馆古籍珍本丛刊》第 85 册，书目文献出版社，1998，第 540 页上。《长编》卷 142 庆历三年七月癸巳条（第 3409 页）脱"何"字。

议，这样示弱会激发出原本在侵宋问题上尚有游移、不敢贸然行事的辽方的雄心壮志，对宋朝提出不可能答应的无理要求，然后联合西夏，两路进兵。①

出乎所有人的意料，事情发展的最终结果，既没有像李元昊期望的那样，契丹为其蛊惑，也没有像韩琦担心的那样，辽朝在宋夏缔结和议后进一步提出无理要求：契丹不仅没有答应夏人的侵宋之请，还与西夏爆发了战争，宋朝反而置身事外。

韩琦是杞人忧天吗？辽兴宗为何没有同意与元昊联兵侵宋呢？

三　一场令人费解的战争

庆历增币，不仅让契丹每年多得岁币二十万，而且大宋卑辞称"纳"，这意味着澶渊平等体制已被撬动。而联夏制宋，无疑是辽方全面突破澶渊体制，凌驾于宋朝之上的最佳途径。这也正是宋朝有识之士极为担心，同时也认为极有可能出现之事。即便辽兴宗顾忌出兵有风险，也完全可以对宋朝阴奉阳违，暗中支持元昊，进一步敲诈宋朝。而辽夏交兵，鹬蚌相争、渔翁得利，宋朝反而成了唯一的受益者。兴宗为何出此下策？

我们且先来梳理辽夏间的恩恩怨怨。虽然西夏臣服契丹，但多年来双方因争夺河西走廊与边境贸易等问题，摩擦不断，关系并不融洽，缺乏互信。② 元昊称帝前夕，其妻契丹兴平公主死去，由于公主生前与元昊夫妻关系不和睦，辽朝遣专使诘责元昊，辽夏关系一度趋于紧张。③

不论如何，至少在与宋开战后，元昊认识到联辽侵宋是坐大的唯一途径，故频频向契丹示好。庆历元年（1041）九月，西夏遵循属邦礼仪，恭敬地将战争中获得的宋军俘虏献给辽廷，④ 一箭双雕，一则挑起

---

① 《长编》卷142，庆历三年七月甲午，第3412~3413页。
② 杨浣：《辽夏关系史》，人民出版社，2010，第92~101页。
③ 《辽史》卷18《兴宗纪一》，重熙七年四月己巳，第220页。
④ 《辽史》卷19《兴宗纪二》，重熙十年九月丙寅，第226页。又，庆历二年五月，夏人埋移香向宋朝透露，"元昊以所掠缘边人马送契丹，请助兵入汉界"（《长编》卷136，庆历二年五月癸亥，第3267页）。

宋方对契丹的不信任，二则展现自身的恭顺，迎合契丹君主欲压倒宋朝的独尊心理，煽风点火，要将契丹拉下水。此举果然奏效，兴宗决定联夏侵宋。增币谈判结果未定时，辽夏打得火热。[①] 但宋人的妥协改变了契丹的态度，牺牲了盟友，元昊之怨望可想而知。庆历三年，再度联辽侵宋的努力失败后，辽夏开始交恶，终于在庆历四年末因边境部族问题爆发大战。

笔者以为，部族问题只是导火索，根本原因并不在此。辽夏双方之所以不能妥善解决边境争端，情况不断恶化，终至兵戎相见，正是因为宋夏和议问题使原本结盟的双方产生了难以调和的矛盾，最终通过部族问题爆发了。

就西夏一方而言，其不满不言而喻。富弼指出："契丹始与元昊相约，以困中国，前年契丹背约，与宋朝复和，元昊怒契丹坐受中国所益之币，因此有隙，屡出怨辞。"[②] 辽朝因岁币与宋朝复和，这在情理之中。但收了宋人的钱，不见得一定要实实在在为宋人出力。不论宋夏和议结果如何，宋方都没有底气拒绝支付每年十万的"犒劳费"——在宋廷关于对夏、对辽政策旷日持久的讨论中，拒绝支付从来没有作为一个选项，或者仅作为用于向契丹施压的口头策略和谈判筹码而被提出。恰恰相反，宋方曾明确告诉辽使，不管和议进展如何，都不影响宋辽友谊。[③] 契丹完全可以在表面上向元昊施压，暗地互通款曲，合谋进一步从宋朝榨取利益。为何辽兴宗没有这么做，而是出卖盟友，真心实意压迫西夏，要求元昊向宋朝妥协呢？

辽夏关系原本并不融洽，兴宗可能对李元昊缺乏信任，但这不会是辽朝抛弃西夏的根本原因。西谚有云，没有永恒的敌人，也没有永恒的朋友，只有永恒的利益。在巨大的现实利益面前，以往的小恩小怨早已烟消云散。政治同盟，往往不是由信任而是由利益来维系的，尔虞我诈并不妨碍合作。

元昊并不甘心永远做契丹的属邦，其内心深处藏着与辽朝平起平坐

---

① 富弼两使契丹，"每见元昊遣人在彼，密令询问，云'来借兵'"（《长编》卷218，熙宁三年十二月，第5315页）。

② 《长编》卷151，庆历四年八月，第3675页。

③ 详参第四节庆历四年余靖关于如何应对契丹要求宋方拒绝西夏求和的意见。

的梦想。① 难道是他在契丹面前露出了马脚，引起了兴宗的警惕？但这种可能性似乎也不大。其一，固然元昊非久居人下之辈，但以其人之狡诈，尽管在宋人面前颇为放肆，对辽朝恐怕仍会小心翼翼地掩盖其野心。其二，即便兴宗有所警觉，似亦不会影响暂时的同盟关系。打个比方，强盗分赃时会大打出手，但抢劫时总要合作。更何况，辽是大国，夏是小国，元昊纵有雄心要改变与辽朝的关系，尚需时日，兴宗加以提防就是，何至于此时彻底翻脸？

契丹原本应当暗中支持西夏不断向宋朝挑衅，自己才可以不断从中渔利。富弼就曾担忧："若契丹谓元昊本称臣于两朝，今既于南朝不称臣，渐为敌国，则以为独尊矣。"② 在宋辽夏关系中，原本宋辽属于平等地位，西夏则同时臣服于两国。对元昊而言，他首先要争取的是改变对宋的臣属地位，暂时仍维持辽夏关系不变。但因为宋辽平等，摆脱对宋的属邦地位，已经暗地里为未来进一步谋求改变辽夏关系埋下了伏笔。这是元昊的如意算盘。而宋人更为担心的，则是辽朝对宋夏关系变更的不同解读：既然宋夏成了平等的"敌国"，而辽夏仍维持宗主—藩属关系，那就意味着宋辽不再平等，宋朝只能与契丹属国为伍，而辽朝"独尊"。换句话说，西夏与宋朝地位的此长彼消，不一定不利于辽朝。退一万步，即便兴宗已经意识到元昊的长远目标，害怕西夏过于强大，对辽朝构成威胁，也可任由宋夏交斗，两败俱伤。

那么，辽兴宗究竟为何采取了与西夏开战这一风险极大、事实上也的确带来了灾难性后果的决定？我们注意到，除了庆历二年末向辽朝派遣使臣梁适、希望契丹如约向元昊施压外，宋人再无催促辽方斡旋的举动。诡异的是，反倒是契丹念兹在兹，屡屡向宋朝打听谈判进程。③ 庆历三年十月，按照惯例，余靖出使辽国，庆贺太后生日。结果兴宗主动

---

① 元昊曾与范仲淹通使，然其书因言辞悖慢为范所焚。范复书元昊曰："大王以北朝为比，且北朝称帝，其来久矣，与国家为兄弟之邦，非藩屏可方也。大王世受天子建封王之大恩，如诸蕃有叛朝廷者，大王当率国人以伐之，则世世有功，乃欲拟北朝之称帝乎？"（《长编》卷130，庆历元年正月，第3087页）所谓"以北朝为比""拟北朝之称帝"，透露出元昊的野心。

② 《长编》卷140，庆历三年四月己亥，第3362页。

③ 庆历三年八月，欧阳修提到"今西贼议和，事连北敌，中间屡牒边郡，来问西事了与未了"（《长编》卷142，庆历三年八月，第3418页）。

跟他谈起宋夏和议，说梁适走的时候答应了。如果宋夏谈成了，宋朝还要专门派人来送上谢礼，又拿出李元昊以臣属身份毕恭毕敬给兴宗上的奏表，让余靖看，表示元昊一定会听他的。余靖说自己不清楚梁适的许诺，也不清楚宋夏和议的进展，兴宗便要求在接下来辽使赴宋庆贺仁宗生日时，宋方给予详细的答复。① 契丹使者归来后，频频向宋方接待官员提及此事，但宋方始终回避，不予答复。② 需要指出的是，余靖出使之际，辽朝已经有意讨伐元昊。③ 在这种情况下，契丹仍在试图推动宋夏和议，念念不忘谈判结果。其心中所想，当然是促成此事，再向宋人索贿。

庆历四年七月，辽夏交兵在即，契丹遣使宋朝，态度突然发生了一百八十度的转变，通告宋方将因部族问题讨伐西夏，要求宋人中止与西夏的和谈。范仲淹注意到一个奇怪现象，来使一改以往的盛气凌人，要求中止和谈的态度并不坚决，反而详细打听宋夏和议的具体进展。④

这年八月，余靖再度出使契丹。辽兴宗又一次改口，不再反对宋夏议和，但提醒宋方，赴西夏的使节要避开交战区域，以免误伤。⑤ 此外，兴宗又拿出元昊屡次所上表，指出其中诽谤宋朝之处，通通让余靖过目，并在余靖面前大骂元昊是反复小人，妄图挑拨宋辽互斗。⑥

很明显，在和西夏闹僵、战争一触即发之际，辽兴宗意识到这么做可能会将元昊推入宋人的怀抱，使宋夏结盟，共抗契丹。如何应对这一前景，兴宗并没有信心。他的第一反应，是试图阻止宋夏和议的达成，但又担心施压太过，适得其反，让宋人窥破实情，激起抵抗决心，从而迅速与西夏达成妥协，一起对付辽朝。是以辽使并没有坚定不移地要求

---

① 澶渊之盟达成协议，除了重要节日双方互派礼仪性使节，平时一般不派遣使者，有事通过边境官员联络。

② 《长编》卷151，庆历四年八月戊戌，第3680~368□页。

③ 《辽史》卷74《韩绍芳传》云："重熙间参知政事，加兼侍中。时廷议征李元昊，力谏不听，出为广德军节度使。"（第1233页）检是书卷19《兴宗纪二》，重熙十二年（庆历三年）十月"辛亥，参知政事韩绍芳为广德军节度使"，"壬子，以夏人侵党项（夏辽边境的党项部族），遣延昌宫使高家奴让之"（第229页）。

④ 《长编》卷151，庆历四年七月癸未，第3669页。

⑤ 《长编》卷151，庆历四年九月甲申，第3704页。

⑥ 《长编》卷154，庆历五年正月丙子余靖言，第37□□页。

宋方中止和谈，兴宗也随即改口，并向余靖透露元昊的诽谤，离间两国。

总而言之，辽兴宗完全清楚辽夏战争所带来的风险，如果宋朝与西夏结盟，天平可能会倒向另一边，庆历增币所带来的对宋优势可能会付诸东流。所以他犹疑不定，患得患失，政策左右摇摆，一会儿希望促成宋夏和议，一会儿要求中止，一会儿又表示不反对。

尽管如此，兴宗最终仍采取了开战这一灾难性的决定，很大程度上是因为其过于自大。从一开始宋人乞求辽朝出面斡旋，兴宗就自命不凡，在宋人面前打包票，说让元昊低头不过是举手之劳。① 庆历三年余靖第一次出使，此时辽朝已有意讨伐西夏，兴宗仍对余靖表示，李元昊会听他的指挥，向宋朝屈膝。这说明兴宗以为，夏人不堪一击，大军一到，要么缴械投降，要么被消灭，最终还得乖乖地接受契丹的安排。正如韩琦所言："契丹自恃盛强，意欲平吞夏人，仓卒兴师，反成败衄。"②

自大的不仅是兴宗，辽廷群臣清醒持重者也寥寥无几。最初事情的进展还真如兴宗预料的，皇帝亲征，举国出动，让理性的元昊决定让步，亲自去契丹军前认罪。兴宗召集群臣商议，结果一致认为，不接受投降，既然已经集结了大军，远道而来，索性趁此机会一举剿灭。③ 结果，辽军大意轻敌，一战而溃！

西夏本已认罪请降，已经可以算大获全胜，可契丹依旧不依不饶。兴宗决策失误，其背后正是群臣的推动。

---

① 田况《儒林公议》卷下（储玲玲整理，《全宋笔记》第 1 编第 5 册，大象出版社，2003，第 115 页）记载："富弼使契丹报聘，再立盟约。时吕夷简方在相位，命弼讽契丹谕元昊，使纳款。宗真当其言，谓可指麾立定。"庆历二年末梁适使辽，兴宗"面对行人（先秦至汉代所设职官，掌通使。此处指宋使），遣使西迈，意气自若，自言指呼之间，便令元昊依旧称臣"（《长编》卷 139，庆历三年二月，第 3354 页）。

② 《长编》卷 154，庆历五年正月丙子，第 3737 页。

③ 《辽史》卷 19《兴宗纪二》，重熙十三年"（十月）丁酉，李元昊上表谢罪。己亥，元昊遣使来奏，欲收叛党以献，从之。辛亥，元昊遣使来进方物，诏北院枢密副使萧革迓之。壬子，军于河曲。革言元昊亲率党项三部来，诏革诘其纳叛背盟，元昊伏罪，赐酒，许以自新，遣之。召群臣议，皆以大军既集，宜加讨伐"。（第 231 页）又卷 93《萧惠传》云："元昊惧，请降。惠曰：'元昊忘奕世恩，萌奸计，车驾亲临，不尽归所掠。天诱其衷，使彼来迎。天与不图，后悔何及？'帝从之。诘旦，进军。"（第 1374 页）

不过，担忧宋夏结盟，说明兴宗并未完全丧失理智，还没有自大到疯狂的地步。导致错误决策的第二个因素，恐怕是其过于贪婪，心存侥幸。

一矢未发，一兵未交，宋人就"纳"岁币二十万，澶渊之平等体制隐然已被突破，辽朝取得了高于宋朝的地位。更有甚者，宋人自降身份，主动向契丹求助，等于间接承认了契丹在宋辽夏三角关系中的霸主地位。大军未动，仅靠折冲樽俎，辽朝就取得了辽太宗兵不血刃进入汴梁后最辉煌的成就，[①] 这无疑极大地激发了契丹君臣的欲望，使他们变得越发贪婪，同时也让他们不顾谨慎与理性，心存侥幸，铤而走险。

兴宗本可以好好利用元昊这颗棋子——当然，从元昊的角度说，他也在利用兴宗——不断合谋蚕食宋朝利益，只要答应分西夏一杯羹。但贪婪的兴宗只想吃独食，出卖了元昊。他的如意算盘是，只要李元昊乖乖向宋方低头，辽朝就可以压倒宋朝，正式成为当之无愧的霸主。但夏人阳奉阴违，不肯就范，还在边境上不断和辽方发生冲突。此时，必须给李元昊一个深刻的教训，同时这也会是给宋方的再明确不过的警告。

对辽夏决裂的风险，兴宗并非完全没有意识到，如何应对宋夏同盟，他并没有把握。但不妨想象，如果一战而溃的是西夏，接下来辽方会以什么样的姿态面对宋朝，面对当时契丹心目中的整个世界？这样的场景实在太过诱人了！而连堂堂大宋，居然还没轮到辽朝军队亮出刀剑，就屈膝了。从契丹方面备战的情况看，大概辽廷也没想到，宋人如此轻易就将契丹本来准备在战场上夺取的东西，送上门了。现在西夏面对强势的辽军，谁说"如果"就一定不会发生？而元昊请降，似乎更证明了兴宗的预判。那就索性大战一场，彻底解决西夏问题，还可以由此彰显实力，向宋朝展示违背辽朝意愿、与辽朝发生冲突的下场。就这样，为了实现通吃，战争的风险被忽视了。

辽兴宗最初的设想，是联合西夏，两路夹击，迫使宋朝割让利益。没想到刚拉开架势，还没动手，宋人就服了软。为了集中精力应对西夏挑战，宋朝的妥协情有可原。但决策者主动寻求契丹援助，将自身的无能彻底暴露在辽朝面前，使澶渊平等体制岌岌可危。这一败招像是老天

---

①　辽太宗时一度征服中原，详参拙著《南望——辽前期政治史》，第84～112页。

爷赐予契丹的罕见礼物。

吊诡的是，这份意料之外的厚礼让辽廷头脑发热，没能把握住难得的机会。好比两人对弈，一方下出了昏招，眼看就要成就对方的一片大好形势，结果另一方太过激动，利令智昏，居然跟着也来了一步臭棋，扯平了！

从西夏叛宋、庆历增币、辽夏战争到宋夏和议的最终达成，虽然险象环生，如履薄冰，但除了一年付出四十五万五千岁币（包括为了换取元昊称臣，宋朝每年需"赐"西夏的银绢茶等），[①] 宋人有惊无险地发现，经过一番激烈的震荡，三国格局终于还是大体回归到原有的框架。

四　宋贤忧国

让我们再回到庆历三年的宋朝。上文说到当时宋朝高层一度欲接受元昊不称臣、以"吾祖"作为称号的条款，最后不知是韩琦的泣血苦谏感动了仁宗，还是一批少壮派官员的集体反对起了作用，宋廷没有答应西夏的苛刻条件，当然，也没有彻底关上谈判的大门。大约在十一月，宋使从西夏返回，由于辽夏已交恶（宋人尚不知情），元昊妥协，同意称臣。欧阳修等人依然反对跟西夏达成和议，其核心理由就是担心"北敌（辽）邀功"。欧阳修以为："西贼（夏）虽和，所利极鲜，北敌若动，其患无涯。"[②]

拖到了庆历四年五月，时任参知政事的范仲淹和任枢密副使的韩琦联名上书，陈述面临的两难处境：如果达成和议，契丹会摆出居高临下的态度，向宋朝索要报酬；如果拒绝西夏，今年秋天元昊一定会大举进兵，而辽朝也会借机指责宋方没有诚意，甚至配合西夏，出动军队。宋朝若两面受敌，会陷入非常糟糕的境地。所以，范仲淹和韩琦认为，"和与不和，俱为大患"，和谈只是权宜之计，维护国家安全的根本之

---

① 这包括"岁赐绢十三万匹、银五万两、茶二万斤，进奉乾元节回赐（庆贺仁宗生日的回赠）银一万两、绢一万匹、茶五千斤，贺正贡献回赐（庆贺元旦的回赠）银五千两、绢五千匹、茶五千斤，仲冬赐时服（冬天加添衣服）银五千两、绢五千匹，及赐臣生日礼物（给元昊的生日礼物）银器二千两、细衣著一千匹、杂帛二千匹"（《长编》卷142，庆历四年十月己丑，第3706页）。

② 《长编》卷145，庆历三年十一月辛卯，第3508页。

道还是练兵自强。只有拥有强大的军事力量，对方才会信守盟约，不敢轻易破坏和平。①

宋朝的有识之士怎么也想不到，辽兴宗会把这一手好牌给打得稀烂。因此，当辽夏发生冲突，两国边境大军云集的消息终于传到了宋廷，范仲淹还在怀疑这是辽夏散布的烟幕弹，实际上两方在准备合伙入侵与辽夏边境相邻的宋朝河东地区。②

当然，宋方最担心的，还是契丹在河北方向发起进攻。因为一旦河北被突破，辽军长驱南下，可以直扑大宋首都汴梁。所以，这年六月，枢密副使富弼专门提出了加强河北防守的十二条建议。辽夏结盟对付宋朝，对辽夏各自来说，都是攫取利益的最佳方案，这点如此显而易见，以致富弼理所当然地认为，宋朝已经陷入了这一困境："西伐则北助，北静则西动"，"两下牵制，困我中国，有何大害而不为边患？有何后悔而长守欢盟？"③ 他怎么也没想到，固然李元昊对此认识得很清楚，可辽兴宗却被吕夷简、晏殊等人送上的"神助攻"弄得神魂颠倒了。

七月，契丹正式派遣使者，向宋方通报即将对西夏采取军事行动的消息，称"元昊负中国当诛"，辽方遣使"问罪"，因元昊依然不肯向宋朝低头，辽方"深以为愧"，所以兴兵讨伐西夏。同时提出，既然契丹完全是为宋方出头，如果元昊改口愿意称臣（辽方并不了解西夏早已低头），希望宋朝暂时不接受其求和。

此时范仲淹已被排挤出了中央，在边疆视察，他闻讯上书，指出如果接受辽方的请求，宋廷会面临五种可能的尴尬局面。其一，契丹称伐夏是为我方出头，"其邀功之意，又大于前"，如果接受这一说法，将来宋朝又该如何报答辽朝？其二，契丹要求宋廷拒绝西夏，但现在不管李元昊是否有诚意，至少表面上已经同意称臣，满足了宋方此前提出的条件，有什么理由拒绝他？元昊来求和，都不愿意承认是受到了辽方的压力，堂堂大宋难道能公开说是契丹不答应？如果不解释就拒绝，那失信、丢脸的还是宋朝。其三，如果遵照辽方指示，拒绝西夏，万一元昊向契丹认罪，双方重归于好，到时候我方反而会成为西夏最怨恨的对

① 《长编》卷149，庆历四年五月壬戌，第3597~3598页。
② 《长编》卷150，庆历四年六月壬子，第3636~3637页。
③ 《长编》卷150，庆历四年六月戊午，第3640页。

象。外交不能自主，"长外国轻中国之心"。其四，万一辽夏和好，契丹反过头来又逼宋朝与元昊讲和，是不是还得听他的？其五，宋廷因为辽方的缘故，在西夏面前丧失了信用，如果将来还要跟元昊和谈，这脸往哪儿搁，怎么谈？难道元昊会满足于现在的条件，臣服宋廷？他一定会利用我方的失信，大大抬高谈判价码！最后，范仲淹对辽夏是否真的决裂，深表怀疑。他强调，不管是真是假，当务之急是加强国防，有备无患。[①]

宋人如此进退失据，实属咎由自取。错就错在当初不该乞求辽朝斡旋。吕公误国，莫斯为甚！也许有人会为吕夷简辩护：最终同时解除了辽、夏对宋威胁的辽夏战争，难道不正是以夷制夷策略的成功范例吗？笔者想反问：如果辽夏战争的胜利者是契丹呢？难道吕夷简早就预料到辽夏会爆发冲突，且对西夏获胜成竹在胸？将自己的安全寄托在他人身上，真的是值得称许的谋略吗？

和范仲淹一样，欧阳修、张方平等人也认识到了宋廷的尴尬处境：拒绝契丹，得罪不起；拒绝西夏，人丢大了。和范仲淹不同的是，为了避免丢人，欧阳修等想出了一个骑墙的办法：不明确拒绝西夏，但通知元昊，此前之所以同意和谈，完全是因为辽方来信告知，你是辽朝的女婿，而辽国是本朝长期以来的友好邻邦，本朝看在辽方的面子上，才答应的。现在知道西夏居然挖岳丈家的墙角，招诱辽朝边境部族，这就完全违背了本朝当初同意和谈的初衷。希望西夏早日端正品行，与契丹和好如初，那时宋夏和谈成果就可以真正落实了。同时通报辽朝，宋方已经向元昊表明立场，如果其"悔过归顺贵国"，我方接受求和；如果执迷不悟，就只能中止和谈。[②]

这一妙计固然为宋朝拒绝元昊粉饰出了一个可笑的道德制高点，但无异于明白宣告，大宋在宋夏关系上，并没有自主权，其行动完全取决于大辽这一第三方。还有比这更糟糕的对策吗？

而余靖则清醒得多，他指出症结在朝廷最初的决策："假契丹之援，借人之势，权在他人。"那么，与此相应，当务之急是婉言谢绝契丹过

① 《长编》卷151，庆历四年七月癸未，第3668~3669页。
② 《长编》卷151，庆历四年八月乙未，第3677页。

分"热心"的帮助，尽量将宋夏关系与辽夏关系脱钩，不给辽朝可乘之机。釜底抽薪、一劳永逸的解决办法，只有彻底放弃与元昊谈和，"使北人（契丹）不能反复而邀功"。但恐怕中央下不了决心贯彻到底，终致半途而废。

宋朝和西夏辛辛苦苦谈了三年，好不容易元昊放弃了种种僭越的要求（如称帝、不称臣等），现在如果仅出于辽朝指示，拒绝西夏，等回头辽夏关系理顺了，契丹又会派人来，要求宋朝重新与西夏和谈，那时候，以元昊的个性，恐怕会怀恨在心，兵戈相向。但如果违背辽方意愿，迅速与西夏达成和议，得罪契丹，更是取祸之道。

为今之计，只有先拖着不做决定，在答复辽朝时阐明两点。其一，战争会造成死伤，让本朝士兵上战场都于心不忍，更何况让邻国士兵为本朝的事冒这样的风险，实在过意不去。宋方宁愿失去一个小小的属邦，也不愿为此麻烦"兄弟之国"。之前我朝曾向非常关心宋夏和议进展的辽使交过底，不管谈得如何，都不影响宋辽友谊，宋方不希望看到辽方为了宋朝，做出牺牲，更不会主动请求契丹出兵。如果讨伐元昊是为了宋方，完全没有必要。如果西夏因自己的问题得罪了辽朝，那是另一回事，是否讨伐由辽方自行决定。

其二，元昊来求和，一直说是秉承契丹意旨，对此我方深表赞赏。只是一开始西夏不肯放弃种种僭越的要求，我方无法接受。最近元昊已经妥协，愿意臣服宋朝，双方已经达成共识，只是为了保证和议能持久有效，还在商谈一些具体细节。在这种情况下，如果宋方突然中断和谈，那就是失信，完全违背了宋朝的处世之道，宋方无法承受其代价。如果西夏冒犯了辽朝，辽方拟出兵讨伐，宋朝完全理解。而宋方因元昊已经臣服而准备接受求和，也希望辽朝能理解。[1]

余靖的建议不卑不亢，比之欧阳修等人，高下立判。宋廷最终采纳了他的意见，派余靖二度出使契丹。

---

[1] 《长编》卷151，庆历四年八月戊戌，第3680～3683页。欧阳修《余襄公神道碑》云："契丹以兵临境上，遣使言为中国讨贼，且告师期，请止毋与和。……议未决。公独以谓中国厌兵久矣，此契丹之所幸，一日使吾息兵养勇，非其利也，故用此以挠我尔，是不可听。朝廷虽是公言，犹留夏册不遣，而假公谏议大夫以报。"（《欧阳修全集》卷23，李逸安点校，中华书局，2001，第367页）欧公是当事人，不知何故有此误。

就在余靖赴辽途中，富弼敏锐地觉察到，辽夏冲突的严重性远远超出了此前所有宋人的估计，因而他提出了新的意见，力主从速与元昊落实和约，使其一心一意抵抗契丹："若二寇自相杀伐，两有所损，此朝廷之福，天所假也。"①

而余靖在辽廷了解到了辽夏冲突的真实情况，兴宗虽然试图挑拨宋夏关系，但为了避免刺激宋方，适得其反，也改口不再反对宋夏议和。九月末余靖回到东京汴梁，其主张与富弼相同："唯有速行封册（指落实和约，册封元昊为属邦'夏国主'），使元昊得以专力东向，与契丹争锋。二敌兵连不解，此最中国之利。"如果辽国战胜，他会将宋夏和议作为自己的功劳，向宋方邀功索贿。如果辽朝战败，我方媾和在前，不是契丹战败后见风使舵，辽方没有借口挑衅，而且那时契丹专注于报复西夏，也无暇再找宋朝的麻烦。反之，如果不早下决断，元昊觉察到我方观望不前，难保不跟契丹妥协，转而找宋方泄愤。现在辽夏还未开战，胜负未分，册封元昊，"则元昊有以为恩，契丹无以为词"。②

蔡襄也指出，既然辽兴宗已改口不反对宋夏和议，趁现在战争尚未开始，落实和约并通报辽方，他们一心备战，不会节外生枝、提出异议。再拖下去，如果契丹战胜，一定会不可一世，那时候跟西夏和谈，说不定辽方会漫天要价。③

十二月乙未，大宋终于册封元昊为夏国主。此时宋廷已经得知契丹战败，但辽方还没有向宋方通报相关情况。就在册礼使出发赴夏之后，宋廷又担心触怒契丹，命令使者就地停留，等辽使到来后，弄清楚辽方的态度，再做决定。对此，富弼极为愤慨。他上书指出："直待得契丹许意，方敢遣使封册，中国衰弱，绝无振起之势，可为痛惜！"万一辽使有不同意见，难道要召回使者吗？那样的话，堂堂大宋，受契丹控制，如此前后反复，会遭到元昊的极端鄙视。余靖出使，明明契丹已经同意宋夏达成和议，现在我们自己倒前怕狼后怕虎、不敢行动，实在让人无法理解。更何况辽军大败，损失惨重，绝不会阻止宋夏和议。我大宋"据天下之大，四方全盛，若每事听候契丹指挥，方敢施

---

① 《长编》卷151，庆历四年八月戊午，第3691页。
② 《长编》卷152，庆历四年九月甲申，第3705～3706页。
③ 《长编》卷152，庆历四年九月甲申，第3705页。

为，使陛下受此屈辱，臣子何安？臣忝预枢辅之列，实为陛下羞之，亦为陛下忧之！"①

在已经知道契丹大败的情况下，最高决策层却仍然如此怯懦，岂止富公为之羞，千古之下，孰不羞之？

五　不息的余韵

通过庆历增币，辽朝已迈出了突破澶渊体制的第一步。在宋人关于宋夏和议的诸多讨论中，契丹因素的重要性远远超过了西夏问题本身。这一困境的造成，很大程度上是宰相吕夷简"自请入瓮"。

增币谈判时，辽兴宗最初甚至要求宋方在和约文本中将增加岁币称为"献"，遭到富弼坚决拒绝，又改口要求称"纳"，富弼同样没有妥协。兴宗见富弼声色俱厉，就威胁他说：好，你不同意，那我自己派人直接找你们皇帝谈，如果皇帝同意了，看你怎么办？富弼仍不让步，回答说：如果朝廷答应了，那就请陛下您给我们皇帝写封信，详详细细说明我因为这个问题和您起了争执，差点破坏宋辽和好，该治我什么罪我都认！

结束与兴宗的谈判后，富弼指着远处的高山，对契丹大臣刘六符说：这山虽高，还可以爬上去，"若欲'献'、'纳'二字，则如天不可得而升也"，我的头可断，这点绝不妥协。

回到宋朝，富弼汇报说，经过他以死相拒，辽方对此已不抱太大希望了。结果朝廷竟然听从晏殊的建议，不知羞耻地在和约里写上了"纳"字。②而请契丹和夏，则是吕夷简一手促成的所谓"以夷制夷"、实则与虎谋皮的"妙计"。宋人最后有惊无险，实属侥幸。若非辽兴宗铸下大错，宋朝将陷入何等境地，殊难逆料。

与宋人自身的认识不同，陶晋生先生对吕夷简的"以夷制夷"策略，评价颇高。他认为，"契丹伐夏的原因之一，应当是宋人外交政策

---

① 《长编》卷153，庆历四年十二月乙未，第3723页。"枢辅"指宰相和执政，即皇帝之外的最高决策圈。当时富弼虽然还挂着枢密副使的头衔，实际上已经被赶出了中央，在河北视察。

② 《长编》卷137，庆历二年九月乙丑，第3292～3293页。

的运用，陷兴宗于困境"。① 换句话说，辽军是被宋方逼上了战场。但富弼、余靖、韩琦、范仲淹、欧阳修等当事人显然并不这样认为，在他们看来，贿辽和夏一方面是示弱，是自暴其短，以启敌心，其结果只会使契丹更轻视宋朝，更加积极地策划对宋朝的敲诈乃至侵略；另一方面，这本身又给契丹进一步敲诈或侵略宋朝提供了一个绝佳的借口。② 当然，富弼等人没想到的是，宋方的败招虽然的确极大地刺激了辽兴宗的野心，兴宗却狂妄、贪婪得过了头。

而事态如此发展，同样出乎吕夷简、晏殊等人的意料。吕夷简的最初设想，是契丹会贪图宋朝的金帛，真心卖力地摆平西夏。但即便付出了财物，宋人也并无自信辽人会履行合约。如果辽夏交兵是宋朝以十万金帛为由向辽廷施压的结果，那倒的确可称之为"以夷制夷"策略的成功。但不知为何，除了庆历二年底曾派使者请求辽朝向西夏施压，宋人再无催促契丹斡旋的举动。甚至仁宗明知契丹大败，仍胆怯如鼠，下诏令册礼使就地停留。也就是说，除了卑辞称"纳"、主动奉上岁币以求得庇护外，两年多时间宋廷对辽一直心怀恐惧，没有采取任何措施，只是静候"佳音"而已。如此作为，能算"策略"之运用吗？辽朝伐夏，并非受制于宋人送上的十万金帛，而是妄图一石二鸟，彻底制服西夏，同时压倒宋朝，独霸天下。我们总不能把辽兴宗因自大、贪婪而犯下的错，算作宋人"以夷制夷"的成功吧？

宋人幸运地逃过一劫，并不意味着自此太平无事。庆历五年（1045）正月，吴育出任枢密副使，上书指出，现在宋夏和议已经达成，而契丹因为大败，暂时也不再构成威胁，朝廷终于可以松一口气了，但绝不能

---

① 陶晋生：《宋辽关系史研究》，第 75 页。另参第 77～81 页。

② 金钱铸就的和平从来都不可靠，这是古今中外之共识。《资治通鉴》卷190 唐高祖武德五年八月辛酉条载："上谓群臣曰：'突厥人寇而复求和，和与战孰利？'太常卿郑元璹曰：'战则怨深，不如和利。'中书令封德彝曰：'突厥恃犬羊之众，有轻中国之意，若不战而和，示之以弱，明年将复来。臣愚以为不如击之，既胜而后与和，则恩威兼着矣。'上从之。"（中华书局，2013，第 6066 页）古罗马学者韦格修斯也有这样的名言："如果你想要和平，那就准备打仗吧。"有趣的是，陶著（第 109～110 页）在讨论王安石的外交思想时，曾转述王氏对庆历增币之批评："外交手腕的运用，若无实力为后盾，是无济于事的'虚辞伪事'，不必去做。"而在分析宋金海上之盟时，亦曾引用参与谈判的马扩对借金人之力取燕京这一设想的批评："何得自示懦弱，尽露腹心，倾身倚以为助？"（第 170 页）

误以为即便无所作为，这样的局面也会长期维持下去。前事不忘，后事之师，现在正应当抓住和平的好时机，整军备战，加强国防。只有这样，未来敌人才会放弃侵略我们的念头，"弥患于未萌"。①

可事实是，宋夏和议刚刚达成，庆历新政的主持者范仲淹、韩琦、富弼等人即相继被逐出了朝廷！②

早在庆历三年，谏官孙甫就曾警告说，如果宋夏达成和议，一定要警惕其消极影响。澶渊之盟后，朝廷完全忽视了军队建设，一旦元昊叛乱，将领无能，士兵也没有经过严格的训练。经过和西夏的几年较量，一批有胆有识的指挥官已经成长起来，他们正兢兢业业地不懈努力，准备打造一支能保家卫国、扬我国威的军队。如果朝廷因为和议达成，幸喜"一时无事"，又回到贪图安逸、不思进取的老路上，放弃军队改革，那将来的灾难，恐怕会无法收拾。③

谁能想到，仅一年多后，孙甫的可怕预言就应验了。

谁又能想到，七十多年后，贿辽和夏这一幕，居然在宋金海上之盟时重演。④ 而这一次，金太宗没有犯错。

李华瑞先生曾指出，宋人对辽夏的态度形成了鲜明的对比。宋人认为，契丹才是真正的心腹大患，相较而言西夏显得并不太重要。恰恰因为重视契丹的威胁，宋人不敢轻易言战，而对夏则以主战论调占上

---

① 《长编》卷154，庆历五年正月丙戌，第3742页。另参同卷正月丙子韩琦言（第3737～3738页）。又卷150庆历四年六月条载知制诰张方平："去冬敌以众临河西，自以为拾芥之易，既而遁散以归，内羞诸戎，且疑我之纳夏人。既羞且疑，则其起辞生事，思有逞于我，岂保无他？夫兵，危事也，不当易言之。若信好可结，朝廷岂愿交兵四夷？即事至于不获已，亦在上下奋励，讲所以折冲之策，图所以式遏之算。……臣愿陛下思患预防，考谋事先，秋气渐清，宫殿凉爽，时因燕闲，延对大臣，俾各尽其谋猷，以定其帷幄。一日有边境之急，庶几无仓卒之扰。"（第3657～3658页）此疏显然上于庆历五年，不知李焘何故误系于庆历四年六月。

② 按《长编》卷155庆历五年五月戊辰条（第3772页），余靖因出使契丹时作蕃语诗，被御史劾奏；庚午，余靖被贬。蕃语诗云云，恐怕只是借口。余靖是除欧阳修外，支持新政的主要人物中被贬出外的最晚一人。吊诡的是，他之所以得以稍晚片刻，或者正因出使契丹有功？

③ 《长编》卷145，庆历三年十一月辛巳，第3500页。

④ 海上之盟指北宋末年，宋朝派遣使者从山东渡海，赴东北联络女真人，约定共同出兵灭亡辽国后，宋方将每年交付辽朝的岁币转交金国，以此换取燕云十六州。

风。① 另外值得注意的是，在宋人的战略中，平定西夏是解决契丹问题的第一步。② 虽然澶渊之盟后宋辽保持了一百余年的和平，而宋夏间则发生了大大小小的诸多战争，契丹因素始终是宋朝制定对外政策（包括对夏政策）时最先考虑的因素。③

本文想补充说明的是，宋人真正深刻认识到契丹在宋夏关系中举足轻重的地位，始于庆历增币。④ 宋人对庆历增币的反思，大体上奠定了此后宋朝处理三国关系的基本思路。⑤ 不仅如此，庆历增币也粉碎了澶渊之盟给宋人带来的太平幻象。

宋朝建立之初，承继后周之崛起，使得辽朝不敢轻举妄动，对中原采取守势。尽管先南后北战略表明，太祖对北方的强大对手辽朝非常重视，并不因其转守而轻视对方，但收回燕云仍在计划之中。太宗两度北伐失败的结果，对宋而言，是收复故土热情的冷却；对辽而言，是频频南下河北，报复宋人。不过，虽然契丹在军事上占有一定优势，但无法摧毁宋军的河北防线。澶渊之盟的缔结，不论过程还是结果，宋方均无屈辱可言。相反，宋朝君臣对此非常满意，甚而认为太平盛世已经到来。⑥

三十多年的"太平"幻梦，首先被西夏叛乱撕开了一道口子。而契丹随之发难，则让幻象彻底被粉碎。面对李元昊，尽管宋军屡战屡败，但宋人并未丧失信心。而面对辽人，宋朝君臣第一次真正深刻感受到了对手带来的亡国恐惧。在残酷的现实面前，宋人的"太平"论调终于

---

① 李华瑞：《宋夏关系史》，河北人民出版社，1998，第 352～354 页。
② 陶晋生：《宋辽关系史研究》，第 110～111 页。
③ 李华瑞：《宋夏关系史》，第 369～382 页。
④ 关于澶渊之盟前辽夏关系及宋人的认识，参拙作《澶渊之盟前辽夏关系新探》，陈瑞翾、吴天跃主编《讲艺集——瑞安中学一百二十周年纪念论文集》，复旦大学出版社，2016，第 21～27 页。
⑤ 需要补充说明的是，笔者并不认为西夏在宋辽夏三角政治关系中只是无足轻重的配角。相反，在两个大国博弈的过程中，小国常能起到四两拨千斤的作用。庆历增币的发生，恰恰起因于元昊叛宋，而宋辽均势的再度达成，同样借助于辽夏反目，均为其证。
⑥ 参拙著《南望——辽前期政治史》，第 263～287 页；拙作《天书封祀补正——兼论仁宗以降对真宗朝历史的改写》，《隋唐辽宋金元史论丛》第 8 辑，第 290～302 页；张维玲《经典诠释与权力竞逐——北宋前期"太平"的形塑与解构（960～1063）》，第 22～173 页。

在庆历年间消失。①

上文之所以详引宋人的诸多言论，是想证明，一矢未发的契丹给宋人带来的危机感，远远大于三度大败宋军的夏人。② 就外患而言，支配了北宋中后期政治大变革（变革又引发了党争）的危机感的源头，正是庆历增币。③ 经历了庆历增币，宋人才开始意识到，金钱堆砌的和平并不可靠，契丹带来的威胁，事关国家生死存亡。而神宗富国强兵的根本目的，正是要解除契丹的威胁。④ 在这一意义上，笔者认为，庆历增币堪称北宋政治史的分水岭。

---

① 参张维玲《经典诠释与权力竞逐——北宋前期"太平"的形塑与解构（900～1063）》，第 180～190 页。

② 当然，并非所有宋人均有危机感。如上所述，苟安者大有人在。

③ 《长编》卷 326 元丰五年五月辛卯条云："上（神宗）因议陕西兵食，谓执政曰：'康定中，西鄙用兵，契丹乘间有所要请，仁宗御延和对辅臣，至于感愤涕泣。朕为人子孙，守祖宗神器，每念付托之重，宜如何也！'因改容泣下，群臣震恐莫敢对。"（第 7847 页）

④ 参王夫之《宋论》卷 6《神宗三》，《船山全书》第 11 册，岳麓书社，2011，第 157 页。王安石嘉祐四年《言事书》专门提到"外则不能无惧于夷狄"（《历代名臣奏议》卷 33，第 435 页下），又《长编》卷 220 熙宁四年二月庚午条王安石语云："今所以未举事者，凡以财不足故，故臣以理财为方今先急。未暇理财，而先举事，则事难济。臣固尝论天下事如弈棋，以下子先后当否为胜负。"（第 5351 页）邓广铭《北宋政治改革家王安石》（三联书店，2007，第 121 页）指出，"这里的所谓'举事'，当即指大举用兵以改变'外则不能无惧于夷狄'的问题"。另参漆侠《王安石变法（增订本）》，河北人民出版社，2002，第 212 页。

图书在版编目（CIP）数据

新史学．第十四卷，中古时代的知识、信仰与地域／魏斌主编．-- 北京：社会科学文献出版社，2021.12

ISBN 978 - 7 - 5201 - 9408 - 2

Ⅰ．①新…　Ⅱ．①魏…　Ⅲ．①史学 - 文集　Ⅳ.
①K0 - 53

中国版本图书馆 CIP 数据核字（2021）第 239534 号

新史学（第十四卷）
—— 中古时代的知识、信仰与地域

本卷主编／魏　斌

出 版 人／王利民
责任编辑／赵　晨
文稿编辑／郑彦宁
责任印制／王京美

出　　　版／社会科学文献出版社·历史学分社（010）59367256
　　　　　　地址：北京市北三环中路甲 29 号院华龙大厦　邮编：100029
　　　　　　网址：www.ssap.com.cn
发　　　行／社会科学文献出版社（010）59367028
印　　　装／天津千鹤文化传播有限公司

规　　　格／开　本：787mm×1092mm　1/16
　　　　　　印　张：21.75　字　数：340 千字
版　　　次／2021 年 12 月第 1 版　2021 年 12 月第 1 次印刷
书　　　号／ISBN 978 - 7 - 5201 - 9408 - 2
定　　　价／98.00 元

读者服务电话：4008918866

▲ 版权所有 翻印必究